走近挑战杯

——全国“挑战杯”大学生课外学术科技作品竞赛哲学社会科学类参赛指南

彭青和　主编

北京航空航天大学出版社

内 容 简 介

本书对全国举办的十六届挑战杯赛事进行了全面总结，内容贴近大学生申报实际，分析了近四届赛事的申报特点、选题规律等方面的内容，具有较强的可操作性和实践指导性。全书分成十一篇章，分别是挑战杯简介、构建团队、作品选题、社会调研、申报书撰写、调研报告撰写、学术论文撰写、作品展示、答辩环节、历届获奖师生心得、两篇获省特等奖实践案例等内容。

本书对于申报和参加全国哲学社科类“挑战杯”的指导老师和参赛读者都有一定的参考意义。

图书在版编目(CIP)数据

走近挑战杯 ：全国“挑战杯”大学生课外学术科技作品竞赛哲学社会科学类参赛指南 / 彭青和主编. -- 北京 ：北京航空航天大学出版社，2021.10

ISBN 978-7-5124-3543-8

Ⅰ. ①走… Ⅱ. ①彭… Ⅲ. ①大学生—科学技术—哲学社会科学—课外活动—指南 Ⅳ. ①G644-62

中国版本图书馆 CIP 数据核字(2021)第 123281 号

走近挑战杯

——全国“挑战杯”大学生课外学术科技作品竞赛哲学社会科学类参赛指南

彭青和 主编

策划编辑 刘 扬 责任编辑 刘 扬

*

北京航空航天大学出版社出版发行

北京市海淀区学院路 37 号(邮编 100191) http://www.buaapress.com.cn

发行部电话:(010)82317024 传真:(010)82328026

读者信箱: qdpress@buaacm.com 邮购电话:(010)82316936

北京雅图新世纪印刷科技有限公司印装 各地书店经销

*

开本:787×1 092 1/16 印张:25.5 字数:486 千字

2021 年 11 月第 1 版 2025 年 7 月第 2 次印刷

ISBN 978-7-5124-3543-8 定价:89.00 元

编写委员会

顾　问：张永群

主　审：张　军　叶兰兰　顾义俊　江爱娟

主　编：彭青和

副主编：张　浩

编委会成员：（按照姓氏笔画排序）

云大清　方　悦　王国权　许晨昊　齐亚军　李欢欢　李　洪　严　彦
吴　倩　汪　节　汪宗保　孟　南　陈守鹏　张　森　佟震玲　段强军
郭子为　祝永福　夏亚莉　黄　顺　黄学武　彭　程　董　琪　解明然

编写组成员：（按照姓氏笔画排序）

于东东　卫舒蕾　尤良震　王奎玲　王燕俐　冯俊华　许倩文　汤布朗
朱　娇　李云飞　李静静　吴欣仪　吴　珂　何鸿炎　张　辰　张孟雨
张　浩　张　淼　罗　俊　俞　雪　姚梦茜　郭子为　徐慧莹　席　虎
章　伟　彭青和　梅　赛　詹淑惠　颜一博　戴　荣

序

创新是一个民族进步的灵魂，是一个国家兴旺发达的不竭动力，也是中华民族最深沉的民族禀赋。习近平总书记曾寄语广大青年："要敢于做先锋，而不做过客、当看客，让创新成为青春远航的动力，让创业成为青春搏击的能量，让青春年华在为国家、为人民的奉献中焕发出绚丽光彩。"

近年来，安徽中医药大学落实立德树人根本任务，着力打造"一体两翼"人才培养模式，依托国家级、省级和校级三级实验实训平台和校内外实践教学基地，遴选优秀创新创业导师和团队，设立大学生课外学术科技创新与创业基金和赢卓奖学金，开展"百人获奖、千人参与、万人受益"大学生知识技能竞赛，为学生搭建了"大众创业、万众创新"的舞台。聚焦"互联网＋""挑战杯"等重要竞赛，引导学生在创新创业中施展才华、竞相角逐、脱颖而出。学校获得大学生课外学术科技作品竞赛国家级一等奖 1 项，二等奖 1 项，三等奖 8 项；省级特等奖 2 项，一等奖 11 项，二等奖 16 项，三等奖 15 项。获得大学生创业大赛国家级铜奖 3 项；省级金奖 3 项，银奖 17 项，铜奖 11 项，并获得安徽省"挑战杯"竞赛优胜杯。

我校彭青和老师团队致力于大学生创新创业能力培养探索与实践，以安徽省辅导员名师工作室为依托，团队近十年指导大学生参加"挑战杯"系列竞赛，获得省级三等奖以上近 40 项，其中国家一等奖 1 项，三等奖 5 项。由彭青和老师团队编写的《走近挑战杯——全国"挑战杯"大学生课外学术科技作品竞赛哲学社会科学类参赛指南》一书出版，该书汇集了参赛学生的感悟与收获，凝聚了指导教师的付出与心血；充分展示了我校办学特色和育人成果，对我校相关专业和院部发挥了引领示范效应，对高等中医药院校乃至全国高校具有一定的借鉴作用。

“一年之计，莫如树谷；十年之计，莫如树木；终身之计，莫如树人。”希望本书的出版能进一步引导青年大学生崇尚科学、追求真知，勤奋学习、锐意创新，在接续奋斗中用青春之我创造青春之中国、青春之民族！

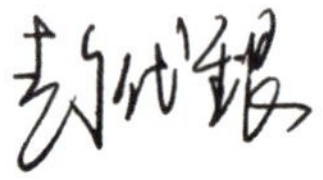

2021年仲秋

前　言

发展是第一要务，人才是第一资源，创新是第一动力。创新之道，人才是根基，习近平总书记多次强调“在创新实践中发现人才、在创新活动中培育人才、在创新事业中凝聚人才”。当代大学生是有理想、有本领、有担当的青年一代，广大青年要勇于创新创造，要以中国梦激扬青春梦，挑战青春、挑战自我。“挑战杯”竞赛作为青年大学生科技活动的重要创新载体，在大学生创新能力、创新意识、实践能力提升方面，起到了重要的促进作用，取得了良好的效果。

弹指一挥间，自 1989 年全国大学生系列科技学术竞赛（以下简称“挑战杯”）的星星之火在清华园里点燃，到如今“挑战杯”竞赛已经走过了 32 个春秋，成功举办了 16 届。“挑战杯”如同播种机一般，把“挑战”的精神火种和丰硕成果带到大江南北，惠及八方，已经成为中国高校大学生挥洒青春、展现自我、创造未来的大舞台，在众多高校乃至社会上产生了广泛而深远的影响。

笔者自工作以来，始终坚守在人才培养一线，17 年的坚守，始终没有离开过学生工作岗位，始终没有离开过教书育人工作，这是一种境界，也是一份情怀。笔者依托安徽省首批辅导员名师工作室，着重开展大学生创新能力的培养探索与研究。自 2009 年指导青年大学生参加全国“挑战杯”竞赛以来，笔者已指导十多个学生团队在全国全省竞赛中获得奖项，积累了丰富的实践经验。为了把多年的指导经验转化为成果，从实践层面升华到理论层面，笔者两年前就一直思索出版一本关于大学生创新能力培养方面的指导用书。鉴于目前关于“挑战杯”竞赛参赛指南用书较少，尤其哲学社会科学类更是稀缺，而高校青年学生中对此有需求的人群较多，他们渴望有一本具有实用价值的指导用书，于是笔者便编写了《走近挑战杯——全国“挑战杯”大学生课外学术科技作品竞赛哲学社会科学类参赛指南》（以下简称《指南》）一书，旨在鼓励更多的青年大学生加入“挑战杯”竞赛中来，发动更多有思想、有热情、有水平、有志于创新人才培养的专家学者加入大学生课外科技创新工作队伍中来，共同助力青年大学生的成长成才。

《指南》的编写是集体智慧的结晶，全书分成十一个篇章。其中第一章：开门见山——走近“挑战杯”；第二章：群英荟萃——组建精英团队；第三章：画龙点睛——作品选题技巧；第四章：躬行实践——社会调查分析；第五章：提纲挈领——申报书的撰写；第六章：精雕细琢——调研报告撰写；第七章：妙笔生花——论文撰写发表；第八章：别开生面——作品精彩展示；第九章：胸有成竹——公开答辩环节；第十章：搜集寻访——参赛经验访谈；第十一章：举一反三——经典案例参考。

《指南》的编写凸显如下特色。一是理论与实践相结合。全书既有理论层面的概述，也有典型的获奖申报案例，案例真实可靠，全面具体，有很强的针对性。二是贴近学生申报实际，体现时代性。本书充分吸收了竞赛的最新内容，充分借鉴了竞赛的最新成果，选择的案例符合大学生学习、生活实际，切合当前国家政策与社会热点。三是内容新颖、启迪性强。不论在内容上还是在形式上，编者都力求创新，带领读者走近“挑战杯”，领略“挑战杯”独特的魅力，同时通过参赛者的感悟收获，启迪读者，以求使读者更快地融入比赛。《指南》可以作为高等院校青年大学生参加“挑战杯”课外学术科技作品竞赛指导用书，也可以作为高校教师指导学生参加“挑战杯”竞赛的参考用书之用。

《指南》的编写参考了历届获奖作品的信息资料，参考了有关学者的研究成果，也参考了与之相关的专著、期刊、教材、文献、“挑战杯”官网资料等，因条件所限，未能与有关作者一一取得联系，引用与理解不当之处，敬请谅解，并在此向各位作者深表谢意！由于我们的视野与能力有限，书中难免存在疏漏与不足之处，敬请广大读者批评指正。

编　者

2021 年仲秋

目录

第一章　开门见山——走近“挑战杯”

青春是一道绚丽的风景，青春是一串跳动的音符。青年，以创新为使命，以实践为导航。也许大家还不够成熟，略显稚嫩，可正因为年轻，我们在创新面前才有“闯劲”，在困难面前才有“韧劲”，在学习面前才有“钻劲”。紧跟时代的步伐，响应祖国的召唤；在科学海洋中畅游，在挑战中呐喊；扬起梦想的风帆，让我们一起走近“挑战杯”。

第一节 “挑战杯”全国大学生课外学术科技作品竞赛简介

一、“挑战杯”系列竞赛起源

“挑战杯”是“挑战杯”全国大学生系列科技学术竞赛的简称，是由共青团中央、中国科协、教育部、社科院、全国学联和地方人民政府共同主办的全国性的大学生课外学术实践竞赛，竞赛官方网站为 http://www.tiaozhanbei.net/。“挑战杯”全国大学生课外学术科技作品竞赛（俗称“大挑”）与“挑战杯”中国大学生创业计划竞赛（俗称“小挑”）是两个并列的全国性项目，这两项全国性竞赛交叉轮流开展，每项每两年举办一届。2000 年以后，奇数年举办“大挑”，偶数年举办“小挑”。在第十七届“挑战杯”竞赛中，还增加了“揭榜挂帅”专项赛和红色专项竞赛，一般专项赛早于当年“挑战杯”竞赛国赛的时间，于竞赛当年 2 月至 4 月举行。

“大挑”与“小挑”的侧重点有所不同。“大挑”注重学术科技发明创作的实际意义与特点，考查学生对社会问题的关注度、分析解决问题以及科技创新能力。竞赛设置特等奖、一等奖、二等奖、三等奖。自 1989 年清华大学举办首届“挑战杯”竞赛至今，本赛事已经成功举办了 16 届。截至本书出版时，2021 年全国第十七届“挑战杯”竞赛正在等待进入最终决赛环节。1991 年，比赛正式定名为“挑战杯”全国大学生课外学术科技作品竞赛，并沿用至今。而“小挑”注重技术服务与市场的完美结合，商业性更强，重点考查学生对商业的嗅觉敏感性，考察申报项目的可行性、创新性，“小挑”设置金奖、银奖和铜奖。自 1999 年清华大学举办首届“挑战杯”中国大学生创业计划竞赛至今，本赛事已经成功举办了 12 届。

1989 年清华大学举办的首届“挑战杯”竞赛成为“挑战杯”的木之新芽、水之源流。竞赛始终坚持“崇尚科学、追求真知、勤奋学习、锐意创新、迎接挑战”的宗旨，在深化高校素质教育、促进创新型人才培养、推动经济社会发展等方面发挥了积极的作用，在高校和社会上均产生了广泛且深远的影响，被誉为当代大学生科技创新的“奥林匹克”盛会。“挑战杯”竞赛目前已经成为衡量高校科研、教学能力和学生综合素质的重要指标，是高校学科评估中人才培养的重要支撑材料，也是当下国内大学生关注度与参与度最高的全国性竞赛，竞赛不断进步与发展，也得到党和国家领导人的亲切关怀。

二、“挑战杯”竞赛历届回顾

自 1989 年以来，“挑战杯”竞赛分别在清华大学、浙江大学、上海交通大学、武汉大学、南京理工大学、重庆大学、西安交通大学、华南理工大学、复旦大学、南开大学、北京航空航天大学、大连理工大学、苏州大学、广东工业大学 & 香港科技大学、上海大学、北京航空航天大学等国内著名高校成功举办了 16 届，第十七届即将在四川大学召开。历届“挑战杯”竞赛举办高校及时间如图 1－1 所示。经过多年的发展和积淀，“挑战杯”竞赛章程不断更新、完善，竞赛规模、场次逐届扩大，构建并完善了校级—省级—国家级三级赛事体系，涵盖了国内 2000 余所高等院校，吸引了上千万名大学生参赛。

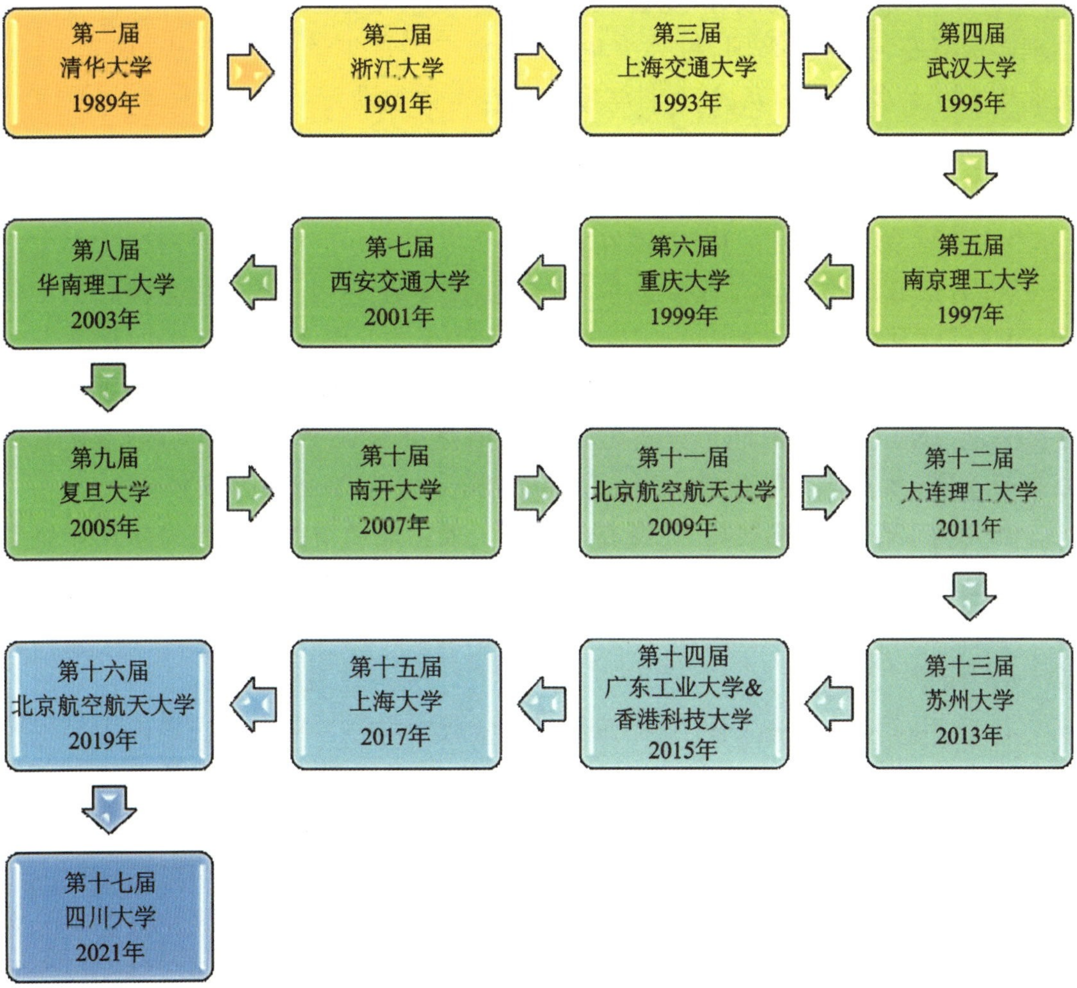

图 1－1　历届“挑战杯”竞赛举办高校及时间

1988年，清华大学首次设立校内“挑战杯”竞赛。次年，在原国家教委支持下，清华大学等34所高等院校与全国学联、中国科协及《光明日报》等5家新闻媒体联合举办了第一届“挑战杯”大学生课外科技活动成果展览暨技术交流会，李鹏、聂荣臻等中央领导出席并为竞赛题词。

1991年，第二届“挑战杯”竞赛在浙江大学成功举办。竞赛由共青团中央、全国学联和中国科协联合主办，并正式更名为“挑战杯”全国大学生课外学术科技作品竞赛，初步建立了选拔、申报、评审的竞赛机制，确立了评委会和组委会各自独立运作的竞赛机构，形成了“高校承办、两年一届”的组织方式。

1993年，第三届“挑战杯”竞赛在上海交通大学成功举办。竞赛的各项机制得到了进一步的完善和加强。大赛开幕前夕，江泽民同志亲笔题写“挑战杯”竞赛的杯名，使其影响力更加广泛、深远。

1995年，第四届“挑战杯”竞赛在武汉大学成功举办。大赛中，时任国务院副总理李岚清题词“科技兴国，振兴中华”以鼓励广大青年学子，苏步青、周光召、朱光亚等100名著名科学家、社会哲学家为大赛寄语勉励。

1997年，第五届“挑战杯”竞赛在南京理工大学成功举办。香港地区高校的大学生首次组团参与竞赛活动。时任国务院副总理邹家华为本届竞赛题词。

1999年，第六届“挑战杯”竞赛在重庆大学成功举办。重庆市政府为主办方之一，这是省级政府首次参与赛事主办。最终协议项目43个，转让总金额超过1亿元，超过前5届的总和。澳门地区也选送了大学生作品参加展示。

2001年，第七届“挑战杯”竞赛在西安交通大学成功举办。首次实现了海峡两岸暨香港、澳门大学生的同台竞技交流；首次在西北地区举行终审决赛；首次有民办高校参赛，西安外事学院成为第一所参加“挑战杯”竞赛的民办高校。

2003年，第八届“挑战杯”竞赛在华南理工大学成功举办。来自海峡两岸暨香港、澳门以及新加坡等高校的师生代表与企业界、新闻界人士近万人参加了大赛的开幕式，共计18件作品成功转让，总成交额达1300万元。其中单件作品最高成交额为800万元。

2005年，第九届“挑战杯”竞赛在复旦大学成功举办。首次设立国内大学生校际多米诺正规赛事——飞利浦科技多米诺大赛，并首次以公开答辩的方式进行评审。参赛高校与参赛作品的数量均超过前9届竞赛，共有1107件作品入围复赛。台湾地区高校首次正式组团参赛。

2007年，第十届“挑战杯”竞赛在南开大学成功举办。包括109位两院院士在内共161位海内外知名人士为竞赛题词。来自海峡两岸暨香港、澳门以及国外的300多所高校的3000多名师生参加了终审决赛。全体参赛学生倡议全国大学生“努力成为推动创新型国家建设的生力军”。

2009 年，第十一届“挑战杯”竞赛在北京航空航天大学成功举办。组委会邀请专家组开发竞赛官方网站、完善全国大学生科技成果信息服务平台。首次将网络申报、网络评审的机制引入“挑战杯”竞赛，全程实现网络信息化服务。

2011 年，第十二届“挑战杯”竞赛在大连理工大学成功举办。自当年 3 月启动后，先后组织开展了校—省—全国三级竞赛，首次采用逐级报备制度。截至当年 6 月底，共有 1900 多所高校的近 5 万件作品实现网络报备。

2013 年，第十三届“挑战杯”竞赛在苏州大学成功举办。竞赛首次由省属“211 工程”高校承办；首次在地级市举办；首次采用校地合作的承办模式。本届大赛新增加“累进创新奖”和“交叉创新奖”奖项，实现“外延拓展”与“内涵深化”两个层次的转变。

2015 年，第十四届“挑战杯”竞赛在广东工业大学 & 香港科技大学成功举办。首次实行“1+2”赛制，开创了“粤、港合作”“两校联办”的先例，并在香港地区举行了“挑战杯”竞赛的选拔赛以及专项赛。

2017 年，第十五届“挑战杯”竞赛在上海大学成功举办。首次举办“一带一路”国际专项活动、海峡两岸大学生创新挑战营以及科技创新系列活动；首次系统梳理近 30 年来“挑战杯”育人成果、办赛机制、综合效益；首次将台湾地区 26 所高校纳入“挑战杯”竞赛框架内开展创新创业活动；首次开辟优秀项目创业落地绿色通道、举办创新人才招聘会。

2019 年，第十六届“挑战杯”竞赛在北京航空航天大学成功举办。竞赛机制深度改革，首次实行全部参赛作品公开答辩，鼓励参赛学生相互观摩学习。优化了“优胜杯”的产生机制与“优秀组织奖”的评选机制，引导各级高校及地方团组织积极开展校级赛事，坚守育人初心。首次实行作品赛前公示制度，对不诚信的参赛行为“一票否决”，努力打造一个公平公正的竞争平台。

2021 年，第十七届“挑战杯”竞赛将在四川大学举办。恰逢中国共产党建党 100 周年，竞赛将通过开展专项赛、展示赛、邀请赛等活动丰富“挑战杯”竞赛内容。

三、“挑战杯”竞赛发展思考

(一) 竞赛发起阶段(第一届至第四届)

第一届至第四届，“挑战杯”竞赛处于发起阶段。“挑战杯”竞赛起源于清华大学“挑战杯”学生作品展览暨科技交流会。1991 年更名为“挑战杯”全国大学生课外学术科技作品竞赛，并沿用至今。“挑战杯”竞赛经历了 6 年的不断更新，竞赛规模快速扩大，赛制及章程逐步完善。

第一，参赛高校及作品数量逐渐增加。第一届“挑战杯”竞赛，参赛高校 52 所，作品数量 430 件；第二届“挑战杯”竞赛，参赛高校 168 所，作品数量 553 件；第三届“挑战杯”竞赛，参赛高校 240 所，作品数量 760 件；第四届“挑战杯”竞赛，参赛高校 254 所，作品数量 863 件。

第二，作品参赛范围有所扩大。“挑战杯”竞赛作品范围从第一届理工科的科技作品与成果开始，到第二届参赛作品涉及社会科学论文（法律、教育、管理）等成果和社会调查报告，再到第三届，竞赛更加重视综合性大学和文科类高校的参赛组织工作，该届“挑战杯”竞赛章程规定，获得“优胜杯”的高校中，综合性大学和师范、经济、金融、管理、政法、教育类等文科院校须占 1/3。再到第四届，办赛思路做出相应的调整，竞赛章程改变了过去主要是理工科参赛项目的状况，首次将哲学社会科学类科目加入其中。第四届“挑战杯”竞赛的成果展览上，国际业余科技发明协会（法国）应邀参加展览，这是第一个应邀参展的外国团体，也是“挑战杯”竞赛活动迈向世界的第一步。

（二）竞赛成长阶段（第五届至第八届）

第五届至第八届是“挑战杯”竞赛的成长阶段。该阶段历经 1997 年香港回归、1999 年澳门回归以及 2001 年中国加入世贸组织等重大事件。“挑战杯”竞赛在这 6 年中不断发展，主要实现了地方政府和教育部参与办赛的突破，实现了香港、澳门地区高校大学生参与大赛的突破。

第一，竞赛的组织形式不断创新。第五届“挑战杯”竞赛依照“挑战杯为社会办，社会共办挑战杯”的办赛思路，首次面向社会办赛；第六届“挑战杯”竞赛，重庆市人民政府成为主办方之一，这是省级人民政府首次参与主办大学学术科技竞赛活动，开创了新“挑战杯”竞赛的历史篇章。第八届“挑战杯”竞赛，教育部成为主办方之一，这是教育部首次参与竞赛主办。

第二，竞赛覆盖面不断扩大。2001 年，第七届“挑战杯”竞赛首次在祖国大西北地区举行，西安外事学院成为第一所参赛的民办高校。不仅如此，竞赛的参与覆盖面进一步扩大，港澳台地区的高校大学生首次参加了竞赛，1997 年，恰逢香港回归祖国之际，香港特别行政区 5 所高校大学生首次参加了第五届“挑战杯”竞赛。1999 年，正值澳门即将回归祖国之际，澳门特别行政区首次派出大学生代表参加第六届“挑战杯”竞赛展示。2003 年，在第八届“挑战杯”竞赛中，台湾地区也派代表参加了观摩。

第三，竞赛宣传工作不断加强。1997 年，第五届“挑战杯”竞赛，首次面向社会办赛，目的就是通过全社会的参与形成一个宣传“挑战杯”竞赛的高潮，形成一个宣传“尊重科技、尊重人才”的思想高潮。1999 年，第六届“挑战杯”竞赛在重庆大学举行，这一年，恰逢中华人民共和国五十华诞，也是“挑战杯”竞赛创办10周年，将“挑战杯”精神在中国西部传播成为重大人的心愿。作为承办高校，重庆大学联合重庆电视台制作了12集系列专题片——《挑战》，拍摄了会歌MTV，设计了永久性标识。主办方还以电视、报纸和广告等多种形式对竞赛进行了广泛宣传。第八届“挑战杯”竞赛组委会首次组团赴香港、澳门地区推介宣传，引起了两地教育界、高校及各大媒体的高度关注。

(三) 竞赛成熟阶段(第九届至第十三届)

第九届至第十三届是“挑战杯”竞赛的成熟阶段。在该阶段，大学生科技成果拍卖会、大学生科技成果转化洽谈会、大学生科技作品博览会等成为竞赛的重要组成部分，促进了大学生科技创新成果转化；奖项的设置进一步丰富了“挑战杯”竞赛的奖励体系；台湾地区高校首次正式组团参赛，这标志着“挑战杯”竞赛覆盖了海峡两岸暨香港、澳门的高校。

第一，竞赛范围做到了全覆盖。参赛规模进一步扩大，2005年，第九届“挑战杯”竞赛中，台湾地区高校首次正式组团参赛，真正地做到高校全覆盖，海峡两岸暨香港、澳门共同参与项目竞争，首次真正使“挑战杯”竞赛成为中华青年的科技盛会。2007年，第十届“挑战杯”竞赛以“开放性”作为办赛的重要理念之一，开创历届参赛范围之先河，首次向海外高校发起邀请。

第二，信息化平台得到了充分利用。2007年，第十届“挑战杯”竞赛全面发挥网络优势，开发了竞赛官方网站：www. tiaozhanbei. net，及时将大赛的各项信息、参赛事宜及科技成果通过网站向全世界发布。同时开发了竞赛论坛、参赛展示博客、竞赛作品管理系统、竞赛会务系统、志愿者管理系统以及作品转化园区等6个配套系统，为大赛服务。2009年，第十一届“挑战杯”竞赛完善了全国大学生科技成果信息服务平台，首次引入网络申报、网络评审的机制，全程实现了网络信息化服务。2011年，第十二届“挑战杯”竞赛与中国移动合作，开发建设了协作共享系统，借助互联网、手机等新兴媒体，打造了基于手机互联网的参赛作品发布、转让、孵化平台，满足社会和企业对人才与成果等资源的使用、检索、遴选、对接和孵化。

第三，竞赛奖励体系进一步丰富。2013年，第十三届“挑战杯”竞赛增设了“累进创新奖”和“交叉创新奖”两个奖项。“累进创新奖”主要针对往届“挑战杯”竞赛参赛作品、参评作品或较当年参赛时有重要研究进展，或在作品孵化方面有明显成果，或得到学校支持基金跟踪培养，或被党政采纳予以实践的作品。“交叉创新奖”主要针对入围本届“挑战杯”竞赛的作品，参评作品须涉及两个及以上学科，在研究对象、研究视角、研究方法、研究工具等方面能够突出体现作者的跨学科研究能力。

第四，科技成果进一步转化。通过多种形式，打通了科技成果转化的最后“一公里”。第十届“挑战杯”竞赛举办了系列活动，包括学生科技成果转化洽谈会、学生学术科技作品展等；天津市科委专门为竞赛设立了“挑战杯”科研项目转化基金，对脱颖而出的科研项目进行专项资助，提供政策、资金、场地等支持。第十一届“挑战杯”竞赛举办了“世界青年创新创业论坛”和“大学生科技作品博览会”，实现了交流国际化，促成了全国各园区企业和高校科技作品之间的知识产权合作。

（四）竞赛创新阶段（第十四届至第十七届）

第十四届至第十七届是“挑战杯”竞赛的改革创新阶段。牢牢把握中国青年运动的时代主题，坚持“增强群众性、提升客观性、加强交流性”的改革思路，不断完善“挑战杯”竞赛的组织体系、评审机制以及成果交流机制，着力推动“挑战杯”竞赛高质量发展、高水平运行，有效引领广大青年学生投身国家创新驱动发展战略。

2015 年，第十四届“挑战杯”竞赛响应国家双创战略规划，搭建了“青年大学生创业板”股权众筹平台，集中优势资源及政策打造服务全国大学生创新创业项目（企业）的金融服务平台。举行了中国（广州）大学生创新创业交易会，推动“挑战杯”竞赛由“竞赛展示”走向“成果交易”。

2017 年，第十五届“挑战杯”竞赛，中国社会科学院作为主办方之一首次参与竞赛举办。本届竞赛通过组委会加强在项目作品选题上的引导，鼓励参赛选手参与战略前沿领域研究，并开辟“天使基金”创业绿色通道、举办创新创业高端论坛、创新型人才专场招聘会和创新成果交易会等，为优秀创新项目搭建就地孵化的平台。同时举办了“一带一路”国际专项系列活动、海峡两岸大学生创新挑战训练营、“挑战杯”港区选拔赛等活动，以提升赛事的国际化水平。

2019 年，第十六届“挑战杯”竞赛遵循习近平总书记关于青少年科技创新的重要论述，在新时代不忘初心使命，实现守正创新，展现更大价值。本届“挑战杯”竞赛通过优化评审规则、考察校赛组织情况吸引更多青年大学生参与。成立作品资格评判委员会和评审监督委员会，促进“挑战杯”竞赛更加公平公正。

2021 年，第十七届“挑战杯”竞赛喜逢中国共产党建党 100 周年，是我国“十四五”规划开局之年，在决胜全面建成小康社会的基础上，开启全面建设社会主义现代化国家新征程，向第二个百年目标迈进。本届“挑战杯”竞赛哲学社会科学类作品申报支持围绕发展成就、文明文化、美丽中国、民生福祉、中国之治和战“疫”行动等 6 个组别形成社会调查报告。

第二节 “挑战杯”全国大学生课外学术科技作品竞赛赛事须知

每一届“挑战杯”竞赛的通知和竞赛章程于竞赛上一年的11月份或竞赛当年的1月份左右向全国高校发布，截至本书出版之时，全国第十七届“挑战杯”竞赛正在等待进入最终决赛环节，因此本节采用最新的“挑战杯”竞赛章程作为参考（经第十七届“挑战杯”竞赛组委会第一次全体会议通过）。

一、参赛对象与作品申报要求

（一）参赛对象

凡在举办竞赛终审决赛的当年6月1日以前正式注册的全日制非成人教育的各类高等院校在校硕士研究生（不含在职研究生）、本科生、专科生均可申报作品参赛。

（二）作品类别

申报参赛的作品分为科技发明制作、自然科学类学术论文、哲学社会科学类社会调查报告和学术论文三大类。

（三）作品要求

① 科技发明制作类分为A类、B类：A类是指科技含量较高、制作投入较大的作品；B类是指投入较少，且为生产技术或社会生活带来便利的小发明、小制作等。自然科学类学术论文作者仅限本专科生。哲学社会科学类可以按照哲学、经济、社会、法律、教育、管理6个学科报送社会调查报告和学术论文。第十七届“挑战杯”竞赛申报指南中也支持围绕发展成就、文明文化、美丽中国、民生福祉、中国之治和战“疫”行动等6个组别形成社会调查报告。

② 申报参赛的作品必须是距大赛终审决赛当年6月1日前两年内完成的社会实践活动成果或学生课外学术科技，分为个人作品和集体作品。若申报个人作品，申报者必须承担申报作品60%以上的研究工作，专利证书、作品鉴定证书及发表的有关作品上的署名均应为第一作者，合作者必须是学生且不超过2人。凡作者超过3人的项目或者不超过3人但无法区分第一作者的项目，均申报集体作

品。集体作品的作者必须均为学生。凡有合作者的个人作品或集体作品，均按学历最高的作者划分至本硕士研究生或专科生类进行评审。

③ 学年论文和学位论文、毕业设计和课程设计（论文）、国际竞赛中获奖的作品与获国家级奖励成果（含本竞赛主办单位参与举办的其他全国性竞赛的获奖作品）等均不在申报范围之列。

④ 没有实行资格考试制度的学校，前两年可以按硕士学历申报作品。本硕博连读生按四年、二年分别对应本、硕申报作品，后续则不可申报。本校硕博连读生（直博生）若在决赛当年 6 月 1 日以前未通过博士资格考试的，可以按硕士生学历申报作品。

⑤ 参赛作品涉及下列内容时，必须由申报者提供有关部门的证明材料，否则不予评审。

a. 对国家保护动植物的研究，须有省级以上林业部门开具证明，证明该项研究的过程中未产生对所研究的动植物繁衍、生长不利的影响。

b. 动植物新品种的发现或培育，须有省级以上农科部门或科研院所开具证明。

c. 医疗卫生研究须通过专家鉴定，并最好附有在公开发行的专业性杂志上发表过的文章。

d. 新药物的研究须有卫生行政部门授权机构的鉴定证明。

e. 涉及燃气用具等与人民生命财产安全有关用具的研究，须有国家相应行政部门授权机构的认定证明。

⑥ 增加作品自查环节，申报学校签订承诺书，承诺作品符合“挑战杯”竞赛申报作品的要求，接受竞赛组委会抽查。对不符合申报要求或严重违规的作品进行惩戒。

⑦ 哲学社会科学类社会调查报告和学术论文参赛作品，调查报告类每篇在 15000 字以内，调查报告可自选上述 6 个组别或 6 个学科中的一个报送；论文类每篇在 8000 字以内，学术论文限定在 6 个学科内。为党政部门、企事业单位所做的各类发展规划、工作方案和咨询报告，已被采用者亦可申报参赛，同时附上原件和采用单位证明的复印件和鉴定材料等。

（四）申报事宜

1. 申报资格

按照《关于开展第××届“挑战杯”竞赛逐级报备工作的通知》的要求，校级、省级竞赛报备工作须于同年 6 月中旬前完成。只有通过校级、省级选拔赛并在官网报备的作品方可参加全国竞赛。

2. 申报方式

“挑战杯”竞赛的作品申报方式以网上申报为主，传统纸质申报为辅。作品申报、学校和省级组委会审核均在网上进行。于同年 6 月中旬起，参赛学生、学校及省级组委会可登录竞赛官方网站 http://www.tiaozhanbei.net/，按导航提示进行操作。同时，各省级组委会还须组织参赛学生从网上下载申报书，打印纸质版本进行作品申报。

3. 申报程序

如图 1－2 为“挑战杯”竞赛申报流程图。

(1) 确认账号

参赛学生、学校及省级组委会可直接使用省赛或报备账号登录。（参赛学生用户名为自行注册的邮箱，学校用户名为 5 位国标码。）

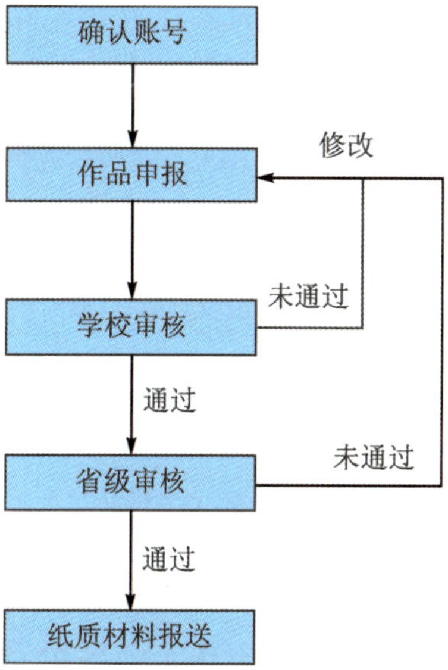

图 1－2 “挑战杯”竞赛中报流程图

(2) 作品申报

参赛学校团委负责组织本校参赛学生登录竞赛官方网站进行项目申报(学生参赛作品已由竞赛官方网站从报备系统导入全国竞赛系统)。申报时不允许更换项目，只允许微调项目信息，参赛学生须仔细核对个人信息、作品信息、推荐人意见等内容，并根据需要上传论文、表格、图片、视频、获奖证明、专利证明等资料，确认后在线提交。为确保评审工作的公正性和准确性，在申报过程中，作品及附件中涉及的学校、院系等名称须隐去；为确保评审材料的真实性，作品及附件中的参赛学生的姓名须保留。参赛具体申报方式以竞赛官方网站项目申报流程说明为准。

(3) 学校审核

参赛学校凭借全国组委会分发的账号和密码登录竞赛官方网站，在网上审核本校的参赛作品并在线提交给省级组委会。审核时须仔细对比项目信息和原报备信息，对于更换项目的作品不予审核通过。发起高校的直送作品在线直接提交给全国组委会。在此期间，如作品审核未通过，可用预审核功能“打回”给作者，作者可进行修改。一旦审核通过，则不能再修改。

(4) 省级审核

省级组委会凭全国组委会分发的账号和密码登录竞赛官方网站,在网上审核本地报送作品,并在线提交给全国组委会。审核时须仔细对比项目信息和原报备信息,对于更换项目的作品不予审核通过。在此期间,如作品审核未通过,可用预审核功能"打回"给作者,作者可进行修改。一旦审核通过,则不能再修改。

(5) 纸质材料寄送

作品通过全国组委会审核后将获得项目编号,须凭此编号打印纸质版本并寄送全国组委会。

非直报项目的参赛者登录第××届"挑战杯"竞赛网站导出 PDF 格式的《作品申报书》(附带作品文本,一式三份)打印后交省级组委会,省级组委会对纸质版作品申报书审核后,加盖相关公章,附上本地选送作品《汇总目录表》一并寄送至全国组委会。

直报项目的参赛者登录第××届"挑战杯"竞赛网站导出 PDF 格式的《作品申报书》(附带作品文本,一式三份)打印后交校级组委会,校级组委会对纸质版作品申报书审核后,加盖相关公章,附上本学校选送作品《汇总目录表》一并寄送至全国组委会。

(五) 申报数额及时间

① 各省级组委会须于大赛同年 7 月上旬前,严格按照作品数额分配表,通过顺丰快递将作品寄送至全国组委会办公室,寄出截止日期以当地邮戳为准。

② 各发起高校须于大赛同年 7 月上旬前,将本校 3 件直送作品寄送至全国组委会办公室,寄出截止日期以当地邮戳为准。

③ 每个学校选送参加竞赛的作品总数不得超过 6 件,每人限报 1 件,作品中研究生的作品数量不得超过作品总数的 1/2。参赛作品须经过本省(自治区、直辖市)组织协调委员会进行资格及形式审查和本省(自治区、直辖市)评审委员会初步评定,方可上报全国组委会办公室。各省(自治区、直辖市)选送全国竞赛的作品数额由主办单位统一确定(详见参赛作品数额分配表)。每所发起学校可直接报送 3 件作品(含在 6 件作品之中)参加全国竞赛。

(六) 申报作品要求

① 参赛作品必须由两名具有高级专业技术职称的指导教师(或教研组)推荐,经本校学籍管理、教务、科研管理部门审核确认。

② 参赛作品必须于申报前将作品项目名称、参赛学生和指导教师等关键信息

在校内官方网站主页上进行不少于 5 天的公示，并将公示截图随作品一同报送。

③ 本校硕博连读生(直博生)若在决赛当年 6 月 1 日以前未通过博士资格考试的，可以按硕士生学历申报作品。没有实行资格考试制度的学校，前两年可以按硕士学历申报作品。本硕博连读生，按照四年、二年分别对应本、硕申报，后续则不可申报。

二、日程安排与大赛流程

(一) 日程安排

“挑战杯”竞赛由高校—省—国家三级大赛构成，历届“挑战杯”竞赛从开始谋划到圆满完结，经历组织发动阶段、省级初评和组织申报阶段、全国复赛和参赛准备阶段、全国决赛和表彰阶段等四大阶段，历时约一年五个月。如图 1－3。

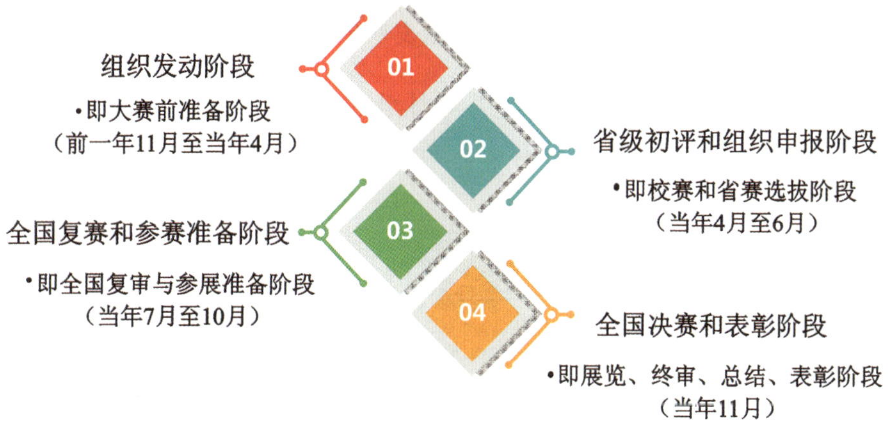

图 1－3 “挑战杯”竞赛的流程

(二) 大赛流程

1. 组织发动阶段(前一年 11 月至当年 4 月)

① 召开全国组委会第一次全体会议，讨论通过并下发《“挑战杯”全国大学生课外学术科技作品竞赛章程》《“挑战杯”全国大学生课外学术科技作品竞赛评审规则》《“挑战杯”全国大学生课外学术科技作品竞赛申请承办办法》《“挑战杯”全国大学生课外学术科技作品竞赛组织实施计划》等，并将这些文件作为本届竞赛的指导性文件。

② 共青团中央、中国科协、教育部、中国社会科学院、全国学联于竞赛上一年的 11 月份或竞赛同年 1 月左右下达《关于组织开展第××届“挑战杯”全国大学

生课外学术科技作品竞赛的通知》。

③ 各省(自治区、直辖市)成立由省级团委、科协、教育厅(教委)、社会科学院、学联等部门和有关单位牵头的省级组织协调委员会,负责本省(自治区、直辖市)竞赛的组织协调、参赛作品资格审查和作品初评等有关工作。

④ 各参赛高校组成由本校主管领导牵头,团委、教务、科研等部门和学生会、研究生会共同参加的组织协调机构,做好竞赛有关的组织工作。

如图 1－4 为组织发动流程。

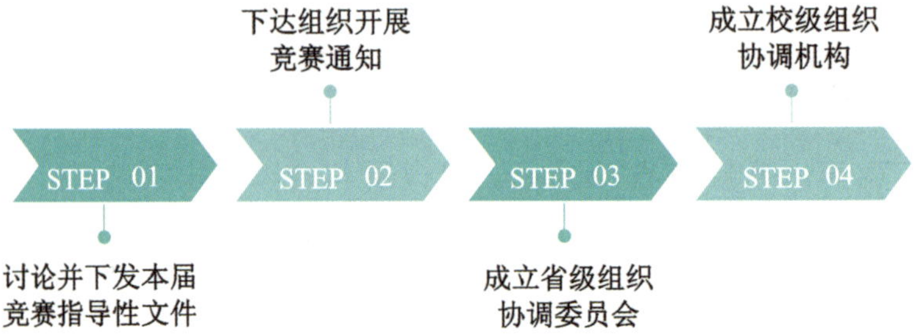

图 1－4　组织发动流程

2. 省级初评和组织申报阶段(当年 4 月至 6 月)

如图 1－5 为省级初评和组织申报流程。

图 1－5　省级初评和组织申报流程

① 大赛上年 11 月至同年 4 月,各高校按“挑战杯”章程有关规定举办本校的竞赛活动,并择优推出本校参赛作品。

② 大赛同年 4 月至 5 月底前,各省(自治区、直辖市)组织协调委员会完成对本地申报作品的初评。

③ 大赛同年 5 月至 6 月初前,各参赛高校需将本校 3 件直报作品报送大赛当届全国组委会,寄出截止日期以当地邮戳为准。直报作品需一式三份,直接报送

的作品不计入各省、区、市报送作品限额内(寄送地点:主办大学团委)。

④ 大赛同年 6 月中旬前,各省(自治区、直辖市)从各高校申报的作品中每高校选出最多 6 件作品、发起高校最多 3 件作品(包含在 6 件作品中),各省、区、市选定作品总数不得超过全国组委会规定的限额,报送大赛当届全国组委会,寄送作品一式三份及《汇总目录表》,寄出截止日期以当地邮戳为准(寄送地点:主办大学团委)。

3. 全国复赛和参赛准备阶段(当年 7 月至 10 月)

如图 1-6 为全国复赛和参赛准备流程。

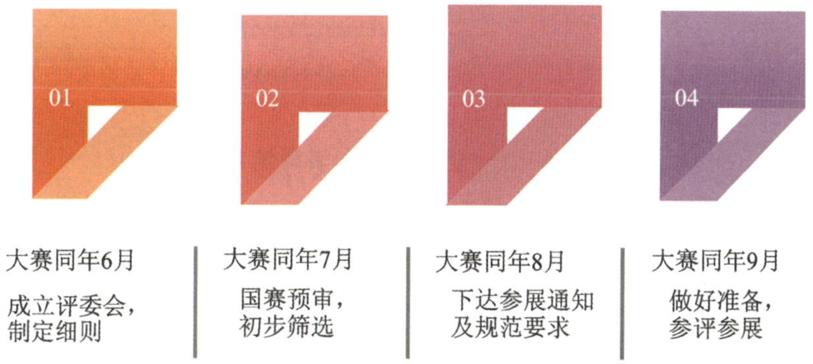

图 1-6 全国复赛和参赛准备流程

① 大赛同年 6 月,全国评审委员会成立,并召开评审委员会主任办公会议,制定《评审实施细则》。

② 大赛同年 7 月,全国评审委员会对作品进行预审。

③ 大赛同年 8 月,全国组委会向各地各有关高校下达终审参展通知及作品展览、演示等有关技术性规范要求。

④ 大赛同年 9 月上旬至 10 月,各地各校按照组委会要求做好参评参展的各项物资技术准备和组团组队准备。

4. 全国决赛和表彰阶段(当年 11 月)

如图 1-7 为全国决赛和表彰流程。

① 各校参赛队到大赛当届主办高校报到、布展。

② 举行全国组委会第二次全体会议,通报竞赛筹备情况、做资格及形式审查报告、通过终审日程安排、抽签产生评审委员会委员并组成资格评审委员会。

③ 举行参赛作品展览、组织作品转让洽谈活动,聘请律师和公证人员为技术转让各方提供服务。

④ 全国评审委员会对参赛作品进行终审,参展作品作者进行答辩。

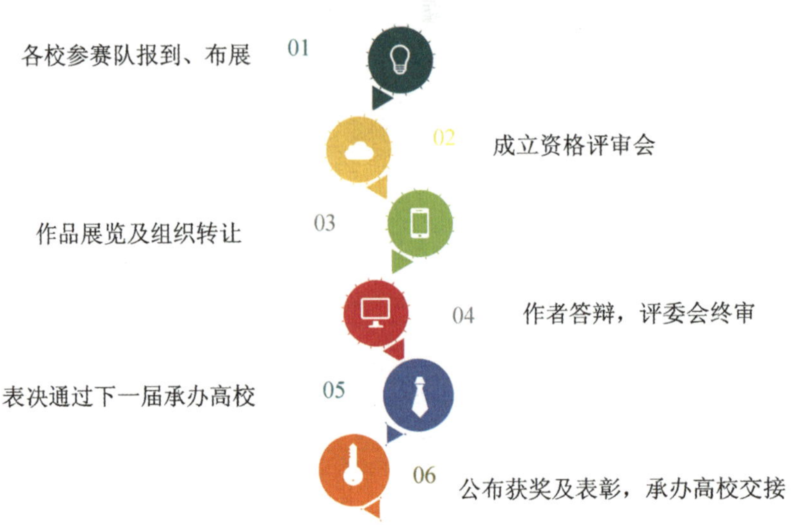

图 1-7　全国决赛和表彰流程

⑤ 举行全国组委会第三次全体会议，通报评审情况，表决通过下一届"挑战杯"竞赛承办高校。

⑥ 进行大赛闭幕式，公布获奖情况，并向获奖单位及个人颁发奖杯、证书，举行承办高校交接仪式。

⑦ 若竞赛期间接到对作品资格的质疑投诉，则召开资格评审委员会会议，按程序评定该作品的参赛资格。

三、作品评审标准与程序

（一）评审机构

① 全国评审委员会由主办单位聘请的非高校的具有高级职称的自然科学领域的专家或高科技企业的技术骨干和哲学社会科学领域的专家组成。

② 全国评审委员会设主任 1 名，常务副主任 2 名，副主任若干名，秘书长 1 名，副秘书长若干名。下设若干专业组，各组设组长 1～2 名。如图 1-8。

③ 全国评审委员会下设由秘书长领导的秘书处，负责对参赛作品分类、统计、送阅和评审的组织服务工作。

④ 全国评审委员会成员名单（正、副主任，秘书长除外）在终审完毕之前实行保密措施，在终审结束后可以公布。

⑤ 全国评审委员会在向全国组织委员会报告终审结果后解散。

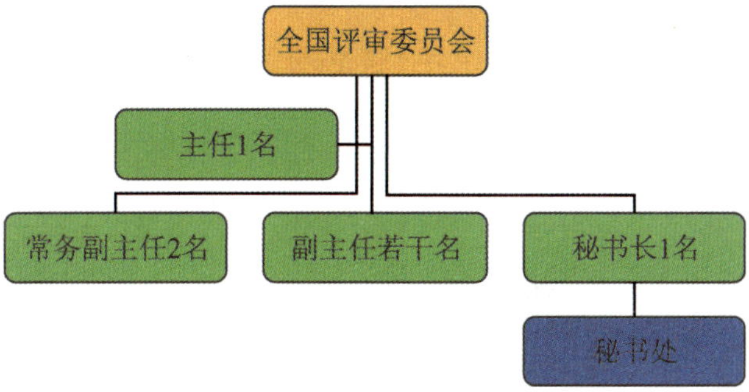

图 1－8　全国评审委员会组成

（二）评审原则

① 参赛作品分自然科学类学术论文、哲学社会科学类社会调查报告和学术论文、科技发明制作 3 类。哲学社会科学类按照哲学、经济、社会、法律、教育、管理 6 个学科报送社会调查报告和学术论文。第十七届“挑战杯”竞赛章程中支持围绕发展成就、文明文化、美丽中国、民生福祉、中国之治和战“疫”行动等 6 个组别形成社会调查报告。

② 评审过程中综合考虑作品的科学性、先进性、现实意义等方面因素。其中，科技发明制作侧重考核作品的应用价值和转化前景，自然科学类学术论文侧重考核基础学科学术探索的前沿性和学术性，哲学社会科学类社会调查报告和学术论文侧重考核与经济社会发展热点难点问题的结合程度和前瞻意义。

③ 评审注意本专科生、硕士研究生在学识水平和科研能力上的差异，两个学历层次作者的作品各等奖的获奖比例与其进入终审的比例基本一致。

④ 全国评审委员会的评审工作分预审、终审两个阶段进行。预审要评选出省级组织协调委员会和发起高校报送的 80％左右的作品入围获奖作品；评出入围作品中的 65％获得三等奖，其余 35％进入终审决赛。终审决赛评出特等奖、一等奖、二等奖。参赛的自然科学类学术论文、哲学社会科学类社会调查报告和学术论文、科技发明制作三类作品分别按照入围作品 3％、8％、24％、65％的比例评出特等奖、一等奖、二等奖、三等奖。科技发明制作类中 A 类和 B 类作品分别按上述比例设奖。各奖励等级之间的标准是相对的。同时为激发学生参与基础学科、小众学科的热情，终审决赛各分类小组原则上至少有 1 件特等奖和 1 件一等奖。预审和终审前，组委会根据作品数量等确定各分类小组的授奖数量。

⑤ 评审实行回避制度和保密制度。评委严格遵守《评审纪律》，评审前须签订《评审纪律承诺书》。评委不得参与其本人亲属、学生或与其有直接利益关系的个人和单位的有关作品评审工作。在评审结束之前，任何评委不得以任何方式对外

宣布、泄露评审情况和结果。

⑥ 全国评审委员会的评审工作按《评审实施细则》规定执行。需综合考虑作品的先进性、科学性、现实意义等方面因素。如图 1-9、1-10、1-11。

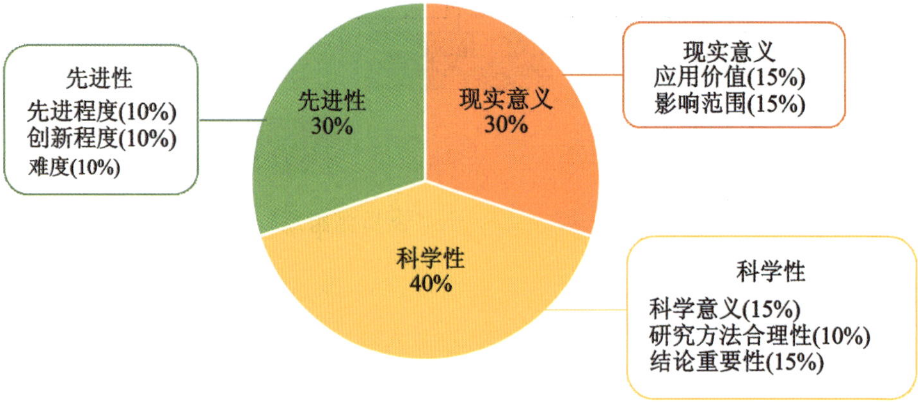

图 1-9　自然科学类学术论文作品评审标准

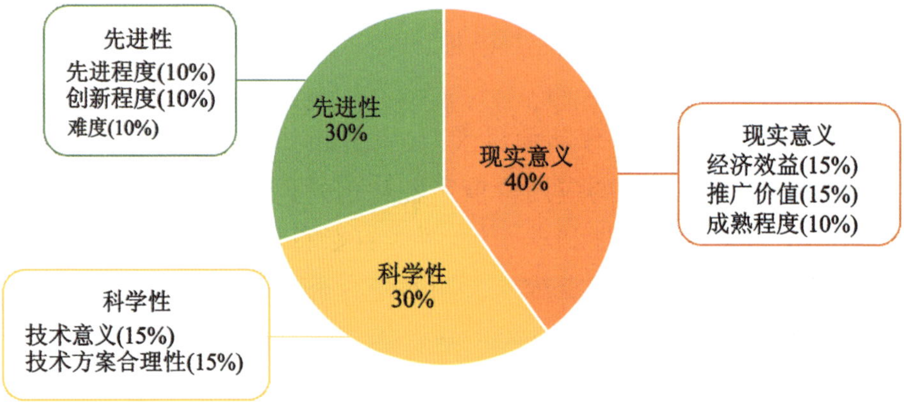

图 1-10　科技发明制作类作品评审标准

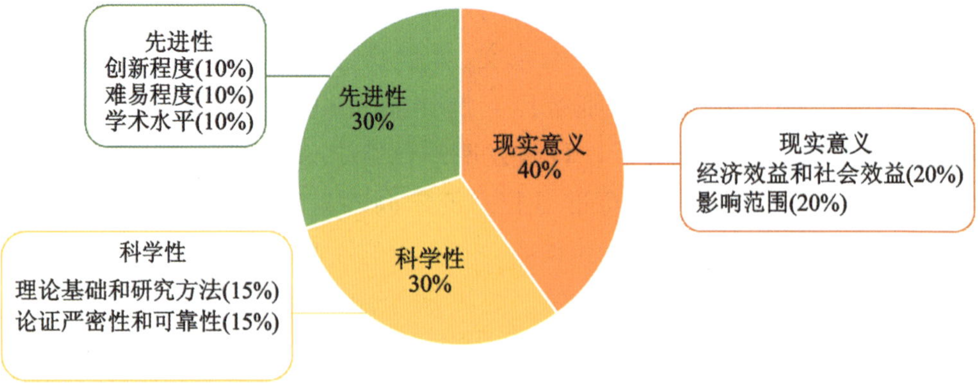

图 1-11　哲学社会科学类社会调查报告和学术论文作品评审标准

⑦ 参赛作品存在舞弊、抄袭、作假，将国家课题、教师科研成果包装成学生项目的，均视为严重违规行为。

⑧ 参赛作品在公示环节，知情公众如发现作品不符合申报要求或存在严重违规行为，各高校要严肃对待，一经查实取消作品参赛资格。

⑨ 参赛作品如在参赛环节被检查或经举报核实发现作品不符合申报要求，取消作品参赛资格，该学校不得补报作品；被检查或经举报核实发现作品存在严重违规行为，取消作品参赛资格，该学校不得补报作品，该学校团体总分为零，并取消该学校参评“挑战杯”“优胜杯”及其他集体奖项的资格，视情节严重取消该学校下届联合发起单位资格或参赛资格。

⑩ 竞赛结束后，对获奖作品保留一个月的质疑投诉期。若收到投诉，竞赛领导小组将委托主办单位有关部门进行调查。经调查，如确认该作品资格不符，取消作者通过该作品获得的奖励，重新计算作者所在学校团体总分及名次；如确认作品存在严重违规行为，该学校团体总分为零，取消该学校所获得的“挑战杯”“优胜杯”或其他集体奖项，视情节严重取消该学校下届联合发起单位资格或参赛资格，并通报全国组织委员会成员单位。

（三）评审程序

① 各省（区、市）和新疆生产建设兵团的组织协调委员会要按照《“挑战杯”全国大学生课外学术科技作品竞赛资格及形式审查实施细则》的规定，对报送的作品进行严格的资格和形式审查，省级评审委员会对报送作品进行认真的初评。

② 全国组织委员会秘书处对各省（区、市）和新疆生产建设兵团组织协调委员会报送和发起高校直送的参赛作品进行资格及形式审查，不合格的作品取消参赛资格。

③ 自然科学类学术论文和科技发明制作类的作品在承办单位所在地进行预审，预审要提出是否进入终审和获奖等级初步意见，哲学社会科学类社会调查报告和学术论文在全国评审委员会负责哲学社会科学类作品评审工作的常务副主任的主持下先期进行评审，选出一定比例作品赴承办单位所在地进行展示。

④ 终审决赛一律实行公开答辩制。

⑤ 终审决赛期间，评委在组委会安排的专门时间集体到展厅审看科技发明制作类作品的实物。

⑥ 评委可以对所评审的作品的参赛资格提出质疑，并提出质疑理由、证据或线索。受到评委质疑的作品，将提交竞赛作品资格评判委员会按程序评定其参赛资格。

⑦ 评委会应于终审开始时在主任的主持下召开评委会全体会议，听取组委会

对竞赛活动情况的通报。

四、作品奖项设置

(一) 高校奖项

1. “挑战杯”与“优胜杯”奖

竞赛以学校为单位计算参赛得分，团体总分按名次排列，按位次公布。团体总分各等次计分方法如图 1－12。团体总分由“现场作品得分”和“校级赛事组织得分”两部分组成。最高荣誉“挑战杯”为流动杯，授予竞赛团体成绩最佳的学校，如遇团体总分并列第一，以获特等奖的数量排序，以此类推至三等奖。设“优胜杯”若干，分别授予除“挑战杯”获得高校之外团体总分前 31 名的学校，及位列本省份第一名的高校中，除去团体总分前 31 名高校后排名前 10 名的学校。累计 3 次获得“挑战杯”的学校可永久保存复制的“挑战杯”一座。

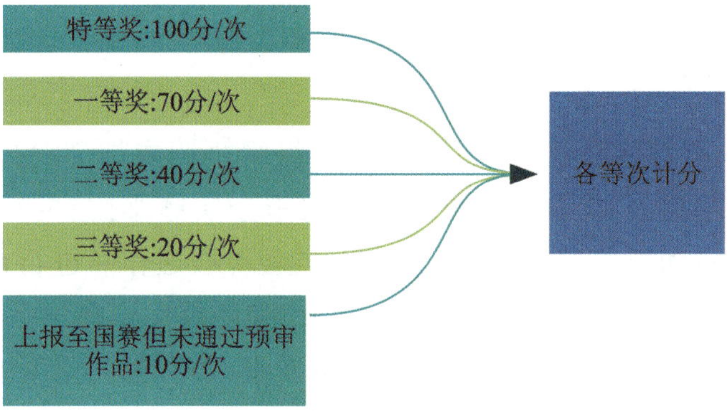

图 1－12　团体总分各等次计分方法

此外，竞赛设约 10 个省级优秀组织奖和获得入围作品高校数约 30% 的高校优秀组织奖，奖励在竞赛组织工作中表现突出的省份和高校。省级优秀组织奖由主办单位评定，报全国组织委员会确认，主要考察联合教育、科技等部门举办省级赛事，省级赛事高校参与率，省域内校级赛事举办情况，省域内赛事对学生的覆盖等情况。高校优秀组织奖由各省(区、市)和新疆生产建设兵团组织协调委员会提名，主办单位评定后报全国组织委员会确认，评选综合考虑校级赛事、专项赛事、科技创新活动等组织参与情况。

主办单位根据团体总分优先原则，确定上届竞赛总分前 70 名的学校为联合发起高校，并可根据终审决赛规模、地区平衡、学校类别及代表性、承办地区等因素做部分调整，每所发起学校可直接报送 3 件作品(含在 6 件作品之中)参加全国竞赛。

2. 累进创新专项奖

申报作品须为参加过上上届或上届“挑战杯”全国大学生课外学术科技作品竞赛全国竞赛的作品(以第十七届“挑战杯”竞赛为例,则为参加过第十五届或者第十六届“挑战杯”全国大学生课外学术科技作品竞赛全国竞赛的作品)。“累进创新专项奖”获奖作品从本届竞赛入围终审决赛作品中产生,该奖项不计入总分。

作品经评审委员会认定,符合下列一条或几条:较之前参赛时有重要研究进展;在作品孵化方面有明显成果;学校通过设立累进支持基金、实施创新人才培养计划等方式对较长周期的参赛项目提供持续支持,对参赛队员进行跟踪培养;参赛项目被党和政府相关部门、社会机构采纳并结合实践加以完善,在推动地方经济社会发展中发挥积极作用。

参赛团队可以为原参赛团队中继续在本校深造的学生,也可以为继续进行原团队工作的在校学生(认定标准与“挑战杯”竞赛章程相一致)。

3. 进步显著奖

以第十七届“挑战杯”竞赛为例,设约 5 个省级“进步显著奖”和约 10 个高校“进步显著奖”,为鼓励原本竞赛基础较为薄弱、取得显著进步的省份和高校。“进步显著奖”由主办单位根据相邻届次竞赛成绩,综合考虑团体总分、参赛高校数量、参赛作品数量等指标增幅情况进行评定,报送全国组织委员会确认。

(二)学生奖项

参赛的哲学社会科学类社会调查报告和学术论文作品设特等奖、一等奖、二等奖、三等奖。自 2013 年起,竞赛设立“累进创新专项奖”和“交叉创新奖”。此外,在符合竞赛宗旨、具有良好导向作用的前提下,可联合社会有关方面设立、评选专项奖。

① 针对往届“挑战杯”参赛作品,参评作品或较当年参赛时有重要研究进展,或在作品孵化方面有明显成果,或得到学校支持基金跟踪培养,或被党政采纳予以实践等。

② 针对入围本届“挑战杯”竞赛的作品,参评作品须涉及两个及以上学科,在研究对象、研究视角、研究方法、研究工具等方面突出体现作者的跨学科研究能力。两个奖项将各有 10 余个项目获奖,获奖项目将获得一定的经费鼓励。

③ 全国评审委员会对各省级组织协调委员会和发起高校报送的参赛作品进行预审,评出 80%左右的参赛作品入围获奖作品,评出入围作品中的 65%获得三等奖,其余 35%进入终审决赛。在终审决赛中评出特等奖、一等奖、二等奖,各等

次奖分别约占各类入围作品总数的3%、8%、24%。如图1-13。

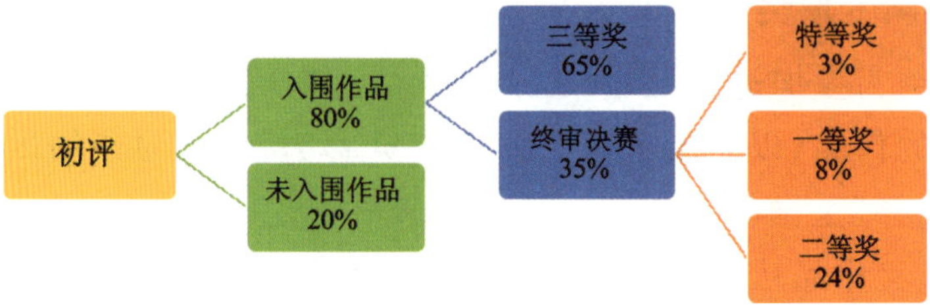

图1-13　学生奖项比例分布

④ 本专科生、硕士研究生两个学历层次作者的作品获奖数与其入围作品数成正比例。入围获奖的作品，确认资格有效的，由全国组织委员会向作品颁发证书（证书须体现作者和指导老师姓名）。参加各省（区、市）和新疆生产建设兵团预赛的作品，确认资格有效而又未进入全国竞赛的，由各省（区、市）和新疆生产建设兵团组织协调委员会向作品颁发证书（证书须体现作者和指导老师姓名）。

第三节　哲学社会科学类作品竞赛指引

哲学社会科学类社会作品存在选题覆盖知识面广、选题困难大，参赛学生不知如何结合所学知识更好地进行参赛作品创作，且研究过程漫长而烦琐，耗费大量的时间与人力等问题。本书就这一主题展开详实的论述。

一、哲学社会科学类作品竞赛简介

"挑战杯"哲学社会科学类作品竞赛是"挑战杯"全国大学生课外学术科技作品竞赛的一类赛事，由哲学社会科学类社会调查报告和学术论文组成。2021年，第十七届"挑战杯"竞赛哲学社会科学类可以按照哲学、经济、社会、法律、教育、管理6个学科报送社会调查报告和学术论文，也支持围绕发展成就、文明文化、美丽中国、民生福祉、中国之治和战"疫"行动等6个组别报送社会调查报告和学术论文。其中，"发展成就"可以着眼于我国经济发展、社会主义市场经济体制建设、市场主体改革创新、对外开放等；"文明文化"可以着眼于社会文明建设、公共文化服务等；"美丽中国"可以着眼于环境质量改善、资源利用效率提升、绿水青山就是金山银山理念践行等；"民生福祉"可以着眼于脱贫攻坚成果、乡村振兴战略实施、教育就业民生发展保障等；"中国之治"可以着眼于社会治理、法治建设等；"战疫行动"可以着眼于疫情防控、疫后重振等。

“挑战杯”竞赛哲学社会科学类社会调查(以下简称“社会调查”)是在学习阶段有目的、有计划地认识社会的实践活动。社会调查必须遵守一定的规律,科学、合理的安排工作程序,认真做好调查前的各项准备工作。参赛的哲学社会科学类调查报告限定在6个组别和6个学科内,每篇在15000字以内;“挑战杯”哲学社会科学类学术论文是以研究并阐述各种社会及其发展规律为对象的科学论文;是大学生探讨、研究、总结哲学社会科学领域中的问题,表达自己对客观事物的认识,推断事物的正确与否,揭示事物本质特征的文章;是大学生求学阶段的课外学术成果。参赛的哲学社会科学类学术论文限定在6个学科内,每篇在8000字以内。为党政部门、企事业单位所做的各类发展规划、工作方案和咨询报告,已被采用者亦可申报参赛,同时附上原件和采用单位证明的复印件和鉴定材料等。

二、哲学社会科学类作品赛事基本流程

本书第二章至第九章将从构建精英团队、选题、前期社会调查实践、申报书撰写、调研报告撰写、学术论文撰写、作品展示、问鼎答辩8个方面来对哲学社会科学类作品赛事进行说明。

(一)构建团队

总的来说,团队发展包括组建、磨合、认同和成熟4个阶段。团队的组建阶段包括组建团队,分配角色。这个阶段应该反复阐述团队愿景,分析团队成员的职业规划并整合到团队愿景中,当个人愿景和团队愿景相吻合时,即可达到双赢。因此正确的愿景可以激励团员自发的奉献精神,一切从团队角度出发,形成合力;团队的磨合期实际就是团队成员不满期,开始磨合,团队成员默契不够导致很多问题发生,开始互相埋怨。这个阶段应该迅速解决问题(比如找外援),鼓舞士气,增进沟通,增进互相了解;经过前期的磨合,团队开始进入团队认同期,在这一阶段,成员逐步建立关系,了解对方长处和短处,互相支持达成目标。而领导者此时应该逐渐认可成员和放权,让各位团队成员承担各自的责任,锻炼技能,加强配合默契度;团队成熟期,整个团队每个人对完成目标充满信心,遇到问题可以自行寻找资源,自行解决,时刻维护团队的利益和荣誉,从内心认同团队,对团队有归属感。这个阶段即可无为而治,顺其自然,水到渠成。本书的第二章会为大家展开详述。

(二)作品选题

选题,作为研究项目的起点,不仅是参加“挑战杯”的首要环节,还是创造性思

维的过程，是至关重要的一环。首先，哲学社会科学类别选题内容虽然广泛，但是应遵循某些特定的原则：价值性、创新性、可行性、具体性。其次，把握原则后，便可以从不同方面获取资源，主要体现在国家政策与方针、社会热点与生活、学科交叉3个方面，三者相辅相成，可结合自身专业和经历进行选题方向的确定。第三，只有掌握了正确的方法，才能达到事半功倍的效果。选题的方法包括提炼选题法、交叉选题法、求异选题法、预见选题法、延伸选题法。第四，选题的过程也不容小觑。当我们对现象或问题产生兴趣时，可以先宽泛地查阅相关文献，进而初步明确选题。再进一步查阅更为专门的文献，进一步明确选题。再进一步进行论证以增强项目的可行性与可操作性。第五，经过分析历届“挑战杯”哲学社会科学类获奖作品，我们可获得不少启示，本书第三章会为大家展开详述。

（三）前期调研

万丈高楼平地起，选定主题后，整个项目思路清晰无比。团队已经从项目的理论设想阶段来到项目的实战阶段。这一阶段不仅通过实践验证前期理论，也为后期行动提供了理论数据支撑，更是能否打动评委老师、影响团队成功与否的重要因素，在今后项目运行中发挥举足轻重的作用。社会调查指团队有目的地通过各种渠道搜集有关社会现象的材料并加以分析，从而科学地阐明社会现状本质及规律的一项探索性实践活动。“没有调查就没有发言权”，分析近几届“挑战杯”哲学社会科学类获奖作品，发现90%以上作品都做了充分的社会调查，并根据调查资料挖掘有用数据，可见社会调查的必要性和重要性。因此，本部分主要从调查问卷设计、数据收集与整理、数据分析与挖掘3个方面综合论述社会调查的关键流程与基本技巧，希冀大家充分掌握社会调查的技巧与能力，为后期申报书、调研报告、学术论文的撰写奠定基础。本书的第四章为大家展开详述。

（四）申报书撰写

“挑战杯”竞赛作品的申报书中，需要参赛者填写材料的主要包括封面、申报者情况、申报作品情况和当前国内外同类课题研究水平概述4个部分。封面的主要作用是为评委提供参赛作品最基本的信息，包括作品序号、作品名称、申报者学校（学院）、申报者姓名和作品类别。申报者情况需根据个人项目或集体项目选择A1表或A2表，按照要求如实地进行填写。申报作品情况是申报书的主体部分，基本涵盖了作品的所有信息，主要包括撰写目的和研究思路，作品科学性、先进性和独特性，作品的实际应用价值和现实指导意义，作品摘要，作品在何时、何地、何种机构举行的会议或报刊上发表登载、所获奖励及评定结果，作品中资料来源的检索目录，调查方式，主要调查数量等。当前国内外同类课题研究水平概述也称文献综述，泛指在全面掌握、分析某一研究领域相关文献的基础上，分析、归纳、整理和评述研究领域的研究成果、存在问题，从而形成的论文。本书的第五章为大家展开详述。

(五) 调研报告撰写

调研报告主要分为反映基本情况、总结典型经验、反映新生事物与研究探讨分析四大类型。一篇合格的调研报告必须具备陈述的条理性、资料的严谨性、分析的逻辑性和结构的完整性。同时具备准确、真实、创新、实际、应用、社会责任等特征。将调研报告的结构分为三大部分，即引文部分、正文部分和附件部分，对各部分结构进行细化和介绍，并针对正文部分详细介绍多种写法。一篇合格的调研报告到这里已经基本形成了，但我们的目标应是如何写出高质量的调研报告，最后一章围绕主题、材料、结构、语言、内容等方面对调研报告整体的优化和提升进行详细描述，全篇应用诸多实例，以简单明了为中心，力求撰写教学的有效性。本书的第六章为大家展开详述。

(六) 学术论文撰写

学术论文的撰写主要强调学术论文的概念和哲学社会科学类论文撰写的具体要求。简单来说，学术论文就是在科学领域内表达科学研究成果的文章。较详细地介绍了学术论文写作的基本知识、一般规律和写作方法。其中，大篇幅地介绍了学术论文的基础知识，包括学术论文的概念和分类、写作的逻辑思维结构、选题原则、查阅资料、修改和定稿等。此外，参赛论文作为初评的唯一根据，其重要性不可忽视。因此，在结尾处附上关于“挑战杯”全国大学生课外学术科技作品竞赛作品格式要求，为参赛选手撰写学术论文予以支持，使参赛选手能较详细地掌握学术论文的基本知识，较快地提高论文写作能力。本书的第七章为大家展开详述。

(七) 作品展示

展示环节不同于答辩环节，具有学术性与延展性。需要参赛团队充分将作品以最佳的方式呈现，化“平面”为“立体”，生动形象地向参与到其中的各位领导、指导教师以及其他参赛团队展现作品，进行全方位的交流，将作品思想进行面对面传播，同时参赛团队也能从现场观众的反应中看到自我的不足，以便更好地改进。本部分将从展示环节的展板制作、展台准备、服装准备以及现场展示 4 个方面进行具体叙述，以期指导参加“挑战杯”的团队在团队展示方面别开生面，展现出最精彩的一面。本书的第八章为大家展开详述。

（八）系统答辩

答辩作为“挑战杯”系列比赛中的重要一环，主要表现形式为答辩者配合 PPT 进行演讲，对作品进行精彩的阐述，并合理地回答评委提出的问题，其作为直接展示作品、升华作品主题的直接途径，能够充分展现团队风采。问鼎答辩章节主要分为答辩概况、答辩前准备、答辩进行时和答辩后调整 4 个部分，分别对答辩规则、答辩团队、演讲稿撰写、PPT 制作等各个方面进行具体介绍，模拟答辩过程中可能会遇到的各种情况，并做好风险预案，充分解决答辩团队可能会遇到的各种问题。环环紧扣，力求使答辩环节清晰明了，让读者对演讲稿、PPT，甚至于每个动作都能事先设想，做好准备，以最好的精神面貌展现作品。本书的第九章为大家展开详述。

第四节 “挑战杯”全国大学生课外学术科技作品竞赛的意义

一、促进我国现代化事业发展

（一）孵化创业成果，缓解就业压力

“挑战杯”竞赛不断发展壮大，由 300 多人的小擂台扩展到 200 多万大学生的竞技场，影响力显著提升，科研成果逐年增加。竞赛充分发挥高素质人才在社会中的价值，培养了他们的创业精神及创新意识，使创新促进创业，让创业带动就业，适应我国社会发展的需求。事实证明，参与过“挑战杯”竞赛的大学生，在日后的就业过程中，具有更强的实践操作能力，为未来就业奠定了坚实的基础。各高校努力拓展思维，积极开展创新创业实践活动，充分调动周围可利用资源，加强与企业、政府、社会等的联系与合作，促进创新成果转化为实践成果，成功实现创业，建立更多的就业渠道，在一定程度上缓解了大学生“就业难”的问题。

（二）加速科技进步，助推经济建设

“挑战杯”竞赛是一项综合性的大学生学术科技竞赛，推动理论与实践结合、学生与社会接轨。全面贯彻落实“建设创新型国家”战略，提升高校、城市甚至整个国家的创新意识和创新能力。通过展示作品、转让技术以及科技创业，使具有可操作性的作品转化为实际生产力，解决社会上的热点难点问题，加速我国创新

科技的进步，促进生态环境与人类社会的和谐、健康、可持续发展。十九大报告明确指出："创新始终是引领发展的第一动力。"科技创新是时代的发展动力，以科技带动产业结构的调整，不断更新企业生产设备，优化我国经济发展模式、风险投资体系，提升各产业领域的经济效益，最终实现中国新时代经济腾飞。

二、健全我国高校的人才培养模式

（一）构建育人平台，深化教育改革

"挑战杯"竞赛是我国高等教育的重要组成部分，始终坚持高水平、高质量的发展。我国政府与高校坚持中国特色社会主义创新道路以及党的基本路线，丰富"挑战杯"竞赛的赛事内容，拓展实践的工作载体，建立起学校—省—全国的大学生课外学术实践体系，打造创新创业的教育系统工程，构建专业性、规范化的教育培训机制，培养大学生的科学精神与科学态度，激发大学生的创新意识及潜能，转化大批的原创性科技成果。"挑战杯"竞赛现已成为推动创新型国家建设的重要平台，为我国科技发展提供青春力量。其中已经产生 2 位长江学者、6 位国家重点实验室负责人、20 多位教授和博士生导师，有 70％的学生获奖后继续攻读更高层次的学历以及近 30％的学生出国深造。

（二）建立孵化基地，营造科创氛围

"挑战杯"竞赛深入学习贯彻习近平新时代中国特色社会主义思想以及党的十九大和十九届二中、三中、四中、五中全会精神，全国各高校顺应新时代的发展要求，培育出更多踊跃投身于创新驱动发展战略的创新型人才。以"挑战杯"竞赛为载体，以培养科创意识与能力为宗旨，开展创新实践活动、凝练科技创新成果，引导大学生增强"挑战筑梦"的锐气、"科创报国"的志气。例如：开辟专业指导创业的教室，建立科研创新的实验室，建设科技创新的孵化基地，支持大学生在核心期刊发表论文等。转变传统科创育人理念，提倡以创新创业为主导，发挥骨干学生的带头作用、老师的激励作用，传播科创的种子，令科创在高校中生根发芽，营造积极的校园氛围，推动各类大学生课外科技竞赛活动的开展，促进创新创业实践活动的落实与发展。

（三）延伸课堂教学，完善指导体系

"挑战杯"竞赛是深化我国高等素质教育的实践课堂。在竞赛的教学过程中，以学科基础课程为重点，根据学科专业主干知识体系架构，注重融入学科前沿内

容。同时以培养大学生创新能力为目的，重视指导教师对大学生的引导作用。经过16届“挑战杯”竞赛的举办，逐渐形成了建立在“大学生科研立项”基础上的项目选拔制度。高校成立大学生学术科技竞赛组织机构，积极举办相关赛制的竞赛，聘请校外的专家、顾问组成评审委员会，对大学生的参赛作品进行评审、指导，具有完善的指导体系。一件优秀的参赛作品，一般耗时1～2年，进入校赛后，高校会配备相应专业的评审专家或有经验的指导老师提供修改意见，学生也会与老师沟通自己的想法与思路。

三、提升大学生的综合能力

（一）增强管理认知，奠定科研基础

“挑战杯”竞赛是当代大学生关注社会、服务社会、实现理想与价值的主要途径之一，是一个具有复杂性、持续性、创造性、综合性的科学研究活动，是一个需要不断探索与学习、不断增长知识的过程，实际上就是大学生自我管理的过程。在课题设计过程中，锻炼了大学生从整体思考问题的思维能力，帮助大学生掌握相应的分析工具，了解社会运行规则，学习普遍发展规律，掌握科学实践的思想基础和方法，清晰地进行逻辑推理和趋势判断；在实施项目的过程中，参赛者基于“科学性、先进性、现实意义”的基本原则，运用历史唯物主义和辩证唯物主义的思想方法，制定详细的实施方案。在此期间，大学生既能正确地认识自我、定位自我，还能有针对性地提高科创思维，奠定科研基础。

（二）增进学科交流，强化核心素养

在当今，科学事业在高度分化基础上呈现出高度综合发展趋势，各学科交叉领域涌现出大量的创新点。“挑战杯”竞赛中的许多项目一般是由来自不同学科、不同层次、不同领域的大学生共同组队完成。不同知识背景的成员相互交流、合作，不同学科的知识相互融合，使每一位成员增长新知识、构建新思维。在确定课题、研究项目、开展竞赛与转化成果这一系列过程中，不同思想、不同观念的冲击不断使大学生产生新想法、新观点，是强化青年大学生核心素养的有形载体，使其在原有基础上具有更多的创新空间。在思想的碰撞中，树立正确的世界观、人生观、价值观，培养以人为本、实事求是、与时俱进、艰苦奋斗、科学严谨和勇于创新的精神，锻炼运用理论知识解决实际问题的能力。

（三）培养协作理念，提高团队效能

“挑战杯”竞赛是一个相当严谨的科学实践过程，大多是由一个团队合作完

成。从设计课题、查阅文献、收集资料，到制定方案、实施步骤，再到整理资料、分析数据、撰写论文等过程中，参赛者均应具备系统性的思考能力、严谨化的科研态度以及合作式的团队精神，共同来应对这个复杂多变的研究过程。在研究过程中，参赛者树立参与、共享、双赢的理念，具备及时反馈、理性行动的态度，形成整合资源、凝聚团体的能力，使得整体的效能大于局部效能之和。在实践过程中，参赛者需寻找高效率方法进行有效的沟通，简明、准确地表述个人的观点与想法，利用最少的人力、物力、财力在最短的时间内创造出最好的效益。

第二章　群英荟萃——组建精英团队

“挑战杯”竞赛成功举办 30 多年来，吸引了数以万计的青年大学生参与科技创新活动，培养和锻炼了一大批在学术科技上有潜力、有作为的优秀人才。而“挑战杯”竞赛作品往往由掌握不同学科知识的成员齐心协力才能完成。古语有云：“能用众力，则无敌于天下；能用众智，则无畏于圣人。”这说明团队的力量是巨大的。在“挑战杯”这场群雄逐鹿的激战中，究竟“鹿死谁手”，精英团队的组建将会起到关键性的作用，本章将深入探讨如何构建“挑战杯”竞赛的精英团队。

第一节 精英团队的概况

一、精英团队的定义与特征

(一) 精英团队的定义

团队，即一群有着共同方向、各有所长的人聚在一起，实现各自的价值，为同一个目标而奋斗的正式群体，这也是团队有别于一般群体的根本特征。

什么是精英团队？有两种普遍的理解，一种观点认为，精英团队主要是指团队的决策层皆由精英组成，且拥有决策权，能够左右和决定团队的发展方向和战略；另一种观点认为，精英团队主要指核心技术团队，因为他们掌握团队核心竞争力，决定团队技术高度，团队成员本身又是稀缺人才。精英团队较为准确的定义，是指在各个层面、各种形式下的团队中，那些经过融合、磨炼之后，具有高于平均水准的内部管理能力和达成任务的能力、团队成员拥有高于平均水准的知识和个人满意度的团队，这样的团队就是精英团队，同时这种能力和满意度对团队竞争力的形成至关重要。

(二) 精英团队的特征

精英团队的特征：一是具有特色鲜明的研究方向和明确的研究目标。这是保证团队成员具备旺盛的战斗力和凝聚力，使精英团队获得支持和实现可持续发展的重要条件；二是团队成员优势互补，是一个互为补充的群体。不同年级、不同研究经验、不同科学背景、不同研究水平的人相互交流、相互影响、相互熏陶，但又不脱离核心学科的研究方向，这种类型的团队才能够在比赛项目上取得突破性进展；三是精英团队应该是一个成员相互尊重、相互信任，能够充分发扬民主平等的研究群体。即团队的组织结构应该是扁平式的，强调人人平等，应避免“一言堂”；四是精英团队的领导者应该具有战略眼光和很强的协调能力，能够使整个团队和谐有序地运作。合格的团队领导人能够准确把握项目发展方向，选定研究目标，而且善于调动团队成员的积极性，调整成员之间的关系；五是精英团队应该是一个持续产生新创意、新动力的高效研究群体。

二、团队构成的五要素

如图 2－1 为团队构成的五要素。

图 2－1　团队构成的五要素

（一）目标(purpose)

目标是竞赛团队参加“挑战杯”竞赛所希望得到的成果。有目标的团队才有意义。制定共同目标后，团队成员朝着这个目标共同努力，在完成一个共同目标的过程中，成员之间就会无形中产生一种高于团队成员个人总和的认同感。这种认同感为如何解决个人利益和团队利益的碰撞问题提供了有意义的标准，使得一些威胁性的冲突有可能顺利转变为建设性的转折。

（二）定位(place)

确定了“挑战杯”竞赛团队的目标之后，要根据“挑战杯”竞赛团队的目标对团队进行合理的分析定位。团队的定位有两层意思：一是团队的定位，团队在竞赛中处于什么位置？由谁选择和决定团队的成员？团队最终对谁负责？团队采取什么方式激励团队成员和团队以外的相关成员？二是个体的定位，作为成员在团队中扮演什么角色？是制定计划者还是具体实施或评估者？在对这两方面意思都明确的情况下，就可以制定一些规范，来规范团队的任务。

（三）计划(plan)

计划影响团队的构成问题。团队应该如何分配和行使组织赋予的职责和权限？简单地说就是团队中的成员都做什么工作，怎样做？具体来讲，计划有两层含义：一是目标最终的实现，需要一系列具体的行动方案，可以把计划理解成完成目标的具体工作程序；二是提前按计划进行，可以保证团队工作的顺利开展。只有在计划的指导下，团队才会一步一步贴近目标，从而最终实现目标。

(四) 职权(power)

职权是指团队负有的职责和相应享有的权限。对团队职权进行界定的过程中需要解决以下问题:团队工作的范围是什么?团队可能影响到整个竞赛的事务吗?你希望你的团队采取实际行动,促成某种结果吗?你所组建的团队在多大程度上可以自主决策,等等。这些问题会因为具体团队的目标和定位的不同而各不相同,这取决于团队的规模、结构和类型等。在解决职权问题时,必须坚持“在考虑团队职权因素时,一定要分清轻重缓急”这一原则。

(五) 人(people)

最后一个要素是人,人是构成团队最核心的力量,如果没有人,也就没有团队可言,也就没有计划的制订和执行了。一般来说,至少有三个人才可以构成团队。因为每个人的特点不同,所以,一个团队的负责人如何分配成员任务,达到优势互补、协调合作,影响着团队的发展,当然团队成员之间的关系是否和谐也对团队成功与否起着重要作用。

三、团队的重要性

在当今越来越多的高校重视“挑战杯”竞赛的趋势下,更容易凸显出参赛过程中“挑战杯”竞赛团队的重要性。古语云:“下军尽己之能,中军尽人之力,上军尽人之智。”也就是说最普通的领导者依靠自己的能力,中等的领导者是发挥大家的能力,最上等的领导者是激发并合理利用每个人的能力。作为一个优秀的团队领导者,若想打造一个优秀的团队,就需要引导团队的每个成员不断释放自己的才能和智慧,因为团队的力量远远大于个人的力量,这一点毋庸置疑。正如奥斯特洛夫斯基所说:“不管一个人多么有才能,但是集体常常比他更聪明和更有力。”阿里巴巴创始者马云曾谈及团队的力量,例如他曾在《赢在中国》节目中说道:“没有什么忌讳的,你们公司的核心竞争力就是你和你的团队。”团队的经营若要保持经久不衰,离不开团队的众志成城、相互协作。团队协作是指建立在团队的基础上,发挥团队精神、互补互助以达到团队最大工作效率的能力。对于团队成员来说,不仅要拥有个人能力,还需要有在不同工作岗位上各尽其能、与其他成员协调合作的能力。因此,在“挑战杯”这场群雄逐鹿的激战中,究竟“鹿死谁手”,团队的组建将会起到关键性的作用。

第二节　精英团队的组建

高楼大厦需一砖一瓦的层层累积才可矗立，美妙乐曲需一音一符的巧妙组合才可谱写。同样，“挑战杯”竞赛中优秀成绩的取得也并非个人单枪匹马就可顺利完成，而是一群人朝着同一个方向共同努力才能取得，这就要考虑如何进行精英团队的组建。正如比尔·盖茨所说：“单靠个人或者少数人的力量已经不行了，个人英雄的时代业已结束。”从校赛、省赛至国赛，团队将面临愈来愈激烈的竞争，因此在参赛开始，就需要慎重考虑团队的组建。如图 2-2。

图 2-2　精英团队的组建

一、精英团队组建的方式与方法

在“挑战杯”竞赛中，精英团队的组建主要有三种方式：一是以项目为中心，通过学生自主报名组成团队；二是以项目指导教师为中心，根据老师的标准，直接选出优秀的学生组成团队；三是以项目的学生负责人为中心，以人际关系为基础组成团队。前两种方式形成的团队缺少初始的合作意愿，协作能力欠缺。第三种形式由于学生自身的局限性，团队成员通常同质化明显，不利于项目开展。所以要想组建优秀的精英团队，应具体问题具体分析，不仅要有正确的组建方式，更要掌握组建的方法。

人际交往法的重点是团队成员之间进行交往的方式，目的是确保团队成员以诚实的方式交往，这样会使团队成员之间的合作更加顺利，仅靠人际关系组成的团队可能会缺乏足够的专业知识；角色界定法勾勒出了多种角色模式和群体过程，目的是使个人清醒地认识到成员个人所做贡献的类型，找准自己在团队中的位置，以便于使自己更加完美地融入团队，使任务完成得更有效率；价值观法强调团队拥有价值观念的重要性，所有成员都要拥有这些价值观，在工作中，着力于培养共同的团队价值观，这样，就能以一贯的方式指导每个团队成员的行为，如果团队成员价值观不同，在交往和工作中很容易出现矛盾，影响项目的完成进度和效率；任务导向法是以任务目标为基础来组建团队，这样组建的团队的队员将会把更多的精力放在完成任务上，而轻视了人际交往，大大降低了团队的凝聚力；社会认同法是通过有效的交流来提高团队的凝聚力，通过展示团队成就和职业化鼓励成员为自己的团队感到骄傲和自豪。

二、精英团队组建的基本原则

团队组建的基本原则是为提高工作效率和实现相关目标所必须遵循的，在精英团队建设中 5W1H 原则是不可或缺的，5W1H 就是对工作进行科学的分析，对某一项目在调查研究的基础上，就其项目内容（What）、责任者（Who）、完成地点（Where）、完成时间（When）、为何这样做（Why）以及怎样做（How），即“5W”“1H”进行书面描述，并按此描述进行操作，达到完成职务任务的目标。见表 2－1。

表 2－1　5W1H 原则

5W1H 原则	
What	项目内容
Who	责任者
Where	完成地点
When	完成时间
Why	为何这样做
How	怎样做

What 是我们针对这种情况，需要做什么？采取什么对策？对策需要什么流程？Why 是为什么这样做？这样做是最好的方法吗？有没有经过实际操作？有没有不好的结果或不足？我们这样做的最终目标是什么？How 是如何做？采取什么方法和措施？措施恰当吗？Who 是由谁来做？负责人是谁？When 是什么时间来做？多长时间完成？完成期限是多久？Where 是完成的地点在哪里？是开放式地方还是封闭式地方？而建立精英团队必须具备的原则主要包含以下几项（如图 2－3）。

（一）目标方向一致原则

目标一致，才有为此而凝聚在一起工作的可能。目标明确，才能让队员意识到共同努力的方向。在“挑战杯”竞赛中，首先要确定团队目标的大方向是什么，有目标的努力才更有意义。

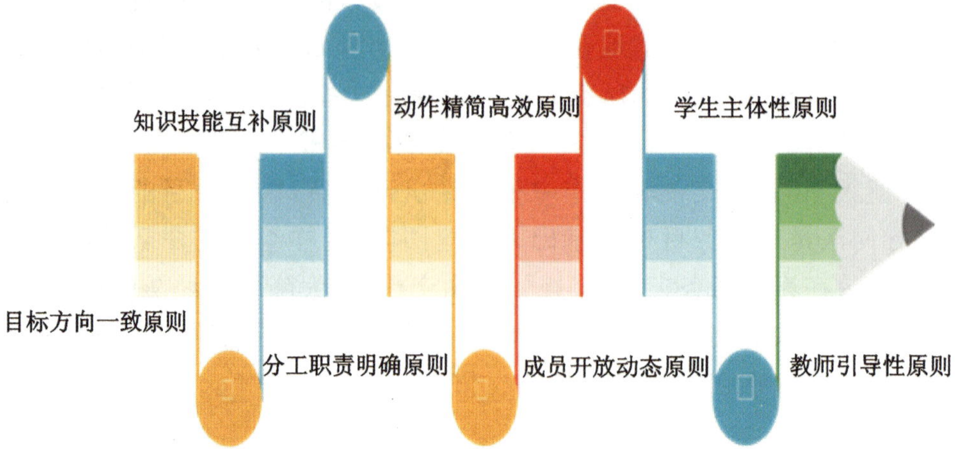

图 2-3　建立精英团队必须具备的原则

（二）知识技能互补原则

团队协作的根本目的在于缩短研究目标与自身能力之间的差距，故而在团队目标确定后，需要根据目标要求寻找具备相应知识技能的人员组建团队。如一位指挥团队取得第六届“挑战杯”创业计划比赛全国金奖的负责人说过：“每个人在各自能力上可能只打出 70～80 分，但我们要做能力的加法和乘法。”其中，计划书、申报书的设计与书写，PPT 的制作与演讲答辩能力，长于组织管理和交流沟通等都是必不可少的能力要求。

（三）分工职责明确原则

著名的“彼得原理”正是揭示了这一原则的内涵，它指出：在各种组织中，雇员总是趋向于晋升到其不称职的地位。如一名优秀的运动员被提升为主管体育的官员后而无所作为。对于一个团队而言，一旦某一部分人员被推上与其能力不相匹配的职位时，就很可能造成人浮于事、效率低下的后果。如何更好地让团队内的每一位成员都“各行其位”，最大限度地发挥其潜能，分工职责明确这一原则甚为重要。

“挑战杯”竞赛的复杂性及个人能力的局限决定了一个人不可能从事每个环节中的各项事务，故而应根据团队中每位队员所具备的不同的知识技能合理安排相应工作，并要求每位成员明确细分好自身的职责范围。

（四）运作精简高效原则

为提高团队协作的效率、降低团队的运作成本及按公平的比例分享比赛成果，团队成员应在自身职责范围内尽力提高工作效率，并在保证团队良好运作的前提下尽力精简内部人员数量。如避免工作范围交叉、内容重复而导致无用功的存在。

（五）成员开放动态原则

考虑到参赛过程中存在一些不确定因素，团队在任何时期都可能因为自身能力、任务分配、其他事件等多种原因导致不断有队员中途退出，这就意味着需要有新的成员不断加入。因而在组建团队的过程中，需要保持团队的开放性和动态性，使真正与目标相匹配的人员被吸收容纳进来。

（六）学生主体性原则

任何一项工作在开始之前，不可避免地需要确定工作的主客体。在“挑战杯”竞赛中，精英团队的组建同样需要明确谁是主体这个问题。从可行性分析中我们可以知道，团队管理中项目团队的主体是所有团队成员，而不是其他团队的管理者，项目团队目标的实现依赖于团队成员的互助与协作。为了保持学生的主观能动性、创造性，在“挑战杯”竞赛中组建精英团队，将参与的学生作为主体是不二选择。这里所述的学生主体性原则涵盖了项目团队的成立、人员选择、项目目标的确定、项目的实施等全部过程。在项目团队的实施过程中能否坚持学生主体性原则直接关系着项目团队的目标能否实现。

（七）教师引导性原则

在“挑战杯”竞赛中，精英团队的组建需要遵循教师引导性原则。大学阶段是学生世界观、人生观、价值观进一步成熟的重要阶段，其学习观念也在不断成长成熟中。这个时期，学生既因过往的学习生活经历导致价值观念不易受到教育者的正面影响，又因对外界环境的亲密接触，尤其是网络环境的自由接触而容易受到各种不良价值观念的渗透。因此，在“挑战杯”竞赛中组建精英团队仅仅坚持目标一致性和学生主体性还不够，还需要充分发挥教师的正面引导作用，使学生的项目团队不走弯路。同时，因为学生缺乏运行项目团队的成熟经验，所以项目团队的动作也需要教师提供专业的指导和帮助。

三、参赛团队人员的角色定位

人员，是精英团队最核心的力量，故而它的选择组建是十分重要的。众所周知，著名的“木桶理论”正揭示了团队人员之间协作的重要性。正如由多块木板构成的水桶，其价值在于盛水量的多少，但决定水桶盛水量多少的关键因素不是其最长的板块，而是其最短的板块。这就说明任何一个团队，构成组织的各个部分往往是优劣不齐的，而这也正决定了整个团队的水平。同样，如果各块木板之间结合得不够紧密，那么这个木桶将无法装水。这对于一个团队来说，如果员工之间没有互相协作的精神，将会严重影响比赛任务的完成。如果说水桶原理强调一种内部平衡，那么漏水桶原理则强调团结协作的重要性。

从参赛的各个环节来看，团队的负责人、一般成员与核心成员及指导老师等都是必不可少的组成人员。如图 2－4。

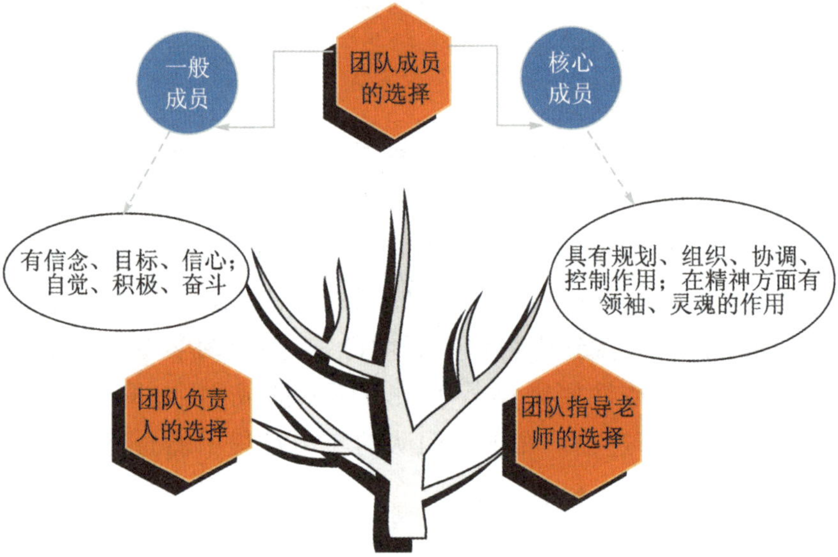

图 2－4　团队成员的挑选

(一) 团队负责人

在“挑战杯”竞赛中，团队负责人对队伍的影响很大，一个优秀的团队负责人往往能最大限度发挥出团队整体的力量，带领团队取得骄人的成绩。那么一个优秀的负责人需要具备什么素质呢？如图 2－5。

优秀负责人需要具备的素质
- 鲜明的团队责任感
- 良好的沟通交流能力
- 强烈的民主公正能力
- 专业的学术科研能力

图 2－5　优秀负责人需要具备的素质

1. 鲜明的团队责任感

具有鲜明的团队责任感，是成为一个优秀负责人的第一素质要求。团队像个大家庭，需要一位负责人将大家凝聚在一起，带领他们朝着目标前进。在比赛过程中，一旦团队出了问题，他就要敢于站出来面对问题和承担相应后果，并能够在最短时间内想到应对之策。

2. 良好的沟通交流能力

马克斯韦尔说："所谓领导者的成功，可以定义为对周围人能力最大限度的使用。"团队的建设发展离不开沟通交流，具备良好的沟通能力是成为优秀负责人的第二素质要求。团队一旦组建起来，就存在着对内——各成员之间的沟通；对外——与学校、老师、专业人士等其他外界人员的交流，这都需要负责人搭建好沟通的桥梁，成为双方交流的纽带。如针对成员间关于任务分工、会议意见存在分歧，发生矛盾冲突等方面，要学会调解；在寻求学校支持、老师指导等方面，要掌握一定的沟通技巧。

3. 强烈的民主公正能力

团队成员如果想和平友爱地共同成长，共同进步，离不开团队中民主公平的和谐氛围。因此，拥有强烈的民主公正力则是一位优秀负责人的第三素质要求。在比赛过程中，负责人要能调动团队成员的工作积极性，适时激励团队，如口头上表扬、物质上奖励、定期进行团建活动、尽力满足成员的合理需要等。而团队的正常运作也需要通过一定的制度措施进行规范和监督，建立公平公正的制度体系显得尤为重要。如此才能在团队中营造出一种民主与平等的和谐氛围。

4. 专业的学术科研能力

专业而具有学术科研意义的项目才有发展价值，对于选择哲学社科类方向的团队来说，这一点要求不可或缺。作为优秀的团队负责人，第四素质要求便是拥有专业的学术科研力，具备比队员更高的专业素质，在带领团队时才会更加有信服力。如需要接触过相关学术论文和了解调研报告的撰写，甚至曾发表过论文，同时还需具有一定的科研和创新思维，善于观察、动手能力强等。

（二）团队成员

团队成员是组建一个团队的基本要素，并不需要人数过多，有时候合适的往往才是最好的，主要包括成员的选择方向和能力要求两方面。

1. 团队成员的选择方向

如图 2－6 为团队成员的选择方向。

（1）成员属性相似

即人在交往过程中，与自己有相似之处的人会优先吸引我们，我们在与他们

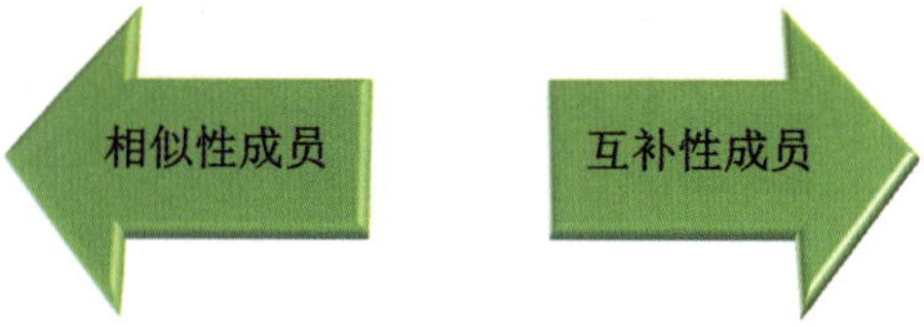

图 2-6　团队成员的选择方向

交往的过程中，常常会倍感亲切，相处也更加愉快。最主要的是两个人看问题的角度会更相似，合作也会更加顺利。具体体现在 3 个方面。目标相似性：即团队成员具有共同的目标，当目标一致时整个团队才能拧成一股绳，形成合力朝着同一个方向使劲，否则在一开始目标的确立上就出现了分歧，团队只会像一根根细线朝向四面八方，柔软而不可抵抗外力，从而偏离成功。态度相似性：万事开头难，团队初期工作的开展实属不易，“吃得苦中苦，方为人上人”，每个人都应具有吃苦耐劳的精神，若一个人最初的态度就是享受成果，消极工作，想要“空手套白狼”，为自己牟取利益，领导者应当尽快将其淘汰。信任相似性：要敢于把后背交给队友，目标完成的过程也是腹背受敌的过程，一个人定然无法突出重围，这就要求团队成员之间能够给予对方足够的信任，若是相互防备，最终也只会两败俱伤。

(2) 成员属性互补

没有任何一个人能够独立于整个世界而单独存在，而世界正是因为形形色色的人才变得更加饱满和丰富。即使个人能力再突出，也需要一个团队的保障才能彰显出出众的才能，否则很难被他人知晓。一个人无法面面俱到，这就要求选择团队成员时要考虑成员之间的互补性，相互配合得好，工作开展得也就更加顺利高效。具体体现在能力互补：团队成员职责分工需要明确，每个人的能力要与所分配到的岗位契合，这样才能做到扬长避短，最大限度发挥出团队的职能。

2. 团队成员的能力要求

第一，有较强的责任感，一切从团队出发，站在团队角度思考问题，当个人私事与团队任务发生冲突时，要学会有所取舍。

第二，有良好的执行能力和创造能力，不仅能够出色地完成团队分配的任务，还善于发现新问题、寻找新思路，并乐于发表自己的想法，提出合理有效建议。

第三，有高度的团队认同感和相互协作的意识。

第四，积极认真，努力进取，追求上进，不断给自己提出新目标，并为实现目标而努力。

第五，拥有相关比赛的经验，如具有演讲答辩能力、PPT 制作能力、计划书和申报书的撰写能力等。

除此之外，对于选择哲学社科类方向的团队，需要组建属于团队的一般成员与核心成员。其中，一般成员主要负责后勤保障工作，为团队寻求各界帮助，如拉赞助、资料的收集与整理、参与调研等，属于比赛的“幕后人员”，需要有一定的沟通交流和吃苦耐劳的能力。而核心成员则负责参与项目的主要决策与工作执行，属于比赛的“表演人员”，专业能力素质上要求更高。

（三）团队指导老师

比赛团队多由学生构成，老师可从宏观上给予团队一定的指导和调控，起到提纲挈领的作用。建立和形成一支以学生为主体，以指导教师为核心的队伍是项目得以迅速发展的基础和前提。虽然活动的主体是学生，但指导教师的素质及其核心作用举足轻重。指导教师可根据具体情况由 1～3 位老师组成，一般国赛指导老师 1 位，省赛 2～3 位，他们最好是对项目所涉及的专业领域有较多研究的专业课老师，需要具有一定的学历职称与学术科研水平，发表过相关论文、开展过相关课题研究等。一位成功的指导教师需具备多项素质。

第一，指导老师具备时代使命感和无私的奉献精神。即由使命感激发出来的激情和热情，并具有持久性。古人云：“师者，传道、授业、解惑也。”现今教师的责任与使命具有鲜明的时代特征。在“挑战杯”大赛中，指导老师也肩负着重要的责任与使命，一则是为学校、社会培养更加优秀的人才；二则是言传身教，树立典范。因为不论在参赛项目准备时还是实施时，都需要投入大量时间和精力来完成指导工作。另外指导老师具有专业的学术和科研能力，在项目的选题及方向的确定上发挥着不可或缺的作用。具体体现在：最初的项目立题，需要老师引导学生查找大量文献，提炼文献精髓，但是学生基本没有成熟的经验，除了自主学习之外还要依靠老师提供的意见和方向才能少走弯路，达到事半功倍的效果，所以老师除了要忙于本职的教学工作，还要额外分配时间指导项目的推进。立题是整个工作的重中之重，以后所有工作几乎都需要围绕它来进行，所以仅立题就需要老师和学生不断从枯燥乏味的文献当中提炼；立题结束之后，工作的开展需要规划时间段来进行，老师根据每个人的特点为其分工，从而使学生前往不同的调研地点，每一个调研基地都需要老师亲自勘察，指导学生如何入手、抓住主要矛盾、记录关键信息，若调研过程中的记录没有章法，将会为后期的协作增加极大的困难；调研结束之后，每个小组需要总结汇报，由老师进行点评并给出修改意见，每个小组就这样一次次不断修改，最后逐渐形成初稿再到成品。整个过程，老师都发挥着不可或缺的作用，正是他们肩上的责任和使命激励着他们，也感动着学生。

第二，指导老师要严把挑选关。团队虽由学生自主组成，但学生间能力参差不齐，指导老师要对团队成员的挑选进行严格把关。因为学生组队可能很多时候考虑得不是特别全面，每个人的学习方向肯定会有很大的相似性，使得互补性相对缺乏，所以指导老师需要发挥一个领导者的作用，适当干预团队人员的组成，因为他们是后期工作的参与者和执行者，只有团队配合默契，才能有效完成下达的每个时间段的任务。

第三，指导老师要发挥示范效应。指导老师的言行及态度影响着团队的发展，言行品德好的老师对团队的建设起着积极作用。“独立之人格，思想之自由”是蔡元培先生为五四时期知识分子所下的定义，也应该成为教师做人的基本准则，身为各种高级人才的培养者，只有自身具有正确的思想、高尚的品德、渊博的知识，才能培养出真正意义的社会人才。就像在团队成员犯错误的时候，身为老师首先想到的是应当怎样去引导和开解而不是埋怨和训斥，一来有利于学生的身心健康发展，二来有利于团队的巩固和提升；在团队如期完成任务的时候，老师若是能够在恰当的时候给予奖励也更有利于激发团队的工作热情。

指导老师严谨踏实的教学指导，将会使团队更稳更快地进步发展。因为“言传身教”是最有说服力的方式，老师在工作中的踏踏实实、兢兢业业也会间接影响学生对于生活和工作的态度，俗话说“师傅领进门，修行靠个人”，老师的指导方向和工作态度起到了纲领性的作用。

四、案例分析

从西游记师徒团队看精英团队的组建：西游记师徒团队是由四种不同性格的成员组成的一支团队，克服重重困难，最终取回真经的艰苦历程，也让人有更加深刻的理解。其实团队的进步与个人的前程是紧密联系在一起的。当一个团队实现既定目标的时候，每一位成员也都会从中得到个人的成功。从猢狲到斗战胜佛，孙悟空的故事，可以说是一个从个人奋斗失败转向团队成功，最终实现个人价值的经典案例。这也告诉我们在追求个人成功的过程中，大家都离不开团队合作。世界上没有一个人是全能的，即使是神通广大的孙悟空，也需要寻求各路神仙的帮助，与团队里其他成员的能力形成互补，才能完成取经大任。所以无论是力量型的人、完美型的人、活泼型的人，还是和平型的人，都可凭借个人的性格魅力获得团队的支持，于是我们就可以实现个人的价值和团队的成功。团队遇到困难时，大家齐心协力战胜困难的过程就是战胜自我的过程，融入团队的过程也是生命成长的过程。

- **角色定位**

如来佛祖：作为最高领导，在选人方面着实慧眼如炬，他如同伯乐，识得千里马，深谙团队之道，配合分管领导观音，制定企业的战略目标和运行流程，因为方向大于努力，上层建筑的决策方向一旦确定，将会成为整个团队日后努力的动力和方向。

完美型的唐僧：作为一个领导者，他具备长远的目光，目标非常明确，意志坚定，时刻对成员进行愿景阐述，如："贫僧自东土大唐而来，前往西天求取真经。"他有组织和设计的能力，注重团队的行为规范，给予团队严格的工作标准，进而组建了一支团魂炸裂的团队，若是没有他的存在，就算能力十分突出的个人，也只能沉溺于乌合之众当中。

力量型的孙悟空：干劲十足，热衷行动，有快速解决问题的能力，注重工作之后的结果，执行力很强，能够迅速理解并完成上级下派的任务，是团队的业务骨干。能力突出的个人也十分有个性，若要"降服"此人，还需"紧箍咒"这一不可或缺的约束和激励机制。若一个团队缺乏这种行动力特别强的人，那么各项工作的开展都将遇到阻碍，团队目标的完成也将遥遥无期。

活泼型的猪八戒：八戒是一个热情奔放、善于活跃团队气氛的成员，主要负责团队的公共关系，让团队的工作变得更加有趣，是团队的"润滑剂"。若团队当中缺乏这类"闹腾"的人，那么整个工作过程会十分枯燥乏味，让人越来越难以维持对于工作的持之以恒的耐心。

和平型的沙和尚：他待人处事极为温和、冷静且理性，为人忠诚，踏实，吃苦耐劳，能够耐心地完成自己分内之事，做一颗根深蒂固的"螺丝钉"，保障团队敦实的后勤补给，可以说是整个团队在完成目标过程中的稳定基础。若是团队缺乏此类任劳任怨、不计得失的"螺丝钉"，团队内部的和平与稳定难以维持长久，团队任务自然也无法圆满完成。

白龙马：作为代步工具，多了没用，少了不行，是团队的清道夫。

各路神仙，各显神通，帮助西游记团队解决问题，是非常优秀的外援团。因此可见，坚定的领导意志、合理的人才选择、明确的分工合作、默契的团队配合、严厉的奖惩制度是团队"取得真经"的必备要素。

● 案例启示

从整个西游记团队的构造来看，若想成功取得真经，一是要组建一支怀有共同理想和抱负的团队。成员也许不是特别优秀，但是每个人都愿意为了同一个目标投入自己的时间和精力，这就是团结；二是要用制度规范成员的行为，每个人的言行或多或少都需要监督，否则时间一久，每个人养成随心随性的习惯，就会使整个团队变得松垮而不严谨；三是要加强思想建设工作，团队初期难免出现矛盾，领导者要做好协调和沟通工作，适时关心成员的生活，营造出真诚、温暖的氛围，让每个人都能在尽心工作的同时享受家一样的温暖；四是要树立良好形象，就像唐僧拥有苦行僧般的意志一样。

“挑战杯”竞赛实际上就是培养大学生综合实践能力的一场赛事，通过此次活动，学生能够经历团队工作的过程、领会团结的精神、感受集体工作发挥的强大力量。在这样一个具有综合性、实践性和研究性的活动中，如果只依靠学生个人的努力来完成研究的全过程，定会受到时间、空间及人力的限制，且时间线拉得越长，越会使人感到疲惫，也就越容易使人产生放弃的心理。而团队合作学习可以有效解决这个问题。划分小组之后，各组分配任务，最后整合工作成果，这便是一个连续且完整的研究过程。在团队目标完成的过程中，个人也在其中收获了不同的体验、成长和感动，成就感也油然而生。

第三节　精英团队的管理

一支军队建立起来若不进行有效的管理，就会变得松散而失去战斗力，团队亦是如此。一个团队组建以后需要行之有效的管理，才能让它发挥出最大的作用和潜能。在进行精英团队管理的过程中，需要从以下几个方面出发实施：一是精英团队的目标管理；二是精英团队的文化管理；三是精英团队的制度管理；四是精英团队的保障管理。见表 2 - 2。

表 2 - 2　精英团队的管理

精英团队的管理	内　容
精英团队的目标管理	目标的确立
	目标的评估与修正
	目标任务的分解
精英团队的文化管理	合作与学习管理
	激励与竞争管理
	沟通与理解管理
	矛盾与冲突管理
精英团队的制度管理	执行制度管理
	监督制度管理
	会议制度管理
精英团队的保障管理	物质保障
	人力保障

一、精英团队的目标管理

目标是发展团队合作的一面旗帜，是团队存在的理由，是其运作的核心动力。团队目标不仅仅是团队的指路灯、团队努力的方向，还是鼓舞团队成员的利器。团队成立的基础便是一群有梦想的人为了各自的目标而努力。故而，确定好一个合理明确的目标是团队管理中重中之重的任务。其主要包括三个方面：一是目标的确立；二是目标的评估与修正；三是目标任务的分解。

以第十五届“挑战杯”竞赛哲学社会科学类获奖作品《“一带一路”框架下高等教育国际吸引力提升路径探究——基于“一带一路”沿线国家来苏留学生教育的调查》为例，该团队历时16个月，对江苏省内19所高校、来自24个“一带一路”沿线国家的359名海外留学生进行了访谈和了解。采用数据挖掘、问卷调查、政策与文献分析、深度访谈、现象分析等研究方法，定性与定量相结合，从留学生入学前、就读中、毕业后3个阶段；高校、社会、政府3个层面，探究问题症结和对策建议。由此可见，目标的确定是团队进行比赛的第一要务。诸多实践证明，经过较长时间遴选才确定的目标往往影响着比赛项目的成败。作为一个精英团队，不能因为比赛时间紧就匆匆确定目标，从而慌忙开展后续工作，这样只不过是浪费更多的时间，浪费更多的精力，调研分析不够深入，结果也会不尽人意。

（一）目标的确立

1. 目标确立的过程

如图2-7为目标确定的一般步骤。

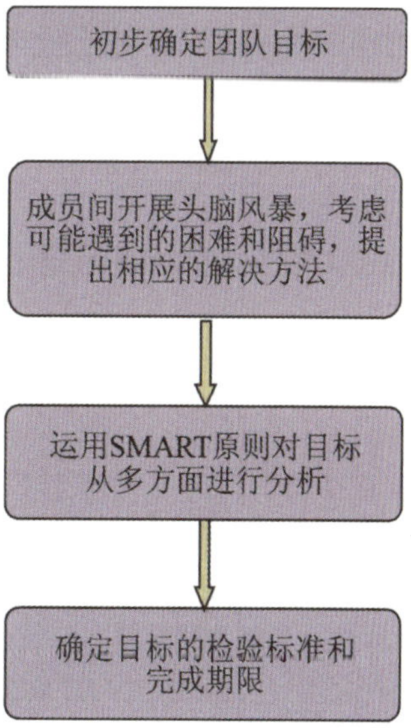

图2-7　目标确定的一般步骤

2. 目标确定的原则

“SMART”原则（如图2-8）：一是目标必须是具体的（Specific）；二是目标必须是可以衡量的（Measurable）；三是目标必须是可以达到的（Attainable）；四是目标必须和其他目标具有相关性（Relevant）；五是目标必须具有明确的截止期限（Time-based）。除此之外，目标要有可操作性和可度量性，无法操作的目标只是空谈，而无法度量的目标则会让团队失去奋斗的方向，不知道工作的进度和成功与否。同时，目标也要有挑战性和新颖性，易被实现的目标缺乏激励性，而能够想到更具吸引力、更加新颖的目标项目，则会让比赛评委们眼前一亮。时代在飞速发展，能够吸引观众眼球的永远走在时代的前列。

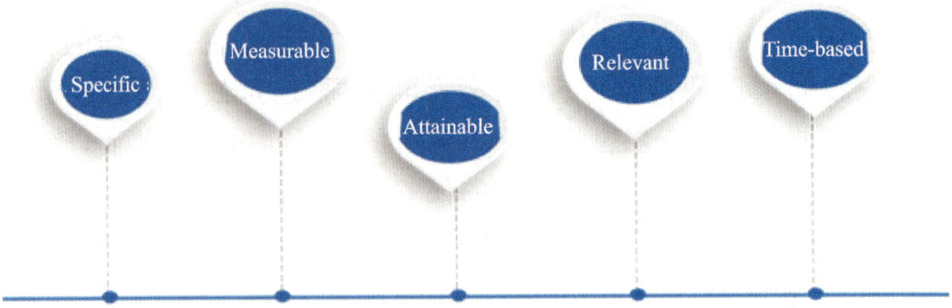

图 2－8　SMART 原则

“挑战杯”竞赛团队的总目标是团队目标体系设立的根本出发点。总目标确定后，所有的分目标和个人目标都需为总目标而服务。同时要紧密联系自身实际，如各成员的专业方向，还要考虑到现今的研究热点、重点、难点等，从多角度出发才能确定出一个满意的团队目标。

以第十五届“挑战杯”竞赛哲学社会科学类获奖作品《最好的告别：安乐死的社会意愿及合法化路径探究——以浙江省为例》为例，该团队在进行医学伦理审查研究时关注到了安乐死问题，其后从医学伦理审查的角度进行剖析，认为安乐死应具备合理的理论支撑和完备的模式体系。因此在进一步研究时，成员对中国国情进行分析，并与已实现安乐死立法的国家进行反复对比，从而提出了符合中国国情的安乐死合法化推进路径，使课题得以延续和丰富。

由此可见，团队对于比赛目标的确定有时还要从社会需要出发，立足于生活。当下的热点话题裹挟着不俗的创新点，同时适当结合团队成员的专业所长，如此才可诞生出优秀的目标作品。

(二) 目标的评估与修正

团队目标的评估可以从以下两个方面进行(见表 2－3)：

表 2－3　团队目标的评估方法

自我对照式评估	量化式评估
指在“挑战杯”竞赛中，团队成员面对已量化的目标，会进行自身任务的对照，或者是队员之间相互参照各自任务的完成情况，形成自评与互评的评估方式	即在目标实施过程中，建立一套可量化的评估标准，以保证目标实现的科学性和全面性，并及时给出反馈

考评可以从定性和定量两个方面展开，遵循系统化、标准化、具体化原则。评估的内容包括实现的程度、进展情况、实施手段、工作态度等几个方面。值得注意的是，在目标的评估过程中，需要避免考评带来的负面作用，成员个人偏离了目标或者做得不好需要及时调整心态，避免消极情绪的产生而影响其他队员。

通过对目标的评估，根据相关反馈情况，需要及时对产生的问题进行修正，才能让目标更加合理明晰。在目标修正过程中需要考虑多重因素。

从团队角度出发，我们需要考虑团队外部环境的变化以及团队内部的影响因素。前者如研究经费的不足、时间冲突、资源有限等。后者包括队员变动、矛盾冲突、突发事件、是否产生更好的构想等。

另外，值得注意的是，“挑战杯”竞赛的赛事时间主要集中在高校的上学时间，且比赛的准备周期较长，许多学生面临着时间上的冲突，常常需要一边进行日常课程的学习，一边参与到“挑战杯”的比赛研究中来，甚至还面临着与考试的冲突。

因此，参赛者常常面临着众多选择，导致团队内部人员的变动和矛盾冲突的产生，从而影响目标的顺利实现。故在目标修正过程中需要综合考虑，修正有度，但不能牵一发而动全身。在目标修正完成后，也需要及时向队员反映变动情况，争取得到大家的认可，在有限时间内完成最终修改工作，确定最终目标，而达到事半功倍的效果。

（三）目标任务的分解

取得优异成绩是所有“挑战杯”参赛队伍的终极目标，目标要远大，要有野心，要让人看到希望。一个长远宏大的目标，若没有前期、中期和阶段性的小目标支撑，那么远期目标的实现将遥遥无期。因此，要学会将总目标进行分解，分成若干个小目标，变成短期内可实现的小任务，才是可行之策。

1. 目标任务的分解

如图 2－9 为目标任务的分解。

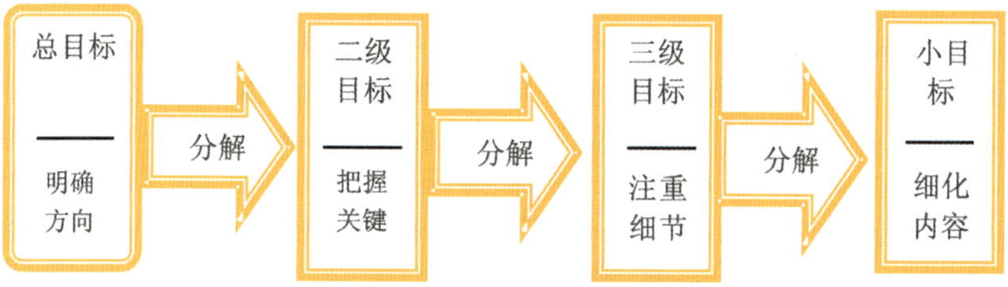

图 2－9　目标任务的分解

在“挑战杯”竞赛中，团队的总目标明确后，重点是顺利完成项目实施，并形成调研报告等成果，最终取得好成绩，为了完成这个远大的总目标，将总目标分解成多级小目标就很有必要。二级目标是将总目标进行第一次的分解,要明晰项目的重点和方向,把握目标关键所在。三级目标是对二级目标的进一步分解,明确存在的问题和难度,要细致,注重细节。而三级目标又可以分成多级小目标,细化具体内容。细节能决定成败,小目标亦能影响总目标,所以要有分解目标的智慧,才能取得优异成绩。

2. 任务分解过程中的注意点

一是分解过程遵循参与决策的方式,即做到全员参与、充分沟通。各成员根据自身能力选择相应的工作任务,在出现任务交叉或任务缺失的情况下,需要负责人与成员进行充分沟通和协调,确保任务落实到每一位成员的手中;二是任务需设置反馈机制或衡量标准,以充分了解任务完成的进度,并对不足之处及时进行修正。

二、精英团队的文化管理

一个团队不仅仅需要严格的日常管理,更要制定互相合作、互相激励、避免矛盾冲突的积极向上的团队文化战略,如此才能给团队注入新鲜的活力,打造出更加优秀的团队。其主要包括四个方面:一是合作与学习管理;二是激励与竞争管理;三是沟通与理解管理;四是矛盾与冲突管理。

管理就是管人,管人先要带心。在团队的文化管理中,团队的负责人首先要管理的就是合作文化,合作文化是打造精英团队不可或缺的要素。其次,团队负责人要适当适度地激励队友、肯定队友,如此,队员才会更有动力奋斗。另外,团队队员之间要学会沟通,沟通才能使团队进步。最后,作为精英团队的负责人,要有能调解队员矛盾冲突的能力。文化管理对精英团队的组建是至关重要的,要加强文化管理。

(一) 合作与学习管理

古人云“民齐者强”,可见团队合作能带来意想不到的力量。团队的合作管理包括团队内部成员之间的相互协作,以及跨团队之间的交流合作。

1. 团队内部成员合作管理

如何让团队成员之间通过协作发挥出 1+1>2 的合作效应,需要考虑到影响团队合作的基本因素。一是不同经历、态度和性格造成的行为差异;二是不良心理、工作作风引起的人际关系的紧张;三是不同专业、年龄造成的认识上的差异。参加“挑战杯”竞赛的各个队员基本上都是因为某些人脉关系而聚集在一起,大家大多来自不同的年级、主修不同的专业,故在对待同一个工作时会存在行为和认识上的偏差。而团队合作管理就是一个求同存异的过程，我们允许不同声音的存在，如此才能碰撞出思想的火花，但从比赛工作的大局来看，在决策时往往遵循"少数服从多数、偏向于合理性和专业性"的原则。

2. 跨团队成员合作管理

时代在飞速发展，各行各业的兴起都离不开跨界、跨域的合作，如若仅仅局限于一个团队内部几名成员间的合作，往往很难在比赛中出奇制胜。我们需要适时地进行一些跨域合作，吸取他人的成功经验并根据团队内部的具体情况为我所用，如此集各家之长，才可赢过百家。如在有条件的情况下，邀请往届大赛获得优异成绩的团队来进行交流，邀请专业人士对团队进行指导，多接触大赛评委，挖掘优秀人才并将其收为麾下等。

目标从提出到完成需要经历重重考验，需要团队成员的共同努力，共同克服困难，一路披荆斩棘，才能达到最好的结果。团队的成功离不开"华盛顿合作原理"的核心所在，即一个人敷衍了事，两个人互相推诿，三个人则永无成事之日。人与人之间的合作不是简单的人力相加，如何能凝聚团队各成员的力量，将合作达到效益最大化，是每一个"挑战杯"团队值得思考的问题。

（二）激励与竞争管理

团队需要发展一种成员之间互相激励与竞争的战略。激励的核心问题是动机是否被激发，它是一种神奇的力量，有时往往三言两语就能够调动人的积极性和热情。由此可见，有效的激励管理对团队目标的实现和工作的执行有着十分重要的意义和作用。

1. 激励与竞争管理的原则

如图 2－10 为激励与竞争管理的原则。

（1）实事求是原则

当团队内某一成员出色完成任务时，可以对其进行适当的激励和奖励，从而更好地调动其工作积极性，同时也在无形中对其他成员的工作热情产生了很大的影响。但是一切要从实际出发，不能言辞过誉，否则不仅会使得该成员有可能产生骄傲心理，也会使其他成员产生不服心理，造成团队内冲突的发生。

图 2－10　激励与竞争管理的原则

(2) 公平合理原则

对待不同成员做出的不同成绩，要根据个人情况和任务的难易度等多方面进行考量，给出其公平合理的激励和奖励，才能够以理服人。

(3) 适时适度原则

在团队内实行激励管理时，要找准时机和方式，不要进行过于频繁的团队激励，有时候一点口头上的表扬即可。大家为"挑战杯"竞赛奋战多个日日夜夜，当遇到假期时，可以让大家适时放松，并组织一些团队聚餐和团建活动，以增进成员间的了解并联络感情，达到激励的目的。这都需要团队负责人掌握好实施激励管理的那个"度"。

2. 激励与竞争管理的方式

实施激励管理的方式是多种多样的，大体分为精神激励和物质激励两类。虽然这两类方式的目标是相同的，但是他们的作用对象却有些不同。一般精神鼓励主要用于心理方面，随着社会生活的发展，越来越多的人对精神及情感方面的需求越来越大，所以通过认可赞美或者理解等方式可以对队员产生很大的激励作用。而物质鼓励主要是针对对物质有需求的队员，可以是物品或奖金等。在组建精英团队时，要合理采用这两类激励方式，也可以将两者结合，达到事半功倍的效果。古人云"一阴一阳谓之道"，所以培养团队的竞争意识也是必不可少的，有竞争力的团队才是有活力的团队。

(三) 沟通与理解管理

在精英团队中，团队成员信任与合作是至关重要的，而自私是团队信任的天敌。团队的沟通能够加深团队成员之间的相互理解，增强团队成员之间的信任和凝聚力，营造团队和谐融洽的氛围。

1. 沟通制度

首先，为确保团队成员之间能及时沟通，应建立团队沟通制度。在比赛初期，刚成立不久的团队容易遇到许多问题和困难，如不及时沟通，团队内部易产生矛盾和分歧，致使团队成员士气低落。团队比较适用的就是会议制度，通过定期召开成员会议，向团队成员公布团队目标和计划并分配任务，总结团队在项目过程中遇到的困难和问题，鼓励团队成员参与讨论，提高团队凝聚力。每次开会无特殊情况所有成员必须到场，并让所有人将意见和想法写出来，成员共同商量讨论。这样的方式使每个成员都得到尊重，并且有利于成员之间产生思维碰撞，找到最佳的解决方案。除了会议形式，还可以通过现代化的信息手段沟通，如微信群、QQ群、网站、微博等。

2. 沟通技巧

掌握一定的沟通技巧，使沟通更加有效。直接对话是团队中最重要、最常见的一种交流方式。优秀的团队要营造出一种成员间相互关注、善于交流、团结协作的氛围，沟通时的语言就必须是真诚的、认真的、恰当的。倾听是决定沟通有效性的重要环节，良好的倾听能够加强人与人之间的沟通，形成良好的人际关系。团队成员之间良好的倾听是保证团队有效沟通及保持团队旺盛生命力的必要条件。

（四）矛盾与冲突管理

团队是由各个成员组成的，人员在共同工作、相互交流的过程中难免会因为意见不合、思想分歧而发生矛盾，产生对立甚至发生激烈的冲突。诸多案例资料均显示，矛盾冲突普遍存在于团队当中，而且这会影响团队成绩甚至导致团队分裂，从而使项目半途而废。因此，实行严格而合理的矛盾冲突管理就显得尤为必要。

在实施矛盾冲突管理之前，需要了解引起团队矛盾冲突的各类诱因和类型，以便于"对症下药"，使解决方式更有效。团队冲突的类型主要有 3 种，并可细分为不同诱因的类型。了解团队内存在的各种类型的矛盾冲突后，要学会寻找解决矛盾的关键要素。以下则提出几种常用并且较为有效的矛盾冲突管理方式。见表 2－4。

表 2－4　矛盾冲突管理方式

类型/诱因	类型举例	解决方法	方法概述
与目标任务有关的冲突	如选择哪种比赛类型、研究哪种方向等	相互退让法	即团队成员之间发生冲突时，应始终将团队的核心利益放在首位，各退一步，海阔天空。团队负责人要站出来做好矛盾调解员，了解事情的来龙去脉，做好双方的思想工作，而当事人要学会主动承认错误，要有直面错误的胸襟和气度
关于团队过程的冲突	如职责不清而相互推诿，或因个人事务而不愿付出更多的时间和心力等	合理整合法	当双方因某一问题发生冲突各执一词时，要找出两边存在的合理部分，帮助其分析利弊得失，将双方优势的部分相互糅合，就可以化冲突为合作
人际冲突	如团队成员来自不同年龄、不同专业，个人的素质和经历不同，会形成根深蒂固的价值观，而不同价值体系的人在一起工作容易发生冲突	以冷制热法	在双方发生冲突僵持不下、矛盾持续激化时，要对其晓之以理、动之以情，注意安抚好双方情绪，使其暂时"降温"，有了缓解的空隙，可以私下分别约谈双方解决问题

三、精英团队的制度管理

“没有规矩，不成方圆”，团队制度管理在团队建设中亦占据突出地位。发挥团队内各成员的整体职能，要依靠严格的制度纪律来保障，提高团队整体的工作效率，要靠日常规章制度来支持，避免工作中的失误和任务延期，要靠日常监督。由此可见，加强团队制度管理绝不是可有可无的，万不可掉以轻心。而对于“挑战杯”竞赛团队中的制度管理主要包含以下三个方面：一是执行制度管理；二是监督制度管理；三是会议制度管理。

（一）执行制度管理，专注行动

再正确的决策，如若不能实际执行，也只是一纸空文，毫无意义。再远大的目标，如若没有落实到行动，也终将是空中楼阁，可望而不可即，如此可见团队执行力的重要性。

所谓执行管理，就是团队成员按质按量、一丝不苟地完成团队任务的相关管理。主要体现在以下几个方面。

1. 执行落实

将工作执行落到实处是实现决策目标的必备条件。满足这一条件需要先从执行不力的原因去分析，提出解决方法。在比赛任务的完成过程中执行力存在多个原因，如队员对任务不满意不认同、工作责任不明晰、工作落实不讲方法等。因此，需要团队负责人组织精简的会议、活动，明确队员任务和工作责任，鼓励成员间发言和交流，分享提高执行力的有效方法等。

2. 专注行动

重复又偏离目标方向的工作等于是在做无用功。而想要提高工作效率，就必须学会科学合理地分配时间，做到“时半功倍”。前面有说到“挑战杯”赛事的时间往往与参赛者的学习时间相冲突，这就需要团队负责人根据成员各有所长的特点合理分配任务。若有人因病或事请假，要在沟通平台及时报备，以便于团队在短时间内调整工作计划，长远考虑可能发生的重大事件，提前做好工作安排。同时预留一定的空余时间，劳逸结合才能有更高的工作效率。另外，团队各成员需要学会有效利用时间，规定好工作时间，今日事今日毕，做好工作进展记录，留出空余时间，时刻为接下来的任务做好准备。

以第十五届“挑战杯”竞赛哲学社会科学类获奖作品《开源还是节流——山西省贫困地区居民收入与消费结构调查》为例。该项目调研历时近 4 个月，覆盖全省72%的贫困县，涉及贫困县42个、居民5000余户。通过问卷数据分析与访谈相结合，发现恩格尔系数在贫困地区失灵的问题，提出了新时代下贫困新类型——“准支出型贫困”的概念。从政府开源与节流政策的角度，通过深入的理论与实证研究，印证了我国社会主要矛盾转化的基本状况，提出对于山西省乃至全国“精准脱贫”的对策与建议，并对脱贫时间进行了预判。该团队前期最大的困难主要是经验不足，工作执行进展举步维艰。通过查阅大量资料、请教老师，最终列出了一个具体可行的整体计划。

由此可见，团队在比赛过程中或多或少会遇到不同程度的难题，从而增加了任务执行的难度。能够有预见性地考虑到可能出现的问题，提前做好相关准备，并学会在比赛与个人事务间做出取舍、有目的地向老师请教问题，才能在任务执行过程中提高工作效率。

（二）监督制度管理，双向调节

古人云“凡事预则立，不预则废”。工作执行的好坏与否往往与严格的监督检查管理密不可分。

作为团队负责人，要时刻对工作的进展与完成情况的质与量进行监督和检查，而自身也要时刻接受队员们的监督与意见，团队内双向调节式的监督管理能够使工作有效开展。监督制度管理实施的前提是建立起一套适合团队内部开展、成员可接受的监督检查制度，如此才能有迹可循。

1. 监督制度管理方式

首先，要根据制订的短期计划与长期规划明确按期检查的截止时间，一旦到了汇报工作任务的最终点就要用成绩说话，没有按时完成工作任务的则需要做好反思工作，与负责人交流并及时调整工作安排。其次，团队成员可以根据工作安排分成若干小组，小组人员及时向本小组负责人汇报周期内工作的完成情况，各司其职，提高效率。

2. 监督制度管理要点

一是团队内的监督制度管理是为了工作顺利进行，不要因为思想保守、怕得罪人而不敢说实话，或看谁冒了尖，互相猜忌而言过于实，抓着不放，这都是不可取的；二是所有的监督制度管理永远要建立在民主、公平公正的基础上，全员参与、全员满意才是团队追求的宗旨。

（三）会议制度管理，指正方向

团队的监督制度管理往往需要依托会议的方式，故而在参加“挑战杯”竞赛的过程中,团队会议发挥了承上启下的作用。它既可以总结上一阶段的工作任务完成情况,又能为下一阶段任务指正方向。前面提及,参赛队员常因学习时间冲突而不能够时刻在一起工作,由此,会议的召开就成了团队内安排任务、制定计划、沟通交流、联络感情的重要方式。会议要根据工作完成情况定期召开,并让尽可能多的队员参与进来。

1. 会议召开各阶段

如图 2－11 为团队会议召开的阶段要求。

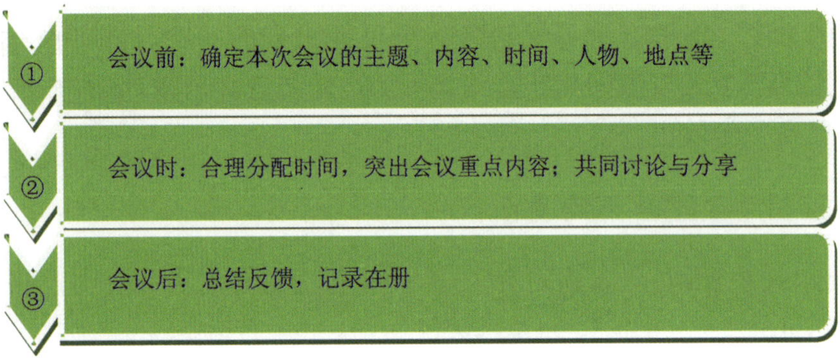

图 2－11　团队会议召开的阶段要求

2. 会议制度管理三要素

一是关于会议主题的确定,需要遵循必要性、主要性、信息充分性等原则,分清主次,提出重要问题,避免浪费时间;二是注意将线上会议与线下会议有机结合,对于重大任务和问题往往需要通过线下会议来研究,面对面的交流更有利于明确情况。平时对于一些较为次要的问题和工作的研究,或临近考试周时,尽量避免频繁召开会议,可以线上解决的就不必过于麻烦;三是会议召开前,负责人最好将本次会议的主题和需要讨论的问题发布在沟通平台,让队员提前了解情况,做好充分准备,不至于在会议上无话可说而浪费时间。

四、精英团队的保障管理

一个精英团队的诞生,不仅仅依靠于那些站在"挑战杯"竞赛现场光鲜亮丽的参赛人员,还依赖于比赛幕后那些有形或无形的后勤保障,它们为团队解决了后顾之忧,帮助团队正常高效运作,为整个团队顺利达到目标起到了不可或缺的作用。

部分好项目因为资源缺乏、物质支持少而失败,而部分好想法在充足的资源支持下最终成了优秀项目。分析诸多的比赛项目可知,团队在比赛过程中需要有力的后勤保障才能顺利进行,其中人力物力的相关保障都是必不可少的。比赛过程中还需要学会寻求学校和相关老师的一些帮助，这是解决比赛后顾之忧的有力保障。

(一) 物质保障

团队的物质保障有课题项目资源管理、财务经费管理等。课题项目资源管理包括从老师的某项研究中化裁而来的项目资源的利用，以及对“挑战杯”竞赛成果的合理分配和利用。财务经费管理包括费用的开销去路和获取来源。通常团队的财务开支主要集中在如资料打印费、外出调研的差旅费、论文发表费、服装费、团队建设费，等等；财务来源主要包括教师课题经费、学校或学院的报销和补贴、外界的赞助、参赛奖金等。

(二) 人力保障

人力要素是精英团队的第一要素，是唯一起创新作用的要素，也是起决定性作用的要素。人力要素是精英团队的关键，是精英团队的核心，也是精英团队的灵魂。离开人力这个要素，就不可能有精英团队。所以保证优质而充足的人力，对精英团队的组建至关重要。精英团队的人力保障主要有团队培训、人力支持等。

1. 团队培训

包括对成员进行“挑战杯”赛事基本情况的普及、历届获奖的优秀作品的深度剖析、基本知识技能的培训讲座等。

2. 人力支持

包括学校、老师的支持和业内人士的相关指导。学校是团队比赛的组织者和协调者，也是团队目标项目的决策审批者，掌握着比较充分的资源，如人才、项目、动向等，是团队有力的后盾支持；老师大多是该领域的专业技术人员，他们不仅可以为团队提供已有的课题项目资源，对团队工作进行指导，还与比赛的主办方或评委等有一定的接触，为团队带来第一手信息，有时一个项目指导老师的资历也是比赛评委较为看重的一点；业内人士投身于该行业当中，对行业内的规则有一定的了解，能够为团队的项目计划提供最有价值、最为实际的指导和建议，他们对业内资源的掌握使他们能够为团队做出较好的评估。

附录 1

近 4 届(十三届至十六届)“挑战杯”竞赛全国哲学社会科学类参赛团队组建分析

一、团队人数

在全国大学生“挑战杯”竞赛中，团队的人数在多数情况下是有限制的，在近 4 届获得“挑战杯”竞赛哲学社会科学类特等奖与一等奖的 203 个作品中，我们随机抽取 36 个特等奖作品与 33 个一等奖作品进行分析，通过分析近年来部分获奖作品的团队人数也可发现一定的规律。见表 2－5。

表 2－5　“挑战杯”竞赛哲学社会科学类部分获奖作品团队人数分析表

团队规模			奖项		总计
			特等奖	一等奖	
团队人数	10 人	计数	2	3	5
		占奖项的百分比	5.6%	9.1%	7.2%
	8 人	计数	15	10	25
		占奖项的百分比	41.7%	30.3%	36.2%
	7 人	计数	5	6	11
		占奖项的百分比	13.9%	18.2%	15.9%
	6 人	计数	4	2	6
		占奖项的百分比	11.1%	6.1%	8.7%
	5 人	计数	2	3	5
		占奖项的百分比	5.6%	9.1%	7.2%
	4 人	计数	4	5	9
		占奖项的百分比	11.1%	15.2%	13.0%
	3 人	计数	3	1	4
		占奖项的百分比	8.3%	3.0%	5.8%
	2 人	计数	1	3	4
		占奖项的百分比	2.8%	9.1%	5.8%
总计		计数	36	33	69
		占奖项的百分比	100.0%	100.0%	100.0%

根据表 2－5 的数据，我们可以发现团队成员最少 2 人，最多 10 人。根据表格的数据，可发现团队人数以 8 人为主，人员不宜过多，否则产生的分歧较多，且任务分配也会受到影响；人员也不宜过少，毕竟竞赛项目实施任务还是比较艰巨的，因此应该选择合适的团队成员组成一支核心队伍，而负责人则需要给各个团队成员合理分配任务。

二、团队成员专业

团队成员的专业和选题的方向息息相关，一支专业方向比较明确的队伍大多会从熟悉的领域寻找灵感，进而确定选题方向。当然，若是团队成员都来源于同一专业，团队成员的长处不能发挥，在处理任务时也会产生局限性。例如在调研中对数据的处理需要有统计学思维，这时统计学专业的学生在处理大数据方面就可以发挥作用，对整个团队大有裨益。

随机抽样选择第十四届至十六届“挑战杯”哲学社会科学类部分特等奖、一等奖作品进行对比后发现，无论哪一届，团队成员大部分以多专业学生组成为主，专业学生进行项目研究时，可以根据各自擅长之处进行任务分配。例如全国第十五届“挑战杯”竞赛特等奖作品《“一带一路”框架下高等教育国际吸引力提升路径探究——一项基于“一带一路”沿线国家来苏留学生教育的调查》，其团队成员分别来自英语师范、数学与应用数学、阿拉伯语、法语 4 个专业，从选题上看，我们得知该项目需要对留学生进行调查，根据简介我们可以了解到该团队收集了 726 份问卷，对来自 24 个沿线国家的 359 名海外留学生进行了访问。在团队成员中，有 5 位成员是师范类英语专业，有两位成员是小语种专业，1 位成员是数学与应用数学专业，在访问留学生的过程中，小语种专业的学生可在语言沟通方面起到关键作用，而数学与应用数学专业的学生在问卷调查与数据分析过程中可发挥其数据运算与分析能力。4 个专业的学生相互配合，在研究过程中形成优势互补，使项目更易进行。见表 2－6。

表 2－6 “挑战杯”竞赛哲学社会科学类部分获奖作品团队成员专业分布分析表

团队成员专业分布	十四届	十五届	十六届	
	特等奖	特等奖	特等奖	一等奖
	计数	计数	计数	计数
多专业组合	11	9	6	17
财政金融类				2
地理与海洋科学类				1
地理与环境类				1
法学与管理类				1
法学类			1	1
公共管理类		1		1
管理类			1	
环境学类				1
建筑与城市规划类				1
经济法学类		1		
经济管理类			1	
经济学类				1
人文学院				1
文学类			1	
新闻与传播类				1
艺术类				1
哲学社会类				1
政府管理类		1		

三、团队负责人和成员年级分布

团队负责人是团队的主心骨，需要具备扎实的基础知识、较强的领导能力、强烈的责任心。负责人应当高瞻远瞩，具有远见卓识，故而没有一定的积淀是无法符合一个负责人最基本的要求的。

根据表 2－7 分析第十四届至十六届“挑战杯”部分哲学社会科学类获奖作品，我们可以明显发现本科生项目的队伍中，大部分负责人是由本科四年级的学生担任，大四的学生积累了不少专业知识，许多学生参赛经验十分丰富，可以带动学弟学妹们参与项目的组建与完成。往往在“挑战杯”竞赛评出奖项的前一年，团队就已经开始着手准备，也就是负责人还在本科三年级甚至更早的时候就开始准备研究项目，那时学生精力较为充足，有充分的时间查找资料、调查调研。而研究生项目的队伍中，研究生二年级与研究生三年级的负责人相对来说较为普遍，其原因与上述类似。

表 2-7 "挑战杯"竞赛哲学社会科学类部分获奖作品团队负责人年级分布分析表

奖项计数		负责人年级							
		毕业研究生	研究生三年级	研究生二年级	研究生一年级	本科生五年级	本科生四年级	本科生三年级	本科生二年级
计数	十四届特等奖			1		2	8	3	
	十五届特等奖		2	1			6	2	
	十六届特等奖	1		2	1	1	2	3	
	十六届一等奖		4	1	1	3	17	5	1

此外，部分五年制或者长学制专业，也可由大五学生或者高年级学生担任负责人。当然了，若是大二学生或者研究生一年级的学生具备良好的专业知识，能带领团队其他成员共同完成任务，那么也是可以成为负责人的。

团队其他成员的作用也不可忽视。如图 2-12 所示，我们随机选取部分第十四届至第十六届"挑战杯"竞赛哲学社会科学类获奖作品进行团队成员年级分布的分析，可以很明显地发现，大多数团队的成员来自不同年级。同一年级的团队成员虽然互相较为熟悉，但若是处于高年级时，可能会受到繁重学业的牵绊而力不从心，而不同年级的学生的学业任务不同。例如，高年级的学生若是专业课任务较重、时间不充裕时可以让低年级空余时间较多的学弟学妹们协助其完成任务，低年级的学生若是碰到了难以解决的问题也可以向学长学姐们求助。

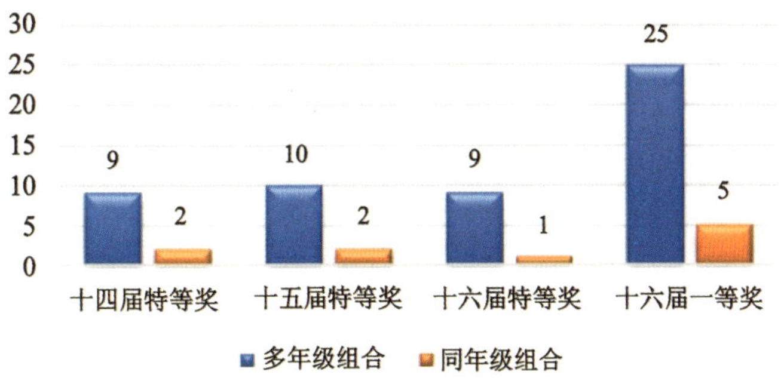

图 2-12 团队成员年级分布

附录 2

近 4 届(十三届至十六届)“挑战杯”竞赛哲学社会科学类获奖团队院校来源分析

全国大学生“挑战杯”竞赛作为国内规模最大、规格最高、影响范围最广的赛事,近年来参与的高校数目屡创新高,如今已经举办 16 届。各大高校每年均在储备发力,以求在新一届的“挑战杯”赛事中取得令人满意的成绩。

表 2-8　第十三届至十六届“挑战杯”竞赛哲学社会科学类获奖作品院校分析表

院校名称		奖项		总计
		特等奖	一等奖	
安徽工业大学	计数	1	1	2
安徽师范大学	计数	0	1	1
澳门科技大学	计数	0	1	1
北京大学	计数	1	0	1
北京工业大学	计数	0	2	2
北京航空航天大学	计数	1	2	3
北京理工大学	计数	1	1	2
北京师范大学	计数	2	3	5
常州大学	计数	1	1	2
大连理工大学	计数	0	1	1
东北师范大学	计数	0	1	1
东南大学	计数	2	1	3
对外经济贸易大学	计数	0	1	1
福建师范大学	计数	2	1	3
复旦大学	计数	1	2	3
广东财经大学	计数	0	1	1
广东工业大学	计数	0	3	3
广州大学	计数	0	2	2
桂林理工大学	计数	0	1	1
河北经贸大学	计数	0	1	1
河北师范大学	计数	0	1	1
河南大学	计数	0	1	1

续表 2-8

院校名称		奖项		总计
		特等奖	一等奖	
河南工业大学	计数	1	1	2
河南科技大学	计数	0	1	1
湖南大学	计数	0	2	2
湖南工商大学	计数	0	1	1
湖南师范大学	计数	0	1	1
华北电力大学(保定)	计数	0	1	1
华东交通大学	计数	0	1	1
华东理工大学	计数	0	1	1
华东师范大学	计数	0	4	4
华东政法大学	计数	1	0	1
华南理工大学	计数	0	4	4
华南农业大学	计数	1	1	2
华南师范大学	计数	0	1	1
华侨大学	计数	0	2	2
华中科技大学	计数	0	2	2
华中农业大学	计数	0	1	1
华中师范大学	计数	2	3	5
吉林大学	计数	1	2	3
暨南大学	计数	0	2	2
江南大学	计数	0	1	1
江苏科技大学	计数	0	1	1
江苏师范大学	计数	0	1	1
江西科技学院	计数	0	1	1
江西师范大学	计数	1	3	4
金华职业技术学院(专科)	计数	0	1	1
辽东学院	计数	0	1	1
辽宁工业大学	计数	0	1	1
南方医科大学	计数	0	1	1
南京财经大学	计数	0	1	1
南京大学	计数	1	6	7
南京工程学院	计数	0	1	1
南京航空航天大学	计数	0	2	2
南京理工大学	计数	1	1	2

续表 2－8

院校名称		奖项		总计
		特等奖	一等奖	
南京师范大学	计数	1	2	3
南京信息工程大学	计数	1	0	1
南京中医药大学	计数	0	1	1
南开大学	计数	1	3	4
南通大学	计数	0	1	1
宁波大学	计数	1	1	2
齐鲁工业大学(山东省科学院)	计数	0	1	1
清华大学	计数	3	2	5
厦门大学	计数	1	0	1
厦门理工学院	计数	0	1	1
山东财经大学	计数	0	1	1
山东大学	计数	0	1	1
山东师范大学	计数	0	2	2
山西大学	计数	1	2	3
上海财经大学	计数	0	1	1
上海大学	计数	3	4	7
上海交通大学	计数	0	1	1
上海师范大学	计数	2	1	3
四川大学	计数	0	1	1
苏州大学	计数	1	2	3
苏州科技大学	计数	0	1	1
塔里木大学	计数	1	1	2
同济大学	计数	0	2	2
温州大学	计数	0	1	1
温州医科大学	计数	2	1	3
武汉大学	计数	0	2	2
西安建筑科技大学	计数	0	1	1
西安交通大学	计数	0	1	1
西北农林科技大学	计数	0	1	1
西藏农牧学院	计数	0	1	1
西南大学	计数	1	3	4
扬州大学	计数	2	0	2
云南大学	计数	0	1	1

续表 2-8

院校名称		奖项		总计
		特等奖	一等奖	
云南师范大学	计数	1	1	2
长安大学	计数	0	1	1
长春工业大学	计数	0	1	1
长沙理工大学	计数	0	1	1
浙江大学	计数	2	2	4
浙江工商大学	计数	1	2	3
浙江工业大学	计数	0	2	2
浙江理工大学	计数	0	2	2
浙江师范大学	计数	0	2	2
郑州大学	计数	0	1	1
中国人民大学	计数	0	3	3
中国石油大学(华东)	计数	0	1	1
中国政法大学	计数	0	1	1
中南大学	计数	1	2	3
中南民族大学	计数	0	1	1
中山大学	计数	2	1	3
仲恺农业工程学院	计数	0	1	1
重庆大学	计数	0	2	2
重庆邮电大学	计数	0	1	1
总计	计数	49	154	203

以近年来第十三届至十六届“挑战杯”竞赛哲学社会科学类获得特等奖、一等奖的作品为例，特等奖作品 49 个，一等奖作品 154 个，总计 203 个项目，获奖院校情况如表 2-8 所示。在这 4 届“挑战杯”赛事的哲学社会科学类作品中，共有 107 所院校的作品获得二等奖以上的奖项。其中，获特等奖与一等奖最多的当属南京大学与上海大学，在第十三届至十六届“挑战杯”竞赛中，这两所院校获得哲学社会科学类二等奖以上项目有 7 项，并列第一。清华大学、北京师范大学、华中师范大学紧随其后，在近 4 届“挑战杯”竞赛中分别有 5 项作品夺得哲学社会科学类特等奖或一等奖。这些院校多数为国内知名高校，拥有学科优势、资源优势、地理优势、人才优势。排在第三名的，除了浙江大学、华东师范大学、华南理工大学、南开大学等双一流 A 类高校外，作为一流学科建设高校的西南大学势头也是十分强盛，普通高校类的江西师范大学更是令人瞩目。

表 2－9　第十三届至十六届“挑战杯”竞赛哲学社会科学类获奖作品院校地区分布分析表

地　区	十六届		十五届		十四届		十三届		总　计
	一等奖	特等奖	一等奖	特等奖	一等奖	特等奖	一等奖	特等奖	
	计数	计数	计数	计数	计数	计数	计数	计数	
江苏省	4	1	4	4	10	2	5	3	33
上　海	5	3	1	2	6	1	4	1	23
北　京	1	2	3	1	5	4	6	1	23
浙江省	3	3	4	1	2	1	5	1	20
广东省	5		6		4	2	2	1	20
湖北省			3	1	4		2	1	11
湖南省	4			1	2		1		8
重　庆	2		1		2	1	1		7
福建省		1	3			2	1		7
山东省	3		2		1				6
江西省	2		2		1			1	6
吉林省	2		1		1			1	5
河南省					3		1	1	5
天　津	1			1	1		1		4
陕西省	1		1		2				4
云南省	1					1	1		3
山西省				1	1		1		3
辽宁省	1				1		1		3
河北省	1				1		1		3
安徽省			1		1			1	3
新　疆				1	1				2
西　藏			1						1
四川省					1				1
广西壮族自治区					1				1
澳　门					1				1

根据分析第十三届至十六届“挑战杯”竞赛中获得哲学社会科学类特等奖、一等奖作品的院校所在地区的不同，我们绘制了表 2－9。我们可以从中发现获奖较多的地区以北京市、江浙沪区域、广东省为主，这些地区经济发达、资源较多，教育水平也相对较高，分布于这些地区的名校较多，因此培养出优秀的团队较多。

表 2-10 第十三届至十六届“挑战杯”竞赛哲学社会科学类获奖作品学校类别分布分析表

学校类别	十六届		十五届		十四届		十三届		总 计
	一等奖	特等奖	一等奖	特等奖	一等奖	特等奖	一等奖	特等奖	
	计数	计数	计数	计数	计数	计数	计数	计数	
综合类	16	5	13	6	25	8	14	7	94
理工类	12	1	5	2	16	2	8	2	48
师范类	5	2	7	3	8	3	8	3	39
财经类	3	1	2		2		2		10
医药类		1	2	1			1		5
农林类			4			1			5
政法类				1	1				2

根据分析第十三届至十六届“挑战杯”竞赛中获得哲学社会科学类特等奖、一等奖作品的院校类别的不同，我们绘制了表 2-10。根据表格的数据，我们发现获奖较多的院校以综合类大学为主，其次为理工类、师范类。综合类大学具有多个院系，设置多个专业，因此学生们可以从专业方向选题，也可以从学科交叉方向选题，选择面较广。综合类大学集聚多方面的优秀人才，团队可由多专业的学生组建，互补互助形成一支强大的队伍。

理工类大学在近几年十分出众，获奖院校较多。理工类大学的教学资源丰富，且理工类院校的学生思维缜密，善于绘图建模、试验分析，对大数据很敏感，这些都是优秀团队必须具备的基本条件。师范类院校在教育类作品中占有极大的优势，而教育又与社会、经济等方面息息相关，因此该类院校不仅仅在教育类作品中独占优势，也可以选择其他类别的作品进行研究。

第三章　画龙点睛——作品选题技巧

选题，作为研究项目的起点，不仅是参加“挑战杯”竞赛的首要环节，还是创造性思维的过程，俗话说“好的开始等于成功的一半”，合适的选题将对整个团队产生巨大影响。同时，选题也决定了整个项目的价值性，在一定程度上决定比赛的成败。

在“挑战杯”的大范围中，不同赛别的参赛作品，其选题原则、方法不尽相同，因本书重点探讨哲学社科类别，接下来将详细分析该类项目如何打造一个亮眼的选题。“挑战杯”的新手团队极易出现盲目决定选题的情况，但事实上，任何有价值的选题都服从于特定目的，围绕特定问题。如果没有明确的研究目标作为指导纲领，那么“挑战杯”在参与过程中就会出现偏差。

反之，恰当的选题能清晰地确定研究项目的范围，更有助于培养大学生社会实践能力、提高团队科研探究能力以及锻炼自身独立思考深入创造的能力。同时，对了解社会现实状况、分析社会现象或社会问题的成因从而帮助解决社会问题、制定社会政策提供了重要补充。

第一节 选题的原则

哲学社会科学类别选题内容虽然广泛，但是应遵循某些特定的原则。如图 3-1。

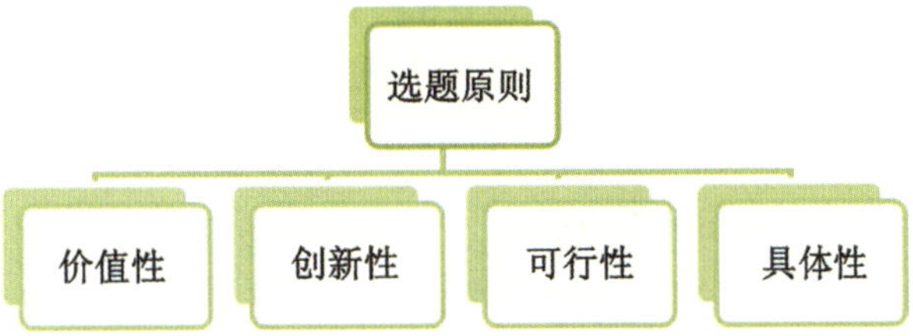

图 3-1 选题的原则

一、价值性原则

价值性指选题的用途与意义，主要从两方面体现。既可以是理论方面，也可以是实践方面，或两方面兼而有之（如图 3-2）。从理论方面看，选题的价值性主要体现在能对一门学科的发展与进步、某种理论的形成与成熟、社会规律的认识、社会现象的解释等做出贡献。从实践方面看，价值性高的选题能满足人们在社会生活中的实际需要，其研究的成果有助于社会治理现代化，甚至有些项目经过改进或深入研究，可以为社会发展和人民生活提供便利，为政府机关决策提供参考。例如全国第十六届“挑战杯”竞赛获得特等奖作品《“退之有道”：兼顾农户利益与社会效益的宅基地退出模式优化研究——基于浙江省 15 个县市区调研》，该团队所撰写的《关于浙江省宅基地退出改革的调研报告》不仅被收录于公共政策内参，也被浙江省相关领导人所重视。因此，在选择“挑战杯”竞赛哲学社会科学类的参赛题目时，首先要满足价值性原则，要选择一些在当下引起大多数人关注的、社会

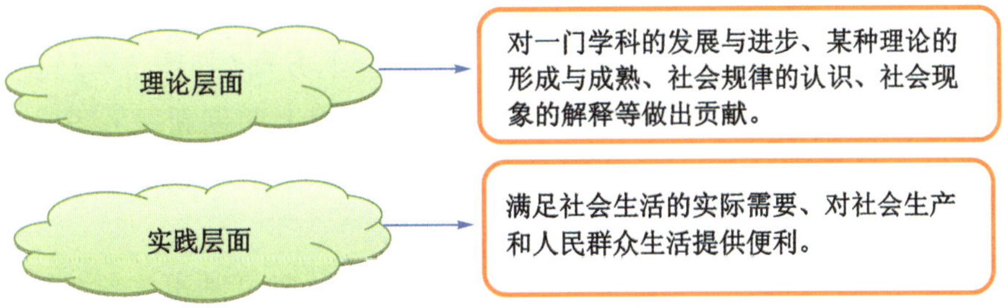

图 3-2 选题的价值性

迫切需要解决的、有突出价值的社会热点、难点和痛点，或者是不久的将来人民生活方式会在哪些方面发生改变的前瞻性话题。

历届“挑战杯”全国大学生课外学术科技作品竞赛中产生了大量优秀作品，从这些经过重重挑选的参赛作品中不难看出，获奖作品在选题上都体现了价值性这一重要原则。以全国第十六届“挑战杯”竞赛特等奖作品——上海大学《基于供应链金融的“三维信用评价体系”助力中小微企业融资增信——对140家企业和40家金融机构的访谈调研》为例，该项目的选题首先紧扣当年热点话题，具有很高的价值性；其次，该团队针对中小型企业融资难的问题，提出并构建了主体信用、交易信用、监管信用三位一体的新模式。中小企业融资困难是我国乃至世界性的难题，而该团队从全新的视角提出一种全新的信用评价体系，力求从根本上解决中小企业融资困难的难题。最终，经验证，“三维信用评价体系”具有有效性，且在实地应用的过程中获得了立竿见影的效果。由此可见，选题的价值性对项目本身产生的社会应用具有原发性驱动力作用。

二、创新性原则

创新性也称作独特性，指选题应具备与众多作品的不同之处。单纯重复他人的观点，一方面会限制团队成员思路的延伸，容易被前人的看法左右；另一方面使得作品缺乏新颖性。“挑战杯”竞赛的评委老师在每届比赛中都需要审阅成百上千的作品，因而容易对老套熟悉的选题产生视觉疲劳，该类作品便不会被花过多时间阅读，最后只有被淘汰。

那么，如何做到创新？最容易理解的是寻找一个新的哲学社科话题，探究前人从未接触过的问题。但在这个竞争极大的社会中，有理想抱负的年轻人对每个机会都虎视眈眈，寻找新的课题是极其困难的。所以需要我们另辟蹊径，在别人已经做过的课题上“动动手脚”。比如说相同的问题我们采用不相同的研究思路、研究方法、研究角度等；相同的研究方法，可以选择不同的研究对象、研究内容、依据理论等，或是将前人的研究课题细分，选择较为突出的某一方面或者某几方面进行研究等。综上所述，选题的创新主要体现在三个方面（如图 3－3）：一是科学思想上的创新；二是研究方法上的创新；三是社会应用上的创新。

前两者相辅相成，科学思想上的创新需要研究方法上的创新的支撑；研究方法上的创新又要求我们有科学思想上的独特之处。

例如全国第十四届“挑战杯”竞赛特等奖作品——北京师范大学《乡土社会与市场经济的互嵌——基于福建东庄镇医疗产业同乡同业现象的实地调查》，该项目选题的视角别致，透过福建省东庄镇医疗产业的典型个案现象研究，探索其背

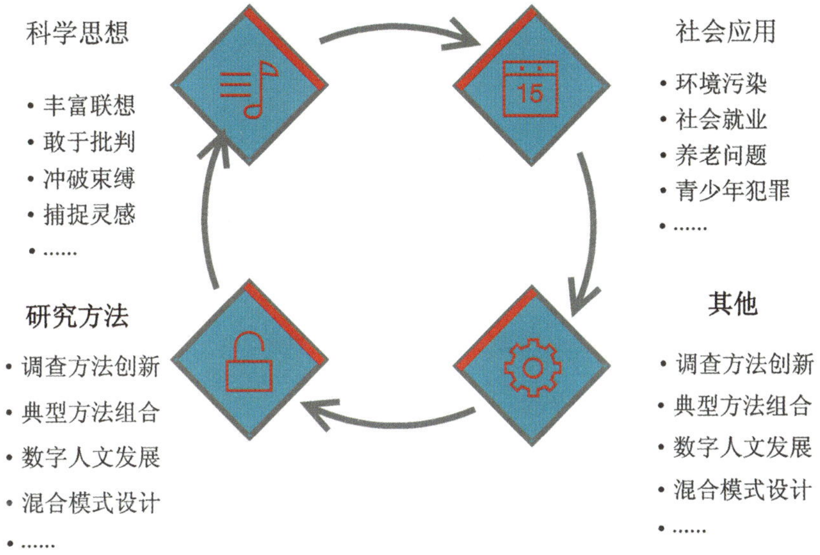

图 3-3　选题的创新性

后的经济产业与社会网络、市场的相关性，并尝试进一步挖掘同乡同业村的特质。此外，随着研究的层层深入，项目的研究视野逐渐被打开，思路拓宽以寻求突破，增加了选题的创新性。

三、可行性原则

可行性即是可操作、可落实。大多数刚刚步入哲学社科研究的学生团队，在提出一个具有价值性和创新性的课题后，便满腔热血地开始找资料、做调研，但往往容易忽视项目的可行性，接下来的活动中遇到 堆棘手、团队无法克服的困难，重复失败后才会发现项目的操作难度与团队能力不相符合。所以，我们确定选题时一定要考虑到本项目是否具有可行性。通过对第十三届至十六届“挑战杯”竞赛的哲学社会科学类特等奖、一等奖获奖作品选题进行分析，不难发现，含调查、调研、实证、案例、考察者占 60%以上，体现了选题的可行性原则。

选题的可行性大致受到两方面因素限制，即主观与客观方面（如图 3-4）。主观限制是指研究团队完成项目所具备的各项条件的限制，包括团队成员的知识结构、生活阅历、操作技术；指导老师的学术水平、研究经验；所在院校的组织能力、仪器设备等，甚至研究者的语言能力、性格特点、性别、年龄、学历、体能等都可能对项目的进行产生影响。这就要求团队对于选题应当是力所能及和深有感触的，拟定好选题后，下一步要学会反思：对于所选择的课题，是否有足够的认识，是否具备相应的研究能力。

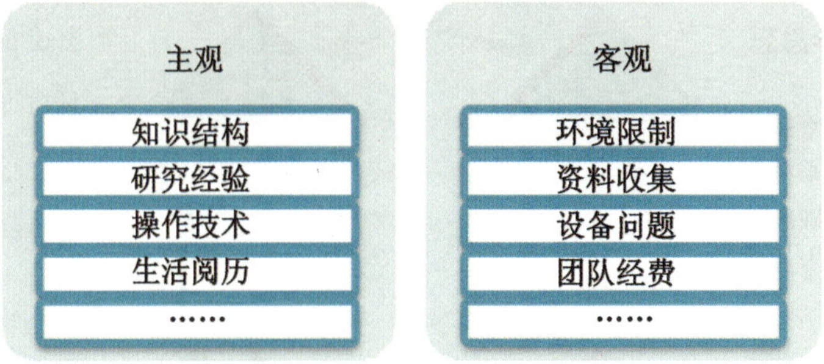

图 3－4　选题的可行性

客观限制是指调查者或负责人在进行调查研究的过程中受到的外在环境或条件的限制，比如资料收集和所需设备问题能否很好地解决、能否按照既定的时间完成调研任务、团队经费是否充足、有关单位或部门能否给予其相关支持帮助、调查的课题是否和国家法律法规相违背等都直接影响项目的落实。例如对于一个来自医学院校的团队，让他们以我国全科医生相关政策的落实情况为话题进行调研相对容易，但如果让他们以“农村宅基地退出模式优化”为选题进行研究，足以让他们手足无措。尽管这个选题同时具备价值性和新颖性，但他们身边缺乏相关资源，对相关课题的认识也不容易深入，这些问题都会阻碍项目的进程。

经过对历届大“挑战杯”的获奖作品进行总结后，毋庸置疑，每个优秀作品的选题都体现了可行性原则。例如全国第十五届“挑战杯”竞赛特等奖作品——华中师范大学《从“愁城难解”到“城人之美”：基于武汉市流动摊贩的全民自治模式探究》，该选题首先很有亮点，有别于当时的政策，且具有可行性，华中师范大学地处武汉，而武汉市内有 84 所高校，流动摊贩在高校周边广泛存在，因此该选题在学生的研究能力范围之内。此外，该项目提出的“自治模式”不仅有助于城管与摊贩的和谐共荣，更能加强城市和市民之间的紧密联系。

四、具体性原则

具体性是指选题涵盖的范围应当清晰明了（如图 3－5），刚刚开始做“挑战杯”工作的时候，团队容易犯一个通病，既认为这个想法新颖独特，又发觉另一个观点的调研容易实施，两个方面都不想舍弃，导致其定下的选题范围太大、太泛，在真正开始调研后遇到许多未料想的困难，导致做出的内容

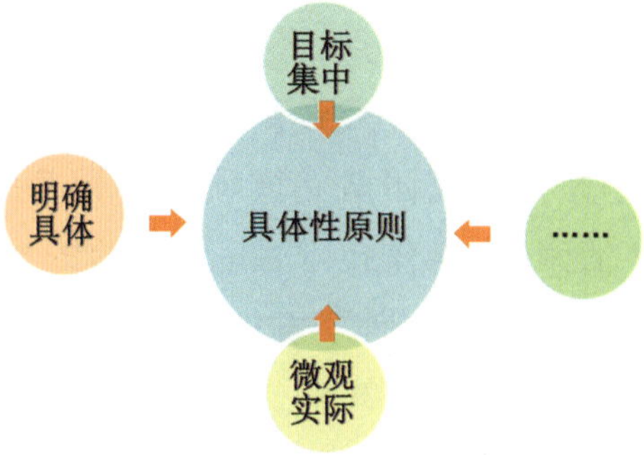

图 3－5　选题的具体性

浅显，成果不显著，不能达到预期的结果。例如，根据第十三届至十六届“挑战杯”竞赛哲学社会科学类特等奖、一等奖获奖作品选题情况来看，可发现半数以上的获奖作品选题含有基于××或以××为例，使得选题方向清晰，研究内容明确，体现了具体性原则。

以全国第十四届“挑战杯”竞赛特等奖作品——云南师范大学《一个村庄的涅槃——以云南边境民族地区R村毒品问题的乡村控制为视角》为例，该项目以毗邻毒源地“金三角”的曼软村作为研究对象，使得选题具体明确、范围较小，且具有典型性。该项目并未在全国或省市内进行大范围考察，仅仅是以一个典型的村庄作为切入点，目的明确，进而深入考察，对该村村民进行社会调查和深入访谈。因此，该团队在进行调研过程中所需的人力物力相对于范围大的课题组减轻了许多，难度也大大降低。此外，该团队经过调查发现曼软村采用了严法与村民自治相结合的模式，这种治理模式在该村的毒品控制上取得了重大成果，因此具有较高的价值性和创新性，同时也对其他村庄或地区的毒品控制和社区治理创新有现实借鉴意义。

作为中国社会学和人类学的奠基人之一的社会学家费孝通教授曾告诫学生：“在选题上常常容易犯的毛病是脱离实际，想搞大理论，搞一个完整的体系，看不起小题目，忽视知识的积累，以至老虎吃天，无从下口，自己给自己出难题，这样的教训是不少的。”通俗来说，虽然覆盖面较广的课题较小范围课题更加全面，不但更具有社会意义，完成后的成果和影响力也更大，但是这种课题范围较大，实施过程复杂、难度大、主客观条件要求高。如果团队的自身实力达不到一定水平、知识储备不足，是极难在大范围课题中做出成果的；而小课题涉及的范围较为局限、研究目标集中、任务相对简单，对团队的水平要求不算太高，即使团队成员对相关知识了解不够深入，也能在短时间内加强储备，因此研究成果更易彰显，适合初踏入“挑战杯”竞赛的新团队。古人云：天下之难事必作于易，天下之大事必作于细。这句话体现在作品选题方面，则是要求选题应明确、具体、界限清楚、范围要小。当团队成员的知识和能力能够使其深入研究该项目时，问题的分析才够透彻，研究的结果才会符合社会的实际情况从而较有价值。

第二节 选题的来源

一、国家政策与方针

我国经济、政治、文化、教育、民生、生态文明等方面的最新政策与方针像航海船中发号施令的船长，为国家各领域统筹发展指明了具体方向；又像深入体察民情的代表，提出国家亟须解决的重大理论和实际问题，以得到理论界、学术界的科学回应。因此国家政策与方针的走向具有较高的参考价值，备受各大高校“挑战杯”参赛队伍的关注与喜爱，是“挑战杯”选题的主要来源之一（如图 3－6）。国家政策与方针主要体现在两个方面：一是国家相关部门出台的各种文件、报告和国内的重要会议；二是高层领导人的重要讲话与指示。二者相辅相成、遥相呼应，因此参考该类信息进行选题时，要抓住关键点：新、准、稳。

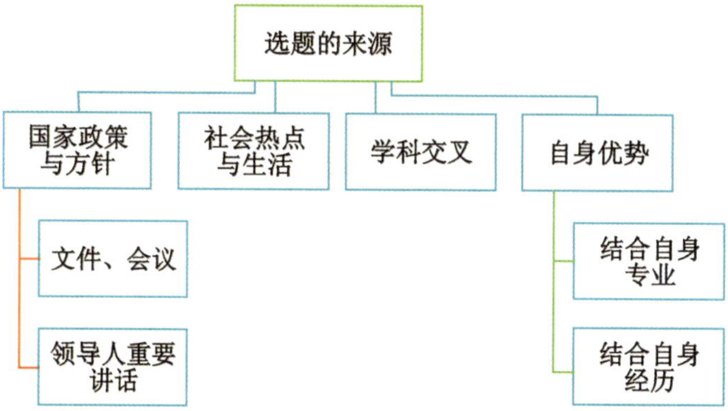

图 3－6　选题的来源

（一）国家相关部门出台的各种文件、报告和国内的重要会议

例如《党的十九大报告》（2017 年）、《乡村振兴战略规划（2018－2022 年）》（2018 年）、《国务院关于促进中医药传承创新发展的意见》（2019 年）、《中华人民共和国国民经济和社会发展第十四个五年规划和 2035 年远景目标纲要》（2021 年）、党的十九届五中全会（2020 年）、《中共中央、国务院关于全面推进乡村振兴加快农业农村现代化的意见》（2021 年）、博鳌亚洲论坛年会、每年一度的中央经济工作会议等，此类文件及会议的时效性极强，往往规划了未来 2～5 年的国家发展计划，内容也较为明确，适合作为选题的来源。

以全国第十六届“挑战杯”竞赛一等奖作品《乡村振兴战略背景下中国农民的农地情怀与政策期待——基于 8432 位农民对家庭联产承包责任制的感知》为例，该团队根据 2017 年党的十九大中提出的乡村振兴战略和土地承包关系在第二轮土地承包期到期后再延长三十年的政策，确定了选题方向，由此提出乡村振兴过程中实际存在的相关问题，进而根据调研分析推出解决问题的策略和较为完善的机制，为农村改革发展提供新思路。

再如获得全国第十六届“挑战杯”竞赛特等奖的作品《中心城市大气污染治理体制改革与创新——基于南京市的纵向案例调研》，该团队所在省份为江苏省，是

《关于省以下环保机构监测监察执法垂直管理制度改革试点工作的指导意见》（2016 年）中提到的试点省份之一，故而该团队结合政策文件确立了选题方向，将目光聚焦于南京市，深入实证分析该市大气污染治理体制模式的改革过程，以提出中心城市大气污染治理体制模式的创新对策。

（二）高层领导人的重要讲话与指示

例如习近平关于“十四五”规划发表的重要讲话中，强调基层社会治理创新与加强、大力发展实体经济，优化国土空间布局以推进区域协调发展和新型城镇化等，可以作为选题来源。再如全国深化“放管服”改革转变政府职能电视电话会议中李克强强调简政放权、放管结合、优化服务改革以提高政府服务效能，也可以由此出发，确定选题的方向。

以全国第十六届“挑战杯”竞赛特等奖作品浙江工商大学《“退之有道”：兼顾农户利益与社会效益的宅基地退出模式优化研究——基于浙江省 15 个县市区调研》为例，该团队曾获浙江省省委书记袁家军亲笔批示和指导建议，可根据其指示获取选题来源，也对明确选题具有深远意义。

二、社会热点与生活

纷繁芜杂的社会生活是各种哲学社科类课题的主要来源，尤其是热点话题广受团队的青睐（如表 3-1）。做个生活的留心者，不难发现身边的点点滴滴都可能为选题提供灵感。选题来源主要可分为三大类：社会现象、社会问题、社会预测。这三类可选其一做描述性研究，或融合进行因果性、预测性研究。如：透过社会现象发现社会问题、透过社会问题进行预测等。三大类研究类型又可根据研究方向而分出诸多小类，文学、法学、教育学、社会学等方面的社会热点话题都可以作为“挑战杯”竞赛哲学社会科学类的参赛项目。

表 3-1　选题来源于社会热点与生活

社会生活学科小类	社会现象	社会问题	社会预测
文　学	先锋文学、快餐文学……	非遗保护问题、文化传承受阻……	现代性、实证性、教化功能降低……
法　学	国安法依法治港、扫黑除恶……	网络舆情、隐私泄露、非法猎捕……	规范性、预测性、法治化潮流……

续表 3－1

社会生活学科小类	社会现象	社会问题	社会预测
教育学	招生扩招、心理教育、线上课堂……	德育不足、学术造假、问题青少年……	教育成长共同体、在线教育……
社会学	新冠疫情下社会秩序、心态影响……	养老体系不完善、住房问题……	机器换人、个体心理治愈……
……			

当我们的目的清晰，如想要着手探索社会现象背后的本质和规律，此时可以先对自己提出一些标志性的问题，“是什么”“怎么样”“为什么”，认真思考问题答案的过程中，我们会从一般、熟悉、普遍、随处可见的社会现象中，发掘出诸如“农民工子女教育问题、城乡医疗差异、流浪儿童生存情况、养老模式”等一些值得探讨的哲学社科类选题。

全国第十四届“挑战杯”竞赛特等奖作品《“情理之治”：基层信访办的运作逻辑——北京市A乡“无理上访”的案例分析》，该项目的选题透露出对社会民生的关切，表现出对社会现实问题的关心。信访制度作为当下的热点话题，充满了纠葛张力，尤其是基层信访存在着困境，基层信访中“无理上访”的普遍存在成为突出性的社会问题。该项目对典型的案例进行调研分析，问题意识突出，具有社会现实意义。

上例是2015年某团队根据北京市某乡的信访制度，初步提出问题，组织并进行了调查研究，描述了相关问题。那么当前我国社会发展过程中迫切需要解决的问题有哪些呢？如：城市垃圾处理问题及对策研究、未成年人网络权益保护、网络舆情演化机制及防控策略、基于贫困地区的调研与精准扶贫新模式的构建等。团队可以从这些突出的实际问题中挖掘选题，且这类选题的社会价值往往较高。

三、学科交叉

哲学社会科学是一个庞大的学科群，包含内容广泛，不仅涵盖众多学科各自的理论实践内容，学科间交叉领域同样具备发展潜力。但对众多“挑战杯”竞赛作品项目进行分析，由于团队本身教育的高度专业化及相应知识的严重分割化，以致多数作品只局限于所学专业中的一个分支点。不可否认，这种选题方法的可操作性强，尤其对于第一次准备参赛的团队，选择团队熟悉的领域展开研究，是一种较为高效及保险的方式。但当前每个学科的发展已经达到一定高度，团队如果想做出来新的东西，实属有些困难。此外，当我们进入省赛乃至国赛时，对作品的要求会更高，此时单调的作品难以做到别出心裁，不能抓住评委眼球。因此，团队如果想走得更远，在选题阶段就应该打破单一学科体系，关注到交叉学科研究。交叉学科研究与传统的单一学科研究相比，具有综合性、实用性、创新性等特征。从其必要性来看，交叉学科的研究是加强不同学科之间联系的形式，也是建立学科创新体系的关键，是解决社会发展问题、参与社会服务的重要渠道。

我们需要把视角放宽，不再只关注单一学科的发展与研究现状，而是重视交叉学科的基本研究趋势。交叉研究主要有三种形式：社会学科与自然学科融合性研究，人文学科与自然学科促进性研究，社会学科与人文学科结合性研究。如图 3－7。例如全国第十三届“挑战杯”竞赛交叉创新奖作品《文化软实力背景下黄梅戏数字化保护与开发研究》，该项目着眼于传统艺术和新兴媒体两个学科，将黄梅戏数字化，利用交叉学科的优势以达到对非物质文化遗产的保护，推动了非遗保护与数字化结合的开发，对推进文化产业和文化事业的发展具有重要的借鉴意义。

图 3－7　学科交叉

再如全国第十五届“挑战杯”竞赛特等奖作品《法律规制视角下历史遗留重金属污染防治的风险分析与对策选择调研报告》，该项目的选题本身已具有多学科性质，既需要对重金属污染区域进行准确评估，又需要根据调查结果，从立法和行政角度提出对策和建议。虽然该项目的团队主要由法学院的学生组成，但是该团队向法学院、冶金科院的教授进行请教学习，又在研究过程中得到了地理研究所、国家重金属污染防治中心、环保组织等多方的支持协助，这些交叉学科资源为该团队提供了优势。该选题结合实际问题，以法学理论为基础，提出高效的治理方法，不仅受到环境法学与相关部门的重视，也使得该项目在“挑战杯”大赛中脱颖而出，得到评委专家的广泛认可。

因此，从多学科的边缘寻找合适的结合点、契合处、渗透区，再顺应知识的生产和传播，提出跨学科、跨文化的多元化选题。以经济学科为例，可以与心理学、行为学、环境学、人口学、社会学、农学等学科交叉，形成行为经济学、实验经济学、环境经济学、人口经济学、农业经济学等诸多结合体；以政治学交叉研究为例，又可分为政治心理学、政治地理学、政治法学等方向。因此，选题从不同学科的交叉点出发，汇聚学科之间的优势，形成优势互补；在研究的过程中运用多学科知识、技术、研究方法等，可使研究取得有效的深化进展，从而获得事半功倍的效果。如图 3－8。

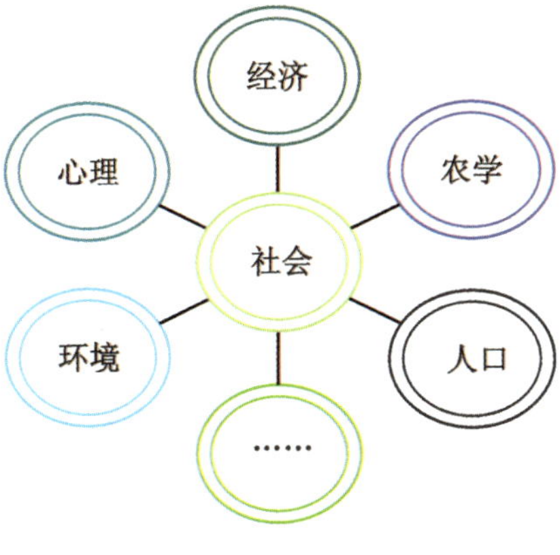

图 3－8　选题来源于交叉学科

四、结合自身优势

（一）结合个人专业

人们常说："理论是灰色的，实践是常青的。"大学生在专业领域、校园生活、实习生活、社会实践中均可结合自身优势发掘选题（如图 3－9）。在这些过程中可能会碰到许多难以解决的问题，团队可以着眼于这些难题，结合自己身边同专业朋友的经验或建议，提炼出许多值得研究的问题。一方面这些课题属于自己熟悉的领域，容易找资料、做调研，逐步深入，另一方面选出的课题往往具有针对性，在实用价值方面具有较强的优势，颇受评委老师的喜爱。

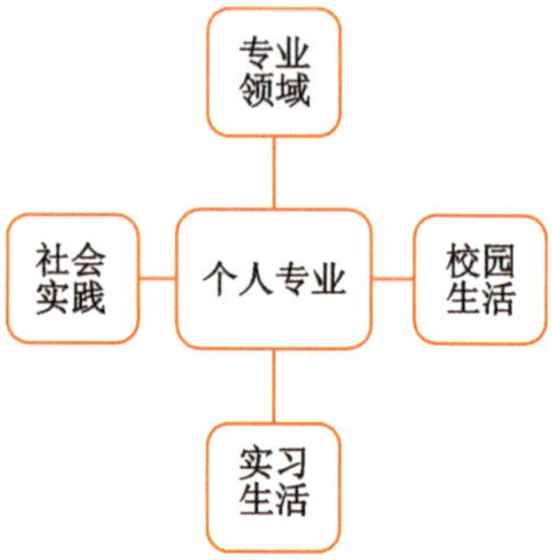

图 3－9　个人专业的组成部分

例如全国第十六届"挑战杯"竞赛特等奖作品《科学育孙万家行——祖辈教养"2＋X"课程开发与推广》，该项目的团队来自上海师范大学，他们利用专业领域的知识，结合线上教育和线下社会实践的形式，设置多元化的教育课程，有助于打造和谐的家庭教育。

社会实践中的选题应注意对问题进行科学凝练，抓住问题的要点，否则单纯提出一堆问题，只会使得团队的方向分散。以机械工程或自动化专业的大学生为例，他们在工科院校学习过程中的实践机会较多，在完成与其专业相关的课程设计或专业实践后，更能加深对理论知识的理解，故而对一些常见的机电系统问题有较深刻的认识。因此，一旦他们在日常工作生活中发现机电系统的设计不够合理、完善，便可根据所学专业知识对其进行改进，提出解决方案。对这些改进方案的研究与实践就是很好的研究课题。

（二）结合个人经历

个人经历作为人们观察理解各种现象和事物的基本视角和出发点，其所具有的意义不可忽视，甚至某些特殊的个人经历可以成为个人选定某个创业方向、研究方向的"引线"。哲学社科类研究以探索社会事物的本质和规律、人的生存意义及价值、对客观事物的价值观念为目的，同样也离不开个人经历的作用。特定的个人经历可以帮助团队更好地理解和把握课题。比如一个从小生活在城市中的人，也许很难从事农村相关问题的研究；一个一直在国内上学的人，也许很难做有关留学生情况的调查。

个人经历主要可以分为 3 个方面：社会经历、家庭经历、校园经历（如图 3－10）。例如，现在都说看病难、药品贵，对于农村来说，是地方偏僻、医疗资源分布不足、家庭经济堪忧，故而无法承担高昂的医疗费用；而对于城市中的一些中产家庭来说，看病难则是由于医院里病人数量多、看病程序复杂等原因造成的。这就可以启发我们进行很多有意义的研究，选择诸如“农村医疗资源不均衡调查”“医疗程序复杂情况调查”“药品价昂调查”等课题。又如目前年轻人离婚成为一种“潮流”，尤其是在较大城市已经是非常普遍的事情，但当你身边的亲戚朋友中出现离婚的事情，便可以引起你的共鸣，你可能会思考一些“怎么样”“为什么”的问题，从而产生类似“离婚对未成年子女的影响”“离婚率最高的城市”等调查课题。

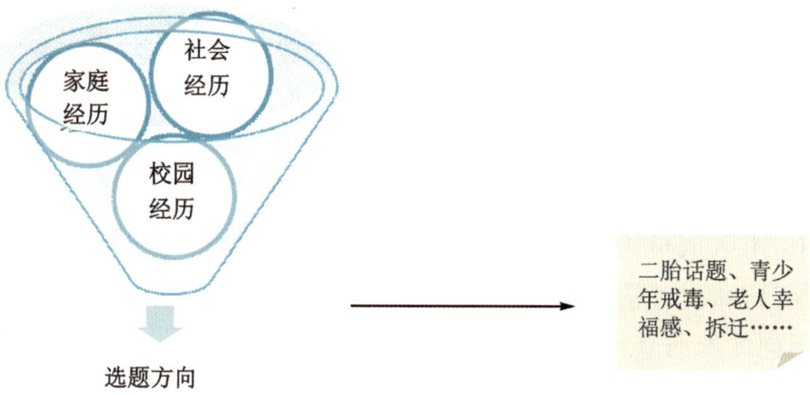

图 3－10　个人经历组成部分

以全国第十六届“挑战杯”竞赛一等奖作品——华南理工大学《运动作剑，弃毒前行——基于粤、黔 7203 名青少年戒毒人员体质调查的运动干预方案设计与效果跟踪》为例，该项目组员炎琳曾有亲戚染上毒瘾，偶尔还会邀请她与吸毒品的朋友见面，这对炎琳的心理产生了巨大的冲击。从起初的恐惧和抵抗到渐渐想要帮助他们戒毒，正是因为有这样的经历，炎琳在得知学校有相关项目时决定加入。

再例如全国第十四届“挑战杯”竞赛特等奖获得者——云南师范大学的杨海燕也是因为自小目睹家乡村民与毒品的艰难斗争，这些特殊的经历对她造成了极大的影响，为此她组织团队进行了两年的调查，完成了这份具有价值的调研报告。

每一个人所处环境不同，受到各方面因素的影响，走过的路往往也是独一无二的。一些特殊的经历使得我们印象深刻，甚至不自觉地燃起探索的欲望。这些不同的社会生活记录，使我们积累和沉淀了不同的认识和感受。我们自己在社会生活中的各种经历、各种体验、各种观察、各种有感而发在我们的处处留心下都可以成为有价值、有吸引力的调查课题。

第三节 选题的方法

孔子曰："工欲善其事，必先利其器。"选题也是如此，只有掌握了正确的方法，才能达到事半功倍的效果。如图 3－11。

一、"提炼"选题法

所谓"提炼"选题法，是指通过思考辨析，将一个较为陈旧的想法逐步延伸、提高、升华到最终选题的过程。这种方法要求团队对所研究的内容有一定深度的理解，能够独立思考，对已存在的权威观念持分析的、怀疑的、批判的态度，对前人研究的遗漏与错误之处勇敢地提出并敢于纠正，达到"人云我不云"的突破性的效果。并且在整个思考辨析过程中，团队成员需要有敏锐的洞察力，把看到、想到的问题和平时学习或者收集到的相关知识联系起来，通过比较其中的相似之处与不同之处而获得感悟和灵感。

图 3－11 选题的方法

"提炼"选题法的要旨在于"提"相同研究内容、研究方法或者研究对象，在此基础上"炼"出不同之处。简而言之，就是从陈旧老套的课题中以新的角度挖掘出有价值的课题，可以简单概括为"三多"，即通过对陈旧性课题多方位、多角度、多层次的思考辨析，从不同侧面，采用不同方法考察、分析、归纳选题，达到别开生面、拨暗启明、独树一帜、不落俗套的选题效果。

二、"交叉"选题法

所谓"交叉"选题法，是指打破学科界限，学习其他学科领域已经成熟应用的观点、研究方法、研究技术等，将其"交叉"引用到团队的研究领域内，从而有所创新、有所发现的过程。同时交叉研究也是不同学科之间渗透、学习、融合的过程。不同团队选题偏向的不同决定题目的内容或是倾向甲，或是倾向乙，侧重点相异，这也就避免了选题过于老套。"交叉"的关键在于利用不同学科之间研究对象与思维方法之间的联系，选取联系密切、具有可行性的优势部分进行交叉创新。目的是通过借用已有的成熟经验寻求团队所在领域新课题的回应、启发，为课题的产生提供了一条便捷的道路。在将各学科联系、结合的过程中产生跨学科的题目。当前各学科领域人才济济，学术交流热情高涨，新的研究成果不断涌现，为“交叉”选题提供了良好的学术融合环境和广阔的创新空间。

三、“求异”选题法

所谓“求异”选题法，指要别开生面、打破常规，和大众的常规思考方式相反，反风向、反规律、反潮流，逃脱有限的思维定向，超出已有的思维成果，打开思路进行全新的构思，朝着与研究内容相背或相去甚远的方面选题，进而产生标新立异的效果。这种选题方法对团队能力要求较高，需要成员具有发散的思维、高度的敏感性、摆脱传统禁锢的胆量、创新求异的意识，积极寻找那些容易被人们忽视的问题，比如边界领域、交叉学科进行选题。同时要敢于对已有观点和错误观点提出质疑。质疑不仅限于提出疑问，还要对矛盾或冲突所在之处提出建议和对策以解决问题，其目的在于清除研究过程中的障碍，使研究朝着正确的方向进展。因此，若是想要发掘深层次的选题，应当开阔思维，不随波逐流，如此才能开发出蕴藏丰富而又处于盲区的宝藏。

四、“预见”选题法

所谓“预见”选题法，指从社会、民众关注度高的话题中筛选、提炼出选题的方法。但这并不意味着选题是“随大流”盲目跟风，而是站到高处，把眼光放得长远些，及时捕捉影响生产发展和生活质量的关键问题或以一个与众不同的视角调查、看待热点问题及其影响，从而超前选定题目。因为对于热度高的选题，大学生团队按照常规方法进行选题调研，往往得到的内容浅显，难以达到预料的好结果。但这种运筹决胜、准确选题的方法对团队的素质和能力要求较高，主要可概括为三方面的要求：一是知识的积累，需要的是成员平时刻苦学习和不断积累知识以达到厚积薄发的目的，其重要性不言而喻；二是信息的开发，不仅需要团队具有情报意识，还应拥有高水平的辨析能力。在当今信息社会中，情报信息鱼龙混杂，重点在于准确获取与细致观察；三是学术的交流，本专业之间的交流固不可少，还应与其他学科的专业人士进行交流，相互补充，可以通过访谈、咨询、会议等多种途径交流。

五、“延伸”选题法

所谓“延伸”选题法，是指以目前已有一定成果的选题为方向，在此基础上，对已有的研究进行延伸，进一步将选题深化。站在前人的肩膀上前行，可以避免题目宽泛笼统而远远超出团队所具备的知识储备、调查范围以及实际的社会经验等。例如一个普通大学生团队在“挑战杯”竞赛中选择一个完全崭新的调查课题，往往会出现课题参考资料稀少、相关人员短缺等现象而导致项目无法正常开展，最后影响到调查的质量，甚至草草收场。相反，“延伸”选题的特点是先看准、次靠近、再悟透、最后深入，通常是阅读大量文献与相关研究报告，经过层层修改、筛选，具有直中要害、切入要点的特点。这种选题属于深入探索的选题，需要团队对选题进行深入剖析，从一个方向的不同角度进行延伸、透彻论述。由于“延伸”题目研究层次较深，无法在短时间内轻而易举地获得，更不是临时起意的应景、敷衍之作。“延伸”是专题深化总结、问题提取精到、综合分析深刻，是在题目上以陈推新、在内容上由浅入深、在过程中精益求精，亦可产生大手笔之作。

第四节　选题的过程

一、探索选题

团队带着一个感兴趣的哲学社科项目进行参赛前，起初头脑里往往只是关于项目的一些宽泛信息，这些内容大多缺乏条理性、逻辑性，团队并不能确定从哪些方面开始研究调查，甚至不能确定是否将其定为一个可以继续深入的项目。此时我们需要探索性地翻阅相关领域文献，了解它具体包含了哪些内容，它是否具有社会学意义，等等(如图 3 - 12)。

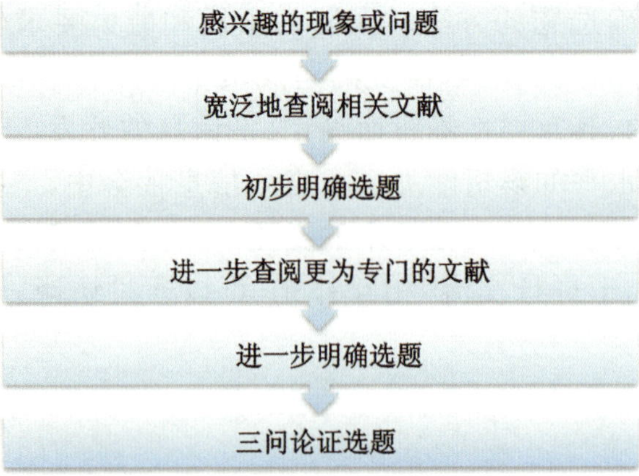

图 3 - 12　选题的论证与确定过程

文献查阅，是指对迄今为止、与某一问题领域具有相关性的各类文献进行系统性的查阅和分析，以了解该领域最新研究状况的过程。那么随便找些相关文献就可以拿来阅读吗？这个过程中，团队需要系统地识别、寻找、考察和总结与研究相关内容的文献。对于大多数研究者来说，文献查阅是一个阅读、思考、创新的过程，所以充分的文献检索是必不可缺的。一般来说，如果选题是一个范围相对较小的课题，至少需要查阅相关文献 50～100 篇，这也意味着团队需要负担繁重的工作量。

此外，团队在文献检索过程中还要保持清醒的头脑、批判性的思维，若过分相信和盲目依赖文献资料会使人淹没于信息的海洋内，禁锢于陈旧的观念，思维不能向各方面发散，最终在参与“挑战杯”竞赛过程中不能解决相应问题，遭遇困难。所以成员应当认真地阅读文献，做好文献的梳理总结工作，科学地分析作品选题后续过程的可操作性，从而初步明确选题。

那我们如何选择需要阅读的文献呢？通过对认识的“挑战杯”获奖选手进行采访，笔者把他们的回答归纳为以下 4 点。

① 根据文献的相似度进行选择。文献内容、框架等与团队研究项目相似度高，说明文献较好。

② 根据文献发表时间的先后顺序进行选择。文献发表时间晚，说明是当前最新的研究进度，可以给本团队项目研究确定基线。

③ 根据研究者在该领域的权威性进行选择。有知名度的教授、研究人员做出的成果可信度高、研究方法可靠，值得借鉴学习。

④ 根据发表文献的期刊或者书籍出版杂志社的学术影响力来选择。例如北大中文核心期刊等。

二、明确选题

文献查阅在选题中起着至关重要的引领作用。当选题初步明确后，我们仍需要通过精准性地查阅更专门的文献来进一步明确选题。即在文献阅读过程中，给予所研究的问题某种限定，使其方向明确、范围缩小、内容清晰，以把脑海中含糊不清的想法转变为清晰明确的选题。在限定过程中，主要目的是对最初范围庞大的研究领域进行明确的陈述限定，将其转变为特定领域中的特定现象或特殊的研究问题。

这个过程可以从两个角度入手：一是缩小问题的内容范围，简单地说就是把“宽泛”的问题转化为“狭窄”的问题。例如调查范围从一个国家缩小到一个省市、一个县城；二是加大研究深度，清楚明确地陈述研究的问题。陈述研究问题的过程需要弄清楚以下问题：学者是否做过类似的研究？学者是从哪些方面进行研究的？之前存在的研究思路和本团队的研究思路是否有不同？别人的研究思路能否给我们提供一些新的研究思路？如何用更新的角度来审视研究的选题？等等。当明确了这些问题的答案后，我们选题的可行性就会较高。恩格斯曾说过："我们只能在我们的时代条件下进行认识，而这些条件达到什么程度，我们便认识到什么程度。"选题也是如此，如果其不具备可完成的主客观条件，即使再有价值、有想法的选题也只能是一种不切实际的美好愿望。

三、"三问"论证

在精准性地查阅相关文献并得出一个明确的选题后，为了进一步增强项目的可行性与可操作性，需要进一步地进行论证。一问团队负责人，要对自己的团队有一个审视的态度：团队领导者是否了解各个成员的擅长方面与不足之处？成员之间是否能相互配合认真完成任务？团队对解决相关问题最可能做出贡献的独特背景知识和经验到底是什么？二问团队成员，要问同伴：是否能全身心投入项目选题的准备工作？对项目选题有何相关独到见解？三问指导老师及有关专家学者，我们可以拜访身边能够接触到的相关领域的专家教授们，向他们请教团队的选题有何不足之处？是否在本领域属于未解决的问题？是否对本领域相关问题的解决有价值？在"三问"后，产生两大效果："不研究不行"或"非研究不可"；该项目研究"非我莫属"。从而本团队的选题也就可以确定了。

四、选题"四向"

如图 3－13 为选题的四个导向。

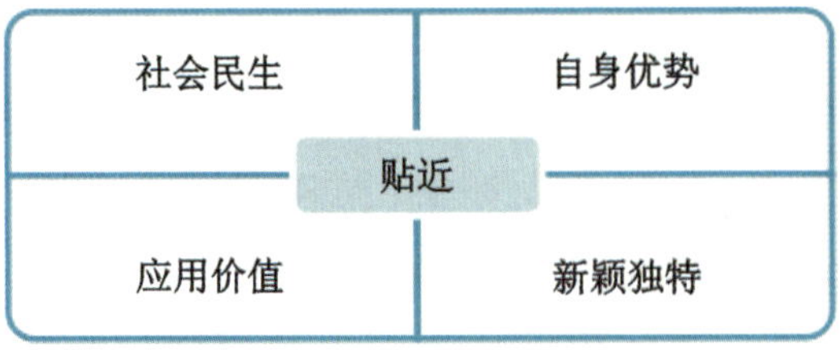

图 3－13　选题的四个导向

（一）选题应以“社会民生”为导向

哲学社科类作品应尽量展现当代大学生的风采，关心社会生活，主动担负起促进社会进步和人类文明发展的重任，如果与社会生活相脱节，作品不具有社会意义，就失去其存在的必要性和价值性。我们对历届“挑战杯”获奖作品进行分析后，不难发现评委老师特别看重作品的社会意义与市场价值。另外，社会关注度较高的项目，在调研的过程中容易得到相关部门、人员的支持；在答辩时也更吸引评委，给他们留下深刻印象。比如目前比较受关注的山东省拆迁并居问题、疫情影响下中小企业的生存发展、线上教育和办公模式的优化、地摊经济重启下的市场现状与问题分析及对策研究，等等。

全国第十六届“挑战杯”竞赛特等奖作品——济南大学《打破“边缘”幕墙，从“心”融入泉城——新时代背景下济南市新市民群体城市融入现状和对策研究》，该项目关注到了新时代社会生活背景下的新市民，关心民生，聚焦新市民的美好向往，对新市民逐渐融入城市过程中存在的现状和问题进行了研究，以“暖心、走心”为根本，提出实行“新市民食堂”等措施以使新市民群体尽快融入城市，为我国小康社会的全面建设提供了借鉴和理论参考。

（二）选题应以“自身优势”为导向

“挑战杯”参赛人群是广大高校学生，身边有丰富的学术资源与人际资源，比如学校优势、往届参赛团队经验（如图 3 - 14）。医学类院校的作品可以向疾病预防或社区保健等方面考虑；师范类的学校可以往心理学或教育学等方向思考。如果学校有自己的王牌学科或一些很有建树的教授，那么合理利用这些资源，积极向教授专家请教学习，他们的指导或建议可能会对团队的作品产生很大的益处。如果师兄师姐参加过类似比赛，可以向他们取取经，学习经验技巧，他们会介绍大赛评委比较感兴趣的选题，避免团队进入比赛误区。对于他们的获奖作品，最好可以借来参考，因为这些材料都是保密的，正常情况下很难看到。

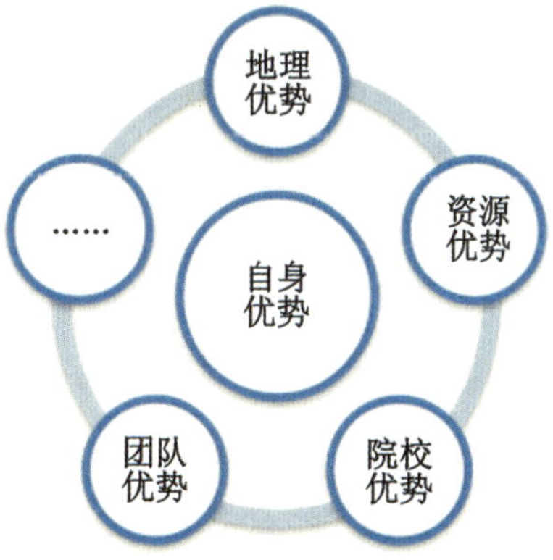

图 3 - 14　自身优势

例如全国第十六届“挑战杯”竞赛特等奖作品《生命的馈赠：器官捐献家庭意愿影响因素与对策研究——以浙江省为例》，该项目的团队来自温州医科大学，首先，对于该选题医学院校的学生很有优势。其次，选题以家庭为单位进行浙江省全省范围的调查，这与该校的地理位置优势又有着极大的关系。此外，该项目由临床学院和信息工程学院共同参与完成，利用该校的自身专业优势形成互助、互补的团队合作关系，对该项目的进行产生了巨大推动力。在后期的问卷调查、数据分析等阶段，临床学院可能不甚擅长调研分析，而信息工程学院可提供许多帮助。

事实上，许多优秀的团队均会根据自身优势进行选题。尤其是发放问卷、调查研究时会尽量选择本校所在省市。以全国第十六届“挑战杯”竞赛三等奖的作品——安徽中医药大学《健康中国战略背景下家庭医生签约服务对策研究——基于安徽省八个市县基层社区的调研》为例，该团队也是利用自身的地理优势，在安徽省选择调研地点进行了调查。根据地理优势选择调研地点不仅可以降低调研工作的难度，在熟悉环境、地域、文化等方面的基础上进行调研，也能提升调查结果的精准度和有效度。

（三）选题应以“应用前景”为导向

哲学社科类别的成果主要体现在了解社会、发现当前社会的问题、解决社会问题等方面。根据对哲学社科类“挑战杯”竞赛获奖作品的选题特点进行总结发现，这些作品选题一般都具有应用前景，如《公益性小额信贷对农村金融扶贫的启示——基于重庆开县民丰互助合作会的农村金融试点》《农民工欠薪问题何以在务工人员大县高效解决？——基于浙江省玉环县清薪办模式的调研》《设计立县：基于福建松溪的设计扶贫实践与模式更新》等。尤其是新组建的大学生团队，首选的切入点就是社会热点中存在的迫切需要解决的问题，这些问题往往易聚焦，且已有部分地区开展试点工作，使得调研工作可深入进行、项目的研究成果真实可靠，有助于团队对试点地区模式的应用前景进行评估。应用前景不乐观的选题具有的社会意义相对较小，对于初涉“挑战杯”的大学生团队而言，所搜索查询得到的资料内容浮浅杂乱，也会导致团队思路的模糊不清。因此，无论是从应用领域、应用程度，还是预期应用效益方面，只要能将热点问题提炼精到，或是发现问题后深入探索，从根本上提出新的对策和建议以解决问题，那么作品就算是成功的。

（四）选题应以“思辨精神”为导向

“挑战杯”竞赛题目要具有思辨精神，敢于批判前人的不足和错误之处。在每届的“挑战杯”竞赛中，参赛作品少则几百件，多则上千件，想让自己的作品在评委眼中有足够的吸引力，就必须保证其不落俗套。老套的选题，要么原理为大家所熟知，不能激发别人的兴趣；要么同类作品很多，千军万马过独木桥，很难取得理想成绩。如果团队具有思辨精神，从新视角、新材料、新技术 3 个层面发掘新题目、开发老题目，则会产生突破性的效果。例如全国第十五届"挑战杯"竞赛特等奖作品常州大学的《需要为本，优势取向：创新流动儿童权益保护社会工作服务模式——常州一校三社区的行动研究》，该项目通过在儿童、校园、社区 3 个层面，形成三位一体，介入社会公益志愿者进行流动儿童的权益保护。这种选题别开生面，将存在的现实问题和现有的知识紧密贴合，从中可以看出团队必是经过了深入的思考辨析，使得选题具有突破性，且不乏可行性，更易吸引评委老师的眼球。

第五节　选题的启示

一、选题方向分析

哲学社会科学类作品的选题无外乎哲学、经济、社会、法律、教育、管理 6 个方向，相对来说，6 个方向的选题均能体现新颖性。可以根据院校特点或者专业优势进行选题方向的确定，例如经济学院的同学可以在经济类方向确定选题；法学院的同学可以从法律视角思考问题；师范类专业的同学可以从教育角度对社会问题进行研究；等等。

以全国第十六届"挑战杯"竞赛哲学社会科学类特等奖作品（总共获奖数 10 个）选题为例，经济类占 3 个，教育、社会类各占 2 个，哲学、法律、管理类各占 1 个。总体来说经济类稍受偏爱，其他五大类较为平均。例如 2020 年 10 月，习近平总书记提出了国家中长期经济社会发展战略若干重大问题，结合疫情进入常态化，国家经济社会发展需要我们进行长远性的思考，这些问题也是我国迫切需要解决的，因此这将是第十七届"挑战杯"竞赛中的一个很好的选题方向。再如全国第十六届"挑战杯"竞赛特等奖作品《行动起来，向滥用抗生素说不！——中国 13 省市 1345 家零售药店无处方销售抗生素情况调查及应对研究》，充分体现了该团队对社会的关注，对当前医疗行业滥用抗生素的反思，该团队亦为之提出了相应的解决方法和对策。

表 3-2　第十四届“挑战杯”竞赛哲学社会科学类特等奖、一等奖作品选题方向交叉表

奖项类别			选题方向						总　计
			法律	管理	教育	经济	社会	哲学	
奖　项	特等奖	计数	1	4	2	2	5	0	14
		占奖项的百分比	7.1%	28.6%	14.3%	14.3%	35.7%	0.0%	100.0%
		占总计的百分比	1.5%	6.1%	3.0%	3.0%	7.6%	0.0%	21.2%
	一等奖	计数	4	9	6	17	13	3	52
		占奖项的百分比	7.7%	13.7%	11.5%	32.7%	25.0%	5.8%	100.0%
		占总计的百分比	6.1%	13.6%	9.1%	25.8%	19.7%	4.5%	78.8%
总　计		计数	5	13	8	19	18	3	66
		占奖项的百分比	7.6%	19.7%	12.1%	28.8%	27.3%	4.5%	100.0%
		占总计的百分比	7.6%	19.7%	12.1%	28.8%	27.3%	4.5%	100.0%

由于全国第十四届“挑战杯”竞赛的数据较为完整，故表 3-2 以第十四届“挑战杯”竞赛哲学社会科学类特等奖、一等奖作品选题方向为例，我们可以发现，总体来说，选题以经济类和社会类为主导。经济是国家发展的命脉，对国家的意义重大，尤其是我国在大力发展经济的同时，出现较多尚未解决的问题。因此，经济类选题易受到各院校“挑战杯”竞赛团队的偏爱。社会类选题的专业性要求相对来说较弱，适合各专业的学生进行研究，且社会中存在的问题较易被发现。因此，社会类也是受偏爱的一大类。教育类和管理类方向的选题数量目前也在上升，教育类选题往往受师范类学生的偏爱，管理类选题则受众面稍广，各专业学生均有以管理类为方向进行选题的。而哲学类和法律类两个方向专业性要求较强，且具有较高难度。因此，除去哲学类专业和法学类专业的学生，其他专业选择这两个方向选题的学生相对较少。

二、选题特点分析

（一）标题形式分析

1. 主副标题结合

通过对 2013 至 2019 年举办的 4 届全国大学生“挑战杯”竞赛进行分析，哲学社会科学类社会调查报告和学术论文类别中获得特等奖和一等奖的作品标题具有相似性，我们不难发现，主副标题相结合的形式广受获奖团队青睐。主副标题相结合的形式使得选题体现出具体性和主次结构，例如全国第十六届“挑战杯”竞赛特等奖作品《百年风华，劳工神圣——有关“一战”华工文化记忆的调查研究》，主标题具有明显的文学色彩，可以从中看出该项目主要是以“劳工”为对象，但是劳工是个巨大的群体，因此，副标题的补充就显得格外重要。副标题首先将时间限定在“一战”期间，再将群体进一步缩小，对该时期中国派遣的 14 万赴欧支援华工的经历进行调查研究，因此整个选题一目了然，使评委在看到选题的同时便能迅速捕捉到作品的关键信息。

如表 3-3，这种主副标题相结合的选题形式在近年来的各届获奖作品中具有明显体现，尤其是全国第十四届“挑战杯”竞赛哲学社会科学类特等奖获奖作品共有 14 个，标题全是主副标题相结合的形式。此外，全国第十六届“挑战杯”竞赛哲学社会科学类特等奖作品标题中有 10 个是双标题，全国第十三届“挑战杯”竞赛哲学社会科学类特等奖作品标题中有 12 个是双标题。第十五届“挑战标”竞赛 13 个哲学社会科学类特等奖作品中也仅有两个未采用双标题的形式，由此足以看出，主副标题相结合的模式经过 8 年仍旧是选题的主导形式。

表 3-3 近 4 届“挑战杯”竞赛哲学社会科学类获奖作品标题形式

主副标题相结合		特等奖作品选题	一等奖作品选题
届　数	十六届（2019 年）	9/10	29/36
	十五届（2017 年）	11/13	26/33
	十四届（2015 年）	14/14	46/52
	十三届（2013 年）	11/12	27/33

此外，还有一种选题形式近年来颇受各大高校“挑战杯”参赛团队的喜爱，即将冒号作为提示语后的停顿以提示下文或总括上文，例如作品《设计立县：基于福建松溪的设计扶贫实践与模式更新》《“追梦人”的逐梦路：探寻大学生创客群体的发展之道》《抢救最后的宝藏：民间文书“生存”状态的调查及对策建议》等，均是借用冒号来高度总结，使得标题精炼而明确。当然，双标题和冒号同时存在的例子也不少见，如作品《农房共享、融通城乡：农村闲置房屋盘活利用的可行模式探索——基于陕西高陵、湖南浏阳两地三案例的调查研究》《小农户也有大市场：城郊小农户农产品流通模式创新研究——基于长沙市 5 区 28 个城郊村调研》等，二者相结合的情况下，既能达到细化研究方向的目的，又能在新颖的提示语后进行高度总结，有很强的针对性，但是，这种形式下的标题字数可能较多、复杂度较高，要对语句顺序进行排布，使标题达到良好的效果，需要团队成员拥有严密的逻辑思维能力。

2. 标题句式结构

通过对近年来全国大学生"挑战杯"竞赛哲学社会科学类获奖作品进行分析，我们发现标题的形式具有双标题的特点。除此之外，标题的句式也有一定的特点——以陈述句为主。如表3-4。

表3-4　第十三届至十六届全国大学生"挑战杯"竞赛哲学社会科学类获奖作品标题句式结构

句式结构分类			奖项		总计
			特等奖	一等奖	
句式结构	非陈述句	计数	3	11	14
		占奖项的百分比	6.1%	7.1%	6.9%
	陈述句（含有疑问语气）	计数	3	3	6
		占奖项的百分比	6.1%	1.9%	3.0%
	陈述句	计数	43	140	183
		占奖项的百分比	87.8%	90.9%	90.1%
总计		计数	49	154	203
		占奖项的百分比	100%	100%	100%

在全国第十六届"挑战杯"竞赛哲学社会科学类特等奖作品中有9个作品的标题为陈述句式，1个标题为感叹句，36个一等奖作品中，标题为陈述句的占33个(其中标题含有反问语气的有两个)，标题为反问句的占3个。整体来看，以陈述语气为主导，当然，妙用其他语气句式也可带来不可忽略的影响。

例如使用疑问语气，具有引发读者阅读兴趣的作用。感叹语气的句子可以抒发强烈的情感，常用于呼吁。例如第十六届"挑战杯"竞赛特等奖作品《行动起来，向滥用抗生素说不！——中国13省市1345家零售药店无处方销售抗生素情况调查及应对研究》，该项目的标题使用感叹语气，显得该团队研究的问题应该刻不容缓地得到有效的解决对策，需要迅速解决滥用抗生素的问题，这种语气很强烈，因此标题自然也会吸引评委老师的目光。再如获得第十六届"挑战杯"竞赛一等奖的作品《民营经济如何迎来大发展的春天？——各省民营经济政策与落实情况研究》，该项目的标题采用疑问语气，使评委老师不由地也进行思考，与研究团队站在相似的角度思考问题，代入式的阅读会激发评委老师的阅读欲望，使其进一步了解该项目的整个研究思路和现实意义。

当然，各种语气的句子也可以进行组合，例如历届"挑战杯"竞赛获奖作品的标题中有陈述句和疑问语气相结合的，以全国第十五届"挑战杯"竞赛特等奖作品《开源还是节流——山西省贫困地区居民收入与消费结构调查》为例，该标题前半部分虽然没有问号，但是可以明显地发现是疑问语气，后半部分为陈述句式，这种标题将疑问语气和陈述句式结合，囊括二者优点，不失为一大选择。

(二) 选题内容分析

1. 选题角度小

上述第一节中有介绍具体性原则，这也是我们分析各届获奖作品选题后而得出的结论。各届获得特等奖和一等奖的哲学社科类作品选题的细化程度很深，多是从一个小的角度展开研究，细化的结果不仅使调研工作量大大减少，由小角度切入也会使项目取得深入扎实的效果。就像冬天在厚厚的冰河上捕鱼，渔夫们仅仅凿开一个小口进行垂钓，绝不会切开很大的面积布网，也是一样的道理。

例如第十六届"挑战杯"竞赛一等奖作品——华东理工大学《设计立县：基于福建松溪的设计扶贫实践与模式更新》项目选题限定于福建省松溪县，以该县作为实践样本进行调查，设计文创、旅游节等系列活动。因此在后期该团队根据该县的区域文化具有针对性地为该县提出有价值的方案，为更多的设计立县计划和设计扶贫行动提供了参照。再如浙江师范大学的《抢救最后的宝藏：民间文书"生存"状态的调查及对策建议》，标题很明显地体现出该团队将民间文书作为切口进行调查研究，该团队以浙江地区为中心，深入考察了民间文书的"生存"状态，并针对现存问题建立了一套科学规范的模式。

2. 选题立意高

近年来，"挑战杯"竞赛参赛作品的数量呈递增趋势，想要出彩则必须体现当代大学生对国家政策的高度关注、对社会民生的深入关切、对当前社会中关键问题的思考。这些关键点在选题的立意上具有明显的体现，立意高的选题往往会受到评委老师的关注。

以第十六届"挑战杯"竞赛一等奖作品——清华大学《精准扶贫中的贫困识别：福利损失与解决办法——基于西部、东部、东北的调研与实证研究》在决胜全面建成小康社会关键之年的背景下更易于吸引评委的目光。再如第十五届"挑战杯"竞赛特等奖作品——北京师范大学《资源型村庄的权力结构及治理的变迁——基于对山西省 T 村历史的实证研究》，该项目关注资源型村庄的乡村治理问题，属于当下的热点问题，为研究资源型村庄权力结构及治理变迁提供了一个典型个案。如图 3－15。

3. 选题创意强

全国大学生"挑战杯"竞赛的宗旨之一为锐意创新。因此我们也可以看出，具有较强特色的选题，往往会具有挑战性，与"挑战杯"竞赛十分契合。不同的"挑战

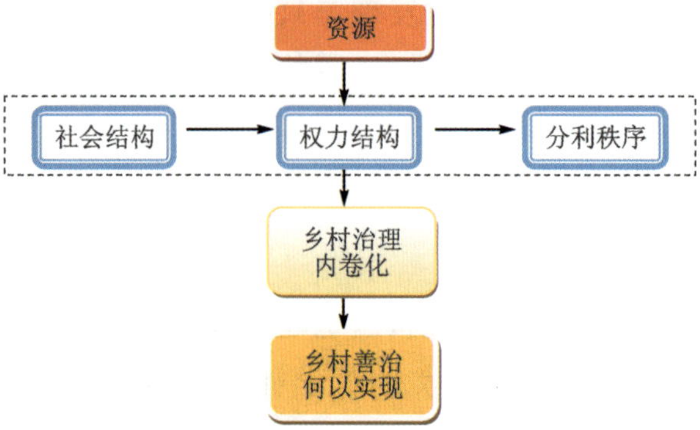

图 3－15　第十五届“挑战杯”竞赛特等奖获奖作品选题示例

杯”项目作品有不同的特色，好的作品不仅仅在项目中体现创意，也会在选题中直接表现出特色之处。评委老师往往第一印象是展板上的作品选题，因此若是在选题上亮点十足，自然会博得评委老师的关注。例如获得了全国第十六届大学生“挑战杯”竞赛特等奖作品《建设生态文明背景下的电力行业效率改进与减排优化研究》，该项目的特色性强，且罗列清晰，从宏观层面、微观层面、宏观＋微观层面，打破了传统单一的技术效率或经济效率，提供了节能减排新方案。如图 3－16。

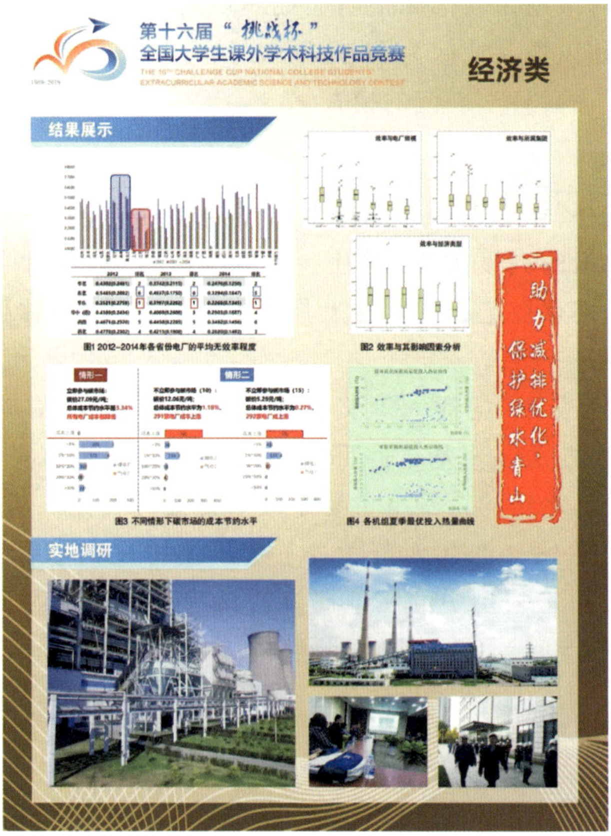

图 3－16　往届“挑战杯”竞赛获奖作品(图片来源于网络)

4. 实证调研深

实证性调研在哲学社科类作品的选题中也有着很明显的体现，实证调研具有极高的真实度，能相对准确地描述社会现象。调查的深度则与选题方向的切口具有高度相关性，切口小的选题，相对来说容易深入挖掘，易出成果。深入调研的目的是为了解所研究的问题，看清问题的本质，从根源上提出相应的对策，而研究过程与对策的提出依赖于调研的深度与实证性。纵观历年“挑战杯”社科类作品，仅仅描述社会现象远远不够，发现问题后研究问题的过程也很关键，通过研究提出相应的对策更是必不可少。

根据表 3－5 可发现，前 4 届“挑战杯”竞赛获奖作品选题多数含调查研究，或者直接基于某地区、某视角进行研究。无论哪个选题方向，均需要参与者进行大量的调研，我们将在第四章详细介绍如何进行实践调研。实证调研具有深度的选题，在深入的过程中使项目的价值性油然而生，因此项目的研究成果与实证调研深度的相关性很大。

表 3－5 “挑战杯”竞赛哲学社会科学类获奖作品标题情况

选题所含内容		十六届		十五届		十四届		十三届	
		特等奖	一等奖	特等奖	一等奖	特等奖	一等奖	特等奖	一等奖
		计数	计数	计数	计数	计数	计数	计数	计数
含调查、调研、实证、考察、案例	含有	5	18	8	21	10	32	8	23
	不包含	5	18	5	12	4	20	4	10
	总计	10	36	13	33	14	52	12	33
基于××，以××为例	含有	4	23	8	23	11	32	7	20
	不包含	6	13	5	10	3	20	5	13
	总计	10	36	13	33	14	52	12	33

附录 3

“挑战杯”竞赛哲学社会科学类参赛选题参考
——以第十七届“挑战杯”竞赛参赛选题为例

第十七届“挑战杯”竞赛哲学社会科学类参赛选题如表 3－6 所列。

表 3－6　第十七届“挑战杯”竞赛哲学社会科学类参赛选题

类　别	参考题目
哲学类	1. 深刻总结中国共产党的百年光辉历程、伟大贡献和历史经验，通过典型调查研究，全面展示中国特色社会主义取得的成就 2. 全面打赢脱贫攻坚战、全面建成小康社会的重大意义的调查研究和理论探索 3. 推进马克思主义中国化时代化大众化典型调查研究 4. 推动党的最新理论成果入脑入心、落地生根典型调查研究 5. 中华优秀传统文化的创造性转化和创新性发展典型调查研究 6. 培育和践行社会主义核心价值观的实践和经验典型调查研究 7. 精神文明和物质文明协调发展典型调查研究 8. 坚定共产主义远大理想和中国特色社会主义共同理想典型调查研究 9. 新的时代条件下促进人的全面发展典型调查研究 10. 构建中国特色哲学学科体系、学术体系、话语体系调查研究 11. 国家治理的中国经验、中国模式和中国理论典型调查研究 12. 主流媒体讲好中国故事、传播中国声音典型调查研究
经济类	1. 构建新发展格局典型与经验调查研究 2. 推进五大发展理念成功案例调查研究 3. 推动供给侧结构性改革的典型调查 4. 提升产业链供应链现代化水平典型调查 5. 智慧城市建设多种模式的典型调查 6. 农村社会保障与公共事务治理典型与经验调查研究 7. 农民工市民化和返乡创业的调查研究 8. 扩大国内需求，刺激消费需求的实践和经验调查研究 9. 发挥区位优势、推动老少边贫地区发展的调查研究 10. 互联网推动工业企业技术创新的调查研究 11. 互联网金融风险典型调查研究 12.“一带一路”战略与我国开放型经济新体制建设的理论与实践 13. 我国物联网服务业的崛起、发展与创新调查研究 14. 数字经济与实体经济深度融合典型案例调查 15. 构建以企业为主体、市场为导向、产学研相结合的技术创新体系实践和经验的调查研究

续表 3－6

类　别	参考题目
经济类	16. 各地推动“双创”、提振经济、扩大就业的典型调查 17. 我国现代服务业发展路径开拓和模式创新的典型调查 18. 活跃和完善中国式劳动力和人才市场调查研究 19. 普惠金融发展案例的典型调查 20. 制造业转型升级与创新驱动问题调查研究 21. 深化国有企业改革和完善国有资产管理的典型调查 22. 提升企业技术创新能力典型调查 23. 新型城镇化与乡村振兴战略的典型调查 24. 各地生态环境产业发展与创新调查分析 25. 高质量发展(区域、产业、企业)路径调研和分析 26. 激发人才创新活力典型调查研究 27. 简政减税降费典型调查研究 28. 营商环境改善调研和分析
社会学类	1. 各地全面建成小康社会的典型调查研究 2. 各地加强社会建设的典型调查研究 3. 各地创新社会治理防范社会风险的典型调查研究 4. 各地加强和完善社区建设和服务的实践和经验调查研究 5. 各地市域社会治理现代化经验研究 6. 缩小收入差距的体制机制研究 7. 户籍制度改革与农民工社会融入的经验调查研究 8. 社会诚信、商务诚信、政务诚信建设实践和经验调查研究 9. 人工智能对劳动就业的影响研究 10. 人口结构变化对经济社会发展的影响研究 11. 各地建设社会养老服务体系和发展老年服务产业的调查研究 12. 我国社会变迁趋势研究 13. 社会工作服务活动和组织建设的调查研究 14. 我国社会救助工作体制研究 15. 畅通志愿者参与社会治理渠道体制机制研究 16. 推进基层医疗卫生机构综合改革的典型调查研究 17. 社会办医，非盈利性医疗机构的发展与改革调查研究 18. 城市务工人员社会保险改革和创新典型调查 19. 新冠肺炎疫情中的网络舆情特征研究 20. 大学生就业趋势调查研究 21. 建立积极向上社会心态的体制机制研究 22. 网络发展及其对青少年影响的调查 23. 农村土地流转、乡村振兴战略的实施与社会主义新农村建设问题研究 24. 新发展阶段的扶贫政策研究 25. 绝对贫困与相对贫困问题研究 26. 基本实现现代化的指标体系研究

续表 3－6

类　别	参考题目
法律类	1.全面推进依法治国必须坚持的基本原则研究 2.党的领导、人民当家作主和依法治国有机统一的实现机制研究 3.我国实施社会主义宪法的实践和经验研究 4.我国社会主义市场经济法治实践相关问题调查研究 5.民法典实施问题研究 6.完善知识产权立法与实施机制研究 7.新型互联网犯罪应对研究 8.我国民事立法完善问题研究 9.未成年人法律保护新情况新问题调查研究 10.法律援助工作的发展和创新实践调查研究 11.公益诉讼问题研究 12.我国社会、文化与生态文明建设的法律法规问题调查研究 13.推进以审判为中心的诉讼制度改革典型调查研究 14.我国网络空间法治实践调查研究 15.《电子商务法》实施相关问题研究 16.《网络安全法》实施相关问题研究 17.基本法框架下的“一国两制”与国家统一相关法律问题研究 18.全面从严治党与全面依法治国关系研究 19.公共卫生突发事件中个人信息利用和保护机制研究
教育类	1.探索建设高质量教育体系的实践路径，开启建设教育强国、人才强国新征程 2.创新型国家建设与教育体制改革与创新调查研究 3.增强职业技术教育适应性，深化职普融通、产教融合、校企合作，探索中国特色学徒制，培养技术技能人才的实践案例和调查研究 4.新世纪我国大学教育教学发展、创新和改革的典型调查研究 5.健全学校家庭社会协同育人机制的举措和经验调查研究 6.培养学生创新精神、创业本领和实践能力教学改革的典型调查 7.增强学生文明素养和社会责任意识的改革与创新调查研究 8.当代大学生价值取向和心理素质的调查分析 9.培养德智体美劳全面发展的社会主义建设者和接班人的典型调查 10.改进青少年身体素质和心理健康教育的做法和经验调查研究 11.各类学校完善中华优秀传统文化教育的实践和经验调查研究 12.各地逐步缩小区域、城乡、校际教育资源差距的举措和经验调查研究 13.国家推进少数民族地区教育发展的举措和成就调查研究 14.中外学校间学生交流活动的调查研究 15.建设学习型社会、完善终身教育实践的调查研究 16.大学生自主创业案例研究 17.互联网、大数据等新技术的教学应用，特别是在线教育的调查研究 18.校园文化、学生社团的调查研究 19.高校思想政治工作及思政课创新实践的经验调查研究 20.支持和规范民办教育发展，规范校外培训机构的调查研究

续表 3-6

类　别	参考题目
管理类	1.数据开放共享和个人隐私保护问题调查研究 2.数据作为生产要素的产权界定、收益分配调查研究 3.特大城市数字化治理及风险防控调查研究 4.知识产权保护、科技成果转化调查研究 5.大型数字平台企业监管问题调查研究 6.灵活就业社会保障制度调查研究 7.生态产品价值实现机制调查研究 8.废旧物资循环利用体系调查研究 9.环境污染专项整治效果评估调查研究 10.企业经营管理数字化、智能化、网络化的调查研究 11.我国企业家队伍成长发展的调查分析 12.企业在创新转型升级中崛起和发展的典型调查 13.突发公共事件监测预警处置机制调查研究 14.新世纪我国商会(企业和企业家协会)建设新进展、新作用调查研究 15.在全面深化改革中政府转型、行政改革和法治政府建设的典型调查 16.基层政府行政管理体制改革创新的典型调查研究 17.政府提供公共服务与购买公共服务改革的典型调查研究 18.便民快捷健全的社会保障服务体系建设的调查研究 19.各地建立和完善中小微企业服务体系实践和经验的调查研究 20.基层政府推进政务公开、信息公开的调查研究 21.在进一步简政放权改革中基层政府管理和服务体制机制改革创新的调查研究 22.县乡政府管理成本降低状况及存在问题的调查研究 23.(企业、政府、城市)“智能＋”管理创新的调查研究 24.适应高质量发展要求的政绩考核体系调查研究

(以上内容来源于第十七届“挑战杯”竞赛通知文件)

附录 4

第十三届至十六届“挑战杯”竞赛哲学社会科学类特等奖、一等奖选题汇编

第十三届至十六届“挑战杯”竞赛哲学社会科学类特等奖、一等奖选题汇编如表 3－7、表 3－8、表 3－9、表 3－10 所列。

表 3－7　第十六届“挑战杯”竞赛哲学社会科学类特等奖、一等奖选题汇编

院　校	项目名称	奖　项
上海大学	《百年风华，劳工神圣——有关“一战”华工文化记忆的调查研究》	特等奖
北京航空航天大学	《建设生态文明背景下的电力行业效率改进与减排优化研究》	
清华大学	《精准扶贫中的贫困识别：福利损失与解决办法——基于西部、东部、东北的调研与实证研究》	
浙江工商大学	《“退之有道”：兼顾农户利益与社会效益的宅基地退出模式优化研究——基于浙江省 15 个县市区调研》	
浙江大学	《行动起来，向滥用抗生素说不！——中国 13 省市 1345 家零售药店无处方销售抗生素情况调查及应对研究》	
温州医科大学	《生命的馈赠——器官捐献家庭意愿影响因素与对策研究》	
上海大学	《基于供应链金融的“三维信用评价体系”助力中小微企业融资增信——对 140 家企业和 40 家金融机构的访谈调研》	
东南大学	《护航“网生代”——Web3.0 时代未成年人网络权益软性保护路径研究》	
上海师范大学	《科学育孙万家行——祖辈教养“2＋X”课程开发与推广》	
福建师范大学	《网络舆情“体制归因”演化机制及防控策略研究——基于 503 个教育网络舆情案例分析》	
华东理工大学	《设计立县：基于福建松溪的设计扶贫实践与模式更新》	一等奖
重庆大学	《关于“塔西佗陷阱”的研究——政治史学视野下的文本追溯与古今之辩》	
同济大学	《产业驱动的乡村振兴之路 3.0 版——对浙江省 9 镇 36 村地方产业驱动乡村发展的典型模式研究》	
复旦大学	《脱贫长效机制研究——基于中部三省四县的调查》	
南京大学	《制造业中小企业创新的成功之路——“协同创新＋靶向服务”的江阴经验》	
江西师范大学	《农房共享、融通城乡：农村闲置房屋盘活利用的可行模式探索——基于陕西高陵、湖南浏阳两地三案例的调查研究》	

续表 3-7

院校	项目名称	奖项
齐鲁工业大学（山东省科学院）	《新旧动能转换背景下传统制造业“潮涌现象”的形成与演化机制研究》	一等奖
南开大学	《信息流广告的广告相关性如何提升广告转化率的机制研究——基于有调节的中介效应模型》	
浙江工业大学	《民营经济如何迎来大发展的春天？——各省民营经济政策与落实情况研究》	
华南理工大学	《乡村振兴战略背景下中国农民的农地情怀与政策期待——基于8432位农民对家庭联产承包责任制的感知》	
南通大学	《印度主流媒体对“一带一路”倡议的认知情感变化及原因分析》	
南京工程学院	《“追梦人”的逐梦路：探寻大学生创客群体的发展之道》	
湖南工商大学	《宅基地“三权分置”改革：权能困境、农户反响和产权实现研究——以国家级试点区浏阳市为例》	
长沙理工大学	《小农户也有大市场：城郊小农户农产品流通模式创新研究——基于长沙市 5 区 28 个城郊村调研》	
金华职业技术学院	《被遗忘的孩子：多中心协同救助模式新探索——基于浙江省 317 名“双服刑人员”子女成长困境的实证调研》	
吉林大学	《飘零的金达莱——延边朝鲜族村落人口外流与民俗文化传承之困》	
广东工业大学	《文化复兴视角下岭南乡居的价值探索与风貌重塑研究——基于对潮汕传统村落的调研》	
华南理工大学	《运动作剑，弃毒前行——基于我国 7203 名青少年戒毒人员体质调查的运动干预方案设计与效果跟踪》	
北京工业大学	《数据山水——基于气候适应性的京津冀传统古村落山水格局设计指导》	
西安建筑科技大学	《消除黑臭，澈水长流——基于西安市黑臭水体防治对策研究》	
上海大学	《公共服务资源供给与社区组织网络构建：以农村睦邻点为例的调查分析》	
山东财经大学	《网络募捐信任危机化解机制研究——基于信息经济学的分析》	
浙江师范大学	《抢救最后的宝藏：民间文书生存状态的调查及对策建议》	
湖南大学	《困境与期盼：农民幸福路在何方？——基于全国东中西部 17 个乡镇的调查》	
云南大学	《从区隔到融入：麻风村后代社会融入困境的消解——基于西南山地 15 个麻风村的实证研究》	

续表 3－7

院　校	项目名称	奖　项
长春工业大学	《长照保险化解失能老人照护风险——基于长春市长期照护保险试点实施情况调查报告》	一等奖
暨南大学	《台湾青年学生国家认同现状及影响因素调查研究——以台北高校学生为例》	
南京大学	《如何绘制新时代“富春山居图”——苏南地区村土地利用规划编制实践》	
山东师范大学	《破局与更立：共享单车发展困境与协同治理研究——基于政府－企业－公众联动视角》	
华东师范大学	《异质与归位：农民合作社嵌入乡村治理的实践检视与优化路径——基于晋、皖、沪、川的调查》	
华东交通大学	《融“工笔”入“写意”，绘互联互通新丝路——中国高铁“走出去”的知识产权风险调查研究》	
中南大学	《网约车个人信息保护问题研究》	
河北经贸大学	《来华留学生中国情怀形成机理与提升对策研究——基于对京津冀高校来华留学生的调查》	
西南大学	《初中生校园欺凌的精准治理模式实践探索——基于累积生态风险模型的心理干预实证研究》	
辽东学院	《红色基因的国家记忆——新时代抗美援朝精神的老兵诠释》	
华南师范大学	《何以解困：农村教育贫困的文化根源与精准扶贫——基于粤西三村的田野调查》	

表 3－8　第十五届“挑战杯”竞赛哲学社会科学类特等奖、一等奖选题汇编

院　校	项目名称	奖　项
北京师范大学	《资源型村庄的权力结构及治理的变迁——基于对山西省 T 村历史的实证研究》	特等奖
南开大学	《境遇与选择：当代大学生的休闲生活方式及满意度研究——基于天津市高校大学生的调查》	
山西大学	《开源还是节流——山西省贫困地区居民收入与消费结构调查》	
上海师范大学	《一地图、一座城市、一种文明——以上海首张生态文明教育资源地图开发为例》	
华东政法大学	《农民专业合作社运行现状与利益联结机制研究——基于鲁、皖、浙三地合作社实地调研》	

续表 3-8

院　校	项目名称	奖　项
南京大学	《最后一批南京大屠杀幸存者个体生命记忆——1937—2017:穿越八十年的家国之梦》	特等奖
常州大学	《需要为本,优势取向:创新流动儿童权益保护社会工作服务模式——常州一校三社区的行动研究》	
南京信息工程大学	《中心城市大气污染治理体制改革与创新——基于南京市的纵向案例调研》	
扬州大学	《"一带一路"框架下高等教育国际吸引力提升路径探究——一项基于"一带一路"沿线国家来苏留学生教育的调查》	
温州医科大学	《最好的告别:安乐死的社会意愿及合法化路径探究——以浙江省为例》	
华中师范大学	《从"愁城难解"到"城人之美":基于武汉市流动摊贩的全民自治模式探究》	
中南大学	《法律规制视角下历史遗留重金属污染防治的风险分析与对策选择调研报告》	
塔里木大学	《"精准扶贫"典型、经验与贫困户满意度调查研究——基于南疆少数民族集中连片特困区》	
清华大学	《留守与流动:流动务工人员子女更可能走向"阶层再生产"吗?——基于福建泉州部分中小学的比较研究》	一等奖
北京工业大学	《北京旧城胡同 We 空间——东四南历史文化保护区胡同微空间营造》	
北京航空航天大学	《京津冀雾霾空间关联特征及其影响因素的空间溢出效应分析——基于空间自相关和空间杜宾模型》	
东北师范大学	《农民合作何以可能:农民合作社的发生逻辑及其发展困境研究》	
上海大学	《当代运河船民社会疏离治理模式研究——记民生为本的"嘉兴模式"》	
南京大学	《中小微企业转型升级进程中的创新之困——基于南通家纺产业集群的调研报告》 《乡村旅游开发中的农民参与和收益分配——以福建省一都镇为例》	
苏州大学	《双创时代,众创空间如何服务区域产业转型?——基于苏州工业园区金鸡湖创业长廊的经验分析》	
江苏师范大学	《政府购买服务导向下内源型"三社联动"新模式调查研究——以江苏省昆山市为例》	

续表 3-8

院　校	项目名称	奖　项
浙江大学	《农村学校布局调整：效率与公平的权衡——基于安徽省四个县的实地调研》	一等奖
温州医科大学	《孤独中坚守——基于浙江省孤独症儿童家庭支持网络的调查研究》	
浙江工商大学	《特色小镇：新发展理念下"区位分布—产业创新"的浙江经验——基于浙江省首批小镇的实地调研》	
宁波大学	《家事调查官在行动：家事纠纷综合治理的"海曙模式"》	
安徽工业大学	《住房公积金与农民工的城市梦研究》	
华侨大学	《内地高校香港学生国家认同的调查研究——以××大学、××大学为例》	
福建师范大学	《从偏见到融合：两岸青年学生群际交流研究——基于闽台高校"3＋1"联合培养人才项目的调查》	
厦门理工学院	《"保姆"变"后妈"：物业企业身份错位酿成"城市病"——基于厦门市五缘湾片区住宅小区的调查》	
江西师范大学	《封闭之殇：诈骗村落越轨亚文化的形成与消解策略——基于江西省J乡的调查》	
江西科技学院	《差序政策信任：农地产权抵押贷款"冷遇"经验解释——基于9省4025份问卷的农村调查报告》	
山东大学	《重工业企业化解邻避问题的路径探索——基于山东"鲁信经验"的实证研究》	
山东师范大学	《基于多源大数据的大城市交通拥堵评价与整治研究——以济南市为例》	
华中农业大学	《城镇化背景下农民"种房"行为演变的双因素机制及其治理研究——基于对L村"种房"现象的田野调查》	
华中师范大学	《"留守"与"退出"：农民土地承包权的处置行为分析——基于福建沙县典型农村农地流转和农民意愿调查》 《共享经济的逆袭与"反逆袭"：武汉市网约车发展过程的社会学考察（2013—2016）》	
中山大学	《"网络医院"运营现状与发展模式调查——以广东省第二人民医院"网络医院"为例》	
暨南大学	《各安其居能乐其业吗？住房实现模式对农民工城市融入的影响》	
华南理工大学	《集体土地养老保障功能的区位差异及治理对策探索——基于珠三角15个村1012位老人的实证研究》	

续表 3－8

院校	项目名称	奖项
华南农业大学	《普惠金融视阈下A省村镇银行的使命漂移及其破解对策研究》	一等奖
广东财经大学	《中国商业保理法律制度建设与实践研究——基于“广深珠”试点现状的调查》	
南方医科大学	《〈亚健康管理模式〉的构建与实践——基于广东省6市14个单位3万余人的调研》	
西南大学	《民族地区易地扶贫搬迁户精准脱贫的获得感研究——基于酉阳土家族苗族自治县11个安置点的实地调查》	
西藏农牧学院	《识别与帮扶：贫困村民对精准扶贫的满意度分析——来自西藏农牧区的调查》	
西北农林科技大学	《农村小规模学校教育质量评估指标体系的构建》	

表 3－9 第十四届“挑战杯”竞赛哲学社会科学类特等奖、一等奖选题汇编

院校	项目名称	奖项
北京大学	《“情理之治”：基层信访办的运作逻辑——北京市A乡“无理上访”的案例分析》	特等奖
北京师范大学	《乡土社会与市场经济的互嵌——基于福建东庄镇医疗产业同乡同业现象的实地调查》	
南京理工大学	《经济发达、人口众多的民族社区治理调查——以福建省晋江市陈埭镇为例》	
扬州大学	《生态文明建设中的村民动员机制探索——基于江苏省建华村创建国家级生态村的实证研究》	
云南师范大学	《一个村庄的涅槃——以云南边境民族地区R村毒品问题的乡村控制为视角》	
宁波大学	《“丰富环境”戒毒：劳教后时代强制隔离戒毒模式的社会化新探索——基于浙江5家强制隔离戒毒所的实证调研》	
清华大学	《农民工欠薪问题何以在务工人员大县高校解决？——基于浙江省玉环县清薪办模式的调研》	
北京理工大学	《中国典型湿地发展影响因素探究之旅——基于对山东、宁夏、云南三省十年生态科考的思考》	
福建师范大学	《新常态下我国水土流失治理机制的探索——基于“长汀经验”的调查与思考》	
中山大学	《城镇化进程中农村基层治理体制创新——以“正经分离”为特征的南海农村综合改革调研》	

续表 3－9

院　校	项目名称	奖　项
复旦大学	《用兴趣浇灌人才的苗圃——以复旦基础学科拔尖人才培养模式为例》	特等奖
西南大学	《初中生课业负担指标模型的构建与应用——基于有代表性的个案的实证研究》	
厦门大学	《土地流转、农民权益与新型经营主体：在流转中实现共赢——河南鄢陵模式探析》	
华南农业大学	《广东省农村土地流转模式比较研究——基于8市22个行政村的实地调研》	
中国人民大学	《新型农村合作医疗背景下的农民买药困局探究——基于四川省渠县的实地调查证据》	一等奖
北京航空航天大学	《大气污染冲突解决的影响因素和机制研究》	
北京师范大学	《行走中的正义——以“北京义联”为例探索民间法律援助发展之路》	
对外经济贸易大学	《地票制度下县域金融深化与城镇化的关系研究——以重庆市为例》	
中国政法大学	《大数据环境下移动应用服务使用者信息安全危机调查研究——以Android系统手机移动应用为样本》	
南开大学	《内蒙古西部地区推广生态大棚人工植草模式的研究与探索——基于内蒙古磴口县的调查与实践》	
华北电力大学(保定)	《我国农村推进生态文明建设的一种有效探索——对河北省青县秸秆联户沼气的调查研究》	
山西大学	《游离的“第四元”——新生代农民工“杀马特”群体城市融入的实证研究》	
大连理工大学	《代际差异视角下农业转移人口社会认同的调查研究报告——以大连市的调查为例》	
吉林大学	《政经德善，多元协治与农村基层治理创新实践探索——以吉林省扶余市农民志愿者组织为例》	
上海交通大学	《多元化动机与单——化社会支持：上海市老年打工族现状扫描》	
华东师范大学	《理想的代价：青少年科技创新人才的成长与困惑——基于上海地区ISEF获奖者的研究》	
上海师范大学	《还权于民的上海实验——基于上海闵行、松江农村集体产权制度改革试点区的调查》	

续表 3-9

院　校	项目名称	奖　项
上海财经大学	《营改增后企业税负与利润是否一定反向变化？——基于上海市147家文化企业的调查》	一等奖
上海大学	《从"人生炼狱"到"圆梦天堂"？——以亚洲最大"高考工厂"毛坦厂中学为例》《让非遗"活"在当下——黔东南地区苗绣艺人生活现况的调查研究》	
南京大学	《我国现代农业经营模式的一种创新探索——基于苏南地区张家港市家庭农场的调查》	
苏州大学	《政府行政管理与基层群众自治有效衔接和良性互动的有益探索——对太仓市"政社互动"模式的调查研究》	
东南大学	《在全面深化改革中构建中国特色的"共同参与型"老年人健康管理新模式——基于南京市社区老年人健康管理实践》	
南京航空航天大学	《中国养老模式的探索与创新——以南京市智慧居家养老实践为例》	
江苏科技大学	《价值的光辉——新市民价值观变迁研究》	
常州大学	《"海归创客"：中国创新驱动的一支可贵力量——基于常州市6个留创园158家企业的调查研究》	
江南大学	《新型城镇化背景下农村水生态文明建设实践探索——以四川省遂宁市水治理为例》	
南京师范大学	《让小微企业搭上互联网融资的"和谐号"——基于长三角地区的调查报告》	
南京师范大学	《相约四点半：探究专业实践与社会服务相结合的学习模式——以N大学"社区课堂"为例》	
苏州科技大学	《从空间城镇化到人的生活方式城镇化：对苏州市"被"进城农民生活变迁的调查分析》	
浙江理工大学	《浙江省生态补偿制度改革调查报告》	
温州大学	《"绿水青山"与"金山银山"的兼容性研究——基于浙江省90个县市区经济发展和水资源保护的调查分析》	
安徽师范大学	《农村女儿养老的行动逻辑和社会认同差异研究——对安徽省南、中、北三县的调查》	
江西师范大学	《农村留守妇女自治与乡村发展——江西省万载县白水妇女互助组织调查》	
中国石油大学(华东)	《"链链不舍"的"农企合一"机制促进农村发展农业现代化——对山东省诸城市得利斯的典型调查》	
河南工业大学	《如何开启智慧农业的破茧之旅——以传统农区河南商水县为例》	

续表 3-9

院　校	项目名称	奖　项
河南科技大学	《我国城镇化进程中的“逆城镇化”现象透析——基于洛阳、新郑、禹州三市农户的典型调查》	一等奖
河南大学	《农民如何装扮自己的精神世界？——转型期农民信仰选择行为研究》	
武汉大学	《法学教育实践育人的新路径——以××大学法律援助中心为例》 《网络环境下匿名侵权人个人信息披露制度研究——从最高人民法院公布的两起典型案例谈起》	
华中科技大学	《从“被上楼”到“农民自愿集中居住”——基于沙洋县落实城乡建设用地增减挂钩试点政策的调研》	
华中师范大学	《我国家庭农场的孵化培优研究——基于武汉地区的调查报告》	
湖南大学	《小城镇建设需要打赢“人口争夺战”——对东中西部18个国家重点镇的调查》	
中南大学	《“四个全面”推进背景下湖南民族教育政策实施现状研究——基于湖南5个世居少数民族聚居县的调研》	
华南理工大学	《区域品牌和公共服务平台建设对专业镇转型升级的推动机制研究——基于广东省专业镇的实证调查》	
广州大学	《“城中村”智慧化升级的运营模式研究——基于广州石溪村的调查研究》	
仲恺农业工程学院	《农村基层村民自治组织建设的一个宝贵探索——基于对广东省云浮市六个乡贤理事会的调研》	
广东工业大学	《为农村经济插上“互联网+”的翅膀：广东两个典型淘宝村发展实践调查》	
桂林理工大学	《创新驱动视阀下欠发达地区小微企业转型升级路径研究——基于滇黔桂三省区数据分析》	
四川大学	《全面依法治国背景下民族地区村规民约和国家法的互动研究——以四川省凉山州冕宁县为例》	
重庆大学	《公益性小额信贷对农村金融扶贫的启示——基于重庆开县民丰互助合作会的农村金融试点》	
重庆邮电大学	《迷“网”中的“天之骄子”——大学生手机网络不当使用现状调查》	
西安交通大学	《西北地区农村土地流转经验的有益探索——基于陕西省泾阳、蒲城、凤翔三县的土地流转调研》	
长安大学	《重拾画乡情，共绘乡村美——陕西户县东韩村特色产业发展调研》	
塔里木大学	《新疆南疆典型区红枣种植户生产行为的调查研究》	
澳门科技大学	《澳门药店中成药及传统药物市场现状调查分析》	

表 3-10　第十三届“挑战杯”竞赛哲学社会科学类特等奖、一等奖选题汇编

院　校	项目名称	奖　项
吉林大学	《封闭管制还是开放协商：社会管理新模式的实践与探索——以吉林省白山市吊水壶村为例》	特等奖
清华大学	《建设工程表见代理纠纷的审判方法和风险防范研究——基于全国230件案例的实证分析》	
上海大学	《流浪儿童何以“流浪”——对新疆流浪儿童成因与对策研究》	
东南大学	《中国慢性病防治“四位一体”管理模式的探索——基于南京九社区老年糖尿病患者的调查与服务实践》	
南京师范大学	《推进我国教育公平的一项实实在在的工作——对南京市加强农民工子弟学校发展建设实践的调查研究》	
苏州大学	《新型农村合作经济组织发展道路的探索——以苏州市湖桥村为例》	
浙江大学	《一厢情愿到两情相悦：浙江省高校创业教育模式与发展路径》	
安徽工业大学	《产业转移粘性是如何产生的？——基于泛长三角地区百家企业的调查研究》	
江西师范大学	《信用共同体“贷”动小微企业创富梦——江西省探索小微企业走出融资困境的调查报告》	
河南工业大学	《新型职业农民培育：模式创新与政策考量——基于粮食主产区百村调研》	
华中师范大学	《利益调整与制度变革：让新居民平等融入社区——对温州新居民社区融合的调查分析》	
中山大学	《中国非正规小微企业生存性与合法性研究　基于广东省8个集群1240家企业的案例调研》	
北京理工大学	《南水北调中线工程水资源保护法律制度研究》	一等奖
北京师范大学	《“听”懂你那无声的告白：听障学生手语使用状况的调研与分析》 《转型期乡村混混的生存机制——基于对浙东GM村拆迁改造的调查研究》	
清华大学	《民办初中在贫困地区何以相对繁荣地发展——基于河南省兰考县的调研》	
中国人民大学	《迟暮之年，何处安放？——对失独家庭及其相应社会支持和服务的研究》 《人学生道德观现状及其影响因素研究——基于北京高校大学生的调研》	

续表 3 - 10

院　校	项目名称	奖　项
南开大学	《新能源交通工具对传统燃油汽车的替代性研究——电动自行车推广可行性研究报告及政策建议》	一等奖
河北师范大学	《推动中小学职前职后教师专业发展的有效路径:课例研修》	
山西大学	《行走在城市边缘的人——太原市棚户区居民收入消费结构调查》	
辽宁工业大学	《对新兴产业集群的调研分析——以锦州光伏产业为例》	
复旦大学	《医患矛盾对于医学生职业选择的影响研究——基于上海市 1143 例医学生样本的调查》	
华东师范大学	《都市庄客:城郊“农民农”群体的边际生存与发展对策研究——基于上海的实证调查》 《房惑？房获！——以精算模型为核心的中国反向抵押贷款养老模式探索》	
同济大学	《大城小梦——基于供需调研分析的上海市公租房建设设计策略》	
南京财经大学	《非营利运营,传递社会养老正能量——基于南京市鼓楼区民营养老院发展现状的调研与思考》	
南京大学	《城市历史风貌区社区更新矛盾研究——基于南京市南捕厅社区的调查》	
南京航空航天大学	《促进发达县域地区新能源利用的有益探索——基于对江苏省昆山市相关部门 46 家企业 58 个重点项目的调研分析》	
南京理工大学	《东部城市少数民族机构养老现状探析——基于京宁汉穆斯林机构养老的调查》	
南京中医药大学	《中医文化核心价值的社会认同研究——基于 31 省(市)、港澳台及海外地区的调查》	
浙江大学	《农村宅基地置换:如何成为一项好政策？——基于 J 市三镇的调查报告》	
浙江工商大学	《我国涉海司法实践新研究——基于国内首个“海洋之星”模拟审判系统的设计与实现》	
浙江工业大学	《走出雾霾:把汽车插到电网上——杭州市电动出租车示范运营典型调研》	
浙江理工大学	《浙江省排污权制度改革调查研究》	
浙江师范大学	《中心镇改革推进新型城镇化的路径探索:基于浙江省 15 个中心镇的实践调查》	
华侨大学	《构建和谐社会的新创举——深圳市市民情感护理中心调查》	
郑州大学	《南水北调移民与当地居民社会交往实证研究——以河南省淅川籍移民为例》	

续表 3-10

院 校	项目名称	奖 项
华中科技大学	《物质性融入与社会性漂泊:老漂族城镇化困境——基于湖北省武汉市的调查与思考》	一等奖
中南民族大学	《“农民上楼行动”宜谨慎推进——来自东、中、西部地区5村寨的证据》	
湖南师范大学	《现代化社会转型背景下的心理和谐建设——基于湖南地区临床医生心理和谐状况的调查》	
广东工业大学	《实现新型城市化中PM2.5污染防控对策探索——对广州市治理实践的调查》	
广州大学	《南方特色水果供应链的品质安全风险评价与管理——以龙眼为例》	
西南大学	《从乡村到城市:统筹城乡背景中新市民的社会融入研究》	
云南师范大学	《云南35岁以下青少年吸毒成因及预防对策研究——基于八个州市的实地调查》	

第四章　躬行实践——社会调查分析

万丈高楼平地起，选定主题后，整个项目思路清晰无比。团队已经从项目的理论设想阶段进展到项目的实战阶段。这一阶段不仅通过实践验证前期理论，也为后期行动提供了理论数据支撑，是能否打动评委老师、影响团队成功与否的重要阶段，在今后项目运行过程中发挥着举足轻重的作用。社会调查是指团队有目的地通过各种渠道搜集有关社会现象的材料并加以分析，从而科学地阐明社会现状本质及规律的一项探索性实践活动。“没有调查就没有发言权”，分析近几届“挑战杯”竞赛哲学社会科学类获奖作品，发现90%以上的作品都做了充分的社会调查，并根据调查资料挖掘有用数据，可见社会调查的必要性和重要性。本章主要从调查问卷设计、数据收集与整理、数据分析与挖掘3个方面综合论述社会调查的关键流程与基本技巧，希冀大家充分掌握社会调查的技巧，为后期申报书、调研报告、学术论文的撰写奠定基础。

第一节 调查问卷的设计

调查问卷的设计也就是拟定、编制问卷，属于社会调查的基本环节之一。问卷也被称为“书面调查法”“填表法”，是征求被调查者意见的书面形式，调查者根据调查的总体要求、内容和目的，向被调查者提出若干问题，请他们给以回答，以了解他们对所调查问题的态度，间接获得材料和信息。问卷设计的好坏，直接影响到调查效果。预先精心设计好的问卷不仅可以使调查者得到标准化的资料，利于定量分析，而且可以节省人力、物力和时间。相反，不科学、不规范的问卷设计将导致收集到的信息不完全，或是数据不准确，甚至会产生不必要的高成本。因此，要使问卷真正成为有效地收集资料的工具，必须对问卷进行精心设计。

一、主要类型

综合来说，调查问卷根据排版不同可分为竖排与横排两种类型，竖排常用 A4 或 B5 幅面，通常不分栏；横排常用 A3 格式，常分栏。要求字体大小适当，版面整齐美观，版面内容至少一倍行距，问题后常留白以便记录附加想法。

而常用的几种类型则是根据问题所需将答案种类划分，清晰明了，一般可分为 3 种类型。如图 4－1。

（一）开放式问卷

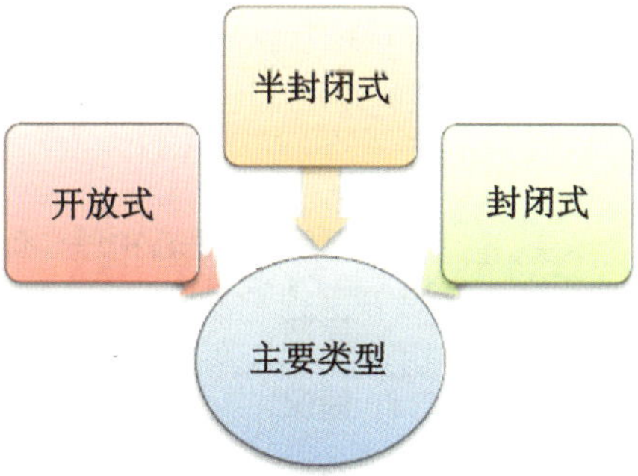

图 4－1　问卷的主要类型

开放式也称为开口式，即只提问题不设答案，如填空问答题等，被调查者根据所提问题和要求按照自己的理解自由回答（如图 4－2）。优点在于：设计者不知道答案时，可由被调查者提供答案；被调查者充分发挥想象，生动详尽回答问题，提出建议与意见，促使设计者改进；对于需列出太多答案选项、备选答案不全等情况十分适用。不足之处在于：可能答非所问；提供的答案不划一、不标准，难以处理；对于知识水平和表达能力较低的被调查者不太适用；被调查者不感兴趣的话，则不愿多思考或花时间填写答案，调查者容易收集到无关答案，因而收集到的资料不全面、利用率低、拒绝率高；纸张多、篇幅广、内容长。

图 4－2　开放式问卷

（二）半封闭式问卷

该类问卷介于开放式问卷与封闭式问卷之间，灵活综合了两者的长处，有若干个选项，被调查者不仅可以自己在固定选项中选择所想答案，还可以自由发挥，填入不同答案。很常见的形式是答案中的“其他”选项后接一个封闭式问卷，供被调查者表明自己的答案。如图 4－3。

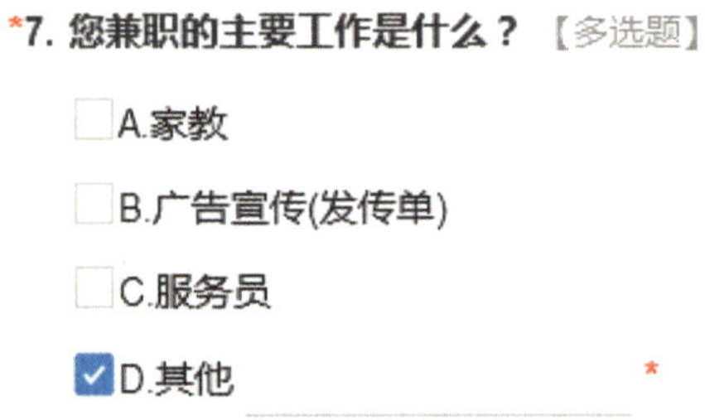

图 4－3　半封闭式问卷

（三）封闭式问卷

通常也称闭口式，是实际应用中最常采用的方法，即在每个问题下给出确定的答案，通过选择题等形式，由调查对象根据实际情况选择一项或数项。如图 4－4。

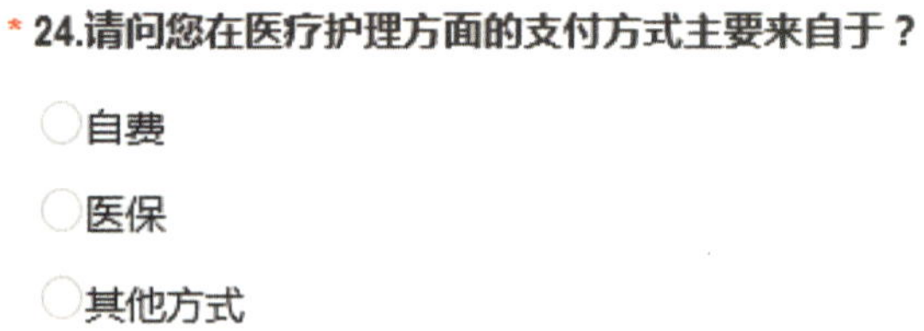

图 4－4　封闭式问卷

优点在于：答案标准化，填答方便，便于理解；便于资料处理与统计分析；答案较完整，目的明确，过滤掉不相干的回答；当问及敏感性问题时，较容易取得被调查者的配合。限制性在于：被调查者在不清楚问题时容易随机选择；被调查者容易曲解问题，从而使答案意义降低；可能错选漏选；多选时，不能罗列出被调查者的心仪所选，且全部列出答案浪费双方的时间，造成种种不便。

二、基本原则

问卷设计应当符合以下基本原则。

（一）主题明确，篇幅适宜

要求主题遵循实际、立意明确、重点突出，问题总量应以被调查者能在 20 分钟内答完为宜，不要问与主题和调研目的不相关的问题。

（二）符合逻辑，顺序发问

按照逻辑顺序，先一般后特殊、先简后繁、先易后难、最后问开放性和涉及隐私的问题。内容组织方面，可以先询问基本情况、行为性资料，后询问认知性资料、态度评测资料等开放性问题，以给被调查者一定的适应时间。

（三）结构合理，通俗易懂

将问卷的答案安排在一横行，使被调查者一目了然，并愿意如实回答。问卷要符合被调查者的理解能力和认识能力，避免使用专业术语。

（四）措辞准确，避免误解

问卷的措辞应力求客观具体、简洁易懂，避免产生诱导效应。必要时可以借助操作性定义，即在调查问卷中对所涉及的专有名词进行解释，如《在调查某社区居民糖尿病现状中》，定义“社区居民”为居住于此社区多于两年的人群，“糖尿病”为经糖耐量测试符合糖尿病标准者等。

（五）掌握技巧，获取真知

对敏感性问题（涉及个人社会地位、政治声誉，不为法纪和一般社会道德所允许的行为，以及私生活等方面的问题）的发问方式可采用一定的技巧，如假定法、模糊法、转移法、释疑法等，使被调查者不容易察觉到其敏感度，这也强调问卷设计者应擅长循循善诱、前期铺垫、适时提问，使问卷具有合理性和可答性，避免主观性和暗示性，以免答案失真。

（六）关联紧密，层层递进

问卷的设计及发放是为了更准确获得被调查者提供的信息，以及所有信息汇总的数据。在设计的过程中我们需要考虑到问题之间的联系,使其层层递进,以便进行后期数据的处理,进而推导出一定的结论。

(七) 前后一致,突出重点

问卷的措辞设计要求前后一致,例如前面问题用的医护人员,后面尽量统一,最好不要用医生、医者等。突出重点则有暗示法的意义,比如把关键词加粗以获得被调查者的注意从而减少混淆,获得团队所需的有用信息。

三、构成要素

如图 4-5 所示,问卷一般由标题、说明、主体、编码号、致谢语和实施记录六部分构成。其中前三者为基本必须要素,后三者为附加要素。

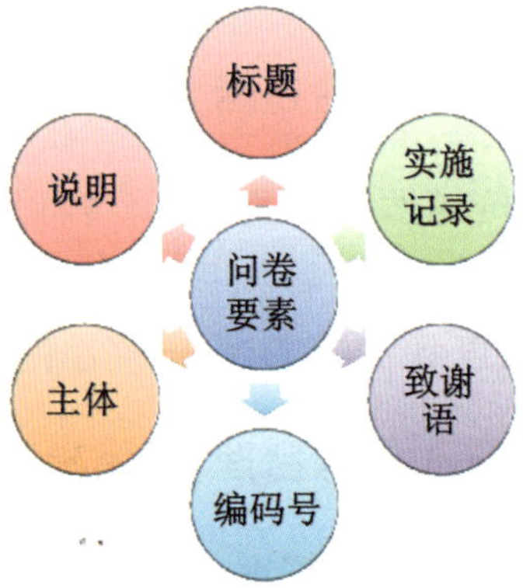

图 4-5　问卷的构成要素

(一) 标　题

问卷是围绕选题设计的,因此标题最好开宗明义。好的标题可以提高被调查者的兴趣,提高其参与课题的耐心。如"安徽省青年的就业意愿调查"这个标题,把调查对象和中心内容和盘托出,主题明确。

如图 4-6 中的两个问卷标题,其设计十分符合上述要求,调查对象和中心内容均直观地体现,两份问卷所针对的被调查者人群不同,因此,标注上调查人群不仅有利于调查活动的进行,也为后续的数据分析带来了巨大的便利。

家庭医生签约服务调查问卷(医护版)
家庭医生签约服务调查问卷(社区居民版)

图 4-6　要素 1:标题

(二) 说　明

问卷的说明十分必要,尤其是发放或邮寄的问卷。说明的形式可以是封面信或导语,用来向被调查者说明该调查的意图和意义、填答问卷的要求和注意事项等,且要署明调查单位,要求尽可能明确扼要,具体根据实际情况而定。

如图 4-7,在标题下进行了问卷说明,向被调查者说明了调查意图,为了调查活动更好地进行，该团队在问卷说明中添加了保密承诺，会使得被调查者的敏感度降低，提高了调查信息的真实性。

大学生网购调查问卷

您好，我们是XXX，我们正在进行一项关于大学生网购的调查，想邀请您用几分钟时间帮忙填答这份问卷。本问卷实行匿名制，所有数据只用于统计分析，请您放心填写。题目选项无对错之分，请您按自己的实际情况填写。谢谢您的帮助。

图 4－7　要素 2：说明

(三) 主　体

主体是问卷的核心内容，是调查者与被调查者直接交流的媒介和依托，包括所提问题和答案两部分，也是体现调查意义的具体形式，主要是对被调查者的态度、行为及行为后果 3 个方面展开调查，从形式上，可分为开放式和封闭式两类。

如图 4－8，“挑战杯”竞赛获奖作品中有关封闭式问卷的设计，我们可以看出，问卷首先对被调查者的基本信息情况进行调查，接着对被调查者的电脑使用情况、电子竞技的认知和态度情况展开调查。

那么如何在详细设计引出问题的同时不让被调查者反感呢？应当注意：问题的排列应具有逻辑性，由易到难，层次分明；问题的答案宜采用选择式或是否式，问答式和否定句应尽量少采用；答案应放在一定的位置，最好是另设一张答题纸列上题号和对应答案位置；文字要准确，避免使用“普通”“经常”等多义词汇；把能引起被调查者兴趣的问题放在前面；避免提问令被调查者敏感和难堪的问题，开放性问题设在后面。

(四) 编码号

编码号可以使资料数量化，虽是非必需的项目，但相对于规模较大且需要运用电子计算机统计分析的调查，则提供了极大的方便。具体形式是在问卷右边固定位置编上顺序号码，要求整个问卷有多少种答案，就要有多少个编码号，答案对应的代码由研究者核对后手动转换填写。

如图 4－9，编码号在问卷说明的下一行，加入编码号有利于团队后期开展数据分析工作。

* 1.您的性别是？

○男　　○女

* 2.您的年龄是？

○≤60　　○60-70岁　　○71-80岁

○81-90岁　　○90岁以上

* 3.您的户籍是？

○本地户籍　　○非本地户籍

* 5.离、退休之前您的职业是：

○党政机关公务员　　○个体、私营业主　　○工人、商业、服务人员

○文化教育工作者　　○科技、医疗卫生工作者　　○其他

* 7．您目前的居住情况

○独居　　○老年夫妇同住　　○与子女同住

○与子女和孙辈同住　　○其他

图 4－8　要素 3:主体

伟大抗疫精神认知程度调查（医护版）

为了更好地了解疫情期间医护抗疫的情感和对伟大抗疫精神的认知程度，在进一步针对性培养医学生方面给予指导，我们特发起此项调查。**此问卷为匿名填写，不会透露您的个人隐私，请您如实填写，大约需占用您3分钟的时间，谢谢大家！**

衷心希望大家能够积极参与此项调查，认真填写，祝祖国早日战胜病毒！

编号：

图 4－9　要素 4:编码号

（五）致谢语

在问卷中加入致谢语是合适而不失礼貌的恰当做法，用于对被调查者表示感谢，注意致谢态度端正、措辞恰如其分，致谢语的形式可以是感谢语，也可以是祝福语。比如问卷的末端写上“感谢您在百忙之中给予我们支持”等用语。如果在说明中已经表达谢意，问卷末就不必再写。

如图 4－7，问卷说明中已经向被调查者表达了谢意，因此问卷末不必重复致谢。

（六）实施记录

实施情况记录用大框显示，选择放置位置时以研究者方便为准。用以实时记录调查的完成情况、突出问题和尚需复查校订的问题等，一般在问卷右下角，相关调查访问员和复核员均应在此签名和备注日期。

四、语言规范

语言文字是最直接的交流方法，问卷语言与措辞应该简洁明了、直观易懂、不被误解，问卷篇幅应该合理总结归纳为五个“应该”。

（一）问题应该针对单一论题

调查人员必须立足于特定的论题，运用相应的表达技巧。例如“您通常何时回家？”这个问题，容易造成歧义，可对应改成“通常情况下，您几点离开公司回家？”

（二）问题应该简短，去除多余的用词和冗长的解释

在口头提问时尤为重要，可运用方言。例如“假设您去医院买药，注意到医院柜台窗口有支付宝和现金两种支付方式，遇到这种情况，您会有一些什么顾虑？准备采取哪种支付方法？”可简化为“若去医院买药，您更倾向于支付宝还是现金支付？”

（三）问题应该清晰，层次分明

问题若是含糊不清，会使被调查者产生疑问或理解有误，使调查结果真实性大受影响。因此，问题应该清晰明了，具有层次性。可以先围绕主题提出具有概括性的问题，接着再提出相对来说更为具体的问题。例如，对某一社区的医护人员进行家庭医生签约服务调查，若是直接问被调查者“您作为家庭医生都提供哪些服务”这样的问题往往会使被调查者摸不着头脑，指哪一社区的家庭医生？还是作为个人家庭医生所提供的服务？还是家庭医生团队服务？此外，这样直接询问，也会使被调查者敏感和不解。正确做法应该是先进行个人基本情况的调查，接着可以调查该社区家庭医生签约服务的开展程度。例如在围绕主题进行问题的设计时，可以循序渐进，先调查该项目参与人数、人数是否达标、被调查者在该项目中的身份、被调查者经常提供的服务形式、被调查者所在团队的签约情况等，再对被调查者所在团队在某一社区提供的服务以及最近一周主要患者类型等进行调查。

（四）问题应该避免使用专业用语

被调查者对专业名词和术语的了解极少，在问卷中使用该类词语会使被调查者失去耐心、产生厌烦的情绪，甚至导致他们随意选择或乱填问卷，使得调研结果的真实性大打折扣。比如，“您在学校中获取灰色文献和黑色文献的渠道有哪些”这一问题的前提应是应答者知道什么是灰色文献和黑色文献并能把它和查阅学校资源联系起来。所以，问题可以改为“您在学校中会通过哪些方法寻找没有公开出版或发表的文献？”

（五）若可能，问题应该使用简单句

简单句只有单一的主语和谓语，这样做有利于被调查者直观地理解、客观地回答，句子越复杂，应答者出错的潜在可能性就越大，同时要避免使用诱导性语句，从而提高问卷的真实性与可利用度。

五、定稿程序

问卷的设计定稿是尤为重要的一步，需要遵循一定的规范化流程，进行反复的校对与实验，调研结果的好坏大多数取决于问卷的质量优劣。如图 4－10 所示，一般可分为以下 4 个程序。

图 4－10　问卷定稿的一般程序

（一）问题初定

首先必须根据所搜集的资料信息确定研究题目，然后提出理论假设，根据调

查目的和假设进行小范围的探索性调查，如走访调查、查阅相关文献资料等，从而确立调研的主题、对象、范围、时间、地点等，再找出理论假设所涉及的变量以及衡量这些变量的指标。

例如，第十六届“挑战杯”竞赛特等奖作品《百年风华，劳工神圣——有关“一战”华工文化记忆的调查研究》，该团队将调查与研究相结合，首先通过整理文献（根据知网、万方医学等资源库整理文献）以全面、详实地还原华工的生命故事，接着设计问卷，通过走访、个别交谈、现场采访等途径对相关人群进行问卷调查，从而获得大量一手资料。如图 4－11。

图 4－11　团队调查现场

问卷的题型可依据不同的变量层次来设定，如类别量表可分为按类别排列、列成表格排列、清单式问卷、棋盘式问卷（见表 4－1）等，再有顺序量表和距离量表（如图 4－12）等。例如，以类别量表中按类别排列为例，设计问题为被调查者的性别，有男、女两种类别，要求被调查者画圈或打钩选择性别。再如涉及两个不同的问题，但是两个问题有交叉时，可以设计成棋盘式问卷。再如顺序量表一般具有等级层级的特点，距离测量则常用来测量连续的数字。

表 4－1　棋盘式问卷

使用情况	看西医	看中医	两者均有
感冒			
便秘			
腹泻			
失眠			

17. 您觉得当前家庭医生的绩效考核机制合理吗？[单选题]

□非常合理

□比较合理

□合理

□不合理

□非常不合理

2. 您的年龄段：[单选题] *

□30 岁以下

□31~40 岁

□41~50 岁

□51~60 岁

□60 岁以上

图 4－12　顺序量表与距离量表

（二）起草编排

在此阶段要设计问卷草案，包括确定数据搜集方法、问题用词及回答方式等。问卷编制要求建立理论假设和研究构架，根据逻辑性联系确定问题的顺序，可以过渡热身引入正题，要进行详细斟酌，经常修改。

例如，从难易性上说，问卷应该将容易的问题放在前面，较难的问题放在后面；从敏感度来说，涉及被调查者收入、消费情况和联系方式等较为私人的问题尽量放在问卷的最后，以免在一开始的时候遭到被调查者的拒绝或被调查者都填写虚假信息；从问题的分类上说，可以分门别类，将同一类别的问题放在一个区域，这样做可以使得被调查者集中思想作答，避免了思维的混乱；从整体性来说，可以采用先整体后细节的方式，比如先问“您对线上教学模式的整体评价打多少分”然后再从教师水平、课程形式、课堂情况、测验等方面进行打分；从相关性角度来说，可以针对某类人群采取“跳问”的形式。如图 4－13。

图 4－13　起草编排中“跳问”的设计

（三）评估试填

这一步骤要求问卷设计人员对初拟定的问卷做出客观的批评性评估。在评估过程中，应当考虑以下内容：所提的问题是否必要；问卷长短的安排是否合理；问卷是否提供了调研目标所需的信息；邮寄及自填问卷的外观设计是否得体；开放试题是否留足空间；问卷说明是否用了明显字体等。最终进行小范围试调查，一般采用请有关专家审核提意见、请少量被访者试填、请委托人提出新的要求等形式。

（四）修订发布

问卷经过多次修改设计校对完成后，即可精确地预先编码、附感谢信，进行印刷、折叠和装订，以确保数据可正确、高效、合理地搜集。

六、技巧方法

为了便于调查对象理解问卷，在调查中使问卷更好地发挥实际作用，问卷设计常常需要借助一定技巧。如图 4－14。

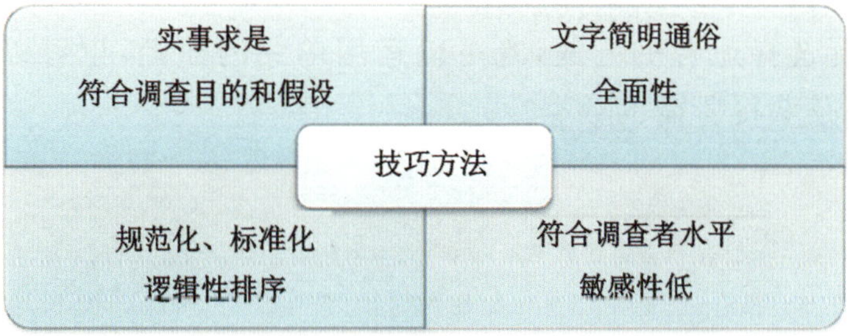

图 4－14　问卷设计技巧方法

① 实事求是。设计过程中不可闭门造车，要根据选题的实际情况设置相应的问题。

② 符合调查目的和假设。所涉及的关键性问题要符合项目主题、符合调查目的和假设，除了一些必要的接触性问题和过滤性问题，其他内容性问题应恰好满足检验假设的要求。

③ 规范化、标准化。问题应该表述清楚。一句话只能问一件事；提问不能带有暗示作用；问题之间的承接要清楚。

④ 问题符合被调查者的水平。

⑤ 尽量设计敏感性低的问题。避免敏感性问题，有利于被调查者降低警觉

性，从而得到相对真实的调查信息。

⑥ 逻辑性排序。问题应该按照一定的逻辑顺序进行排列，有利于被调查者展开思考。

⑦ 语言简明通俗。

⑧ 限答式问题中的回答类别一般要全面，调查者设计这些语句或题目时要花费大量精力推敲。

第二节　调查数据收集与整理

为了获得真实可靠的资料，调查者首先必须要与被调查地区单位取得联络，得到地方的支持并与其合作，还要熟悉被调查者的生活环境，有利于被调查者产生共鸣，拉近关系，精准分析后采取有效的调查方式，认真详细做好数据的收集与整理。

一、收集方式

资料的调查收集方式主要有检索调查、访谈调查等 6 种（如图 4－15），调查员应根据实际情况选择适合的方法，既可以运用单一的途径，也可以几种方式交叉使用，其目标都是获得所需的数据。

图 4－15　调查数据收集的方式

（一）检索调查

任何研究都必须借鉴已有研究历史和进展现状等，包括书面、图像、有声资料等，尤其是档案、报刊、统计资料等书面文献的检索，是获取有关调查对象信息的重要途径。必要时还可以通过相应的实验研究数据协助收集。例如在研究中对某一地区的社会变迁情况进行调查，不仅需要对受访者进行访问，还需检索相关信息，获得该地区周围设施、环境、人口等方面的资料，进行比较以达到全面评估社会变迁的目的。

检索调查要求调查员以调查设计为框架，仔细阅读相关的文献、资料、档案等信息，从中提取符合其研究对象的部分后进行分析。

（二）访谈调查

通过面对面交流从而获取有效信息的方法都可视为当面访谈调查。访谈前的准备工作包括生活、工作环境等日常方面的考察和录像机、问卷等工具方面的完备。

它既适用于定量研究，也可用于定性研究；既可用于大规模调查，又可用于小规模研究；既可获得语言提供的信息，又可以获得大量非语言提供的信息；既可用于文化水平高的调查对象，又可用于文化水平低的调查对象。因此与其他调查方式相比，获得的资料更丰富，实行起来也更灵活，弹性更大、应用范围更广。其最大特点在于可以通过调查员与被调查者语言动作的相互影响获得更有价值的资料。

较其他收集资料的方法来说，它是一种更复杂、更真诚、更灵活、更可靠的调查方法，上述优点的发挥有赖于访问员的整体素质与沟通能力。对于敏感性问题，不宜或无法用访谈法获取，而需采用其他调查方法。

（三）电话调查

电话调查指调查人员经过统计学方法抽选电话号码、决定受访者与替代样本后，按照统一问卷，利用电话对调查者进行问询，从而获取有效信息和数据的间接调查方法，常用于各种普查或民意测验，对小样本来说也容易实施。电话调查包括传统的电话调查、电脑辅助电话访谈（CATI）、人工智能电话访问、电脑柜调研四种类型，读者可根据自身特色选择一种或多种合适的方法。

电话调查速度快、范围广、费用低；在电话中回答问题一般较坦率，因此回答率高、误差小；但电话调查时间短、较耗力、答案简单、难以深入、记录时容易产生误差。

传统的电话调查过程十分原始简单：调查人员在比较安静的条件下按照抽样方法拨打电话号码、寻找被访对象；根据统一问卷要求，对符合条件的被调查者进行询问并及时记录对话重点内容。同时需设置专门的督导应急员，以备紧急情况的发生、解决一般问题和对调查过程真实性的监督，保证调查结果真实可靠。

（四）实地调查

实地调查也称为“实地考查”，需要调查者具备较高的访问技巧，适用于对少数代表性事件或行为态度进行详细深入的考察，以剖析社会现象发展的具体过程。这种调查方式不带有理论假设，而是深入调查现场，利用观察、访问、座谈等策略搜集基本信息或原始资料，通常是定性资料，以便对调查对象做深入的剖析。实地调查主要包括个案研究、参与调查和蹲点调查。

它具有以下 3 个特点：只深入调查少数个案或典型个案；主要依靠非标准化的观察记录；强调主观互动的关系。依靠研究者对现象本质和行为意义的深度描述分析，由经验感受上升到理性认识。

（五）集中调查

集中调查指把具有代表性的受访人集中安排到一种特殊情境中同时访问填答问卷，适用于群体调查。如“自由联想法”，让受访人看一场电影后自由说明这段电影给他带来的意义或反应，让他对情境做出解释。研究者从这些反应中得到情报，再加以解释。也可提出一些事先准备好的问题，让受访者回答；又如“头脑风暴法”，调查员简要说明会议主题后请与会者充分自由地发表想法，但遵守一般规则，重复和反驳者不具备发言资格，已发言过但需要修改观点者可以优先发言；调查员不直接发表看法以激发与会者的创造性思维，这里则要求主持人具有很强的控场能力。

采用这种方法一般有两种结局，一是交流意见后产生冲突，不同个人表达对事件的不同看法，具有深度，便于直接收集真实的丰富资料；二是产生团体压力，个人顺从多数人的意见，不表达真实想法，需要调查员权衡利弊后做出选择。

邮寄也是常采用的调查方法，是指调查员把事先设计好的调查表通过邮局集中寄给被调查者，待其填写完成后寄回调查机构或调查人员的方法。此法的费用开支少、空间范围大、样本数目多、可靠性较高、匿名性较好。但它一般需要事先接触，搜集到被调查者的地址等联系方式，且一般回收率较低、回收时间较慢、时效性较差。问卷必须简洁明了易答。

（六）在线调查

在线调查是直接借助云网络、通讯和多媒体等与网民接触，从而达到调查目的的调查方法。网民数量的快速增长和相关技术的逐渐发展为在线调查的可行性提供了基础保障。在线调查除了进行网上调查外，广义上还包括网上信息搜集、网上商业宣传、网上客户支持服务等内容。

与传统调查相比，在线调查有自愿性、及时性、定向性、互动性、经济性、匿名性等鲜明特色，因此适用于大多数调查，而且更高效经济。其明显的优势如下：组织简单、费用低廉。省去了培训调查人员和印刷等环节，且调查过程中最繁重、最关键的信息采集和录入工作、信息的校准和统计可以由计算机自主完成，省去大量人力和时间；调查结果的客观性高。被调查者是在完全自愿且完全独立思考的原则下接受调查，不容易受到外在因素的干扰和误导，能最大限度地保证调查结果的客观性；快速传播。在线调查能迅速通过网络传播调查结果并能设计出多媒体问卷，增强调查问卷数量；便于检验和控制质量。在线调查问卷上可以附加全面规范的指标解释，且复核检验由计算机设定的检验条件和控制措施自动实施，可以有效地保证调查的客观公正性并防止信息采集过程中的舞弊行为；无时空、地域限制。在线调查可以随时随地网上填写，不受调查员时间等限制因素的影响。

其缺点：首先上网的人不能作为样本代表总体调查对象；其次是互联网的安全性无法确保；再次是互联网无限制样本问题，如果遇到同一个人重复填写问卷的情况，问题就变得复杂了。因此，应注意通过电子邮件或个人网站、视讯会议发送调查问卷，要确保调查效果可靠性。

二、组织实施

调查数据收集实施方面，除了研究人员参与外，还主要依靠人力作用，收集资料的结果可靠与否有赖于调查人员的选择、组织、管理与培训。当然在此之前要选取合适的调查地点。如图 4－16。

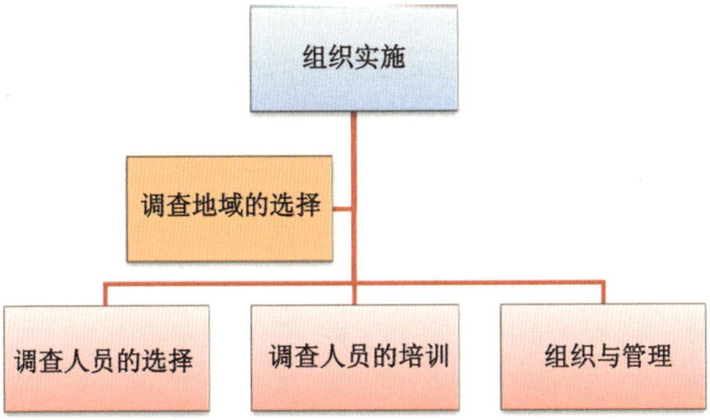

图 4－16　组织实施一般过程

(一)调查地域的选择

选择调查地域时经常使用抽样方法,要求所选取的地域具有代表性,可以是具有特色的某社区、网民,或者村落、学校等。一定要根据调查所需,尽可能通过多渠道了解调研地点的情况,例如通过百度百科、知网或其他数据收集网站了解和检索;通过地方政府网站、当地新闻或公众号搜索查找有用信息;通过与当地人交谈获得相关信息;亦可利用知乎等公众论坛客观分析。

(二)调查人员的选择

调查人员是调查实施的具体执行者,要具备良好的社会形象和一定的沟通写作能力。主要体现在为人诚实负责严谨,吃苦耐劳,最好有丰富的学识或工作经验,同时要接纳和尊重当地的风俗习惯以赢得信任与合作,还要具备处理特殊情况如拒访的应变能力,对于一些较感性的问题或者受访者认为有关自身安全的问题,要耐心解释或提供其他了解途径,相关调研还要遵守保密规则,在校大学生基本符合以上条件,不失为很好的选择。

(三)调查人员的培训

调查的目的是获得真实的材料,强调访问方法及技术。培训有多种方式,可以安排相关课程,为调查人员系统讲授社会调查的基本知识和问卷大纲,组织调查人员撰写心得体会与考试,也可以进行模拟或实践,同步提高调查人员的业务水平,比如在实际调查中由有经验的调查人员做领队,一边培训一边上手实践。在此之前要做好指导性协助工作,可以事先发放编制好的调查员手册,详细讲解本次调查需要注意的地方和对于突发事件的解决方法,以及备注负责人的联系方式、调查分组情况和日程安排等,问及敏感性的问题时更要讲究技巧。

调查人员的组织管理主要是明确职责、分配调查任务、设专人检查、核对调查资料。同时应当考虑食宿费、资料费、劳务费等经费预算,可根据实际情况权衡计算。

而培训内容则包括以下几点:第一步要求调查人员做到表明自己的身份,把自己介绍给受访者。自我介绍是一种艺术,要做到自信大方,使对方了解你并认为你的访问是善意的,或这项研究是与他的切身利益有关的,如有可能由当地的干部陪同前往,介绍认识更好。第二步要详细说明这次访问的目的和主题。第三步就是提问,在发问过程中,一般的程序是按问题的先后次序一一提问。要避免“冷场”,并避免枯燥机械。当受访人说题外话时,也要耐心听,即使要把话题抓回来,也要选择有利的机会,使对方察觉不出来。有些问题需要进一步“追问”,使用

“立即追问”“插入追问”“侧面追问”等方法，以使受访者不感到厌烦为限度。

三、整理流程

整理调查资料是从感性思维上升到理性分析的质变阶段，可将大量的原始资料系统化、条理化，有助于得到或验证事物发展的一般规律，并可以进行深入探讨。它不仅能为客观现实的解答提供理论认识依据，而且能为社会理论的发展做出贡献。一般来说，影响资料真实性的主要因素有调查者、调查问卷、调查对象和其他因素。

整理流程一般需经历 5 个步骤。如图 4－17。

图 4－17　整理流程

（一）质量控制

以往的调研质量控制往往是事后的、被动的，发现有填报不全、计算错误等问题后再加以补救或改正。抽样控制目的是确保访员严格执行抽样计划，如实记录汇总。欺骗控制是通过严格的招聘、组织和培训，有效减少篡改伪造等欺骗问题的发生，记录必须按统一的、规范的记录标准进行，中心控制是中心办公室通过监督员提供的质量监督和成本控制信息，汇总现场进展报告，宏观监测发现并统一解决潜在的问题。如果所有测度项都缺失，那么整条删除；如果个别测度项缺失，则替换。

（二）审核筛选

审核主要有逻辑审核与计算审核两种方法。逻辑审核即核查所搜集到的资料内容是否合乎一般逻辑、与其他有关资料是否有明显出入等；计算审核，是对数字资料、度量单位等进行审查。

审核工作在任何过程中都应当仔细执行，在资料的审核过程中若有差池，可根据不同情况予以对应处理：对于资料中的可疑之处或明确有错误与出入的地方，应进行补充调查以纠正出入；对于在调查中已发现并经过认真核实后确认的错误，可由调查者代为更正；在无法进行或无须进行补充调查的情况下，应坚决剔除有明显错误或没有把握的资料，以保证资料的真实性和准确性。

(三) 数据编码

为便于数据搜索和整理，需对资料进行编码，形成编码本，编码本应当包含所有列的位置(列数)、变量的顺序编号、变量名称及说明、问答题编号和编码说明。上文已论述问卷编码方式，只要将被调查者在问卷中所选择的项目的代号或所填的数字填入相应的编码表栏目内即可；而利用计算机编码则是指将调查资料中的答案转化成计算机能识别的数字和符号，按序输入计算机进行处理，据此将计算机处理的结果转换成能阅读的资料。

(四) 数据录入

经过编码处理后就要录入数码以进行统计分析。那么编好码的数据应当如何录入呢，又该录入哪里呢？主要途径有以下两种：一种是直接将数据输入计算机；另一种是通过登录表输入计算机(如图 4-18 示)。有时为了方便也可使用光学扫描仪直接输入资料。

图 4-18　数据录入的途径

(五) 资料汇总

汇总是指根据调查研究的目的，将资料中分散的数据聚集，以集中形式反映调查总体的内部数量结构变化，是资料整理工作中必不可少的重要环节。根据调查研究的目的不同，可以分为总体汇总和分组汇总两大类。总体汇总更适于掌握整体宏观的发展趋势，分组汇总则可发现资料内部的结构变化差异。资料的汇总技术主要有手工汇总及计算机汇总两种。如图 4-19。

1. 手工汇总

手工汇总主要包括点线法、过录法、卡片法和折叠法 4 种方法。

① 点线法：也称为划记法，它是以点或线等记号代表个案次数进行划记汇总的方法。常用的记号有“正”，类似于选举中常用的唱票方法。如图 4-20。

② 过录法：就是把原始调查资料转录到预先设计好的、格式统一的过录表或汇总表上，然后加总比较的方法。过录法适用于标志值的汇总。在原始表格需要存档，不能有任何损坏或要求保留汇总过程资料的情况下，可考虑采用过录法。

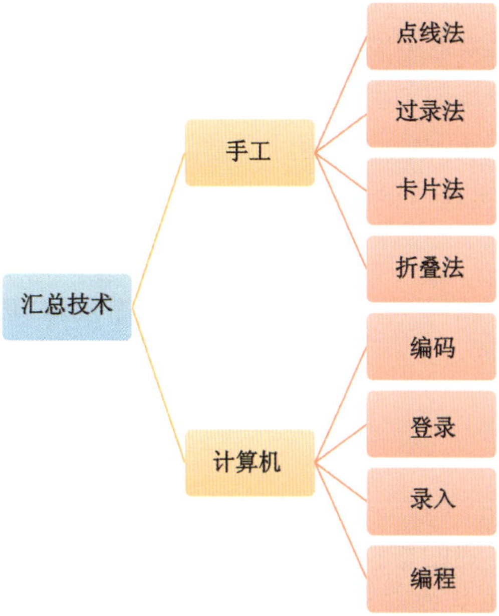

图 4-19 资料汇总技术分类

第九题 您对中国举办电子竞赛活动持什么态度

项目	A.支持	B.不支持
人数	107	749
百分比	12.5%	87.5%

图 4-20 点线法举例

过录法的优点是汇总的项目多；能看出总体各单位的情况，能保留汇总过程资料，便于校对与计算；能防止遗漏，不易出错；不会损坏原始表格。其缺点是过录工作量比较大，费时费力，易出现过录性错误。

③ 卡片法：又称传票法、分票法，用卡片法汇总的主要目的是将原始资料简化，就是将每个个案的资料分别登录到特制的资料卡片上，然后进行汇总的方法。同一类别的调查表或报表在内容结构、形式、大小上要保持一致，然后将调查表摞好、撴齐、装订，对调查表或报表中相同位置的标志值累加，算出标志总量，记入汇总表。

本法主要适用于汇总标志值，也可汇总单位数，清点每类调查表或报表的份数或页数，即得出每类的单位数，加总每类的单位数即得单位总量。其优点是简便，可以根据需要灵活汇总，但在表格大、指标多的情况下易出差错，若发生差错，需按分类查对。

④ 折叠法:将若干调查表沿所要汇总的某一项目折叠起来直接进行汇总的方法。这种方法省去了过录资料的中间环节,无须过录,省时省力,但折叠法适用于汇总标志值,在指标多、表格大的情况下优于传票法。注意汇总资料的份数不能太多,而且一旦汇总中出现错误,就要从头返工。

2. 计算机汇总

计算机汇总则包括编码、登录、录入和编程4个步骤,可直接利用SPSS等计算机实现操作。

四、资料统计方法

通过上述方法搜集到的资料大多数是数据资料,需在此基础上进行加工,即选取合理的统计学方法整理资料,对其一般性质和变化规律进行客观的阐释分析,是极其重要的科学客观分析手段。统计分析不仅可以为项目书提供清晰精确的形式化语言,而且可以为"挑战杯"大赛提供必要的数据,还可以通过样本的变量分析推论总体趋势,得到更深入的理解与进展。统计分析虽然有一套独特的方法和技术,但"孤木不成林",因此必须借助相关分析方法,互利互助、结合运用、发挥效果,比如有些统计资料的计算量很大,要求熟练掌握计算机技术才能完成。

统计资料丰富且错综复杂,要想合理选用统计分析方法并非易事。对于同一个资料,若选择不同的统计分析方法处理,有时其结论是截然不同的。

(一) 单变量统计法

1. 集中趋势测量

集中趋势就是一组数据的代表值,它能说明一组数据的典型情况。集中趋势统计量主要包括众值、中位值、均值。

众值应用范围在定类变量,因其损失资料太多,而且可能出现数据集合中有几个数据同时符合众数定义的情形,一般不常用,以《安徽省某地居民基本公共卫生服务满意度调查》为例,接受服务218人,其中满意人数为146人,最多则为众值。中位值对定序变量而言,方便易理解,但要排列次序,所以运用时极易受限,且对极端数字不敏感,如测量21名学生的身高,由矮到高排序后,第11位1.57m为这组的中位值,但极端数字如2.01m则无法体现。算术均数用于定比,资料利用率比较高,常被认为是最佳集中趋势度量值,例如《沙特每人年均浪费食物250千克》中,"比全球平均115千克高出许多"很好地运用了平均值的对比。但由于每个数据都加入计算,平均数极易受极端数影响。

2. 离散程度测量

集中趋势反映一组数据的典型情况,但还缺少差异度即离散程度的分析,不足以说明数据的全貌。集中趋势的代表性如何,要由离散程度来表明。凡离散程度越小,集中趋势的代表性越大,反之越小。两者结合运用,有助于更全面地认识数据总体的分布特征。

离散程度有 6 个指标:极差(R)(见表 4-2)、四分位数间距(Q)(如图 4-21)、离均差平方和(SS)、方差(σ2/s2)、标准差(σ/s)、变异系数(CV)。极差指一组数据最大值与最小值之差,该指标计算简单、易于理解,但是存在不稳定的缺点。

表 4-2 极差举例

组 别	数 据					极差(R)
组别 1	1	5	3	9	2	R=9-1=8
组别 2	30	35	22	6	2	R=35-2=33
组别 3	4	369	98	564	76	R=564-4=560

四分位数间距是指一组数据上四分位数与下四分位数之差,包括全部观察值中间的一半。该指标计算简单、易于理解、相对稳定。但具有以点概面、缺乏代表性的缺点。

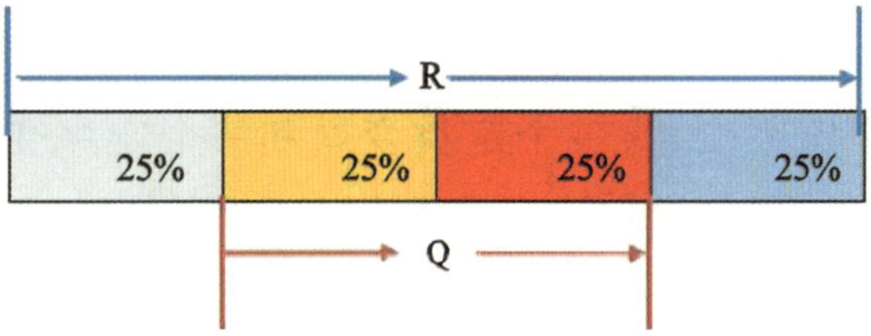

图 4-21 四分位数间距

离均差平方和是将离均差先平方再求和。该指标易于理解、相对稳定,考虑了每个变量值,但是未考虑到样本量。

总体方差虽有一定优点,但未考虑到平方放大效应。

标准差考虑了每个值、便于运算,考虑了样本量与放大影响,是一个比较完美的指标。

变异系数(CV)是指标准差 S 与均数 $\overline{X}$ 之比,用百分数表示,CV 是相对数。例如,某地区调查了 100 名 20 岁女大学生,身高均数为 160.0cm,标准差为 5.5cm,体重均数为 51.0kg,标准差为 5.0kg。我们可以直观地发现身高的标准差大于体重的标准差,那么身高的离散程度大于体重吗?通过计算,我们可以算出身高 CV＝5.5/160＝3.4％，体重 CV＝5.0/51＝9.8％，说明了该地区 20 岁女大学生的体重变异度大于身高变异度。因此我们要注意：CV 只适用于比较不同组间观察指标的度量衡单位不同，或者单位相同但均数相差较大时的变异程度比较。

（二）双变量统计法

首先要明白相关的意义，简单地讲，相关就是相互关系，指彼此关联、互相牵涉的两个变量间的相互关系，但不等同于因果关系。如父母的身高与孩子身高的关系、日期和年龄、太阳高度与影长等，要进行相关分析，找出一个关系式来表示二者的相互关系，也就是变成两个变量（即 XY）的关系。包括函数关系和相关关系两种。

可以运用相关测量法，就是以相关系数表示变量与变量之间的关系，大多数以 0 表示两个变量间没有关系，以 1 表示全相关。如果是定距或定序变量，通常以“＋”符号表示正相关，以“－”符号表示负相关。统计学中 PRE 测量法可以消减误差比例，故常用于社会研究中。假定不知道 X 的值，我们在预测 Y 值时所产生的全部误差是 E1。如果知道 X 的值，我们可以根据 X 的每个值来预测 Y 值；假定误差的总数是 E2，则以 X 值来预测 Y 值时所减少的误差就是 E1－E2。这个数值（E1－E2）与原来的全部误差（E1）相比，就是消减误差比例。

社会学研究经常关心的是三项测量层次：定类、定序和定距。研究两个变量的关系时，可能产生下面六种情况：两个定类变量；两个定序变量；两个定距变量；一个定类变量和一个定距变量；一个定类变量和一个定序变量；一个定序变量和一个定距变量。采用的相关测量法则有 GAMMA 测量法、R 测量法、简单直线回归等。如图 4－22，对 590 份问卷进行相关分析，以身高和体重的相关性分析为例，从绘制的散点图中可以发现两者存在一定的关系，做两个变量的相关性分析。

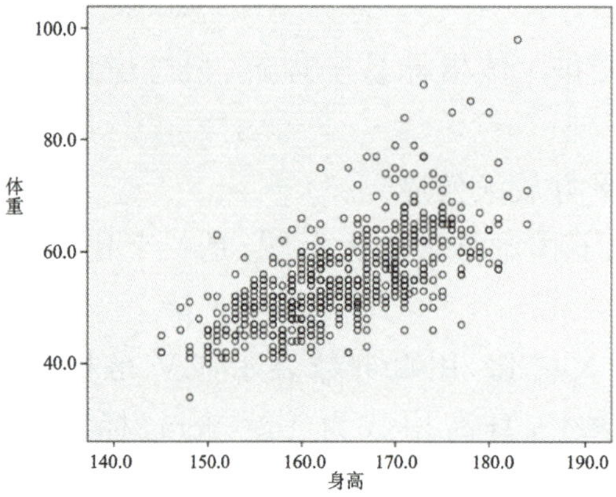

(a)

相关性

		身高	体重
身高	皮尔逊相关性	1	.673**
	显著性(双尾)		.000
	个案数	590	590
体重	皮尔逊相关性	.673**	1
	显著性(双尾)	.000	
	个案数	590	590

**.在0.01级别(双尾)，相关性显著。

(b)

图 4－22　双变量相关分析举例

(三) 多变量统计分析法

资料隐藏的关系是纷繁复杂的，两个变量之间的关系可能受第三个变量的影响；一个变量也能同时受多个变量的影响；多个变量之间可能相互关联，因此需进行两个变量以上的多变量分析。多变量分析主要分为详析分析、多因分析和多项相互分析3个部分。

两变量之间统计上无关而实际可能有关联的情况称为虚假无关，造成这种情况的通常是第三个变量的影响，这种使变量间真实关系隐而不彰的变量称为抑制变量。

统计相关的类型细分如下：统计相关而实际相互独立称为虚假相关，统计相关且实际相关为相互关系，一个变量影响另一变量为因果关系。深度挖掘其中关系则需借助多元分析，如消除第三变量影响后两个变量之间的偏相关、用一个统计值简化X和Y的复相关、多因直线回归分析等。下面以一组数据为例，做多重线性回归分析，研究变量(年龄、体重、性别、胸围)对变量(肺活量)的影响。首先要进行线性判断、独立性检验、正态性检验、方差齐性检验。如图4－23，由于性别是分类变量，因此无法判断其间关系。接下来进行线性回归分析，如图4－23(d)根据模型摘要可以发现$R^2=0.679$，通常该值不能低于0.36；再看德宾检验结果为1.976，该值通常在0～4之间，越接近于2说明数据越满足独立性，我们可以发现1.976很接近于2。如图4－23(e)根据对整个回归方程进行的方差检验的结果，可发现$F=309.043$，$P<0.005$，说明整个回归方程存在统计学意义。如图4－23(f)根据对回归方程中各个自变量进行t检验的结果，我们可以发现，该回归方程中性别、身高、体重、胸围自变量所对应的$P<0.05$，第一列的B表示回归系数，最后两列是共线性检验的结果，容许度(容差)和方差膨胀因子(VIF)，通常情况下，方差膨胀因子<10，则表示数据不存在严重的共线性。如图4－23(a)根据直方图可看出，变量大体上近似正态分布。如图4－23(b)根据方差齐性结果，我们可以发现，随着预测值的改变，残差在0上下浮动，也就是说满足方差齐性。

上例是将所有自变量全部纳入，下面我们使用步进法把一些不重要的变量剔除。如图4－24中模型4结果我们可以发现，有性别、体重、身高、胸围4个自变量，也就是说使用步进法和输入法结果相同。

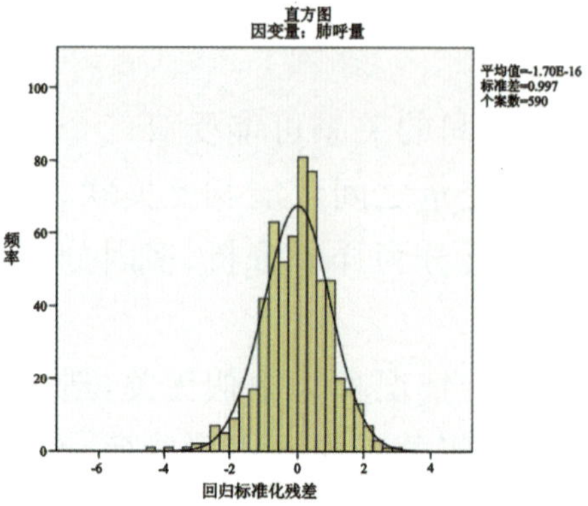

(a)

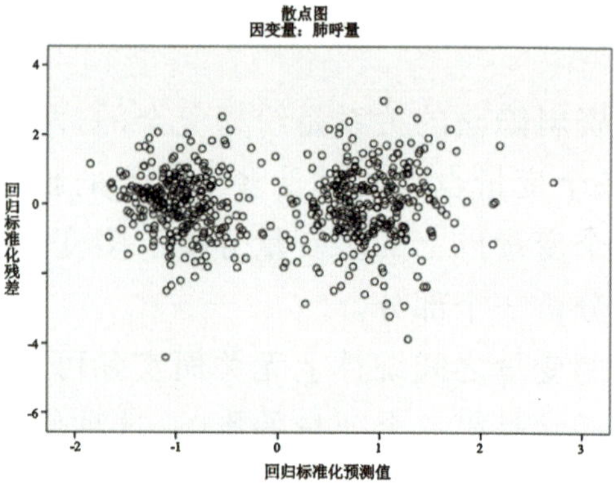

(b)

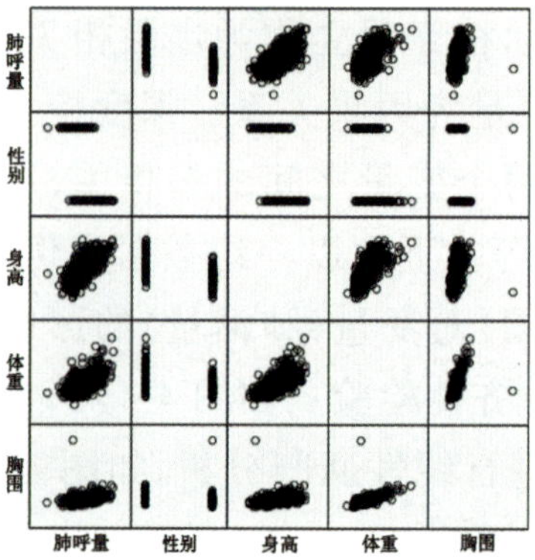

(c)

模型摘要[b]

模型	R	R方	调整后R方	标准估算的误差	德宾-沃森
1	.824[a]	.679	.677	508.699	1.976

a. 预测变量：(常量)，胸围，性别，体重，身高
b. 因变量：肺呼量

(d)

ANOVA[a]

模型		平方和	自由度	均方	F	显著性
1	回归	319889964.5	4	79972491.12	309.043	.000[b]
	残差	151383350.4	585	258774.958		
	总计	471273314.9	589			

a. 因变量：肺呼量
b. 预测变量：(常量)，胸围，性别，体重，身高

(e)

系数[a]

模型		未标准化系数		标准化系数	t	显著性	共线性统计	
		B	标准误差	Beta			容差	VIF
1	(常量)	-901.505	807.316		-1.117	.265		
	性别	-891.250	61.992	-4.98	-14.377	.000	.457	2.189
	身高	20.695	4.581	.185	4.518	.000	.329	3.043
	体重	22.161	4.197	.211	5.280	.000	.344	2.910
	胸围	10.046	4.173	.075	2.407	.016	.561	1.784

a. 因变量：肺呼量

(f)

图 4－23　线性判断与线性回归结果举例

系数[a]

模型		未标准化系数		标准化系数	t	显著性	共线性统计	
		B	标准误差	Beta			容差	VIF
1	(常量)	5251.749	74.733		70.274	.000		
	性别	-1364.590	47.654	-.763	-28.635	.000	1.000	1.000
2	(常量)	2838.948	209.838		13.529	.000		
	性别	-1055.976	49.659	-.591	-21.265	.000	.738	1.356
	体重	35.375	2.916	.337	12.131	.000	.738	1.356
3	(常量)	-91.728	736.895		-.124	.901		
	性别	-897.180	62.196	-.502	-14.425	.000	.458	2.185
	体重	28.310	3.344	.270	8.466	.000	.546	1.832
	身高	18.767	4.529	.167	4.144	.000	.339	2.950
4	(常量)	-901.505	807.316		-1.117	.265		
	性别	-891.250	61.992	-.498	-14.377	.000	.457	2.189
	体重	22.161	4.197	.211	5.280	.000	.344	2.910
	身高	20.695	4.581	.185	4.518	.000	.329	3.043
	胸围	10.046	4.173	.075	2.407	.016	.561	1.784

a. 因变量：肺呼量

图 4－24　步进法

第三节　调查数据分析与挖掘

想要在大量调查数据中寻找到所需的有用资料，就必须进行深度分析，利用一系列统计学规律挖掘其中蕴藏的偶然而又必然的规律，从而确保专业性，为项目计划书的构思与撰写提供有力依据。

一、熟练使用计算机

电子计算机在调查研究中的作用不可小觑。这种影响不仅体现在运用电子计算机进行统计分析方面，而且体现在社会研究的整个过程中。因此每一环节的实施都颇严，要求必须制定完整的指标和指标体系，问卷与调查表的设计应采取闭合式问题和先编码的形式，从而适于计算机处理。

计算机的使用对哲学社科类研究过程的影响是多方面的。在资料的整理过程中，主要体现在资料的统计分析方面。使用计算机可以将数据资料直接输入计算机，从而省却烦琐的手工汇总工作；更先进的是统计软件不仅能将统计结果快速地运算出来，而且能以统计表与统计图的形式显示出来，这就有利于调查资料的分析和调查成果的形成。

在正式使用计算机对资料进行统计分析前，必须学会统计软件或软件包的使用方法。通用方法：首先在计算机进入统计程序的资料输入准备状态以后，将调查中所搜集到的原始资料输入计算机，输入的内容只能是各种资料的数字代码。在性别一栏中选择了“①男，②女”，于是就在计算机中输入代号“1”或“2”即可。必须将各份问卷的同一个资料的数字代码置于同一个纵行内，上下必须对齐。根据上述要求，将所有的资料都输入计算机，存入计算机的存储器内，等待调用；其次将所输入的原始资料格式化。将各种原始资料的代号存储在数据文件中准确位置输入计算机，目的是便于计算机在执行统计指令时能够在特定的位置找到特定的资料的代号，从而使数据的处理得以准确无误地进行；然后解释变量。在对原始资料进行格式化的过程中，变量只是用简略的文字符号表示，为防止错误地理解或者看不懂简略的文字符号所代表的变量的意思，需对这些文字符号所代表的变量加以明确的说明，即将对所有主要变量的解释输入计算机；最后在获得资料的频数分布基础上执行相关分析、回归分析等指令，从而获得大量精确的统计分析资料。

二、直观分析调查结果

(一) 分析思路

分析是把收集到的资料按恰当的形式重新排列,从中找出这些部分的内在联系,并找到所需信息的过程。对调查数据的分析一般依照以下逻辑思路:首先分析本次调查的核心目的和方向;其次要确定资料收集的具体方法如抽样等是否能代表总体或是否符合总体的调查目标;再次对收集资料的可靠性、相关性和代表性进行分析;最后选用适当的分析方法分析资料的数据,总结出综合的分析结论。对调查数据的分析应具有针对性、完整性、客观性和动态性。本部分将根据往届"挑战杯"竞赛获奖项目资料,根据常用程度介绍。

常见的数据分析路径如 SEMMA 范式(如图 4-25):Sample,数据抽样,保证数据的效度和信度;Explore,数据特征探索及预处理,如数据的分布情况、对数据进行标准化等;Modify,明确问题、模型选择、方案调整;Model,执行建模方案;Assess,结果评估,如准确性、稳定性等。

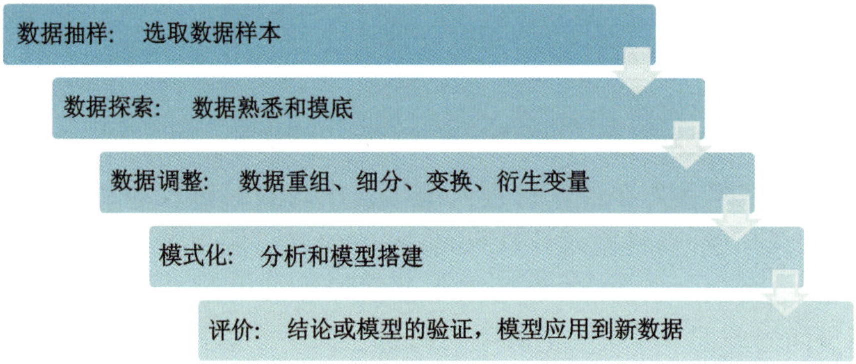

图 4-25 SEMMA 范式

(二) SPSS 统计学分析方法

目前常用的 SPSS(Statistical Package for the Social Science)适用于商业、生物学、心理学、医疗、林业、农业等各个领域,具有清晰直观、兼容性高、易操作的基本特点,是数据处理和分析的利器。在处理量化数据方面,操作程序包括数据定义、数据转换与数据分析 3 个主要部分。

1. 数据定义

数据定义可以赋予数据正确的意义,并使计算机正确辨认量化的数据。在视窗版 SPSS 中，数据的定义是以窗口对话框的方式来界定数据，亦可利用语法文件来撰写，在一个档案中便可以界定所有的变量，包含变量名称的指定、变量数值标签、变量的格式类型、遗漏值的设定。（数据视图与变量视图如图 4 - 26）数据定义的部分是以单独的工作表的形式呈现，方便之处在于兼容性好，例如可将 Word 文档与 Excel 工作表中的数据直接复制粘贴导入使用，省去了一系列烦琐过程。

在执行上，数据定义要与编码表配合，标注变量的名称与数据的意义并设定好数据遗漏时的处理方式，方能使后续的数据处理与分析正确有效地进行。此外，SPSS 软件数据窗口自带的各项编辑功能可以将 SPSS 的数据库进行调整与编修，例如可将数据进行排序、切割、重组、合并。

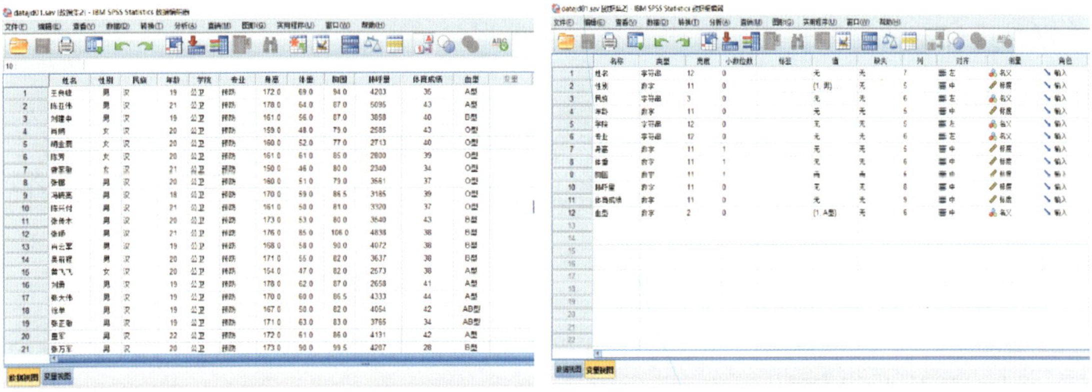

(a)　　　　(b)

图 4 - 26　数据视图与变量视图

描述性统计分析过程参数设置具体程序为：选择菜单“分析(Analyze)→描述统计(Descriptive Statistics)→描述(Descriptive)”，弹出如图 4 - 27 所示的“描述”对话框。

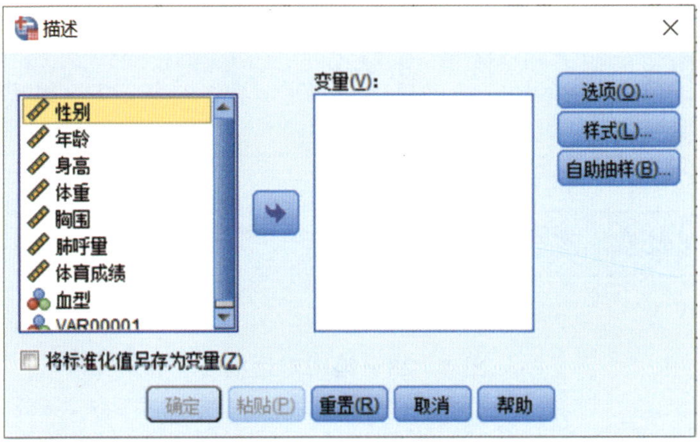

图 4 - 27　“描述”对话框

2. 数据转换

数据的格式与内容界定完成之后，这些数据虽然已经可以被计算机所辨识，但是尚未达到可以使用的状态，因此必须要做好数据的校正与转换。如反向题的反向计分、出生年月变量转变成年龄之新变量、总分的加总、废卷处理、数据备便、遗漏值的补漏检查等。

3. 数据分析

按操作者的指令进行各种统计分析或统计图表的制作，即数据分析。操作者必须掌握良好的统计知识才能在数十种统计指令中选择最合适的统计方法来分析数据。其次操作者必须能够阅读最终报表数据，从不同的指数与指标当中寻求关键且正确的数据来作为研究报告撰写的根据。

(1) 绘制箱图

箱图是一种用于描绘数据分布形式的统计图形，主要包含指定变量的最小值、1/4 分位图、中位图、3/4 分位图、最大值 5 个统计量，可用于表现观测数据的中位数、四分位数和两头极端值。

调用图形(Graphs)菜单的箱图(Boxplot)过程，可绘制箱图。

过程如下：选择菜单“图形(Graphs)→旧对话框(Legacy Dialogs)→箱图(Boxplot)”，则弹出如图 4－28 所示对话框。

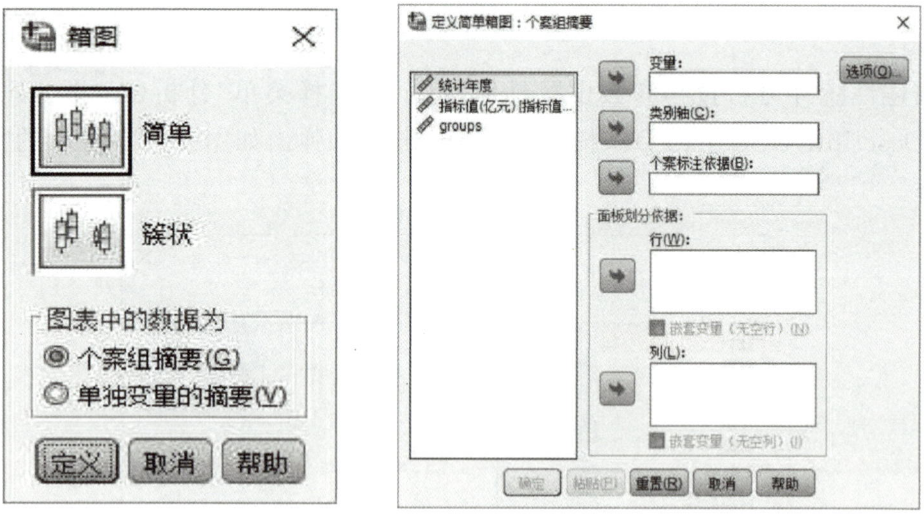

(a) (b)

图 4－28 箱图对话框

(2) 绘制条形图

条形图用条的根数代表分类变量所分组的多少，或者选用变量的个数，用条的高度反映各组分析指标值的大小，或者变量特征值的大小，各个条之间有间隔。它可以直观揭示或比较频数变量的频数特征值、分类变量在有关综述变量方面的特征值大小，以此发现重要组或类。

绘制过程为先打开一个 SPSS 数据文件，选择菜单“图形(Graphs)→旧对话框(Legacy Dialogs)→条形图(Bar Chart)”，则弹出用于选择绘制的条形图类型和定义图形中的数据的对话框。以简单条形图的设置为例，选择图 4 - 29 中的简单条形图(Simple)，以及个案组摘要(Summaries for Groups of Cases)选项，然后单击“定义(Define)”按钮，弹出用于设置简单条形图参数的对话框，根据信息设置好参数，最后生成条形图即可，如图 4 - 30。

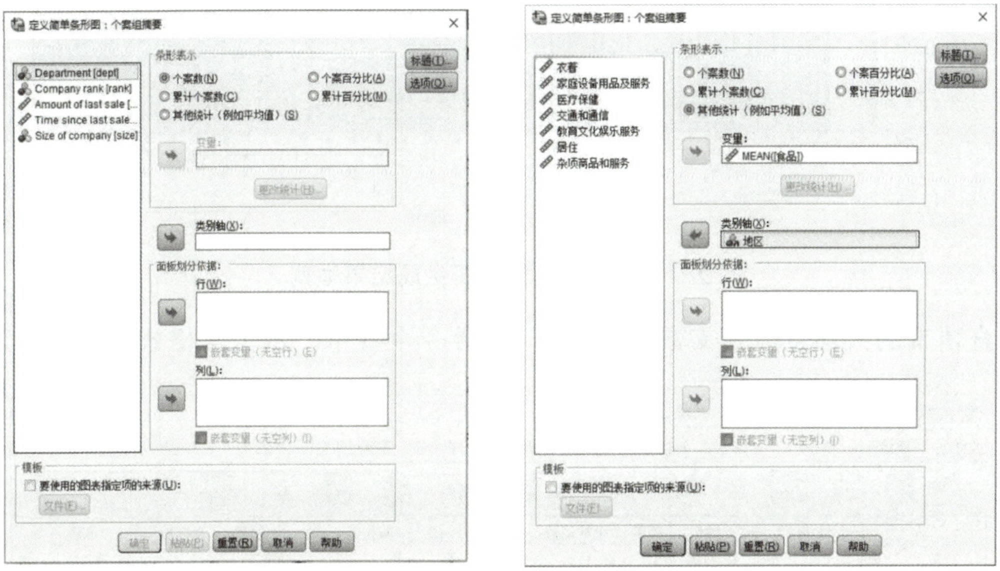

(a) (b)

图 4 - 29　简单条形图的参数设置

(3) 绘制折线图

折线图用点或折线将各个组别的指标值连接起来，反映各个组别的指标值的大小(或相关变量)的变化趋势。折线图和条形图在原理上比较接近，只是外观上有差别，因此两种图形可以转换，在分析过程中，选用哪种图形与个人的习惯有关，如当分类轴的组别太多时，用条形图就不好看，用折线图表达效果更好。此外，折线图比条形图应用范围更广，如果要反映两个连续变量之间的关系，只能用折线图来表达。

选择菜单“图形(Graphs)→旧对话框(Legacy Dialogs)→折线图(Line)”，则弹出对话框，用于选择类型和定义数据，然后单击“定义”，弹出简单折线图的参数设置对话框，与简单条形图的参数设置一样。

下面以数据集 CH703. sav 为例来绘制折线图，此数据集是全国各省市、自治

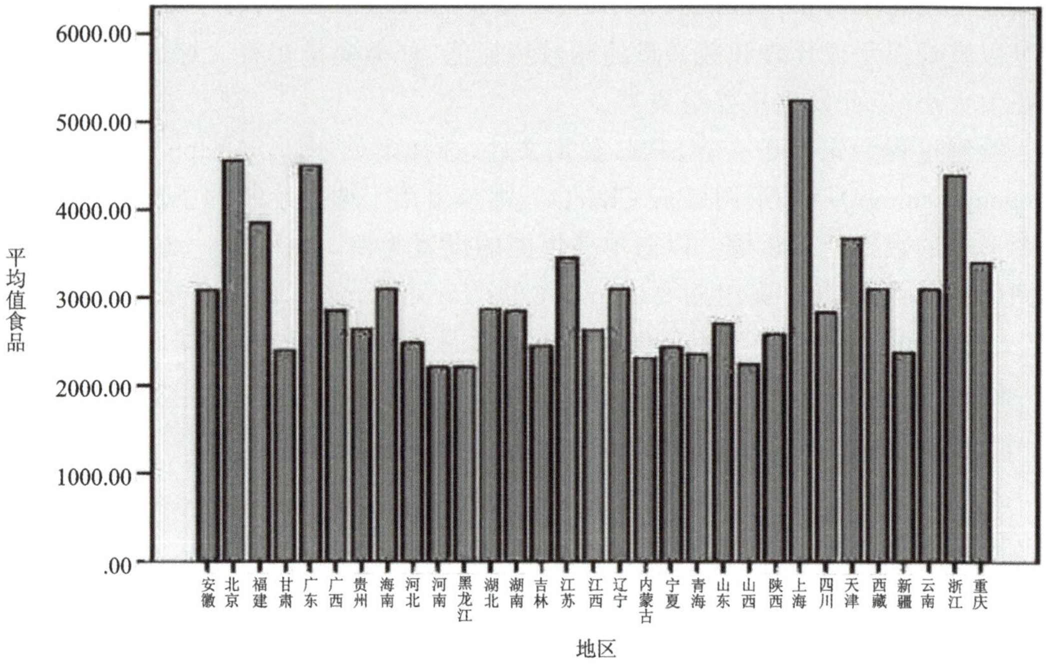

图 4-30　简单条形图生成结果举例

区、直辖市的人均生活开支数据的集合，包括 8 个变量。数据集格式如图 4-31。

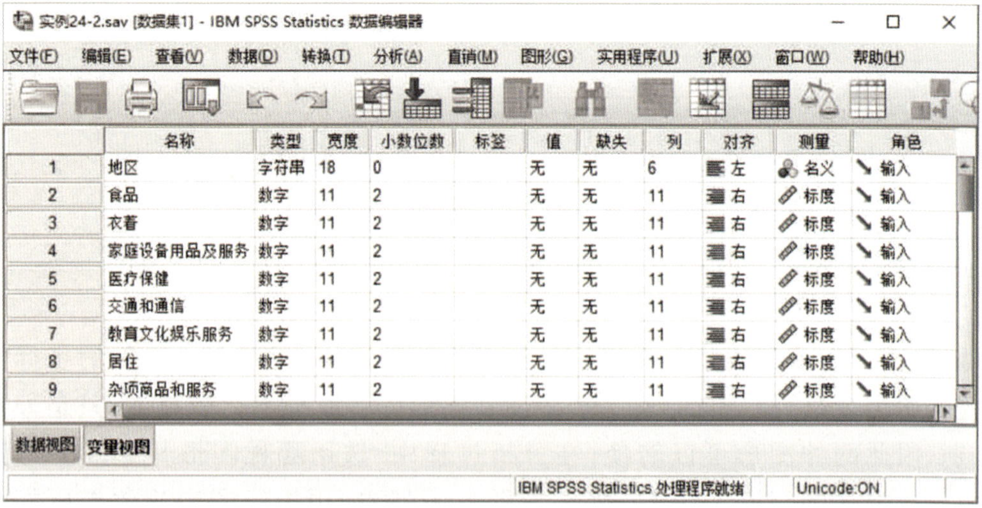

	名称	类型	宽度	小数位数	标签	值	缺失	列	对齐	测量	角色
1	地区	字符串	18	0		无	无	6	左	名义	输入
2	食品	数字	11	2		无	无	11	右	标度	输入
3	衣着	数字	11	2		无	无	11	右	标度	输入
4	家庭设备用品及服务	数字	11	2		无	无	11	右	标度	输入
5	医疗保健	数字	11	2		无	无	11	右	标度	输入
6	交通和通信	数字	11	2		无	无	11	右	标度	输入
7	教育文化娱乐服务	数字	11	2		无	无	11	右	标度	输入
8	居住	数字	11	2		无	无	11	右	标度	输入
9	杂项商品和服务	数字	11	2		无	无	11	右	标度	输入

图 4-31　数据集格式

绘制变量食品消费额的折线图，选择菜单“图形(Graphs)→旧对话框(Legacy Dialogs)→折线图(Line)”，弹出对话框后单击“定义”按钮，弹出如图 4-32 所示的“折线图设置”对话框，选中“其他统计量(Other Statistics)”选项栏，并选中变量食品到“变量(Variable)”选项栏中，选中变量地区到“类别轴(Category Axis)”选项

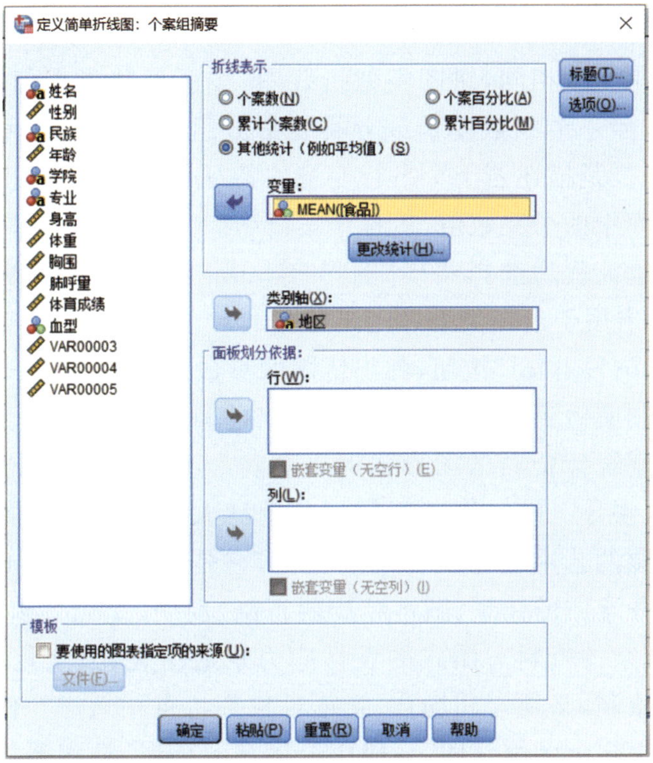

图 4－32 “折线图设置”对话框

栏中。设置完成以后单击“确定”按钮进行绘制，绘制结果如图 4－33 所示。

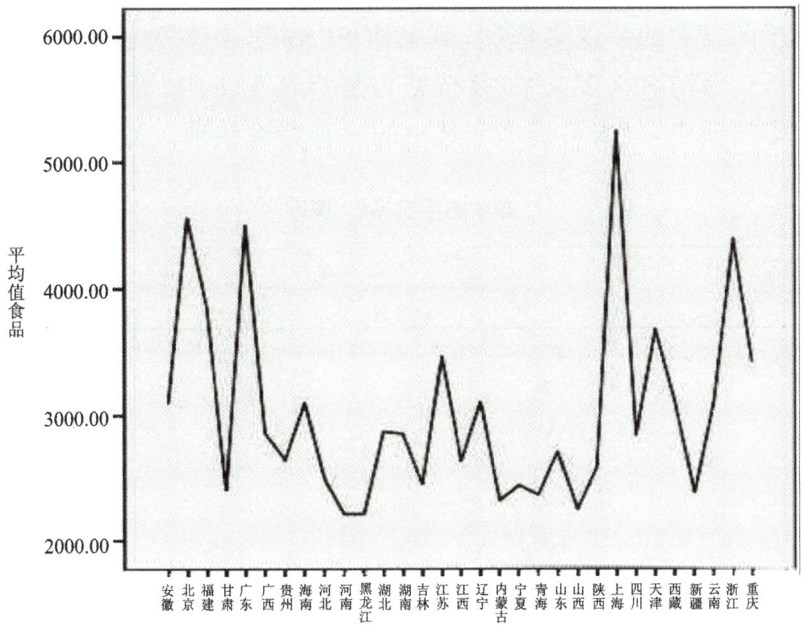

图 4－33 折线图绘制结果举例

(4) 绘制饼图

与条线图绘制原理相同，饼图类似折线图，按照反映指标值的不同分为以下三类：一是描述按照一个频数变量或分类变量分组的各组特征值，简称组特征值饼图或分组饼图；二是描述若干个平行变量的特征值，简称平行变量饼图；三是直接描述原始数据库中的个案数值，简称个案饼图。

饼图参数设置流程为选择菜单“图形(Graphs)→旧对话框(Legacy Dialogs)→饼图(Pie)”，弹出用于选择类型和定义数据的对话框，接下来与简单条形图的设置一致，单击“定义(Define)”按钮，弹出饼图的参数设置对话框。

统计图的绘制应做到以下几点：要有严格的科学性。首先，统计资料必须准确无误，其次，表现统计资料的图形比例要准确。不科学的统计图会使人做出错误的判断，或给人误导。统计图的科学性是统计人员人格素质的体现；要有一定的艺术性。统计图的艺术性是统计图的生命，它是工作艺术和工作能力的体现，也是统计人员业务素质的体现；图示结构要正确、简明、重点突出。一张统计图不要包括过多的、庞杂的资料。图式的设计应力求通俗化、大众化，便于群众接受；统计图的设计与绘制，必须与其场合、阅览对象等特点相适应。例如，提供给领导参阅和附在分析报告上的统计图，一般应绘得细致详尽、朴实严格，而面向群众的统计图，则应简明扼要、美观艺术、色彩鲜明等。

最后，数据分析完成之际，需进行适当的文字处理，将输出报表进行编辑、打印并撰写结果，数据分析的工作才算顺利完成。

例如对于问卷中的一道多选题，可采用 SPSS 名义多选题统计分析方法——多重响应分析。所谓名义多选题(复选题)，是指在无主次、等级、程度或者数量大小之分的众多选项中，一次可选多个选项的一种特性题项。如图 4－34。

喜欢的手机品牌 频率

		响应		个案百分比
		个案数	百分比	
喜欢的手机品牌	华为	59	28.6%	83.1%
	苹果	25	12.1%	35.2%
	VIVO	38	18.4%	53.5%
	OPPO	31	15.0%	43.7%
	三星	29	14.1%	40.8%
	小米	24	11.7%	33.8%
总计		206	100.0%	290.1%

图 4－34　多重响应分析方法

再如交叉表卡方检验在名义单选题统计分析中的应用。针对计量资料，可以使用 pearon 相关性分析。但是，当单选题的数据属于无序分类变量时，属于计数资料，不能使用 pearon 相关性分析，必须改用交叉表卡方检验考察两个名义单选题之间的关系。以下面的两道题作为示例进行交叉表卡方检验。

问题 1：您的性别是？ A. 男　　B. 女

问题 2：您所在学院是？ A. 公卫　　B. 护理　　C. 基础　　D. 口腔　　E. 社科部　　F. 生物　　G. 卫管

先将问卷的数据导入 SPSS 中打开，在变量视图窗口进行定义变量。如图 4－35。

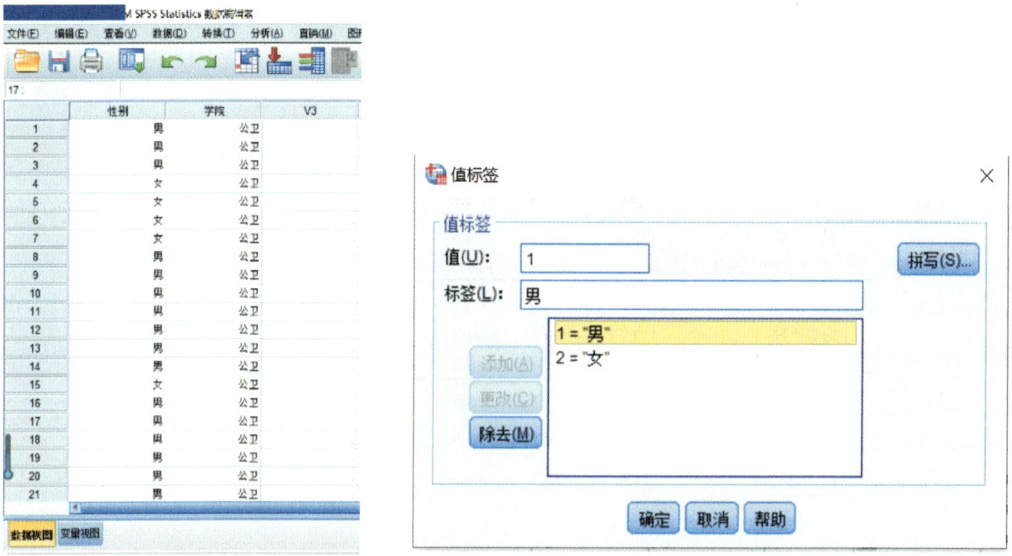

(a)　　　　(b)

图 4－35　数据录入与定义变量

选择分析，选择描述性统计中的交叉表选项，将性别与学院分别放入行和列，勾选统计选项中的卡方与单元格选项中的行和列。点击确定，即可生成最终的分析结果。由卡方检验渐进显著性（双侧）列可知，P＜0.05，说明性别和学院之间有关系，具体的关系可以参看性别 * 学院交叉表。如图 4－36。

（三）CAQDAS 分析方法

对于一般定性资料可充分运用计算机软件程序协助分析。CAQDAS 可以用来支持定性资料分析。可分为文本管理器、编码程序、检索程序、编码理论建立组和概念网络建立组五个系列，以帮助团队建模、记录、编码存储、分类索引以及交互分析。列举了连续接近法、举例说明法、分析比较法、理想类型法、事件结构分析、网络分析法、时间分步法、流程图和时间序列、多重分类程序等多种方法。常用 CAQDAS 软件如图 4－37。

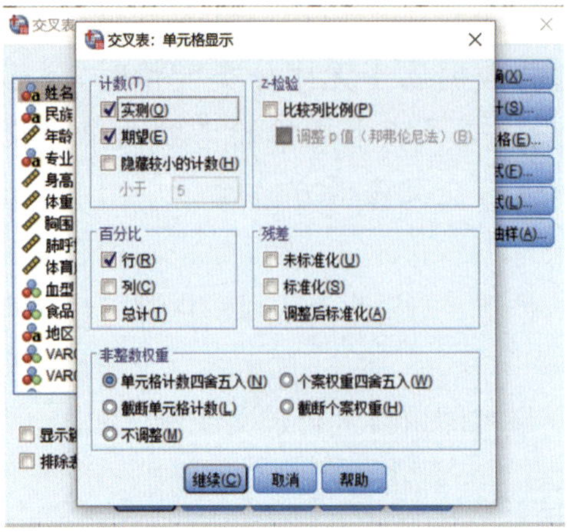

(a)

卡方检验

	值	自由度	渐进显著性（双侧）
皮尔逊卡方	106.170[a]	6	.000
似然比	123.591	6	.000
有效个案数	599		

a. 0 个单元格 (0.0%) 的期望计数小于 5。最小期望计数为 14.47。

(b)

性别 * 学院 交叉表

			学院							
			公卫	护理	基础	口腔	社科部	生物技术	卫管	总计
性别	男	计数	139	4	61	26	30	22	28	310
		期望计数	121.1	45.5	44.5	30.5	30.0	15.5	22.8	310.0
		占 性别 的百分比	44.8%	1.3%	19.7%	8.4%	9.7%	7.1%	9.0%	100.0%
	女	计数	95	84	25	33	28	8	16	289
		期望计数	112.9	42.5	41.5	28.5	28.0	14.5	21.2	289.0
		占 性别 的百分比	32.9%	29.1%	8.7%	11.4%	9.7%	2.8%	5.5%	100.0%
总计		计数	234	88	86	59	58	30	44	599
		期望计数	234.0	88.0	86.0	59.0	58.0	30.0	44.0	599.0
		占 性别 的百分比	39.1%	14.7%	14.4%	9.8%	9.7%	5.0%	7.3%	100.0%

(c)

图 4－36　操作过程与交叉表卡方检验结果

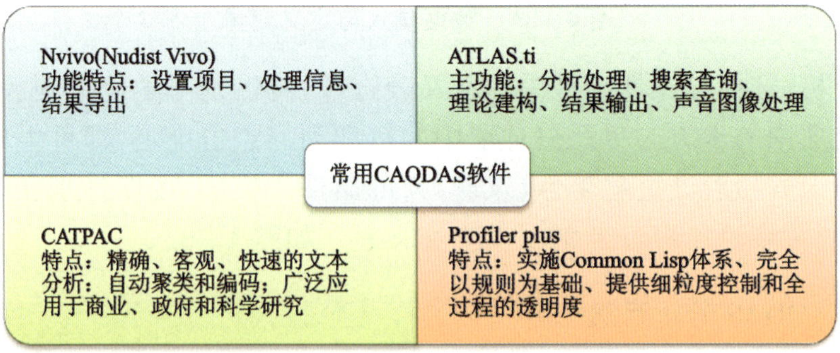

图 4－37　常用 CAQDAS 软件

（四）连续接近法

连续接近法又称“重复接近法”，指通过反复和循环的步骤，从较陌生含糊的观念框架以及杂乱无章的资料出发，不断修正、加深理解，以到达概括性、客观性结果的过程。要求研究者从资料中搜集证据，反复验证探讨，塑造较准确的结果。

每一次操作分析得出的资料或者印象往往是暂时的、不完全的，但是会给研究者一个模糊的、正确的方向，这个最终理解植根于具体的资料结果。在这个过程中，可能会受到某些偶然事件如某次分析结果与之前几次分析结果悬殊的影响，此刻需要研究者冷静分析，要求研究者必须综合利用前几次获得的资料，不断思考，寻找连接点，以最终得到新理论的结果。

（五）事件结构法

事件结构法（ESA）是能帮助研究者将资料以事件按时间顺序组织排序从而揭示双或多变量因果关系的资料分析的方法，可用于实地研究资料的分析。然而其无法提供理论或因果逻辑，只能借助电脑程式创造出图像让我们接近关系。当研究者决定可能的逻辑关系时，ESA 可以确认一连串的事件并指出哪些可能有所不同，但无法提供客观理论依据。

（六）流程图式法

此法强调“扎根理论”，运用决策树或流程图标示出决策的顺序，以了解事件或决策彼此间的关系，有助于分析活动或决策的顺序与过程。此法的优点是可以随时标记、绘出步骤、决策或事件的想法，从而更直观明了，便于发现研究资料间的关系。

下面以决策树为例，这是一个类似流程图的树状结构，内部节点选用某个属性，根据不同的属性值进行分割，每个分叉都是分割的一部分，叶子结点表示在类别属性上的一个分布。以下面的一组数据为例，数据对象是顾客究竟会不会买电脑，分成买和不买两个类别。如图 4－38。

年龄	收入	学生	信用等级	购买电脑
≤30	高	否	一般	否
≤30	高	否	优秀	否
30~40	高	否	一般	是
>40	中	否	一般	是
>40	低	是	一般	是
>40	低	是	优秀	否
31~40	低	是	优秀	是
≤30	中	否	一般	否
≤30	低	是	一般	是
>40	中	是	一般	是
≤30	中	是	优秀	是
31~40	中	否	优秀	是
31~40	高	是	一般	是
>40	中	否	优秀	否

图 4－38　决策树数据对象示例

根据该数据生成决策树，首先，最开始的数据对象都在决策树的根节点，接着递归地进行计算，确定选择哪一个熟悉并进行数据的分割，一直到生成整个树为止。生成树以后，要去掉一些噪音或者是异常的数据，减去些无关的数据。如果有了决策树，拿到一个数据对象，就可以在决策树上按照分割的属性逐层向下分割，直到某一个叶子结点来确定该数据对象的类别。如图 4－39。

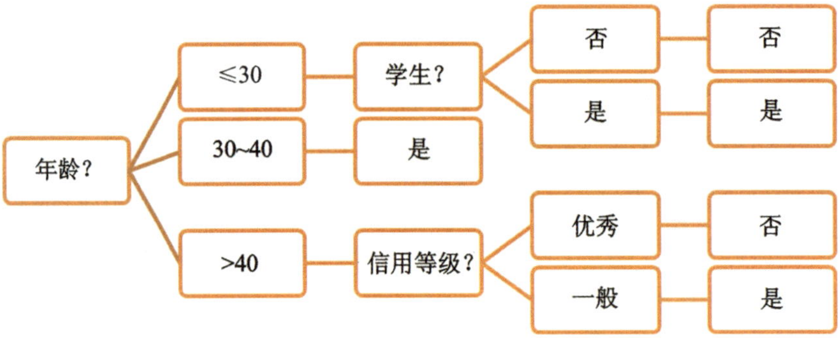

图 4－39　决策树示例

三、深度挖掘潜在关联

数据挖掘也称知识发现，指利用良好的洞察力，从调查数据中抽取出有价值的信息要素及找出其中潜在的关联，这些数据信息和数据宏观结果与趋势关联密切，深深影响着研究者最终的决策和行为，因此常常要借助统计分析、人工智能等技术，有助于抛出创新性的观点。

（一）META 分析法

META 分析也称“元分析”“衍生分析”，是在检索筛选一系列相同主题研究报告文献后，应用特定的设计和统计学方法总结分析与综合比较得出统计结果的方法，有利于减少抽样误差，集思广益，当所分析的结果不足以充分支撑研究的时候可以借助此法。包括综合假设检验结果的方法和合并统计量的方法。运用此方法不仅可以综合分析多个同级研究、发现异同点、节省研究经费、数据精准率高、节约收集时间、利于引出新见解，还有助于循证科学的正向开展。

进行 META 操作首先要统一确定统计指标，其次对所搜集到的研究项目进行同质性检验，如 $P>0.05$ 则认为同质，然后对具有一致性的统计量进行加权合并，综合出平均统计量，在此基础上统计检验和统计判断，最后计算 95％的可信区间。将 META 分析法充分运用，对研究结果的认识会更加明朗。下面以《中国老年人失能情况 Meta 分析》为例，简述 META 分析的步骤。

1. 提出问题

运用 META 分析，选题须具有争议性、单个研究结果差异很大。该篇文章在前言部分描述了问题（如图 4－40），该问题为目前学术界重要的研究主题，具有一定数量的相关文献且单个研究结果具有差异性。

随着人口老龄化进程的加快，老年人的失能问题日益突出。2016 年《第四次中国城乡老年人生活状况抽样调查成果》显示，全国失能、半失能老年人大致 4 063 万人，占老年人口的 18.3%[1]。老年人健康状况不容乐观，失能、半失能老年人口数量较大，且失能情况随年龄的增长愈加严峻，这影响了老年人的生活质量和生命福祉，同时也给我国的医疗和养老事业带来诸多压力。老年人的失能现状目前已成为学术界的重要研究主题。本研究采用 Meta 分析方法综合筛查纳入的国内发表有关老年人群失能问题的研究成果（1995～2018 年共 113 篇），以期了解现阶段中国老年人群失能状况，从而有针对性地提出改善老年人失能状况的对策建议。

图 4－40　步骤 1：提出问题

2. 明确纳入与排除的标准

一般从研究类型、研究对象、研究指标 3 个方面制定。如图 4－41。

1.2　文献纳入与排除标准　纳入标准：（1）研究设计为现况调查研究，以日常生活活动能力相关量表为测量标准，对老年人失能问题进行统计分析；（2）对不同组别老年人的失能情况进行分析比较。排除标准：（1）重复发表的文献；（2）缺少相关数据的文献；（3）设计方案不科学、质量较差的文献。

图 4－41　步骤 2：明确纳入与排除的标准

3. 制定检索策略

一般遵循 PICOS 原则（P：Participant，研究对象；I：Intervention，干预措施；C：Comparison，对照组；O：Outcome，研究结局；S：Study design，研究设计），其中以 PIS 为关键。我们可以看到，该篇文章在检索过程中查询了多个关键词，这也是要注意之处：检索时务必全面查询所有关键词。如图 4－42。

1　资料与方法

1.1　文献检索　以“失能老年人”“失能老人”“半失能老人”“半失能老年人”“ADL”“IADL”“BADL”为中文检索词，检索中国生物医学文献数据库（CBM）、维普期刊全文数据库（VIP）、中国期刊全文数据库（CNKI）和万方数据库。收集 1980 年 1 月 1 日至 2018 年 10 月 31 日国内公开发表的关于中国老年人失能情况调查的期刊文章。

图 4－42　步骤 3：制定检索策略

4. 选择研究

目的是筛查和选择有效研究（如图 4－43）。常用的文献管理软件有 EndNote

2.1　纳入文献研究基本情况　共检索出相关中文文献 56 629 篇。根据纳入和排除标准进一步剔除文献，并通过质量评价最终纳入相关中文文献 113 篇，文献均为现况研究。

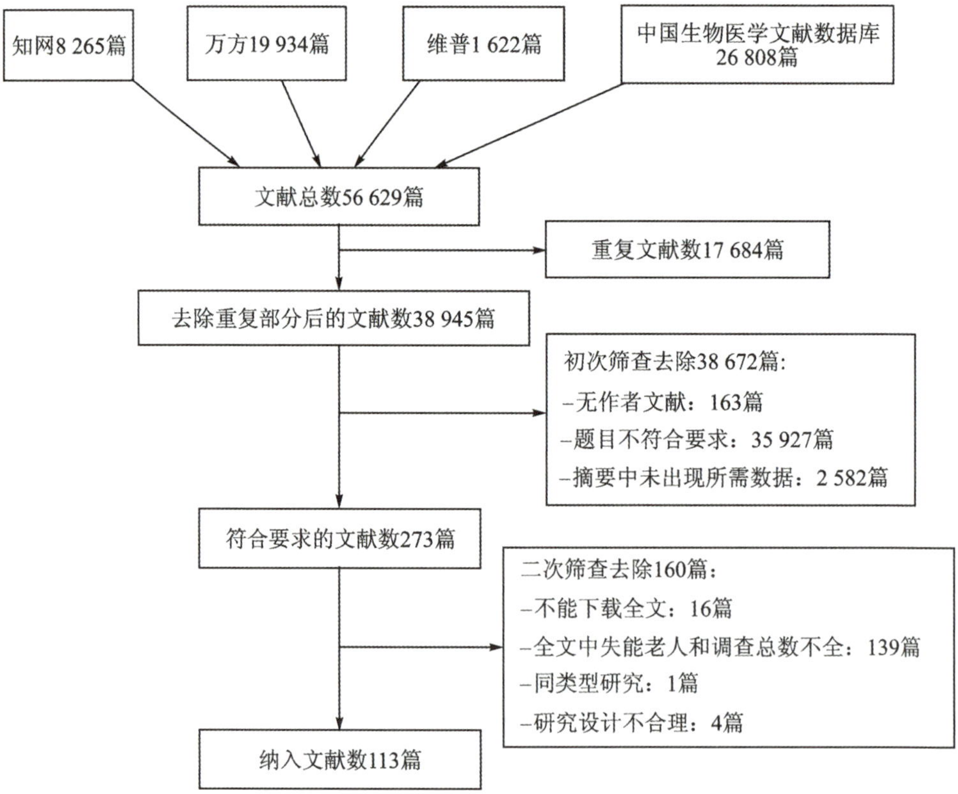

图 4－43　步骤 4：选择研究

和 NoteExpress。由于 NoteExpress 有免费功能，且大部分高校购买了 NoteExpress，所以一般推荐选用后者。

5. 评估研究质量

例如进行异质性检验后，结果提示异质性大，可以试试先剔除质量差的文献，或者按照研究质量的好坏进行亚组研究，而该篇文章也体现了亚组研究。如图 4－44。

1.3 数据提取及质量评价　收集文献的资料，包括第一作者、调查时间、调查地区、抽样方案、诊断工具、调查人数、失能人数及不同性别、年龄、城乡、地区等老年人失能率。由两位研究者独立进行文献资料的提取，并交叉核对，意见不一致时请第三位研究者定夺。

对于不确定的数据资料通过联系原文作者进行界定。由两位研究员按照提取的资料对文献进行质量评价，标准：(1)入选研究需要采取合理的抽样方法和常规的量表诊断方法；(2)结果指标规范，需要报道不同组别老年人的日常生活活动能力评估。

2.2 中国老年人群失能率 Meta 分析

2.2.1 中国老年人群失能率的 Meta 分析　纳入的 113 个研究涵盖了中国的七大行政区域，共涉及 22 个省、42 个市，调查人群基本在 60 岁以上，抽样方式以分层整群随机抽样为主，共计调查老年人 270 670例，其中失能老年人 56 293 例。根据 Meta 分析结果和森林图可知，失能率为 28.5%，纳入的研究异质性较大（Q 检验 $P=0.000<0.05$ 且 $I^2=99.8\%$），故选用随机效应模型。见表 1。

2.2.2 中国老年人群失能率的亚组分析　以性别为分组依据，总样本中可选取 53 篇文献。以年龄为分组依据，可划分为 60～69 岁，70～79 岁，80 岁及以上 3 组，总样本中可选取 28 篇文献。以城乡为分组依据，总样本中可选取 5 篇文献。以地区为分组依据，可划分为七大地区，总样本中可选取 101 篇文献。以调查时间为分组依据，可划分成 1995～1999 年，2000～2004 年，2005～2009 年，2010～2014 年，2015～2018 年共 5 组。各组失能率见表 1。

图 4－44　步骤 5：评估研究质量

6. 提取数据

提取的数据在后期可导入 Revman 软件或者 STATA 软件进行数据处理运算。前者使用方法简单，对于本科生来说更为适用。该篇文章的研究者来自北京大学，对统计研究软件运用娴熟，因而采用了 Stata 软件进行分析。

提取数据的步骤一般不体现在文章中，一般其结果会在数据分析及结果解释中有所体现。

7. 数据分析及结果解释

将提取的数据导入 Revman 软件或者 STATA 软件，进行简单的操作就可以得出 meta 分析的最终结果。该篇文章便利用结果绘制了相关的森林图、漏斗图。如图 4－45。

值得注意的是，统计学结果较为生硬，需要转化为专业性结论，例如该篇文章在数据分析结果表达后又用专业性知识做出了结论，提出了对策和建议。如图 4－46。

（二）推论分析法

推论统计是通过小部分样本或个体来估计总体的参数值及特征的方法，类似

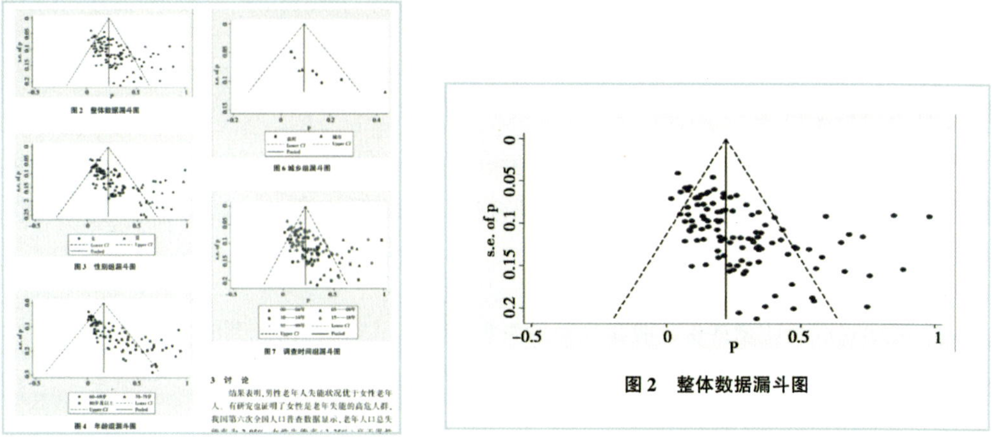

(a)　(b)

图 4－45　步骤 7：数据分析及结果解释

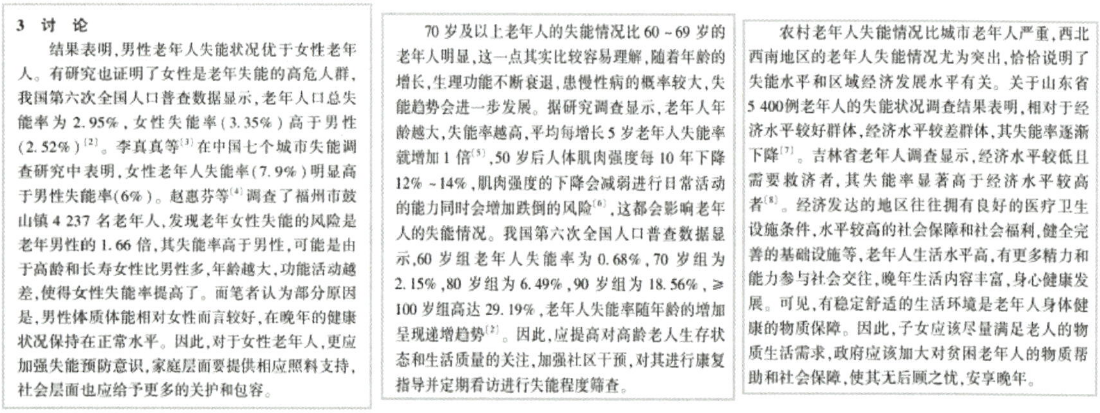

3　讨　论

结果表明，男性老年人失能状况优于女性老年人。有研究也证明了女性是老年失能的高危人群，我国第六次全国人口普查数据显示，老年人口总失能率为 2.95%，女性失能率（3.35%）高于男性（2.52%）[2]。李真真等[3]在中国七个城市失能调查研究中表明，女性老年人失能率（7.9%）明显高于男性失能率（6%）。赵惠芬等[4]调查了福州市鼓山镇 4 237 名老年人，发现老年女性失能的风险是老年男性的 1.66 倍，其失能率高于男性，可能是由于高龄和长寿女性比男性多，年龄越大，功能活动越差，使得女性失能率提高了。而笔者认为部分原因是，男性体质体能相对女性而言较好，在晚年的健康状况保持在正常水平。因此，对于女性老年人，更应加强失能预防意识，家庭层面要提供相应照料支持，社会层面也应给予更多的关护和包容。

70 岁及以上老年人的失能情况比 60～69 岁的老年人明显，这一点其实比较容易理解，随着年龄的增长，生理功能不断衰退，患慢性病的概率较大，失能趋势会进一步发展。据研究调查显示，老年人年龄越大，失能率越高，平均每增长 5 岁老年人失能率就增加 1 倍[5]，50 岁后人体肌肉强度每 10 年下降 12%～14%，肌肉强度的下降会减弱进行日常活动的能力同时会增加跌倒的风险[6]，这都会影响老年人的失能情况。我国第六次全国人口普查数据显示，60 岁组老年人失能率为 0.68%，70 岁组为 2.15%，80 岁组为 6.49%，90 岁组为 18.56%，≥100 岁组高达 29.19%，老年人失能率随年龄的增加呈现递增趋势[2]。因此，应提高对高龄老人生存状态和生活质量的关注，加强社区干预，对其进行康复指导并定期看访进行失能程度筛查。

农村老年人失能情况比城市老年人严重，西北西南地区的老年人失能情况尤为突出，恰恰说明了失能水平和区域经济发展水平有关。关于山东省 5 400例老年人的失能状况调查结果表明，相对于经济水平较好群体，经济水平较差群体，其失能率逐渐下降[7]。吉林省老年人调查显示，经济水平较低且需要救济者，其失能率显著高于经济水平较高者[8]。经济发达的地区往往拥有良好的医疗卫生设施条件，水平较高的社会保障和社会福利，健全完善的基础设施等，老年人生活水平高，有更多精力和能力参与社会交往，晚年生活内容丰富，身心健康发展。可见，有稳定舒适的生活环境是老年人身体健康的物质保障。因此，子女应该尽量满足老人的物质生活需求，政府应该加大对贫困老年人的物质帮助和社会保障，使其无后顾之忧，安享晚年。

图 4－46　统计分析后专业性结论及讨论

于类比法。其按逻辑分为参数估计和假设检验两大类方法，参数估计是根据调查样本的统计值来估计总体的参数值，包括用随机取样代表总体的点值估计和以可信间距估计参数值的间距估计；至于假设检验则是先假设未知总体，根据样本的统计值验证假设是否正确，一般使用较少。

（三）因果分析法

一个变量影响另一变量则为因果关系，在进行社会调研时经常使用，要求找出构成因果关系的事物（如饮酒与肝癌），分析其性质并做出相关解释。因果关系包括一对一、一对多、多对一、多对多观念，因此衍生多种模式，其中单因关系包括直接关系和间接关系，多因关系包括多因直接关系、多因间接关系和多因直接间接关系。如图 4－47。

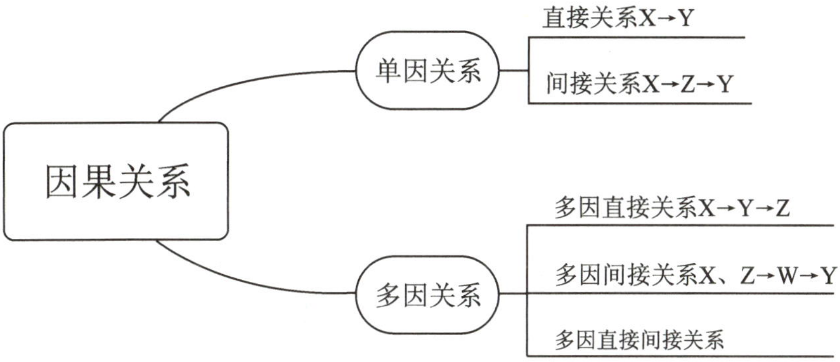

图 4－47 因果关系模式图

(四) 比较分析法

比较分析法可以由少及多、由点入面，有助于确定研究资料之间的相同点和不同点，应做到：横向比较与纵向比较相结合。横向比较现实性强，易理解掌握，但难以揭示事物内在的本质规律及其将来发展趋势，而纵向比较可以，因此二者必须结合；比较事物的相同点与相异点。分析社会调查资料时不仅要比较相同点，还要重视同种调查对象间的异质部分的比较。确定共同点可以找出共同性质或共同特点，如分析比较男女职工的劳动积极性问题，在诸种影响因素中可能有若干共同因素，这就是男女职工在劳动积极性问题上表现出来的共同特点。差异点的比较是比较分析重要的工作。例如，影响男女职工积极性的因素不同，在相同因素中影响程度可能不同；要对可比的事物做比较。具有相同含义、相同种属或相同单位的统计指标都具有可比性。如不同工厂的产值、收入、劳动态度等；制定精确的、稳定的比较标准。定量比较的计量单位应选择精确统一的标准，如身高统一用米来作测量单位、重量统一用千克作测量单位，涉及力度大小则用牛顿、时间用秒、速度用千米每时等。如图 4－48。

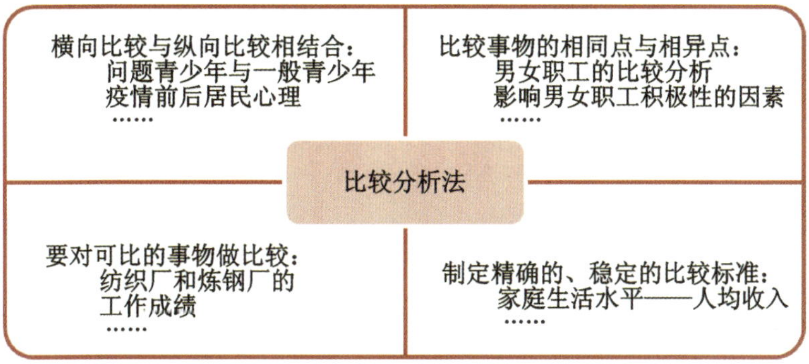

图 4－48 比较分析法

（五）黑箱控制法

所谓“黑箱”，指其内部结构无法直接察明，只能从外部逐步认识的密封系统，随着人们认识能力的提高，某一客体可能由其变成“灰箱”或“白箱”，比如人类医学的发展。调查研究是极为复杂的活动，运用传统方法，用简单事物来说明复杂事物显然无法取得长足进步。就像人大脑皮层有 100 多亿个神经元而且互相连接，关系复杂难以透视，因此形成了“黑箱”理论。

首先要确认“黑箱”，把所要研究的对象相对地从其环境中孤立出来。把周围环境影响视为“输入”，把研究对象对周围环境的作用视为“输出”。接着观测或试验，考察“黑箱”的输入、输出及其动态过程。最终建立模型、验证理论，利用数据阐明“黑箱”的功能并对其进行评价和预测。

总而言之，原始调查结果只有经过整理加工和分析挖掘才能变成有利资料，为下一步撰写报告提供基础素材。调查者需根据所得资料选取适合的分析方法，例如分析影响男女职工积极性的因素，选取比较分析法最佳；分析年龄、生活习惯对患肺癌概率的影响可用因果分析法。

第五章　提纲挈领——申报书的撰写

申报书就像一栋房屋的设计图纸，能够清晰地展现作品的写作目的、写作意义、设计思路、实施过程以及成果等。美国心理学家洛钦斯提出的首因效应指出了双方接触形成的第一印象对今后交往关系的影响。精美的申报书会给专家评委留下深刻的第一印象，这往往影响作品的参赛成绩。所以，申报书的撰写既要符合标准，又要突出亮点。本章主要围绕申报书的分类、撰写要素、撰写原则，阐述撰写标准，展现作品的精华。

第一节　申报书的概况

一、作品申报书分类

作品申报书按照参赛作品分类可以分为两类，一类是个人作品，另一类是集体作品。个人作品申报者要满足以下几个要求，首先，申报作品60%以上的研究工作都应该由申报者承担；其次，作品鉴定证书、专利证书、发表的有关作品的第一作者应该是申报者；最后，要求其余合作者必须是学生，而且不得超过两人。如果合作者超过三人或者第一作者不明确时，可以归类于集体作品范围。集体作品的作者也应该均为学生，与个人作品不同的是，集体作品不仅要填写名称，还要注明集体项目的代表，一般选取学历最高的作者。如图 5－1。

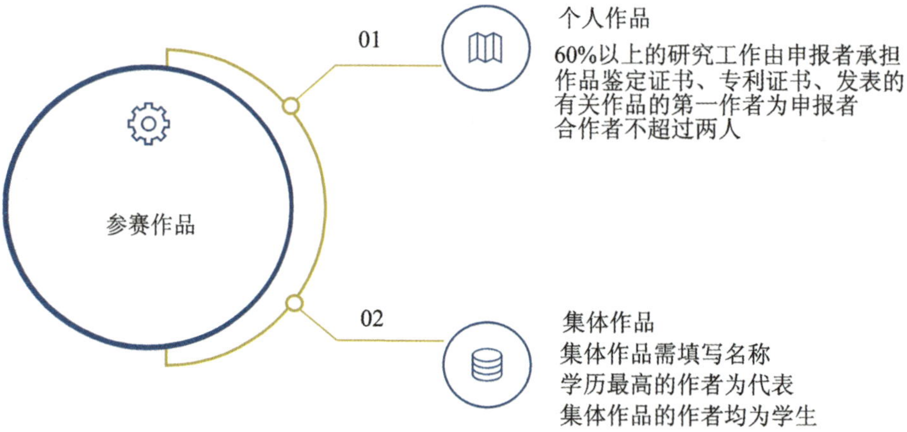

图 5－1　参赛作品分类

根据参赛作品形式分类（如图 5－2），可分为自然科学类学术论文、哲学社会科学类社会调研报告和学术论文、科学发明制作 3 种类型。科学发明制作类可以根据科技含量和投入成本分为 A、B 两类。其中，科学发明制作 A 类是指科技含量较高、制作投入较大的作品；科学发明制作 B 类指投入较少，能为生产技术或社会生活带来便利的小发明、小制作。本章重点讲述哲学社会科学类申报书撰写。

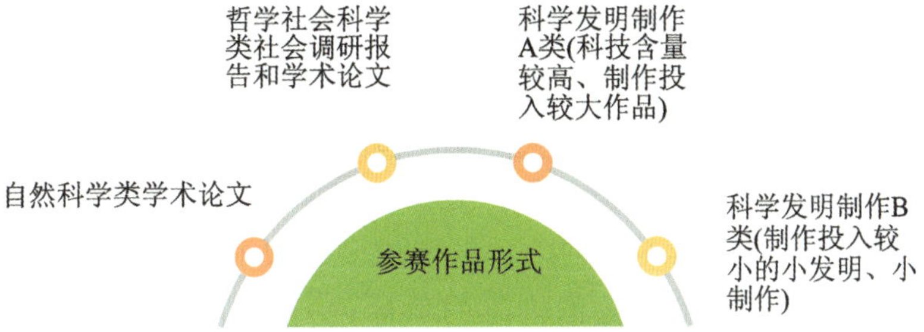

图 5-2 参赛作品形式分类

二、申报书的特征

(一) 申报书是一份“设计方案”

申报书如同一幢高楼的设计方案，在一定条件下既要满足客户需求，又要满足建筑上的技术要求。这个建筑方案必须能让人看懂，通过建筑图纸标明建筑的结构如何、功能如何、使用材料、造价如何，等等。

(二) 申报书是一份“标准试卷”

很多初次参加“挑战杯”竞赛或者从未参加过“挑战杯”竞赛的同学，对申报书的作用不太了解，所以很难写出高质量的申报书。为了让初次参赛的人员明白这个问题，在这里用一个非常形象的比喻来说明申报书的作用：申报书就是一份标准试卷，主要由二个因素构成，试题、标准答案和分值。申报书的每一部分都是一道考题，需要参赛者按照标准答案作答，评审委员会根据所给答案评分。要想申报书脱颖而出，在撰写申报书时，就必须清楚“题目”是什么以及“标准答案”是什么。

如图 5-3，两个比喻间接说明了申报书的特征，当完成申报书的撰写后，谨慎地审视你的答案与“标准答案”的异同。

图 5-3 申报书的特征

三、申报书的撰写原则

撰写作品申报书时，一方面要体现语言的人文性，另一方面要注重结构的逻辑性，做到简洁、完整、规范、准确、形象“五项基本原则”。

简洁即要求申报书内容简洁明了，不能过多重复和赘述，要达到评审专家阅读一遍就可以轻易了解其所阐述的内容的目标；完整体现在参赛者所描述的作品情况要完整，不可以有缺漏；规范体现在申报书的填写格式符合填写要求，还体现在作品所引用、参考的文献有明确的来源标注；准确即要求作者在描述作品时要实事求是，语言措辞恰当准确，不夸张其事也不扭曲事实；形象可以通过增加作品语言的感染力来实现，多使用生动的描述性语言和适当地运用修辞手法，让评审专家的脑海中呈现画面感，从而对作品留下深刻的印象。

四、申报书的撰写要素

（一）聚焦研究热度

聚焦热度是“挑战杯”项目选拔的重点。热点选择并非盲目跟从，而是能洞察到即将成为热点的选题，及时捕获直接影响生产发展和生活质量的关键问题来超前选定题目。这种高瞻远瞩、准确选题的素质和能力取决于参赛者在三个方面的累积与交流：一是学习的累积。需要的是刻苦学习和厚重积累，这一点处于无法替代的关键位置；二是信息的开发。需要的是情报意识和辨析水平，信息社会的情报既多又少，重点在于准确的研究与观察；三是学术的交流。需要的是本专业及各学科间的不断交流，包括访谈、咨询、会议等多种途径。如第七届“挑战杯”竞赛参赛作品《知识产权新课题——基因专利的法律保护》顺应了科技时代发展潮流，对当下最热门的话题之一——基因专利问题，提出了自己的专业见解。在研究时，心系天下，从实际生活中发现问题、解决问题，正是当代大学生应当具备的素质。

（二）主题突出新度

第七届“挑战杯”竞赛复旦大学组委会学生副秘书长杨珉在接受采访时说道：“‘挑战杯’的核心在于新度，即创新点，但是对大多数学生来说，不一定要求理论有多大突破，只要能够利用一个资源，花上一定的时间，去研究钻研一个自己感兴趣的话题，做出一定的结论来，哪怕它不是一个很明显的突破，但是对于学生个人来讲，他经历的这个创造过程也是一笔莫大的财富。”因此，创新应该是一个思考的过程——发现问题，用自己的行动来解决和验证它。选题的创新与技巧在第三章已经具体介绍过，这里不再展开赘述。

（三）结构完整适度

申报书的整体结构要完整，平衡适度。要想申报书撰写得体，不可忽略其整体效果。作品的整体效果体现在章节之间、段落之间。章节、段落之间的内容最好不要大起大落。例如，作品其中一个创新点论述得十分详细，而其他创新点的描述只有几段话，从美学的角度来分析，就显得不太和谐，容易让人产生其他创新点是拼凑出来的错觉，从而影响了评委的判断。再例如，作品论述研究背景方面十分详细，而在研究意义方面的论述却十分简单，篇幅很短，这样整体效果也不太理想。所以，从整体上把握每个部分的篇幅也尤为重要。

（四）内容客观合度

真实性是可行性的前提。因此，撰写申报书一定要基于事实，合理采用科学的方法，客观合度、真实理性的展现调研的内容和成果，任何杜撰的内容都不可采用。用事实说话首先要做到记录的事件真实准确，没有错误；其次要求政策观点正确，与党的路线、方针、政策保持一致。最好学习编史修志的原则要求，例如，李铁映在《在全国地方志第二次工作会议上的讲话》中说道："志书以真实、准确为本，这是志书的基本特征。"这一点很值得参考。哲学社科不同于散文，不可用想象力填充，提出的任何观点和结论都需要有一个客观的事实依据支持。

（五）表达明确精度

申报书在语言表达方面要求思路清晰，重点突出，语言规范。首先，要在思想清楚明确、逻辑严谨清晰的基础上，将内容的创新点突出强调；其次，不可忽视全文在内容上的连贯性以及前后文的互相照应；书写格式方面，正文部分、各级标题对应统一，严格按照规范标准书写，文笔通畅。如果申报者没有按规范标准填写，书写时粗心大意，犯下一些简单而明显的错误，如数字前后不一致，或者错别字过多，这些都会在细节上影响作品的评分。申报书的内容能充分、真实地反映出申报者的思想、水平和调查研究能力，所以，只有反复斟酌、仔细推敲、不断完善，才能确保评委专家对作品产生兴趣，才有可能得到较高的分数。

第二节　作品申报书的填写

一、作品申报书填写标准

作品申报书是哲学社会科学类参赛作品最直接简便的呈现方式。参赛者应保持认真严谨的态度填写《作品申报书》，作品申报书主要有以下填写规范。

申报书单面打印后，在左侧装订，一般不要用胶装，也不要用书夹。填写申报书内容时，可以打印，也可以用钢笔填写。

申报书里的中文字体为宋体，西文为 Times New Roman。每一段的首行缩进两个字符，根据字数总和及美观程度将行距设定在 1～1.5 倍，一页的表格下线需拉到下页边距处。

① 封面：宋体四号、字体加粗、居中填写。

② 申报者情况登记表：宋体四号、居中填写。

③ 申报作品情况登记表：作品全称宋体二号、字体加粗、左对齐填写；其余宋体四号、居中填写。

④ 当前国内外同类课题研究水平概述：宋体四号，居中填写。

⑤ 推荐者情况及对作品的说明：宋体四号、居中填写。

二、作品申报书的内容

“挑战杯”竞赛作品的申报书中，需要参赛者填写的内容包括封面、申报者情况、申报作品概述和当前国内外同类课题研究水平概述 4 个部分，下面将针对这 4 个部分的写作分别进行分析。

（一）封　面

封面能够直观地为评委专家们提供参赛作品最基本的信息，包括作品序号、作品名称、申报者学校（学院）、申报者姓名和作品类别，其中最重要的就是作品名称。如图 5－4。

评委对作品的第一印象一般是来自作品的名称，好的作品名称能决定作品能否入围。作品名称是项目的研究核心和精华，需要高度概括项目的研究问题和内容，突出解决问题以及具有创新性，准确地反映研究范围、研究对象、研究方法以及研究内容，符合准确、规范、简洁、醒目的要求。

序号______

全国第**届“挑战杯”大学生课外学术科技作品竞赛

作品申报书

作品名称：**** （宋体四号，加粗，居中）

学院全称：**** （宋体四号，加粗，居中）

申报者姓名：*** （宋体四号，加粗，居中）

类别：

□自然科学类学术论文

☑哲学社会科学类社会调查报告和学术论文

□科技发明制作类

图 5－4　中报书封面示例

确定作品名称时需注意以下五个问题。

第一，客观地反映出作品的内容。主题应明确，让评委看题目就能了解到一些信息，比如参赛者进行了哪方面的研究，研究对象是什么，研究方法是什么，能解决什么样的具体问题。

第二，研究范围适宜。依据申请者的基础以及资助力度确定研究内容和范围，范围过大的名称容易给人造成华而不实的感觉，范围过小的名称难于吸引评审专家的注意力。因此作品名称要适宜，从切入点入手解决具体问题，涉及面小但能够深入。

第三，用词规范、通用、科学。作品名称中不能出现自创的词语，也不要有其他意义不明的缩略语，使用规范概念和科学用语时要注意，不要犯基本的错误。

第四，突出项目的创新性。具有创新性的作品名称会给人眼前一亮的感觉，能牢牢抓住评审专家的眼球。如第十二届“挑战杯”竞赛作品《科学发展与两型社会建设指导下发展有色金属循环产业研究与探索——以中国银都湖南永兴县为例》，从作品名称中了解到项目的创新性在于从全国有色金属再生循环产业发展的独特视角发现与解决问题。

第五，作品名称可采用正副标题结构。纵观多届“挑战杯”竞赛入围决赛的作品不难发现，取得好成绩的作品，其名称往往采用正副标题结构。如第十二届“挑战杯”作品《大学生短期支教路往何方？——以千里草助学计划项目的实证研究为例》，该作品的名称采用正副标题结构，正标题表明了研究的内容，副标题表明了研究方法。同时以问句拟题，可以唤醒读者思考意识，具有创新性。

（二）申报者情况

在填写申报者情况前需要选择A1、A2表（如图5－5）。个人项目填写A1表，集体项目填写A2表。申报者情况表中，包括姓名、性别、出生年月、学校全称、现学历、专业、年级等基本情况，按照要求真实填写。其中要注意的是现学历填的是

A1．申报者情况（个人项目）

说明：1．必须由申报者本人按要求填写，申报者情况栏内必须填写个人作品的第一作者（承担申报作品60%以上的工作者）；

2．本表中的学籍管理部门签章视为对申报者情况的确认。

<table>
<tr><td rowspan="6">申报者情况</td><td>姓名</td><td>张三</td><td>性别</td><td colspan="2">男</td><td colspan="2">出生年月</td><td colspan="2">**年*月</td></tr>
<tr><td>学校全称</td><td colspan="3">****大学</td><td>现学历</td><td colspan="4">本科（最高学历）</td></tr>
<tr><td>专业</td><td>****</td><td>年级</td><td>2017级</td><td>学制</td><td>4年</td><td>入学时间</td><td colspan="2">2017年9月</td></tr>
<tr><td>作品全称</td><td colspan="8">**********</td></tr>
<tr><td rowspan="2">通讯地址</td><td colspan="4" rowspan="2">安徽省合肥市蜀山区****</td><td colspan="2">邮政编码</td><td colspan="2">230031</td></tr>
<tr><td colspan="2">单位电话</td><td colspan="2">*******</td></tr>
<tr><td rowspan="5">合作者情况</td><td>姓名</td><td>性别</td><td>年龄</td><td>学历</td><td colspan="5">所在单位</td></tr>
<tr><td></td><td></td><td></td><td></td><td colspan="5"></td></tr>
<tr><td></td><td></td><td></td><td></td><td colspan="5"></td></tr>
<tr><td></td><td></td><td></td><td></td><td colspan="5"></td></tr>
<tr><td></td><td></td><td></td><td></td><td colspan="5"></td></tr>
<tr><td rowspan="2">资格认定</td><td>学校学籍管理部门意见</td><td colspan="8">以上作者是否为2015年6月1日前正式注册在校的全日制非成人教育、非在职的各类高等院校学生（含专科生、本科生和研究生）。
☑是□否
若是，其学号为：2017*****
（部门盖章）
年 月 日</td></tr>
<tr><td>学校组织协调机构意见</td><td colspan="8">本作品是否为课外学术科技或社会实践活动成果
☑是□否
负责人签名：（学校团委代章）
年 月 日</td></tr>
</table>

图5－5 “申报者情况”示例

A2．申报者情况（集体项目）

说明：

1．申报者代表必须是作者中学历最高者，其余作者按学历高低排列；

2．本表中的学籍管理部门签章视为申报者情况的确认。

<table>
<tr><td rowspan="6">申报者代表情况</td><td>姓名</td><td>张三</td><td>性别</td><td>男</td><td>出生年月</td><td>1997年9月</td></tr>
<tr><td>学校</td><td>****大学</td><td>系别、专业、年级</td><td colspan="3">2017级*系*专业</td></tr>
<tr><td>学历</td><td>本科</td><td>学制</td><td>4年</td><td>入学时间</td><td>2017年9月</td></tr>
<tr><td>作品名称</td><td colspan="5">*********</td></tr>
<tr><td rowspan="2">通讯地址</td><td colspan="2" rowspan="2">安徽省合肥市蜀山区****</td><td colspan="2">邮政编码</td><td>230031</td></tr>
<tr><td colspan="2">办公电话</td><td>187****6650</td></tr>
<tr><td rowspan="7">其他作者情况</td><td>姓名</td><td>性别</td><td>年龄</td><td>学历</td><td colspan="2">所在单位</td></tr>
<tr><td>李四</td><td>男</td><td>24</td><td>本科</td><td colspan="2">****大学</td></tr>
<tr><td></td><td></td><td></td><td></td><td colspan="2"></td></tr>
<tr><td></td><td></td><td></td><td></td><td colspan="2"></td></tr>
<tr><td></td><td></td><td></td><td></td><td colspan="2"></td></tr>
<tr><td></td><td></td><td></td><td></td><td colspan="2"></td></tr>
<tr><td></td><td></td><td></td><td></td><td colspan="2"></td></tr>
<tr><td rowspan="2">资格认定</td><td>学校学籍管理部门意见</td><td colspan="5">以上作者是否为2015年6月1日前正式注册在校的全日制非成人教育、非在职的各类高等院校学生（含专科生、本科生和研究生）。
☑是 □否
若是，其学号为：2017****
（部门盖章）
年 月 日</td></tr>
<tr><td>学校组织协调机构意见</td><td colspan="5">本作品是否为课外学术科技或社会实践活动成果
☑是 □否
负责人签名：（学校团委代章）
年 月 日</td></tr>
</table>

图 5－5 “申报者情况”示例(续)

作者最高学历。如作者现阶段正在上本科，那么他的最高学历应该是高中。最高学历者应置于第一位。例如，一个项目由四名本科生、一名研究生承担，那么，研究生应放在第一位，相应的作品会被划入第一作者学历组别。

合作者或者其他作者基本信息依次填入表格，学校学籍管理部门意见以及学校组织协调机构意见处需要负责人签字及相应部门的盖章。

（三）申报作品情况

该部分是申报书的主体部分，基本涵盖了作品的所有信息（如图 5－6），主要包括：作品全称、作品所属领域、作品撰写目的和研究思路，作品科学性、先进性和独特性，作品的实际应用价值和现实指导意义，作品摘要以及作品在何时、何地、何种机构举行的会议或报刊上发表登载，所获奖励及评定结果，作品中资料来源的检索目录，调查方式，主要调查数量等。

B2．申报作品情况

（哲学社会科学类社会调查报告和学术论文）

说明：1．本部分中的管理部门签章视为对申报者所填内容的确认。

作品全称	
作品所属领域	( ) A.哲学 B.经济 C.社会 D.法律 E.教育 F.管理
作品撰写的目的和基本思路	
作品的科学性、先进性及独特之处	
作品的实际应用价值和现实指导意义	
作品摘要	
作品在何时、何地、何种机构举行的会议或报刊上发表登载、所获奖励及评定结果	

图 5－6 “申报作品情况”示例

请提供对于理解、审查、评价所申报作品，具有参考价值的现有对比数据及作品中资料来源的检索目录	
调查方式	□走访□问卷□现场采访□人员介绍□个别交谈□亲临实践□会议 □图片、照片□书报刊物□统计报表 □影视资料□文件□集体组织□自发□其他
主要调查数量	调查单位个，人次
学校管理部门签章	（部门盖章） 年 月 日

图 5－6 “申报作品情况”示例(续)

1. 作品全称

作品全称即作品名称，作品名称填写注意事项前文已经提过，这里就不加赘述。

2. 作品所属领域

作品所属领域归类为六大类：哲学、经济、社会、法律、教育和管理，在确定作品归属领域时要慎重思考。如某一作品既可归属于教育类，也可归属于管理类，要根据作品特色或领域要求来划分。如果作品在教育方面特色突出，可根据特色选教育领域。如果作品没有明显的领域特色，此时可以考虑拟选领域的专业要求，如考虑到管理领域对作品在统计和分析方面要求较高，而作品在这方面并没有这么高的水准，此时可考虑将作品归属为教育类。因此，选好合适的领域不仅关系到作品竞争力，也关系到作品中标的可能性大小，在选择作品所属领域时一定要根据作品实际情况慎重选择。

(四) 撰写目的和研究思路

1. 撰写目的

申请人要详细地阐明项目的重要性、研究价值。这部分内容主要包括研究背景、研究的重要性，目前该领域的空白或痛点，该项目能够解决当前什么问题、能够产生怎样的作用等。申请人在语言表达上要注意逻辑性和层次性。适当地在作品申报书上体现国家政策、社会需求或者研究的创新性，从而体现研究的重要意义。

2. 基本思路

基本思路包括三方面内容：研究逻辑、研究方法、研究过程。撰写基本思路时，要将研究逻辑、研究方法、研究过程相统一。主要的写作逻辑为“以……为切入点，运用……方法，通过……途径，实现了……目标”。

以作品《农民工维权意愿的影响模式研究——基于长三角地区的研究调查》为例，作者将长三角地区农民工维权研究的发展思路大致划分为四个阶段，将整个研究过程充分清晰地展现出来。见表 5－1。

表 5－1 长三角地区的研究调查的基本思路

阶　段	内　容	分　析
第一阶段	通过阅读研究相关文献，完成假设提出、研究的文献回顾以及研究问卷的设计等任务。	主要阐述了调研前的准备工作。
第二阶段	在长三角地区开展农民工问卷调查，整合收集问卷数据并分析长三角地区农民工在维权行动上的差异和相关影响因素。	点明研究对象、研究方式以及研究问题，初步分析结果。
第三阶段	运用 stata 等相关统计技术将收集回来的有效问卷数据进行统计分析，验证前期假设的真伪，完成初步报告内容。	进一步通过具体技术对数据进行分析，从而验证结论。
第四阶段	继续进行深层次的分析研究，研究各变量间的相关关系强弱及其关联性，并针对相关假设的多重变量，运用 logistic 回归等分析方法进行深入分析，得出各变量间更为精确的影响关系。	深入研究得出最终结果。

(五) 作品的科学性、先进性和独特性

作品的科学性、先进性和独特性在这一板块相对是重点，是申报书的精华和关键所在。

1. 科学性

科学性即充分说明调查的合理性，包括调查资料的收集处理、作品论证方式、调查的结论等，从不同角度充分反映调查的科学与合理，增强说服力。具体可以从以下几个角度对作品进行科学性分析。

(1) 信息的收集方式具有科学性

以作品《健康中国战略背景下家庭医生签约服务对策研究——基于安徽省八个市县基层社区的调研》为例，该项目组选用了多种调查方法和多个调研专地，收集广泛真实的数据，具有参考价值和推广意义；问题设计符合签约开展的实际情况，选项设计遵循周延性的原则，将抽象而宏观的研究目的进行微观分解，并开展科学分析；通过科学的文献检索方法，对家庭医生签约服务的服务现状和作用机制做了深入剖析，充实了课题研究的理论基础。

(2) 作品的论证方式具有科学性

以第十二届"挑战杯"全国赛作品《公平与效益的博弈——关于中部地区农村中小学撤点并校的调查与反思》为例，行文逻辑严谨周密，层层递进。作品首先阐述了农村中小学撤点并校的问题，然后运用图文并茂的方式展示调查内容、成果及其分析。最后，从公平和效益的角度提出建议。文章结构与内容环环相扣，前后照应，结论真实可靠。

(3) 结论具有实践性和可操作性

作品的科学性可以从结论角度进行分析。以作品《河北省农村垃圾处理现状及处理模式探讨》为例，作品中提出的"户分类"，弥补了农村垃圾原有模式回收量少和利用率低的缺点。实施垃圾处理措施，实现"三个转变"：一是转变为主动地开发利用农村垃圾；二是转变为事先花小钱将源头垃圾分类、资源化综合利用；三是转变为实现环境、社会和生态效益多赢的目标。

2. 先进性

先进性应从项目的调查内容、研究需求、调查方法等方面进行概括、提炼并集中反映。具体可以从以下几个角度对作品进行先进性分析。

（1）调查内容具有热点性

以全国第七届“挑战杯”竞赛特等奖作品《上海越族后裔与台湾高山族的渊源》为例，项目以台湾高山族这一主题为研究切入点，从生物学、人类学、语言学等学术前沿的角度，着重探讨两岸同根共祖的关系。该项目在完善过程中不断与社会热点接轨，在参加全国总决赛时，得到了 20 余位专家学者的推荐。

（2）研究需求具有前沿性

第十二届“挑战杯”全国特等奖作品《中国刺绣“非遗”的传承与发展——基于湖北武汉、荆沙、洪湖地区汉绣流派的调查研究》明确提出，忽视“雅文化”的现象需要引起重视，该课题结合姊妹绣种研究，重新进行实地考察，展开了文化差异的综合研究，提出汉绣“二元并存”问题，探索并制定出一套科学、可行的途径，具有较高的先进性。

（3）调查方法具有先进性

以第十一届“挑战杯”竞赛作品《济南市城中村小学生家庭教育现状调查研究》为例，项目组研究时采用问卷调查法和访谈法，并充分运用 SPSS13.0 分析调查结果，有较高信度和效度。

3. 独特性

独特性就是从所研究的新思想、新理论方法和新技术等方面明确回答作品的独特之处，不要使用“国内首创”“国内领先”“填补空白”“国际水平”等字眼。关键在于提高作品创新的“亮度”，以作品《长三角一体化背景下中医药传承与创新对策研究——基于三省一市中医药发展情况的调研》为例，作品的独特性首先体现在五个维度，全方位、多角度反映实际现状。课题从政策保障、产业搭建、平台建设、人才培养、科技发展五个维度综合分析中医传承创新发展现状，有针对性地提出对策建议，为当前中医药发展改革提供典型案例，为推进长三角地区发展献言献策。

申报作品情况是体现作品核心内涵的重要步骤，应当慎重对待。同时不可忽视的是研究方式需合情合理，调研数据需具有真实性，调研或实验需有可靠的理论支持。

（六）作品实际应用价值和指导意义

1. 实际应用价值

作品的实际应用价值主要是说明项目组的研究调查在现实生活中有什么作

用。以作品《重庆三峡库区川江号子的现状分析研究》为例，作品的实际应用价值是通过对川江号子的收集和现状分析探究出重庆川江号子在重庆三峡库区及其周边地区的市场前景及应用价值，通过对库区民间文化产业的综合开发，可间接有效地推动重庆三峡库区的经济发展，对于民间文化的经济复兴与社会发展起到一定的推动作用。

2. 现实指导意义

作品的指导意义主要说明在学术上、知识层面有什么研究价值或指导作用。要紧紧围绕创新点展开，写清楚作品将会在丰富知识、创新理念、构建方法等方面有什么贡献。以全国特等奖作品《中国刺绣"非遗"的传承与发展——基于湖北武汉、荆沙、洪湖地区汉绣流派的调查研究》为例，该作品的指导意义是有助于指导荆楚地域性民族文化的传承；有助于指导非物质文化遗产的研究传承与保护发展；对于传承发展中国汉绣文化有着重要的历史现实性和指导意义。

（七）作品摘要

1. 摘要的作用

摘要是对整个作品的高度概括，可发挥名片一样的作用，亦是评委了解项目内容的首要信息来源。摘要具有独立性和自明性，高水平的摘要能够增加项目评审成功的概率。

2. 摘要的内容与格式

项目申报书的摘要主要用于提供项目信息以便于评审，要在有限的字数范围内，精炼简明、词语精确、逻辑清晰、条理严谨地将项目精华展现出来，包括研究内容、研究方法以及研究结论。因此，摘要中不能含有背景、前言、方法之细节、未来的可能性等内容。参考格式如下：针对……背景（需求、问题），提出…… 方法，研究……内容，采用……技术方法，解决……问题，达到……目标，有……意义及创新点。

以《安徽省新型农村居民社会养老保险实施状况调查研究》作品申报书摘要为例：

新型农村社会养老保险是继取消农业税、农业直补、新型农村合作医疗等政策后的一项重大惠农政策。通过对安徽省六安市金寨县等 5 个新农保试点县和 6 个县市基层小范围抽样调查，分析我省目前农村居民社会养老保险现状，结果显示我省农村居民社会养老保险在试点县反应良好，在农保各方面均取得了积极成果，但也存在一定的制约因素。为此，笔者提出有针对性的积极建议，为我省新型农村居民社会养老保险更好地开展提供一定的数据和可靠的依据，具有一定的参考意义。

上文摘要中，第一句提出研究背景；第二句总结了调查研究思路，提出研究对象与内容，指出目前存在的问题；第三句点明调查目的，并指出项目的意义，本摘要包含了摘要要求的内容。

在摘要撰写过程中，有时会出现摘要信息量不足、遗漏重要环节、单纯重复论文题目或者词语过于夸大等缺点，因此在撰写过程中需要反复修改。

（八）作品发表登载、所获奖励及评定结果等

这些属于作品的基本信息，根据要求，按照格式如实填写即可。这部分内容在编写时一定要注意抓住重点，思路清晰，简明扼要地表达出作品的关键信息，详细的介绍应在后面的作品说明书中进行。

（九）作品中资料来源的检索目录

作品资料来源检索目录格式具体参照第七章。简单举例，如期刊论文类一般格式如下：

作者.论文名称[J].期刊名称，发表年份(第几期)：页码.

注意：一般而言，参考文献里的标点符号是英文状态下输入的标点符号，输完汉字要切换到英文状态，再输入相应的标点符号。

示例：

沈延生.村政的兴衰与重建[J].战略与管理，1998(6)：1-34.

徐勇，吴记峰.重达自治：连接传承的尝试与困境——以广东省云浮和清远的探索为例[J].探索与争鸣，2014(4)：50-53.

（十）调查方式

依据实际情况勾选调查方式，调查方式一般包括走访、问卷、现场采访、人员介绍、个别交谈、亲临实践、会议、图片、照片、书报刊物、统计报表、影视资料、文件、集体组织、自发等。

（十一）主要调查单位及调查数量

调查单位及调查数量不是越多越好，但也不能太少，否则缺少代表性，一般选取典型的数量适中的对象进行调查，必要时可列举典型的调查单位。

申报书范例如图 5－7，以第十二届“挑战杯”竞赛四川省一等奖作品为例。

B2. 申报作品情况
（哲学社会科学类社会调查报告和学术论文）

说明：1. 本部分中的管理部门签章视为对申报者所填内容的确认。

作品全称	面向"十二五"规划的四川省现代服务业现状调查与发展对策研究——基于四川省21个地市州和4个重点行业
作品所属领域	（C）A. 哲学 B. 经济 C.社会 D. 法律 E. 教育 F. 管理
作品撰写的目的和基本思路	【目的】作品受四川省发改委委托，进行四川省"十二五"促进现代服务业加快发展的研究，以此为四川省"十二五"规划的编制和实施提供支撑和依据。 【思路】1. 趋势研究：界定相关概念，分析国内外发展趋势及专题研究。2. 现状研究：从"两维度三层次"视角调查和评估四川省现状，探究存在问题及影响因素。3. 对策研究：构建预测模型和发展目标体系，从三个层次、四个重点行业提出发展对策。
作品的科学性、先进性及独特之处	本作品具有"科学前沿、量大质优、实用性强"等特点，具体表现在：1. 研究课题前沿，关注经济热点问题，"两维度三层次"的分析视角新颖独特；2. 大面积人员机构调查，大样本数据采集，全方位资料研读，多方法科学处理。3. 目标体系预测结果精确，研究体系的实用性、可操作性、推广性得到充分证明。研究成果可作为四川省"十二五"规划的编制依据，也是四川省现代服务业相关政策制定落实的重要依据。
作品的实际应用价值和现实指导意义	【三大支撑】1. 科学分析现状，切实提出对策，为四川省发改委编制和实施"十二五"规划提供重要支撑。2. 立足重点行业，关注区域协调，为四川省商务厅打造西部"三个中心"，促进产业发展提供重要支撑。3. 全面数据系统，科学处理方法，为四川省统计局完善数据库、提高统计水平提供重要支撑。 【两类丰富】1. 丰富学术界关于现代服务业的研究内容。2. 丰富四川省现代服务业发展思路和模式。
作品摘要	本文受四川省发改委委托，进行四川省"十二五"促进现代服务业加快发展的研究，以此为四川省"十二五"规划的编制和实施提供支撑和依据。 本文以多学科理论为指导，以四川省现代服务业为研究对象，基于四川省21个地市州和4个重点行业，通过大量实地调研对四川省现代服务业发展现状进行全面分析，进而探讨了促进其发展的对策措施。文章首先研究了现代服务业的相关理论，然后从两个维度、三个层次，系统科学地分析了四川省现代服务业发展现状，总结其发展中存在的问题和影响因素。随后，科学预测四川省现代服务业发展，构建其发展目标体系，提出了以宏观着眼、中观着手、面向微观的发展模式。最后，针对目前存在的重点、难点、盲点，进行针对性的建议。此外，围绕打造西部现代物流、现代商贸、现代金融三个中心的重点任务，对重点行业进行规划布局。 本研究的研究思路具有较强的实用性和推广性，目前在国内这一研究领域处于领先水平，受到政府、专家、同行的高度评价。本文的部分研究成果已被四川省发改委采用，作为四川省"十二五"规划政策制定的重要依据，也对其他地区现代服务业研究具有重要的参考价值。

图5－7　申报书范例（此申报范例引自"挑战杯"官网）

三、当前国内外同类课题研究水平概述

在内容撰写上，既要阐述前人的研究成果，也要提出作者本人研究的独特视角或选题的价值所在，以及现有的研究中存在的不足和问题，最后要落在问题上，补充或纠正前人的结论，或形成对立的观点，或找出困惑。

在资料分析上，要从同类研究中的优秀论著（专著、论文）中找前沿的理论研究或实践成果，分析资料时要注意“四性”：一是真实性，尽量搜集一手资料，确保资料准确；二是全面性，要求全面阅读资料，结论的获取不能仅凭一两篇文章；三是针对性，要求所分析的资料要与课题相关；四是实效性，要找到最新的观点，因此，要以当前一段时间的资料为准，不要用过时的资料。

在成果表述上，要突出重要的人物与代表作。既不要去贬低前人或别人的研究，也不要通过低估别人的成果来抬高自己的研究。

（一）撰写步骤

文献综述的撰写步骤包括文献的搜集，文献的阅读和分类，文献的加工、比较和评述，预测研究趋势或提出新的研究设想等。

1. 文献的搜集

文献搜集是从众多文献中查找并获取与研究相关文献的过程，常常需要筛选文献。筛选文献的原则是 10 个字：准确、贴题、典型、新颖、充分（如图 5－8）。因此，在充分的材料中选择准确的；在准确的材料中选择贴题的；在贴题的材料中选择典型的；在典型的材料中选择新颖的。

图 5－8　文献筛选原则

筛选材料的方法（如图 5－9）：

① 宏观把握，反复筛选。课题确定以后，选择资料时要宏观把握、全面分析，从总体考虑，反复进行比较，筛选出符合以上“10 个字”要求的材料。

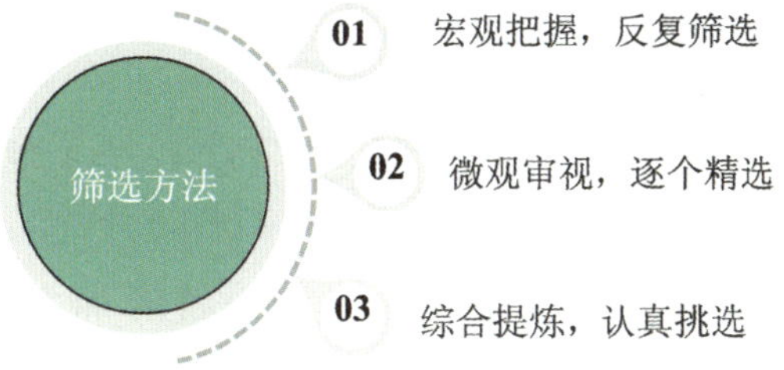

图 5-9 文献筛选方法

② 微观审视，逐个精选。对重要、关键的材料要认真审视和研究，弄清楚材料的精与粗、真与伪、优与劣、新与旧、重与轻、主与次、动与静等。同时也要精益求精，不要因为判断失误而选择失真、粗略、虚假的材料。

③ 综合提炼，认真挑选。正式写作时，并不一定将每一份材料都用上。有的可能选一个或几个论点，有的可能选一个或几个数据，有的可能选一个细节，或选择整个过程而不求细节，这就要对材料进行提炼剪裁，使其可用、适用。

2. 文献的阅读和分类

阅读文献能够帮助作者全面掌握文献观点、内容、研究设计和研究方法，同时也是写好文献综述的关键步骤。阅读文献时注重各个部分的内容。

① 浏览摘要：摘要是一篇论文的窗口。一般情况下，简单浏览题目、摘要后，能掌握大概内容。

② 通读全文：首先，“批判地精读”典型有代表的文献。通过全面分析文献的观点，理解作者分析的层面，避免理论上的错误。其次，阅读时做好笔记，如做摘要、注释、标记等，详细、系统地记录作者在文献中发现和研究的主要问题、目标、方法和研究结论。最后，按照一定的分类标准对文献进行分类，以便在后续研究中使用。

③ 归纳总结：用一个词组或标题总结论文中每段文字的中心内容，这将有利于直接查找信息。

④ 确立构架，抓住主题：在阅读的时候重点关注引领全文、承上启下的关系连词。阅读段落时重点关注与主题相关的内容，无关紧要的信息可以略过，从而节省宝贵的时间和精力。

⑤ 增加阅读量：刚刚接触研究领域时，对很多问题的概念不是很清楚，通过不断的阅读，能够慢慢融会贯通。所以，阅读一定数量的文献，积少成多，量变就会发展为质变，但是也不能单一追求数量，更多的是要提高阅读的质量，为写好研究水平概述做好铺垫。

关于文献的整理，可以根据以下 3 点分类：

① 文章前言的最后一部分。这部分内容一般会表明作者为什么要进行这项

研究，以及研究的依据和方法。

② 文章的图表。

③ 结论。可以通过文章结论直接了解到课题是否实现了目标以及是否需要继续改进。

在归类时，重要文献的文件名前加上编号，如 001、002、003 等，然后，按名称将图标依次排列，把最重要的文献排在最前面，而且重要文献要注意追踪。

3. 文献的加工、比较和评述

撰写文献综述的关键在于加工、整理和评述文献观点。首先，按照一定的顺序和原则，将相关文献的各种观点系统化、条理化地整理出来，并准确地提炼文献观点，避免片面理解。其次，合理地加工、比较和评述不同的文献观点。在做到客观公正的基础上，保持思维的自主性和独立性。分析和评述不同或对立的观点时，要注意选择恰当的角度，避免根据自己的喜好而随意褒贬。

4. 预测研究趋势，提出新的研究设想

深入分析课题研究现状，总结当前国内外的主要研究成果，课题研究的实际应用意义和理论意义，提出研究目前存在的问题，展望今后的发展趋势，从而向读者提出新的研究设想。

（二）文献综述中的常见问题

1. 缺乏逻辑，“综”而不“述”

要想写出好的研究水平概述，一方面，要充分理解现有的研究观点，并用合理的逻辑将它们准确地表述出来。如果概述没有内在逻辑，仅仅是对现有观点的罗列，内容就会十分杂乱，不利于明晰已有研究结果之间的关系，从而很难理解研究的发展情况、深入程度以及存在的问题等。另一方面，作者要提出自己在研究中发现的问题或存在的不足。如果研究水平概述“综”而不“述”，即使结构上具有逻辑性，但内容上只是陈述了他人的观点，读者就不能通过阅读、分析而发现新的研究方向。

2. 个人观点在综述中占主体

与“综”而不“述”相反的是，作者在综述中对研究现状的介绍过少，把重点放在自己的研究设想上，评述内容过多，这种问题也很常见。在撰写研究水平概述时，首先要了解研究水平概述的目的是梳理相关课题领域的研究现状及动态，理清研究进展与困境，从而为接下来的研究提供参考。因此，不能完全忽视综述的“综”；个人观点，也就是适当的“述”，可以在内容上起到点睛或启示的作用，但不应是主体。

3. 避重就轻，故意突出自己研究的重要性

综述的最终目的是方便读者寻找研究的切入点和突破点。有些作者在写完综述后，没有发现问题，便故意在综述中漏掉或弱化某些研究成果，以便突出自己研究的价值和意义。这样做违背了客观性，作品的创新性也达不到要求。

没有发现问题不等于没有问题，因此，不能随便歪曲事实，敷衍了事。作者应主动积极寻找原因，如果是自身原因，可以寻求导师的帮助，深入思考问题，完成选题；如果是学科发展的问题，则可以尝试通过开辟新领域、使用新方法、提供新材料等方式完成选题。

（三）文献综述撰写“四性”

1. 文献的“全面性”

搜集的文献要全面完整，有些作者搜集资料时，由于搜集范围狭窄或使用方法不当，遗漏了研究中具有重要代表性的问题，或仅仅根据研究喜好自行选择材料。这些都不利于作者系统全面地把握研究现状，可能会片面地理解他人的研究结果，从而做出盲目的判断。因此，在开始撰写文献综述前，首先要全面地搜集相关的资料。

2. 主题的“密切性”

在文献综述中，要以研究主题为中心点，比较分析研究观点与主题的密切性。此外，在撰写文献综述时不要杂乱地将相关理论和观点堆砌。

以《关于现代大学制度下高校财政危机问题的研究综述》为例：

建立现代大学制度，是新时期高等教育改革的方向和发展的必然要求（李春轶、王伟，2006）……现代大学制度建设是一个制度变迁和创新的过程，合理的权力结构是现代大学制度生成的关键，大学应坚持自主而实现自治，政府、大学、社会三者之间需要形成一种合理制约的权力关系（李国，2007，H 小琳，2006）。

上文中，核心目的是如何解决高校的财政问题。但是作者并没有将现代大学制度这个问题与解决财政问题相关联。此类问题是文献综述中比较容易产生的问题之一，即文献的回顾没有和所研究的问题结合，使文献综述失去了基本意义和价值。

3. 结构的“逻辑性”

在陈述已有的相关研究时应当注意各个研究的时间顺序以及与本研究主题的密切程度。通常可以按照由远而近的顺序展开，先引用关系较远的，再引用关联最密切的。高质量的文献综述最好按照已有研究结论进行归类陈述，做到层次分明、研究脉络清晰、研究观点聚焦。

以《关于现代大学制度下高校财政危机问题的研究综述》为例：

随着我国高等教育的大众化，高等教育规模急剧扩张，高校财政问题日益突出。国内外学者分别从现代大学制度、国外研究的经验借鉴、高校财政来源、高校财政拨款体制、高校财政资金使用绩效评价以及利用效率等角度对高校财政危机问题进行了研究。

这一段的论述中出现了一个逻辑性的问题。即作者首先提出高校财政问题在我国日益突出，其后却指出国内外学者分别从现代大学制度等几个方面对高校财政危机问题进行了研究。显然，国外学者所研究的基本上应该是国外高校的财政问题，似乎与研究主题并不十分相关，在逻辑上的关系显得比较难以理解。

之所以提出这个问题是希望大家能够认识到，在文献综述中出现的逻辑递进关系不清晰的问题会影响读者对于文章内容的理解，作者的思维紊乱，文章不通畅，使得文章内容“跳跃”。

4. 内容的“概括性”

在文献综述的最后部分，要简要概括文献综述主体部分陈述的内容，明示前人所做的突出性工作。

在作品《安徽省新型农村居民社会养老保险实施状况调查研究》中，作者提到了，“邓大松、薛惠元在研究中发现：只要调整中央和地方的财政部分关系，划分好地方各级的分担，中央财政完全有能力承担新农保财政补助；米红、王鹏还提出了‘有限财政责任’的理念，并设计出了省、市、县三级财政分担的进口补贴模式结构”。

这里，作者对邓大松、米红等人的研究进行了高度概括，善于总结，避免大量堆砌文献。

如图 5－10 为 C 表内容示范。

C.当前国内外同类课题研究水平概述

说明：1.申报者可根据作品类别和情况填写；
　　　2.填写此栏有助于评审。

（一）国外精神病人救助的情况研究 　　国外大多数国家对精神病患者的救助研究主要集中在社区化救助管理与社会保障体系两个方面，针对精神病患者在药物治疗、护理和心理干预进

图 5－10　C 表内容示范（申报范例来自“挑战杯”官网）

行深入研究，从社会工作者和专业工作者两方面入手，辅以专项立法以及社会保障体系中针对于精神病患者的救助，帮助精神病患者建立正确的行为及生活技能，以期更有效地管理日常生活。在社区化救助管理中具有代表性的做法有：一是政府逐渐减少对心理服务模式的直接干预，由集中管理变为开放管理，出现了由私人慈善机构与政府规划共存的局面；二是加大社会工作者和专业工作者在精神病患者救助工作当中的力度，并以明确的法律法规确立其在救助过程中的地位；三是以精神康复为重点，注重疾病预防和早期干预。但是由于国外采取的是不断促使精神障碍康复由医院向社区照料方向转变，对于精神病患者的治疗并没有提出完善的救助方法，而在社会保障体系中也并没有提出针对精神病患者的救助办法，因而没有形成完整的救助体系。

（二）国内精神病人救助的情况研究

在国内，学者们对精神病人救助中存在的个别问题都提出了自己的理论和解决问题的方法。杨勇在《重病精神病人医院救助工作的实践及讨论》一文中，以惠及人民群众，建设和谐社区，探索精神病人救助新思路为出发点，希望通过大病救助对象、民政优抚对象政府临时性专项救助政策，残联救助、保险基金支持的有效方式，切实做到保证可能的资金投入，解决人民群众需求矛盾、法律政策上的隐忧以及促进体制和机制的完善。王桢、曾永康、时堪在《精神病患者的职业康复》一文中从出院精神病患者职业康复方面进行有效研究，并着重阐述较新支持性就业，个体支持性就业，工作社交技能训练和综合性支持性就业等方法。李倩在《精神病强制收治与人身自由权》一文中，对精神病强制收治与人身自由权方面进行了详细分析与论证。尤其详细阐述了对精神病强制收治用以维护公民人身权利的得力观点，并希望各界能够尽可能地运用法律加以规定。宁杰在《精神病治疗的法律经济分析》一文中对精神病治疗的法律经济进行分析，从社会中的精神病问题、精神病的治疗史、当前我国精神病治疗中存在的问题和精神病治疗问题解决之道探析进行探索，并且提出了有力论证。由此可见，国内有关专业人士对精神病人群体关注度相对较高，但是他们对精神病人整体救助体系没有进行完整的探讨，只是对其中某一程度精神病人救助进行小规模探讨，个别性过高，在大局上有所欠缺。

图 5-10　C 表内容示范(申报范例来自“挑战杯”官网)(续)

第六章　精雕细琢——调研报告撰写

调研报告是整个“挑战杯”竞赛作品撰写过程中最重要的环节，是“挑战杯”竞赛成功与否的关键。本章主要阐述了调研报告的含义、分类、特性和要素，论述了调研报告在结构上3个层面的撰写要求，理清了调研报告修改润色的5个环节。撰写调研报告时需要精雕细琢，需要一遍一遍地反复打磨和修改，才能形成一篇惊世之作，带来实际价值，从而对社会发展产生深远影响。

第一节 调研报告的概述

调研报告是指对某一情况、事件、经验或者某一问题的相关信息进行调查实践后，将调研所得到的结果进行“去粗取精、去伪存真、由表及里”的处理，分析规律，总结经验，最后用书面的形式呈现出来的过程的总结。

调研报告的核心在于如何求真务实地对客观实际进行分析与阐述。主要分成两个部分：一是调查，就是了解实际情况。探索事物的本质，需要以详细的材料作为支撑点，准确地反映客观事实，杜绝凭主观胡乱猜测；二是研究，就是把调查了解到的情况和搜集到的资料进行对比、分析、判断和推理。在把握客观实际的基础上，进一步揭示事物的本质和客观规律。

研究者从启动课题开始，从准备到调查，从研究到撰写，每一个调查研究从开花到结果，都是努力灌溉而成的，所形成的结晶是实现调查研究社会价值的关键所在。这是一个交流、传递的过程，旨在如何把调研得出的结果和战略性意见传达给相关的管理层或其他专门负责相关事务的人员。由此，认真撰写调研报告，准确分析调研结果，总结调研结论，是报告撰写者的责任和使命。

调研报告的撰写与应用，是整个社会调查研究过程的最后阶段。本章的目标不仅仅是教读者写成一份调研报告，更是如何写一份质量高、精度准、影响深远的调研报告，下文将对调研报告的撰写及要求进行详细介绍。

第二节 调研报告的分类

不同类型的调研报告，就像是从事不同行业的人，各司其职。工作类型的不同使得工资福利、工作内容、发展方向各不相同。但不同行业间也存在共性，或多或少地扮演着相同的角色：同事、上司、下属等。相似地，报告类型的不同使得其强调的重点和要求有所不同，撰写的思路也有一定的差异，但其格式与写作手法总体上大致相同，下文对各调研报告的分类（如图 6－1）进行详细的说明。

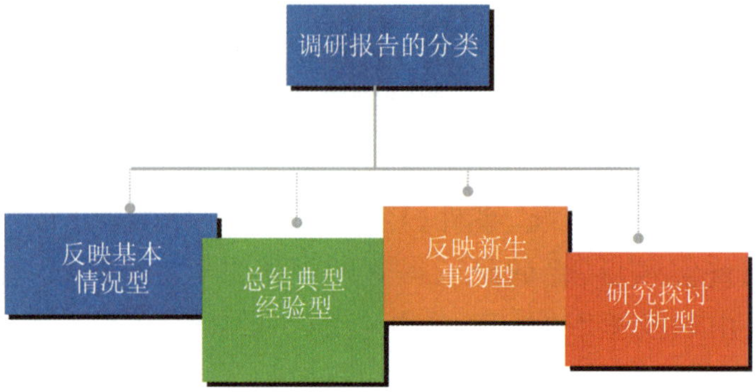

图 6-1　调研报告的分类

一、反映基本情况型调研报告

反映基本情况的调研报告主要用于对某一事物、地区或领域的基本情况进行客观的描述。常被机关单位汇报工作时采用，比如党委、人大、政协机关等；或部门单位领导下乡等，适用于在通晓基本情况后撰写的报告。通过基本情况的介绍，为决策者拟定策略、下达指令、执行程序提供思路和依据。

这类调研报告的标题，通常直接点明主题。可以包括报告研究对象是什么单位，研究范围是什么，是针对什么问题展开的调查等。前言通常用于介绍调查的原因、目的、时间、地点、范围和调研方式等。这类调研报告的主体包含的内容比较多，采用横向架构，比如可以综合经济建设、政治建设、文化建设、社会建设和组织领导等多个层面来陈述某一个地区的情况，或从基本概况、主要成绩、突出问题等多个角度来描写某一方面的详细情况，也可以将每一个部分进一步分类成多个小的部分，进行分模块描述。

以《"江河流域"传统村落文化保护现状与建议》为例：

随着城镇化建设与外来文化的冲击，我国诸多传统村落及其文化正面临严峻的生存挑战。从20世纪80年代中期起，中南大学中国村落文化研究中心研究人员开始对我国"江河流域"（即长江流域与黄河流域）及其他广大地域的传统村（镇）落的政治、经济、文化情况开展田野调查。2014年6月12日至9月30日，中国村落文化研究中心又对"江河流域"传统村落展开新一轮田野考察。考察结果显示：与2008—2010年期间的考察结果相比，传统村落文化保护工作在国家重视下取得显著成效，但问题依然突出，形势仍旧严重。

这是一篇典型的反映基本情况型报告。从标题起就直接点明主题，研究对象为传统村落的文化，研究范围为江河流域附近的传统村落，针对问题为政治、经济、文化等基本情况及如何进行保护。明确交代了调研的大背景，对比历年结果，对基本情况进行了总结。全文结构按照基本情况、面临问题和几点建议设置。通过对基本情况的介绍，为如何保护传统村落文化提供思路。

二、总结典型经验型调研报告

总结典型经验的研究报告主要是针对具有典型特征的事件，进行深入的调查和分析，从事件中提取成功经验和有效措施，以指导和启发相类似的情况。

这种调研报告，其标题通常直接表达主题。前言一般先列举主要成果、研究对象的发展变化。主体部分要详细描述，从具体的实践方案到个人的体会都需要说明。两个方面相辅相成，缺一不可。如果没有具体实践方案，经验就显得单薄了。如果只有实践方案，文章的目的就不够明确了。结尾可以在全文中总结，以主题为重点，也可以点明不足之处。这类调研报告的内容主要包括基本信息、典型成绩、具体措施和主要收获等。

以《地方政府债务管理的国际经验与启示》为例：

目前，世界53个主要国家中，有37个允许地方政府举债，其地方政府债务管理的经验做法，对于完善我国地方融资平台债务管理和建立风险防范机制，具有较强的借鉴意义。

国外地方政府债务的主要类型——市政债。在资本市场较为发达的国家，市政债是地方政府债务的主要形式……

国外地方政府债务的风险控制机制——预算硬约束。发达经济体在中央与地方财政的关系上有明确的法律法规……

国外地方债务管理对我国的启示——规范地方政府举债行为。一是提升地方债务透明度，建立公开透明的地方债务统计制度和融资平台财务报告制度，并将地方债务纳入硬预算约束。二是……

这篇报告就属于总结典型经验型。标题直接表达目的——地方政府债务管理的国际经验，前言通过总结国际背景下各国地方政府举债的情况，引领下文。主体按照主要类型、控制机制、管理启示组织结构，结尾总结全文。通过思索管理经验，启发我国地方政府债务管理做出改进。

在写作语气上，经验型调研报告和经验性文章存在一定区别。经验总结为第一人称，写作语气应谦逊。而调研报告多以第三人称，写作语气可以激情活泼，从而引人眼球，使总结的经验达到推广效果。

三、反映新生事物型调研报告

反映新生事物的调研报告首要任务是汇报和评估新生事物，帮助读者拓宽对可进行调研事物的认识边界，新生事物通常代表着事物的未来发展方向。

在执笔这一类调研报告时，首先需要以积极认真向上的态度，对所调研产品给予充分信任和赞同。其次，此类调研报告的行文具有一定程度上的特殊性，以一个“新”字为奠基石。需要详细地介绍新生事物的萌芽、准备和进一步发展过程。还需指出它是在什么样的背景下出现的，要阐述新事物的性质特点、作用意义以及其发展前景的预测和未来方向的展望。即详细介绍该新事物是因为什么在什么情况下得到孕育，随后是如何产生和发展，在发展过程中遇到过哪些矛盾、问题以及难以突破的挑战。然而事物的新生还很稚，所以在调研报告的结尾部分，需要花一定的篇幅描述新事物的不足以及未来发展短板，并如实指出它需要进一步改进的地方和可能带来的新问题，为接下来的研究奠基。

以第十二届“挑战杯”竞赛作品《微博功能和潜力研究》为例：

我国微博正在迅速发展阶段，微博使用者有平民百姓、政府官员、明星专家、企业机构等，使用者数量还在不断增加。微博集娱乐、媒体、营销、监督等社会功能于一身，让“自主化”“私人化”“平民化”的特性凸显，成为大众青睐的社会化媒体。微博的影响力已经逐渐被大众所认可，在未来的社会发展中它面临着机会和挑战，而它的角色定位和发展潜力值得进一步的挖掘和探究，以便更好地在未来发挥它应有的作用。

这是一篇典型的新生事物型报告，以“微博”作为新生事物，将微博的特点总结为“集娱乐、媒体、营销、监督等社会功能于一身”“大众青睐”“自主化”“私人化”“平民化”。介绍微博的现状为“逐渐被大众认可”，需要改进的地方主要在角色定位，未来前景具有机会和挑战。

四、研究探讨分析型调研报告

研究探讨分析型调研报告主要可用于针对某项政策或工作的可行性进行研讨。对基础情况进行了解后，针对性地提出探索性的意见，并对所提出的措施进行探索。

该类型调研报告的基本特点就是具有较强的探索性和论证性。对于此类调研报告的撰写，大部分标题都采用直接陈说主题的形式，也可以使用问题式。假如能将此种形式应用恰当，不仅可以十分贴切主旨，还能引起读者的高度重视。前言一般是直接提出需要探讨和解决的相关问题以及研究此问题的意义。如果在研究过程中发现研究者对同一问题有不同的理解，应在后文中将各角度的主张描述出来。究其根本，它所针对的是现有的某个实际问题，通过对大量材料的系统性研究和分析，达到探索解决问题的目的。

第十二届“挑战杯”竞赛作品《大学生短期支教路往何方？——以千里草助学计划项目的实证研究为例》：

通过对大学生短期支教团队在西部山区 20 所学校项目的实地调研，作者基于短期支教模型和丰富的样本数据，依据多元线性回归和模糊综合评价理论，建立了短期支教绩效评价机制，深入剖析了短期支教存在的问题……最后，作者提出大学生短期支教要以对象需求为导向，以支教团队为平台，以爱心组织为依托，以支教志愿者为基础，以服务内容为核心，构建立体化全方位的短期支教新模式，进而为大学生短期支教指明了出路。

标题采用问题式，文字富有艺术性，引人入胜。开篇提出主题“针对大学生短期支教存在的问题”，明确指出调研对象及调研范围。以“千里草助学计划项目”为实例材料进行分析，最后得出“立体化全方位的短期支教新模式”，达到了探索和解决问题的目的。

此外，由于调研报告的目的是讨论和解决问题。这种研讨性调研报告大多接纳的都是最新的提议。所以，在核心部分中，不仅事实和材料必须充分而有力，而且还必须进行充分的论证。必要时，应拒绝不正确的意见，这就要求这种研究能够将论证和反驳行之有效地结合起来。但二者都必须以事实材料为基础，不应用过多笼统抽象或空洞的语言描述，以免使报告整体语言太过苍白。这类研究报告的结论可以通过全文概述的方法来强调其主要目的，也可以通过提出需要进一步探索解决问题的方法来撰写结束语。

第三节 调研报告的四特性

介绍完调研报告及其类型，再来谈谈它的特征和特点。这里特性指的是，报告内容所必须达到的基本要求。虽然调研报告可分多种类型，但是高质量调研报告，一般都具备以下四个特性。如图 6－2。

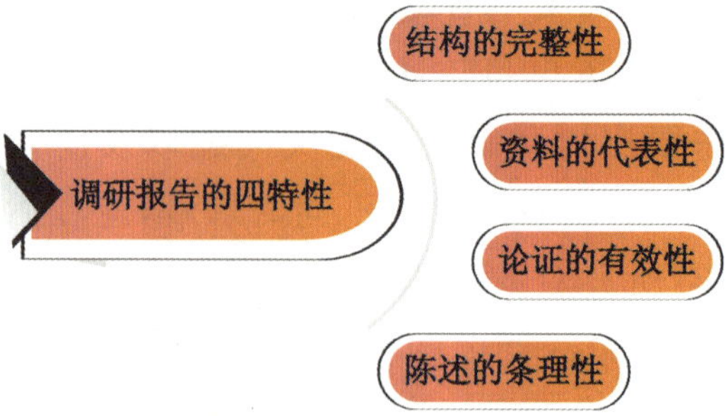

图 6－2　调研报告的四特性

一、结构的完整性

调研报告的完整性是最基本特性，无论是少了哪一部分，调研报告都不能被称为是一份完整的报告。调研报告的内容结构按顺序可分为引言、陈述和分析、结论和建议三个部分。

引言是骨架部分，可以使读者明确调查研究的目的和意义，包括调查的对象、范围、方法、过程等。如果省去这一部分，会使读者对调研背景情况不明，对内容的陈述和相关分析难以理解。陈述和分析是调研报告的“主心骨”，这部分负责对调查所得到的数据进行整理、汇总和统计分析，对思维进行二次加工。结论和建议是对调研报告的内容进行分析后得出的结果。不仅没有因为位于报告最后而显得不重要，反而更具重要性，一旦缺少，会使读者阅读陈述和分析后仍不明中心主题，无法理解全文意义。如果利用得当，可以使文章的主旨升华。

综上所述，调研报告中任一部分内容都必不可少，即为完整性。

二、资料的代表性

调研报告的主题，大多源自生活，多姿多彩的社会生活可以为调查提供琳琅满目的资料。但是，调研报告的主题十分明确，所以撰写者不可能也不必要把能反映主题的所有调查资料照单全收，只需选择其中最有代表性、最贴合报告选题的资料即可。

其次，在调研报告中只需要运用能突出主题的材料就好。相反，如果运用大量不必要的资料，不但不能充实报告内容，还会导致整个调研报告的内容太多，偏离报告主题，画虎不成反类犬，华而不实，甚至还会离题万里。

三、论证的有效性

莎士比亚曾说:“金字塔是用一块一块砖堆砌而成。”在调研报告中,这句话体现得更为明显。调研报告的主题即为论点,除了陈述性的内容以外,分析论证的内容对论证论据的严谨性要求更高。

报告中的论点前后要一致,不能自相矛盾。论据要翔实、充分、有说服力,观点与材料要一致。此外,陈述的内容与分析论证的内容要合理排布,最好能形成夹叙夹议的形态。可以按逻辑顺序,先提出观点,随后应用合适的材料,让观点统领材料。也可以先叙述材料,后提出观点,让材料自然而然地表达观点。

以《大调解——化解新形势下人民内部矛盾的有效途径》为例,将文章分为三个层次,由浅入深,严密、严实、严谨、深刻地揭示主题。首先是第一块“大调解的‘南通特色’”,先提出观点,随后把“联动性”“实体性”“专业性”“权威性”四个方面的具体做法和主要成果作为材料。论证了大调解是化解新形势下人民内部矛盾的有效途径这一结论。其次第二块“大调解的实践价值”,也是先提出观点,随后以“大调解体现了中国特色民主法治建设的基本要求”“大调解是加强社会管理的重大创新”等四个方面为材料。深入论证了大调解是化解新形势下人民内部矛盾的有效途径这一结论,论证并指明了大调解完善发展的方向,使全文逻辑严谨、结构完善,无懈可击。

四、陈述的条理性

条理性是调研报告的最基本要求之一。陈述有条理性,能让读者更好地理解调研报告包含的信息,让调研报告更容易被社会接受。并且在调研报告这一文体的内容中,习惯用陈述材料来说明观点,引言、结论与建议等都是一种陈述方式。

文章中调研报告是如何产生的?调研对象都做了哪些事情?调研的设计及实施流程如何?都要求说清楚来龙去脉,陈述的层次要清楚、条理要分明,逻辑也要合理。

第四节　调研报告的五要素

罗曼·罗兰曾说过:“没有个性的文化是一种使人感到注定毁灭的悲剧性文化。”要使得某一文化长久地持续下去,其必然有自己的形成体系与基本特性。而调研报告作为汇总社会调查研究结果的主要方式，也具有其基本特征，总结为五要素，五者之间相互影响。如图 6 - 3。

一、数据准确

图 6 - 3　调研报告的五要素

数据准确主要指通过调查与分析，可以得到一个精准的描述事情的基本情况。一般调研报告中的情况，不仅要经过电子计算机的数据处理，而且研究人员在写调研报告时还需要细心地核对。经过反复验算后，才能写进调研报告。虽然不可避免地会遇到一些意外，但尽力保证调研资料的数据准确也是一份合格报告的必备条件。

调研报告不像文艺作品那样能通过夸张来反映现实，通常是由可信可靠的文字和数字来准确地反映实际情况。

以第十二届“挑战杯”竞赛作品《影响中国废纸进口贸易的因素的计量分析》为例：

1996 年以来，中国废纸进口量屡创新高，2009 年已达 2750 万吨，占该年纸浆消耗的 27.57%，生产的纸产品占国内需求量的 1/3 左右，说明中国造纸业对进口废纸原料依赖严重。若不对原料来源进行调整，势必会影响中国造纸业未来的发展。

从这段资料里不难看出，用调研所得到的这些准确数字对废纸进口进行描述。虽然语言上并未利用一些华丽的辞藻进行修饰，但极具说服力，用真实数据描述概况，充分体现了调研报告的准确性和数字美。

二、材料真实

列宁说过：“如果从事实的全部总和、从事实的联系去掌握事实，那么，事实不仅是胜于雄辩的东西，而且是证据确凿的东西。”材料真实要求决不能虚构、隐瞒客观事实真相。更不能歪曲、谎报实情，不道听途说，一切必须真实。

“不唯上，不唯书，只唯实”，这是因为调研报告的任务就是将调查研究的事实情况如实反映出来。既不同于文学作品的创作性，又不同于有关新闻报道的精确性。虽然要求将真相如实地反映出来，但可根据需要来选择是否透露事实的全部真相。如果存在一些不宜公开的事实真相，也可以送有关部门，不做发表处理。

三、观点创新

学术研究贵在求真、求新和求深。观点创新直接决定了一份调研报告质量的高低。确定调研的主题时应避免老生常谈，不要人云亦云，吃别人嚼过的馍。读者也更愿意接受那些有新意、有思想的报告。

社会调查研究有着立足现实、面向未来的特点。社会调查研究要尽量避免使用采集过的"旧材料"，多使用一些能反映新事物的"新材料"。即使用别人用过的文献材料，也应该是重新组合整顿而成的创新材料。

因此，调研报告内容中的材料、论点、论证以至主题都应不断更新。当研究者在撰写调研报告时，对所用材料的筛选就应考虑到这一点。其次，研究者撰写调研报告前，就应该认真查阅前人研究成果，避免内容重复。在提出论点时也要力求有新的立意，论证尽量按照新的观点，扣紧时代主题。这样，就决定了调研报告的论点、论证以至主题都具有创新性。

以作品《大学生手机游戏使用情况调查报告》为例：

这个暑假我们一组针对大学生手机使用情况做了一次问卷调查，在这次活动中我们受益良多。不仅对大学生手机使用情况进一步了解，更在这个过程中学会了怎样与他人进行更好的交流，怎样突破障碍。作为信息时代的产物，手机因为具有时尚、使用便捷等优点受到大学生追捧，大学生手机普及率非常高。

从主题上，随着时代发展，电子信息技术越来越先进，因而一些新兴产业得到飞速发展，手机游戏就是其中之一，立足于时代发展，报告内容中的手机游戏问题确实体现当今社会的热点，充分体现了报告的创新性和时代性。

四、内容切合

内容切合是指调研报告的内容应切合时机，"切"客观形势，"切"当前所需，"切"亟待解决的问题。这是由于社会调查研究活动是一个立足现实的科学实践。绝大多数社会调查研究活动是面对现实的人、现实人的活动、现实事情，这就决定了反映这些现实的调研报告中的内容也具有现实性。有些文献调研报告中的历史资料也是为了说明现实问题、为现实服务的。

实际应用是指切合当前所需，调研报告通过丰富而真实的材料，对各项调查领域积极的干预工作提供参考和依据。这样的调研报告能为后面的研究提供更多建设性意见。调研报告中有情况反映、问题分析，也有解决问题的建议和意见，由于研究领域不同、方面不同以至问题不同，其建议和意见内容各异。

以作品《乡村文化振兴中乡贤文化的坚守和流变——基于广东省雷州市足荣村昌公书局的调查》为例：

城市化进程下，各地乡村建设如火如荼，积极地呼应着乡村振兴的口号，乡村文化振兴也日益引起各地重视，其中乡贤文化在乡村文化振兴中的作用日益凸显……乡贤文化的坚守和流变无形中重塑着乡村的文化建构，指引着乡村的文化振兴。广东省雷州市足荣村昌公书局是乡贤文化引导下的乡村文化振兴产品，书局的变迁折射着当地乡贤文化的坚守和流变，进而辐射着当地的乡村文化振兴模式。通过调查研究昌公书局的变迁史以及其在当地适应性和影响力，我们力图解析乡村文化振兴中乡贤文化的坚守和流变模式……

报告旨在对乡村文化振兴进行分析。以足荣村昌公书局为调研对象，探索乡贤文化继承模式，探究如何能使乡村文化更好地适应当前城市化进程，切合当地所需。各省市都可以根据该结果在乡村文化振兴的模式和未来发展策略方面做出适当的调整，极具实用性。

五、责任担当

社会责任即对整个社会的良性发展需要承担的责任，包含道德责任、法律责任、经济责任、可持续发展责任等。社会责任又可分为“积极责任”和“消极责任”。积极责任也叫作预期的社会责任，它要求个体采取积极行动，促成有利于社会的结果产生或防止坏的结果产生。消极责任或者过去责任、法律责任，则只是在个体的行为对社会产生有害后果时，要求予以补救。

现代社会，随着我国各项事业的突飞猛进，需要大量的调研报告去了解、掌握社会发展变化情况。调研报告作为社会信息的主体，承担了“追求对社会有利的长期目标”的责任，要为社会管理的决策提供依据。如果歪曲事实、谎报真情，或发表消极言论、不当言论等，将会给社会管理的决策带来失误，最后可能会造成不可挽回的损失，应尽量避免。

第五节　调研报告的结构

调研报告的结构是调研报告内容的有序构成，每一部分结构都像是人体的器官，不仅至关重要而且缺一不可。因此掌握调研报告的结构，对形成一份合格的调研报告十分重要。

调研报告每篇在15000字以内，基本结构存在共性，可分为前篇、正文和附录3大部分，具体包括：标题、署名、关键词、摘要、引言、调研设计、主体、调研结果及其分析、结尾、结论、参考文献、注释、附录。下面会对其进行详细的描述。如图6－4。

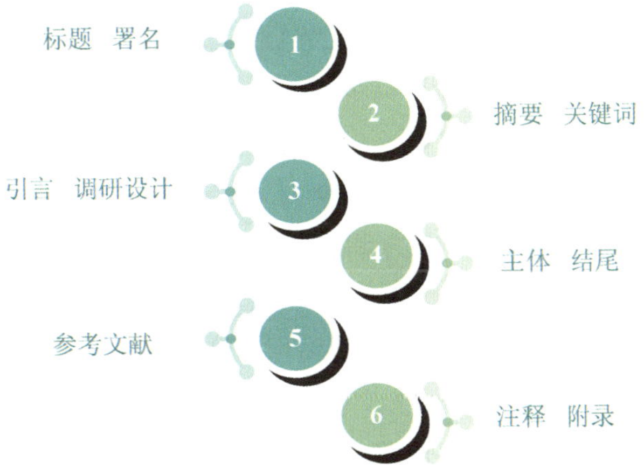

图6－4 调研报告的结构

一、前篇部分

1. 标 题

标题，即调研报告的题目，是调研报告的“眼睛”。眼睛是心灵的窗户，透过它可以看出调研报告的主题，揭示报告内容。“题好一半文”，因此标题应尽量准确、简明、新颖，概括地表达报告主题。好的标题可以吸引读者的注意，使阅读者产生深刻的第一印象。

标题的写法变化多端，总结起来可分为规范化和自由式两大类。其中规范化标题所应用的形式多为“关于……的调查报告”“……调查”等。这种标题言简意赅、对象明确，但形式古板，无法吸引读者的目光。而自由式标题又分为陈述式、提问式和正副标题式三种，形式多样，更为新颖。

其中，陈述式如《安徽省潜山县新型农村合作医疗试点状况调研报告》，直接地交代了报告的范围、对象和主题，表现突出；而提问式标题，例如《为什么大学毕业生择业倾向沿海和京津地区》，用问句吸引读者的眼球，引发读者的深思，唤起读者求知欲；而正副标题式如《从脚下，到远方——转型时期进城务工青年生存现状与发展调研报告》，文字更具有艺术化效果，富含深刻寓意。

2. 署　名

署名，个人署名时应使用作者的真名，也可以集体署名。如果是以团体作者执笔时，应写明全称，并标明日期，日期一般是报告定稿的时间。一般放在正文右下方，当需公开发表时应写于标题下。

3. 摘　要

摘要可以看作是对调研报告的一次“日程总结”。要求对报告的内容进行准确、精炼和简洁的概括。作为梗概，需要围绕以下三方面进行概括。

首先，简短地归纳调查目的，描述调查的原因。其次，提出调查的对象和内容，包括调查时间、地点、对象、范围、调查要点及需要面临的所有挑战。最后，详细介绍调查研究所使用的方法，提高调查结果的可行度，并说明选用该方法的原因，一般不超过 300 字。

如第十二届“挑战杯”竞赛作品，《唐海县土地增量带存量的新型统筹城乡发展模式研究》摘要：

本文运用对唐海县各部门访谈等实地调研方法，对唐海县推动统筹城乡发展的实践做法——即劳动力就业与社会保障、土地流转和集约使用及合理运用资金要素进行了调查和总结，提出了以土地增量带存量的唐海县统筹城乡发展模式，并分析了该模式的创新性、适用性及面临的挑战，旨在对河北省统筹城乡发展起到示范借鉴作用。

“运用对唐海县各部门访谈等实地调研方法”，开头第一句话点明调研地点与调查方法。“对唐海县推动统筹城乡发展的实践做法——即劳动力就业与社会保障、土地流转和集约使用及合理运用资金要素进行了调查和总结”，介绍调研对象。“提出了以土地增量带存量的唐海县统筹城乡发展模式，并分析了该模式的创新性、适用性及面临的挑战，旨在对河北省统筹城乡发展起到示范借鉴作用”，对文章内容进行总结，点明主题。这篇摘要的整体语言简洁而精练，调查背景、对象、地点、范围等描述十分具体而明确。

4. 关键词

关键词，即表明报告主旨方向的词或词组，要求含有一定的检索意义，数目以 3～6 个为宜。可以采用低碳环保、意识、行为等代表性词。如图 6－5。

二、正文部分

正文是调研报告的主要部分（如图 6－6），在报告中担任“心脏”这一角色，心脏是维持人体正常生活的引擎。若报告没有正文，这颗心脏就会是满纸空言，报

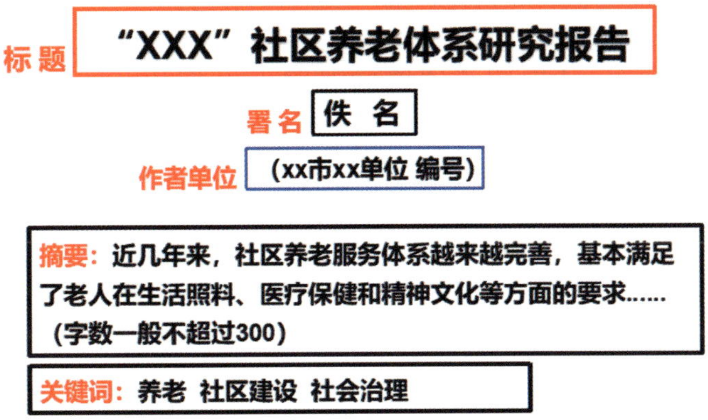

图 6－5 调研报告的引文部分示例

告整体面临“瘫痪”。

报告的这颗“心脏”主要包括引言、主体、结尾和落款四个部分。正文根据研究报告的主题和文章的布局结构，文本应显示研究数据及其定量和定性分析结果。

此部分直接决定着调研报告的质量高低和影响大小，因此是报告撰写者最着力、最花精力和时间撰写的部分。

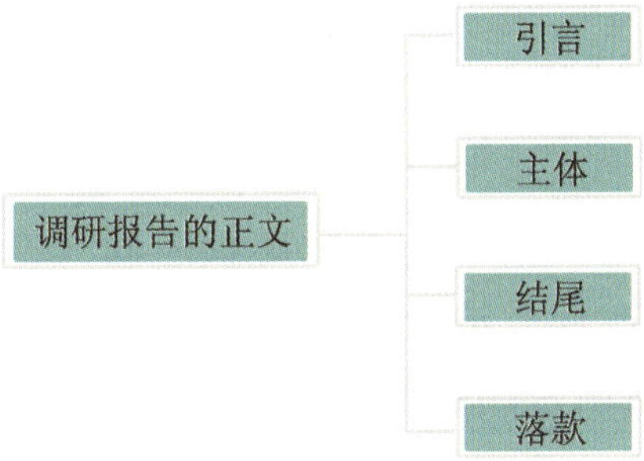

图 6－6 调研报告的正文

下文对该部分进行详细介绍。

1. 引 言

引言，即调研报告的前言，是调研报告的另一重要结构，介绍调研的缘起。读者可以了解调查概况，包括有关调查目的的陈述，引言中可提供必要的背景信息，为读者阅读全文打下基础。

需要注意的是，在书写时可以从读者立场进行思考，该报告对我有何影响？可读性如何？因此，在撰写时要求简洁明了，直奔主题。可以围绕调研的问题、调研的背景、目的、假设及意义进行详细描述。

调研背景起总领和引导的作用。主要介绍课题选题是在怎样的一个大环境下提出来的，对课题进行调研的原因以及近几年的热点话题。并从中引出中心问题或基本结论，以体现课题调研的现实意义。一般从宏观、中观、微观三个层面来考虑。

宏观层面即从国家新战略（计划、政策等）、时代新思路（新目标）、发展新趋势（新动态）等角度阐述。说明课题有哪些政策支持，可行性和政府扶持力度如何。

中观层面即从社会有需求、研究有必要的角度来考虑。说明课题的当前相关情况，指出课题有哪些值得思考的话题，或面临哪些挑战，或该领域的新突破，或更值得挖掘的思考方向等，从而阐述课题研究的需求性和必要性。微观层面即从本省、市、县、校的实际等与课题直接相关的角度来分析。如针对贫困县和当地特色、特产等进行思考，指出课题具有地方特色性。

以作品《市场营销专业学生就业意向调研及对策》为例：

本文以市场营销专业大学生的就业倾向为研究目标，通过实地调研、发放问卷等方式，对市场营销专业大学生的就业意向、就业期望、就业途径、就业态度和就业准备等心理倾向进行了调查，并制订出合理的对策和方法，从而更好地帮助其就业。

其中就业工作是一项民生工程，即为研究背景之宏观部分。就业工作受到社会关注，是构建和谐社会的一项重要措施，即为研究背景之中观部分。而就业工作是高校健康、协调、稳步发展的必要条件，即为研究背景之微观层面。

在书写研究背景的时候要做到以下四点：一是行文的分层与分段应明确，可以于段首添加中心句；二是对于各层之间的描述，要按照合理的逻辑相互衔接，一方面避免不同层次反复叙述同一意思，另一方面避免太过凌乱让读者一头雾水；三是在最后进行总结，以能指出本课题研究的特征优势和亮点为关键，点明研究意义；四是用通俗的语言进行描述，不要运用过多的专业性术语，以免读者难以理解。

引言部分究竟如何写，总的来说要根据调研报告的目的、种类、正文的篇幅与所用的材料等情况做出不同的安排。具体写作的方法有下面几种可供选择。如图 6－7。

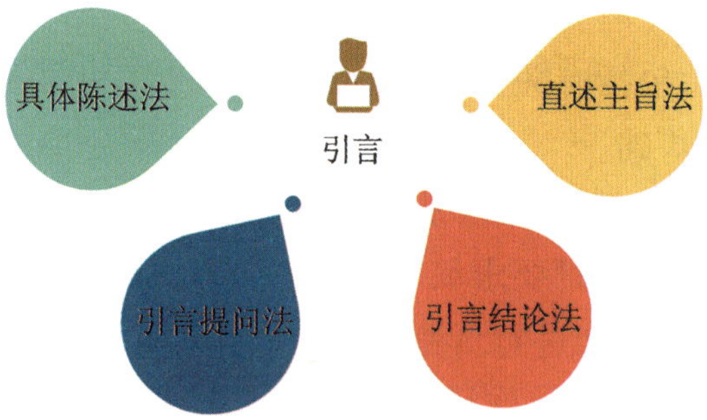

图 6－7　引言的写作方法

（1）具体陈述法

此方法常见于理论研究型的调研报告。指在引言中重点说明调查研究的时间、地点、对象界定、调查过程与方法等具体调查情况。此写法可使读者对调查研究者的工作条件和被调查者的情况以及调查过程中的具体情况有清楚的了解，从而有助于阅读和理解正文部分的内容。以某校为例，据统计，该校在 2007 年暑假全校共有 100 支队伍、3000 名学生参加“三下乡”社会实践活动。这种陈述方式简明而直接。

（2）引言提问法

此方法是在引言开头就提出设问句，接着对设问做出解释和说明。在开头设问，能引起读者注意，从而促使读者带着疑问往下看，主动跟随撰写者的脚步去探索未知。

以《煤电自主定价分歧缘何更大》为例：

政府取消了价格干预，煤电的重点大合同却一单也没签成。其背后到底是价格博弈的自然过程，还是某些行业依然习惯于依赖政府？

引言部分首先提出了“政府取消了价格干预，煤电的重大合同一单也没有签”，介绍了政府相关政策和报告背景。随后“其背后到底是价格博弈的自然过程，还是某些行业依然习惯于依赖政府？”提出煤电价格这一问题、设置悬念，不做正面回答。随着报告的延伸，逐渐揭开问题的神秘面纱，从而在一定程度上满足读者探索欲。此法一般用于总结经验或揭露存在一定分歧的问题的具体调研结论。

（3）结论前置法

此方法是指在引言开头摆出调查研究的结果，然后概述结论的主要依据，再一层层展开论述。

如《中医药治疗艾滋病调查》：“医学界倍感头痛的艾滋病，中医却提供了一种具有优势的治疗选择。在河南，一项涉及 1792 例病人的中医药治疗艾滋病项目实施两年来，成果颇丰。”

引言所述“医学界倍感头痛的艾滋病，中医却提供了一种具有优势的治疗选择”，首先提出中医治疗艾滋病具有优势这一结论，随后提出“在河南，一项涉及 1792 例病人的中医治疗艾滋病项目实施两年来，成果颇丰”，围绕中医治疗艾滋病具有优势这一结论，进行详细描述。此方法常用于一些考察型调研报告。

（4）直述主旨法

此方法是指在引言中着重说明调研课题的主要宗旨。即将调查研究者进行调查研究的目的、意图等基本精神，在引言中多费点笔墨直述清楚。这使读者从开始阅读就能把握调研报告的主要目的和基本精神。此方法可用于各种类型的调研报告。

调研报告的引言就是简明扼要地对调查该问题（工作、事件、人物）的具体原因，调查的地点、范围、过程和方法，以及调查对象的基本情况，历史背景和结论进行阐述。

这些角度是作者依据调查的目标细化的，不需要全面，但是通常需要围绕主题并为调研报告的主体撰写做准备，文字应简明扼要。

2. 调研设计

在确定调研主题后，各撰稿人应根据调查对象、调研目的和范围，选择恰当的调研方法，进行调研设计，保证调研活动的顺利进行。

调研设计的描述主要涵盖三个方面。

第一，介绍研究方法和研究思路。常见的调研方法有：典型调查法、抽样调查法、问卷调查法、访谈法等（详细描述请见第四章）。

第二，介绍研究对象和样本。研究对象和样本是如何确定的，对样本的取样方法、数量、条件做必要解释，并确保取样方法有据可依，以及样本容量的适度性和代表性。

介绍资料收集方法。要说明主要研究变量有哪些？这些变量是由哪些指标来进行测量的，说明资料的收集过程、研究工具及分析的方法。用科学的方法进行调研，使调研所得出的事实、数据及引用的资料具有一定的真实性和说服力。

以问卷调研法为例，其内容应包括：

调研的对象及其取样；

调查方法的选取；

相关因素和无关因素的控制；

操作程序与方法；

操作性概念的界定；

调研结果的统计方法。

例：调查时间：××××-4-1—××××-4-10；

调查地点：×××校区；

调查人：×××；

调查负责人：×××；

调查对象：×××大学大一、大二学生的情况及分布；

调查方法：随机抽样调查；

调查分工：问卷由×××设计，全体成员讨论确定；

文字整理：×××。

3. 主　体

这是研究报告的支柱和核心，是引文的扩展，也是结论的基础。这部分的根本在于描述事实、收获、经验和教训，介绍调查的主要内容，以及这样安排的具体原因。

主体应包括若干材料，如：人物、事件、问题、具体做法、困难和障碍等，抑或更多的内容。因此，应仔细部署好调研报告的材料安排，构建完善的结构并有逻辑地表明主旨。

(1) 主体的结构

调研报告中对调查数据的描述和议论都在主体部分，是充分论证主题的重要部分。无论采用哪种结构，研究报告的主体都应井井有条，有主有次，相互联系，明确定义，深入探究，从而更好地表述主题。主体包含了从调查中获得的事实和相关材料，以及调研过程中进行的分析或综合整理，并解释了调查的结果和结论。主体的结构主要有以下几点。如图 6-8。

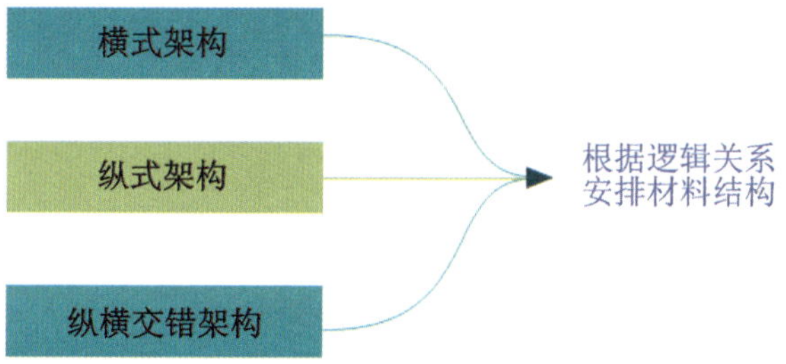

图 6-8　根据逻辑关系安排材料结构

1) 根据逻辑关系安排材料的结构

在横式架构、纵式架构、纵横交错架构这 3 种结构中，以横式架构和纵式架构常为人们采用。

● **横式架构**

横式架构是根据表达的需要，从几个方面并列地反映主题观点。它所反映的是一种倾向和状况，即针对调查的内容，予以概括剖析，牢牢围绕主题，依照各不相同的类型区别总结为多个问题来写，每一个标题都可加上若干个小标题，每一个问题里往往还有若干个小问题。这类结构方式形式简洁，中心突出，条理清晰，说服力较强，适用于具有典型经验性质的调研报告。

以《乡镇改革：攻坚之难》为例：

本文首先阐述了乡镇政府的权力构造问题：一体性机构、一元化权力、内部单位“半盘活棋”、垂直单位“一盘死棋”。其次分析了乡镇政府的问责方向问题：来自县市的问责安排；乡镇内部的问责安排；问责体系的重心。接着指出了乡镇政府的应酬活动问题，从会议、文件、汇报、接待等方面进行了具体分析。最后说明了乡镇政府的村级管理问题：乡镇对村干部的管理；乡镇对村财务的掌控；乡镇的管片和包村制度等。

该例按不同类别将问题归纳为乡镇改革滞后的现状问题，有关乡镇政府运行机制问题。其中运行机制问题又分为权力结构、问责方向，应酬活动、村级管理、公共服务等多个问题，在结尾点出乡镇改革不能只改乡镇，突出了有关乡镇改革的艰难。

● **纵式架构**

纵式架构是根据事情或事实发生、发展的时间顺序来安排正文的叙述内容。它反映的是一个具体事件，按调查事项的缘由，进展和结局等事情发展的先后顺序开展阐述和讨论。此类架构布局容易说明事情的来龙去脉，有利于读者了解事情或事实发生、发展的全过程，也有利于读者对事情的进展与过程有更深层次和整体的解读。

以《又一支异军在突起——改革开放以来私营经济的再生与发展》为例：

本文分析了改革开放以来私营经济的再生与发展情况。文章首先分析了私营经济再生的历史前提和市场基础，私营经济再生是中共十一届三中全会以来实行改革开放政策的结果。然后分析了私营经济的发展过程和发展特点，私营经济重新产生以后，数量由少到多，规模不断扩大，经历了一个逐步发展的过程。按照逻辑顺序把这个发展过程和发展状况描述清楚，把私营经济发展过程中几个带规律性的特点描述清楚，将有助于我们加深对社会主义初级阶段中私营经济和私营企业主群体的认识，从而准确地把握我国经济社会结构变迁的基本规律。

首先提出私营经济再生的历史前提和市场基础，随后介绍其发展过程，将私营经济的发展分“萌生、起步—曲折发展—高速增长”三个阶段，最后论述私营经济的发展现状及其特点，让读者了解了私营经济发生、发展的全过程。大多具备综合性质的调研报告采取此种架构。

● **纵横交错架构**

纵横交错架构是交错使用以上两种架构，兼有纵式和横式两种特点，纵横交错配合，构建安排材料。纵横交错架构兼具了上述两种架构的优点，既能纵向表现事情或事实的来龙去脉，又能按问题的性质展开分类深入论述。

因此，一般情况下比较大型的研究报告多采取此架构。不过在纵横交错架构中，有的是以纵为主，纵中有横；有的是以横为主、横中有纵。这两种架构的选用，要酌情而定。调研报告的问题分析部分，无论应用何种结构方式，都应尽力做到前后有序，层次分明，详略得当，紧密配合，层层递进，为更好地表达主题服务。

以纵为主、纵中有横。以《当代中国的五次社会流动》为例，其内容整体上是按历史发展的顺序，纵向叙述中国社会流动的发展，随后又把中国社会流动发展分为五个阶段，即中国社会阶级阶层关系的重塑、多维二元身份体系的结构、社会流动的失序、社会分化与流动模式的转换、新的社会阶层结构的初步形成。各个阶段又通过提出若干个小问题对社会流动的发展进行横向叙述。

以横为主,横中有纵。以《中国国情丛书——百县市经济社会追踪调查·孝感卷:"小马"改革之道》为例,调查报告从整体上分为6篇:概述、经济、社会结构、社会事业、政治、建设和环境,按类别细分为33章进行横式排列。但在每一篇每一章中按照1993年到2003年的时间发展顺序对改革情况做了纵向叙述。

2)按照内容表达的层次组成的结构

①"情况—成果—问题—建议"式结构,多用于反映基本情况的调查报告,如《文化产业创建调查与思考》。

②"成果—具体做法—经验"式结构,多用于介绍经验的调查报告,如《深化创建文化产业工作的有益探索》。

③"问题—原因—意见或建议"式结构,多用于揭露问题的调查报告,如《公路集市路段路政管理的现状与对策》。

④"事件过程—事件性质结论—处理意见"式结构,多用于揭示案件是非的调查报告。

如图6-9。

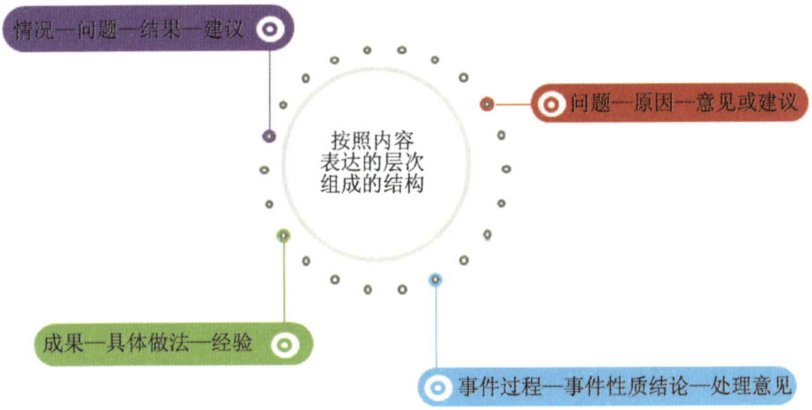

图6-9 按照内容表达的层次组成的结构

(2)主体的具体构成

1)调研结果

调研结果及其分析为调研报告的主体部分。在材料上,要求与现实相统一。在数据与语言上,要求将科学与通俗相结合。在分析和讨论上,要求实事求是,避免主观臆断。其内容包括:采取多种方法表明调研成果(如图、表等);描述统计的显著性水平差异;分析结果。

2）现状分析

对数据材料进行整理、加工，形成有条理、逻辑清晰的现状分析是研究报告的关键。要求实际和资料要统一，科学性与通俗性相结合，辨析探讨符合实际，杜绝主观猜测。应从调研目标横向层次的呈现、用途及影响，到纵向层次的历史沿革、进展和近况进行描述，以图、表等不同形式表现调研结果，以翔实的数据或案例做支撑，如果有需要可以描述统计的显著性水平差异。

在分析研究时，可采取定性与定量分析相结合的形式。实证主义是定量分析的理论基石。利用详尽的数字来阐明问题，表明事物的情状及特性。对于定量资料应尽量选取准确数据，用图表的方法把获得的数据展现出来。还可以采用多种统计方法进行分析。

定性分析是就事物的性质、特点、走向进行辨析探索，并于其中得出规律性的认知与推断。用文字直接表达的定性资料，可以列举典型事例和一些理论观点。在应用定量分析时，也能够综合应用概括、推演、比较、阐述等方法进行定性分析，使理论与现实相融合，宏观与微观相融合。站在一定的理论高度周详、辩证地分析数据，防止片面性，使分析系统化、条理化，在此基础上获得正确的结论。

3）问题及成因分析

问题及成因分析是指从维度和深度对事件进行研究的经过。即从不同维度对问题进行分解细化，再对每一个分支深入探索和领悟，以此反复，层层深化。整个经过可以理解成以顶点为开端架构而成的金字塔，自开始的一点，逐渐向下拓宽。每一层的面积就越来越大，包含的实质就越细且越广，由此做到详细而不重复。

在解决和分析问题时，常存在三个误区：一是妄下结论；二是错误定义问题；三是盲目行动。事实上，对于问题来说，整个结构犹如冰山，可以分解为现象、问题、远因、近因四个层次。浮在水面的被称为现象，是人们可以感知和测量的问题。往往人们只观察到事实的表面（浮出水面的一角），却忽视了事实产生的缘由，然而这才是事件发生的最主要部分。

如何找出问题点？这通常需要分两步进行。一是掌握现状，涵盖提取、澄清、分析问题、探索原因要点和了解问题趋向；二是进行原因调查，主要是识别或确认直接原因，逐渐探讨出本质原因。

因此，对于调查得来的数据，拟稿人应进行谨慎鉴别和深远详尽的剖析探索，详尽系统地阐述和辨析事件的表现和由来。同时更应做到透过表象看实际，从一定的理论高度来提取观点，提升领悟，反映事物的变化规律。

在具体撰写过程中，可以按照以下六步进行。

第一，State——陈述问题。要明晰陈述问题的特点，以一个主导性的问题或假设，具体不笼统地进行表述。

第二，Resolve——分解问题。将问题分为几个部分，与前文所述的现状分析紧密联系，不同问题可按主次划分，并与后文的对策建议相互对应，从而协助重点使用组织框架及理论。

第三，Delete——去掉所有非关键问题。突出行文重点，不至于毫无章法地全部罗列。

第四，Analyze——进行关键分析。以基于事实的解决实际问题为导向，尽可能地简化分析，寻找突破性观点。

第五，Synthesize——综合分析调查结果，并建立论证。根据行文结构选择相应的论证方式，如情况—复杂性—解决方法结构或金字塔结构等。

第六，Describe——讲述来龙去脉，在报告中将数据及论证联系起来。

4）对策与建议

调查研究的根本目的是了解基线情况，从而解决问题。对基线情况进行针对性分析，并提出行之有效的措施，这正是一篇调研报告的价值所在。对策建议应满足以下要求。

① 针对性：需对调研的基线情况和接下来面对的挑战做出针对性分析并提出行之有效的措施。做到问题与对策一一对应，避免提出假大空的对策建议，与实际问题脱节。

② 可操作性：要立足国情、省情，围绕工作中心，联系工作实际。所提的对策措施能对政府的工作起到推进作用，具体的政策措施和管理办法要具有一定的可实行性。

③ 结构严密：观点要具体充实、明确真实，论证结构完善、逻辑严密，语言流畅且具有说服力。用准确的语言概括整合数据材料，言之有物、言之成理，通过深化、细化、具体化来充实完善对策建议。掌握提取加工、谋篇布局的技法，学会整顿架构材料，掌握上下文的衔接。牢牢结合实际数据并针对问题的解决提出措施，撰写既有真实证据又有实际指导意义的调研报告。

4. 结　尾

最后就是研究报告的结尾，这是研究报告的精髓。结尾写得好，整个报告就会令人深刻。许多读者在阅读报告之前，都会通过先阅读结尾，决定是否继续阅读。一个好的结尾，文笔应简明扼要，措辞应谨慎、严谨、合乎逻辑。本部分是根据前文的陈述和案例的分析，自然而然得出总结的过程，主要包括五种形式：

（1）概括式结尾

综合说明调查报告的主要观点。总结典型经验的调研报告常用此种方式结尾。

以《邯郸市推进行政权力公开透明运行情况调查》结束语为例：

总之，邯郸市以公开透明为主线，遵循依法、规范、高效、便民原则，按照系统工程思路，运用信息技术方法，突出关键环节，统筹谋划推进行政权力公开透明运行。

直接点题，用一句话概括了报告得出的邯郸市调查结果。“邯郸市的实践对加快行政管理体制改革，加强党风廉政建设等，都具有一定的借鉴意义。”再用一句话说明了此次调研的意义所在，直截了当，表达明确，是一个典型的概括式结尾。

(2) 分析式结尾

在对真实资料进行深入细致的科学分析的基础上，得出报告结论。可参考以下描述，“此研究累计发放问卷63份，问卷填写率高达100%。”先用实际数据表明此次研究的概况，随后介绍到，“此次调研主要针对我校各专业各年级的大学生，对问卷原始数据进行归类后，经相关统计手段，可计算百分比进行分析”。对调查所得出的数据进行总结分析，从而揭示某一个现象的普遍性等。

(3) 建议式结尾

通过分析，形成对事物的看法，在此基础上，提出建议或可行性方案。调研解决了什么问题，现在仍有哪些问题未得到解决，通过此次调研的结果证实了哪些问题，有无证实之前的猜想，对接下来需要研究的问题有无可指导方向。

以《大力发展农产品加工》的结束语为例：

我们要全面落实科学发展观，把发展农产品加工业放在更加突出的位置上、继续推进优质粮食、优质畜产品生产与加工基地建设，不断提高农产品加企业的技术装备水平，增强产品开发和科技创新能力……

以大量充实有用的建议进行结尾。

(4) 问题式结尾

针对部分新生产品的调研，更多地抛出可探究性问题作为结尾，说明有待于今后研究解决。

以《应试教育弊端在大学暴露》的提问式结束语为例：

教育改革是一场需要扬弃的变革。在到底应该扬什么、弃什么的问题……

以提出一个有力的问题为结尾，更有助于引起有关方面的重视，以所提出的问题为着眼点进行总结。

三、附件部分

1. 参考文献

参考文献，即在学术研究过程中，对某一著作或论文的整体进行了参考或借鉴。参考文献通常置于正文末，具体著录格式参考第七章第三节参考文献相关内容。

2. 注　释

篇名和作者置于篇首页地脚处。对正文中的一些特定内容，如专业名词、相关理论、事件背景等进行解释，以帮助读者理解。

报告将具有特定内容的注释置于页面下方（脚注），根据在报告中先后出现的次序，用1，2，3……每页单独排序。

3. 附　录

附录是调研报告的附加部分，主要起到佐证和辅助的作用。有无此部分，要看是否有正文中不宜说或没有说到而需要补充说明情况的问题。该部分一般有：调查问卷、采用行动调研的有关证明文件、抽样名单、地址表、地图、统计检验计算结果、表格、制图、有关调查统计图表的注释和说明，有关材料的出处，参考文献等。可以起到让读者对研究增进了解的作用。

第六节　调研报告的蜕变

人们从呱呱坠地到牙牙学语，从羽毛未丰到羽翼丰满，需要经历一个漫长的“成长蜕变”过程。而一份完整的高质量调研报告的形成，也需要经历确立主题，取舍材料，拟定提纲，撰写报告，修改报告这5个阶段的不断蜕变。

现将这5个阶段的有关写作方法做如下说明。如图6－10。

图6－10　调研报告的蜕变

一、精炼选题

选题是一篇高质量调研报告的“灵魂”，发挥统领整篇调研报告的作用。一个好的调研报告主题直接决定了这篇调查报告的价值和作用，能充分引起人们的重视，引起强烈的社会反响，对写作的成败有着关键性意义。

例如在《建设新农村 重点在抓村》这篇报告中，其原题为《村与新农村建设中生产发展的思考》，原标题读起来别扭、拗口，句子不通，存在语病，但原文的内容新颖、深刻，编者不舍得放弃。于是着重在主题提炼上狠下功夫，最终由编者成功改写，并得到评委的认同，产生了较好影响。因此，必须精心提炼选题和确立主题。关于主题的确立，方法有两种。

1. 考虑课题的大背景

首先我们要注意报告的大背景，比如政策，近几年群众最为关心的热点、难点、疑点话题。

以《建设新农村 重点在抓村》为例，党的十六届五中全会提出建设社会主义新农村，重点解决“三农”问题，在这样一个大背景下，“建设新农村，重点在抓村”无疑就是一个热点话题，新颖而深刻，文章的等级就得到了提高。

再如《农民种粮积极性越高 越要注重抓好粮食生产》，这一文的主题，正是当时一次全国农村工作会议上讨论的热点问题，所以立刻被批示在重要的报刊发表，影响也十分广泛。因此，在确定主题时，应该优先考虑这一点，最好能在报告的标题、导语、前言有所体现。

2. 按分析结果重新确立

一般情况下，前述要与调研报告保持一致。然而，有时会出现以下情况：经过调查研究分析，发现原定主题价值不大，或者不贴近、不恰当、需要做些调整等；经过调查收集的资料很丰富，分析所涉及的面很宽，用一篇调研报告概括不了，需要分几篇来写，原定主题需划分缩小；在调查收集的资料中，与原定主题相关的资料不理想，而一些资料尽管与原定主题相去甚远，但是有价值。

在这些情况下，就不能要求撰写调研报告的主题与原定主题保持一致。而可以酌情按照实际调查研究的资料和分析的结果重新提炼，确立新的主题。

二、梳理材料

材料是调研报告的血肉。在调研文章中，事实材料不足的情况大概有三种。

一是空有骨架没有内容，标题层层递进，排比句使用得当，整齐划一，形式美观，但没有充分的材料，就是一副躯壳；二是有观点，没有方案，例如“促进救助管理工作健康发展”“为构建城市和谐做出积极贡献”，这样的口号通篇十几条，却没有一个具体措施、具体方案，没有实用性；三是有事件名称却没有事实情况，许多已经写出了事件的名称，却没有介绍事件的要素，没有参考意义。

调研报告所用的材料与调查研究的资料有别，调查研究资料很多，不可能都写进调研报告，必须经过一番取舍，避免材料与标题不符，成为“空中楼阁”。进行取舍材料时特别要注意避免四类问题：一是主题和材料不符；二是材料太少，不够充分，无法点明主题；三是过分堆砌材料，只是单纯地累积材料，但未从材料中体现出主题，缺少剖析与挖掘；四是语言表述不当。如何进行取舍工作，有如下一些方法。

1. 精选调查本质材料

并不是与主题有关的材料就都能揭示调查对象的本质特征，或都能作为论证主要论点的有力证据，只有少数的材料具有这种作用。因此，在收集的与主题有关的材料中，还要进一步精心选择能揭示调查对象本质的材料，从而有力地论证报告中的主要观点。

2. 凸显主题取舍材料

为了集中突出主题或使论证主题有扎实的依据，就需要针对主题选取与舍弃。也就是在选取与主题有关的材料的同时，要舍得放弃与主题没有太大关系的材料，即使与主题有关的材料，如果雷同或者关系不大也要勇于放弃。

3. 整合统计数据材料

由于在统计分析的时候，对调查的数字资料进行了数据处理和分析，各数据能反映什么、说明什么，已做出了鉴别和分类。因此，与统计分析联系起来选择数据材料，才能保证准确无误。特别是一些大型的调查研究课题，往往交给统计分析专业的工作人员。撰写调研报告就更应与其加强联系，才有利于数据材料的正确选择。

4. 酌情选择对比材料

为了从不同方面或不同角度揭示调查对象的不同特征，或从不同方面或不同角度说明同一问题，还需要酌情选择能揭示不同特征和说明同一问题的对比材料。如选择今昔、新旧、好坏、正反、先进与落后等对比材料，将有助于更深刻、更透彻地揭示调查对象的不同特征，也将有利于更鲜明、更生动地说明同一问题。

三、清晰架构

在确定主题和取舍材料后，应对调研报告的写作提纲进行整理。写作提纲是构思调研报告的“骨架”，有了写作提纲，在撰写中才能条理分明地完整表达确立的主题。一个好的提纲就像设计图纸，开挖沟渠，水到渠成，顺理成章。

因此，拟定写作提纲的任务是理顺思路、弄清联系、构建架构、写出纲目。写出的提纲纲目一般有两种形式。

1. 条目形式

条目形式就是从层次上列出调研报告的章、节、目。条目形式比较简明扼要，让人一目了然，但不够具体，案例如下。

一、前言概述【第一节】

调研课题【第一目】

调研目的【第二目】

二、选题背景【第二节】

三、调查实施方案、计划【第三节】

2. 观点形式

此形式是在条目形式的基础上，按章、节、目列出所要叙述的具体观点。此形式比较具体、明确，但不能让人一目了然，写起来也比较费力，相关案例如下。

前言概述【第一节】

（一）调研课题【第一目】：乡村教育助学金的可行性与可持续性——以四川省凉山州盐源县盖租乡为例。【具体观点】

（二）调研目的【第二目】：考察助学金计划的可行性与可持续性，能否支持更多大山里的孩子接受教育，完成学业。【具体观点】

（三）调研对象【第三目】：当地的公益组织、学校（以中学为主）、孩子（受资助与未受资助的）、孩子的家长、其他村民。【具体观点】

（四）调研内容【第四目】：①现有助学金的发放情况；②现有乡村助学金发展的不足；③助学金的可行性与可持续性。【具体观点】

（五）调研方式【第五目】：运用文献研究法、问卷法、访谈法等社会研究方法进行研究。【具体观点】

拟定提纲的顺序，一般是在理顺思路之后做粗线条的勾化，搭建大框架，然后再逐渐充实细部纲目。

四、润色语言

调研语言对调研文章的质量影响非常大，有的文风出彩，文从字顺，让人眼前一新。而有的报告，毛病较多，词不达意，病句连篇，导致调研文章质量“两极分化”。

具体表现有三。一是语句冗长，有些报告，采用大段空话套话。如一篇报告中写到“新时期统一战线”，全文 3000 多字，对各人物事迹进行论述，却没有列出一件具体工作。板块清楚，但空话套话占比太多。二是病句连篇，报告的基本要求为句子通顺，叙述清楚。例如：“近年来，我国加快了农村教育发展的速度和规模。”这个句子就很有问题。只能是加快速度，怎么能加快规模呢。三是语无伦次，有报告写到“四季问安”，但却未解释，何为“四季问安”。读者看得云里雾里，等到后文才介绍，叙事顺序十分混乱。

对此，对报告进行语言的润色，需从以下两方面考虑。

1. 语言表达

调研报告的语言要求准确、简洁、朴实、生动形象。要避免用语含糊不清，不使用双关术语、浮而不实的辞藻。准确：陈述事实真实可靠，数据引用准确无误，注意把握分寸，不可任意褒贬。简洁：开门见山，避免琐碎论述。朴实：语言通俗易懂，不用深奥的专业术语，避免过于夸张和奇特的比喻。生动形象：可以适当使用通俗比喻，但不要使用方言俚语。在人称上以尽量用第三人称、被动语态为宜。如据调查表明，相关数据显示等。

2. 叙述方式

想要写好一份调研报告，必然离不开语言。想要吸引读者，可以从表达方式上入手，调研报告主要运用叙述这一手法。叙述有概叙、顺叙、详叙、倒叙等方式，可酌情交替使用，不要从头到尾都是平铺直叙。概叙：精心概括。详叙：重点突出，细致叙述。顺叙：首尾分明，脉络清楚。倒叙：突出结局，引起注意。

现在的调研报告有着千篇一律的问题，在语言表达风格上，多单用顺叙这一手法。虽然逻辑更为清晰，介绍更为详细，但较为单一和普遍，容易使读者丧失阅读兴趣。可以多采用倒叙或插叙与顺叙相结合的方法，在格局上进行创新。

五、校对文稿

调研报告的修改是必不可少的阶段，是提高调查研究报告质量的有效措施。修改调研报告的过程是调查、修正、补充的过程。

1. 对调研报告的内容进行校对

是否已经具备了社会调查的基本要素：明确的调查目的、具有社会意义的调查对象、科学的调查方法、实际的调查效果。是否全文语句通顺、用词贴切、分段合理。应对报告的主题、材料、结构、语言文字和标点符号进行仔细检查。

2. 对调研报告的语言进行校对

适当运用材料，并进行剖析，避免大量篇幅材料堆积。调查报告的语言应将记叙、描写、议论、说明等多种表达方式相互融合，以夹叙夹议、层层深入，引人入胜者为优。用对比材料阐明观点，能把问题说得具体深刻。

3. 对调研报告的观点材料进行校对

在调查中既要检查观点是否正确，表达是否准确畅通，材料是否合理翔实，又要从全篇检查是否符合主题和课题的目的要求。

4. 对调研报告进行修正

在修正中，不仅要对字、句的错、漏和矛盾进行修正，还要对检查出来的不正确、不准确、不合适、不合理的内容安排做出修正。

5. 对调研报告进行补充

在补充中，主要是对欠缺的、不充分的、不完全的材料和论述加以补充。

附录 5

“挑战杯”全国大学生课外学术科技作品竞赛作品格式要求

一、基本情况

（一）作品标题

（二）摘要、关键词

二、文字格式

（一）字体：宋体

（二）字号

1. 标题：二号，粗体。

2. 作者：三号，粗体。

3. 一级标题：三号，粗体。

二级标题：四号，粗体。

三级标题：小四号，粗体。

四级标题：五号，粗体。

4. 正文：五号。

（三）行距：单倍行距

三、版面格式

（一）页眉设置

内容为：第×届“挑战杯”××大学生课外学术科技作品竞赛参赛作品；字体为：小五号；居中。

（二）页面设置

1. 页边距：上：2.5 厘米；下：2.5 厘米；

左：3 厘米；右：3 厘米；装订线：0 厘米。

2. 页眉：1.5 厘米。

页脚：1.5 厘米。

3. 纸型：A4，纵向。

（三）插入页码

位置：页面底端。

对齐方式：外侧。

（四）注释

采用尾注，自定义标记为 [1]，[2]，[3]……

注：专著为［M］，报纸为［N］，期刊文章为［J］，论文集为［C］，学位论文为［D］，报告为［R］，标准为［S］，专利为［P］。

（五）参考文献

格式同上，先中文后英文；中文按姓名的拼音排序，英文按姓名的字母排序。

四、其他问题

其他未列出的问题请参见新闻出版署发布的《中国学术期刊（光盘版）检索与评价数据规范》。

第七章　妙笔生花——论文撰写发表

学术论文对于“挑战杯”竞赛也很重要，可以是调研报告的延伸，是一种升华，也可以单独作为一个类别进行申报参赛。不同的学者有不同的写作风格，但相同的是需要形成一定学术体系和严格遵循学术规范。如何在遵循学术规范的前提下，妙笔生花，展现作者独特的学术观点，形成独树一帜的风格是本章阐释的重点内容。

本章主要讲述了学术论文的含义、分类、结构以及思维方法，阐述了学术论文的写作准备，分析了学术论文撰写的 8 个主要构成要素，理清了论文的提升路径以及投稿与发表的方式和方法，突出了学术论文道德的重要性以及违反学术道德的危害。

第一节　学术论文概述

一、概念与分类

在“挑战杯”竞赛中，学术论文作为哲学社会科学类申报的一种类别，一般字数不超过 8000 字。学术论文也可以作为调查报告的附录部分，起到很关键的材料支撑作用，其重要性不言而喻。因此，每一位参赛者都应该掌握学术论文撰写的基本策略与方法。

学术论文是某一科学研究成果的记录与表达，其分类标准形式多样，按照不同的标准其分类也不同，具体的分类标准如下。

1. 按研究内容分类

以研究的内容为依据，学术论文可分为理论研究论文和应用研究论文。其中，理论研究论文是指对现象或事件进行观察，揭示现象或事件背后规律的论文；而应用研究论文则是指为解决现实生活中存在的某些问题而进行研究的论文。如图 7－1。

图 7－1　按照研究内容分类

2. 按写作目的分类

以写作目的为依据，学术论文可分为交流性论文和考核性论文。其中，交流性论文可帮助从业者进行学术交流和探讨，呈现学科发展的最新成果等；而考核性论文主要用于测试相关从业者或其他人员的学术水平，以帮助其晋级、升迁。如图 7－2。

3. 按研究学科分类

以研究的学科为依据，学术论文可分为哲学社会科学论文和自然科学论文。哲学社会科学论文主要指对复杂的社会现象进行分析、评价、提出解决问题建议的论文；自然科学类论文主要是对自然现象的发展、变化进行分析、研究，揭示现

图 7-2 按照写作目的分类

象背后的规律或特征的论文。如图 7-3。

图 7-3 按照研究学科分类

虽然按照不同的分类标准,学术论文有不同的类型,但是不论哪种类型,它的价值评定都来源于论文的内容。而学术论文的内容正是科技创新成果的表达方式,这就要求作者在文章中必须有周密的思考,严谨的论证,科学的研究方法。下文重点围绕哲学社科类论文,详细介绍它的撰写要求。

二、论文的逻辑结构

哲学社科类论文一般具有 3 个基本的结构单位,分别是:引论、本论和结论。

1. 引 论

引论即关于论题意义和目标的总体阐述。它是论题的概述部分,是论题的延伸与说明。在引论部分,通常须说明研究课题的目的和意义,表明作者观点,概括性介绍本课题的内容、研究结论。必要时,列出研究的具体流程或计划,甚至对选题相关研究成果进行回顾。

2. 本 论

本论是学术论文的主体内容。这部分内容是个人的研究结果,包括对该课题研究方法的解析,或者详细地阐述自己的新理论、新发现。本论部分篇幅较长,约占全文的三分之二,对层次和结构要求十分严格。本论是作者研究成果的具体描述,往往最能体现作者的学术水平和研究能力。

3. 结 论

结论即表述科学研究成果的部分。从某种意义上来说,对结论的说明或本论中一个或几个初步结论的总结,是对本论中研究结果和研究方法的归纳,并以此反映作者的科学态度。

三、写作的逻辑思维方法

学术论文的写作与科学方法的指导密不可分。科学的逻辑思维方法指导学术论文写作理念,使论文不落俗套,具有逻辑性和思维深度。下面简要地介绍一下常用的逻辑思维方法。

1. 归纳和演绎

在辩证逻辑思维过程中,归纳和演绎是相互对立、相互补充的两种认识方法,也是科学研究中被广泛运用的逻辑思维方法。

归纳就是通过对若干个别事实的分析与研究,概括出其共同的本质属性,得出一个带有普遍性结论的方法;反之,演绎是以已知的一般原理作为论据来证明个别性论点的方法。二者有很大的区别,这是由其特点决定的。如归纳是从特殊到一般,从个别到普遍,演绎则相反。

案例1:前提:苏格拉底会死,亚里士多德会死,穆勒会死……我们观察到,是人都会死。

结论:所有人都会死。

在整个生命阶段中,我们看到所有人都会走向死亡,没有特例,其中,通过对多个特殊人体的分析,概括出其中的共同属性"所有人都会死",这就是归纳法。

案例2:大前提:所有人都会死。

小前提:苏格拉底是人。

结论:苏格拉底会死。

亚里士多德的三段论就是运用演绎法的经典案例,我们从"所有人都会死"这个已知的一般原理,证明出某个特定的人会死。

2. 具体与抽象

具体和抽象是辩证思维的重要方法,在人们的思维过程中是不可或缺的两个阶段。二者相辅相成,揭示事物的内在规律和本质属性。

具体,是指客观存在着的或在认识中反映出来的事物的整体,是具有多方面属性、特点、关系的统一,即通过对客观事物多样规定性的统一思维,达到理性具体的思维方法与艺术。抽象,是指从具体事物中被抽取出来的、相对独立的各个方面、属性、关系等,即指把客观事物的某一方面特性与其他特性分离开来,给予单独考虑的思维方法。

举个简单的例子,"北京大学"就是一个具体的概念,为什么这么说呢?首先,北京大学是一所大学，其次它坐落于北京市；再者，它是培养社会主义事业合格建设者的高校。所以这个概念是“多样性的统一”，这就是具体思维。

猜谜语活动中，“它”是一种动物；“它”动作十分敏捷；“它”长着桃子形的脸，有着又扁又塌的鼻子和大大的鼻孔；“它”擅长模仿人类，那么“它”到底是什么呢？在这里，我们将“它”的属性、行为、外貌分离出来单独思考，这就是抽象思维。

3. 分析与综合

分析与综合相结合的方法在思维活动中具有重要意义。在认识事物过程中，它可以使人抓住各个要素之间的内在联系和矛盾关系，把握具体事物整体的本质和运动规律，使学术研究更加符合实际。

分析，是在思维中把事物分解为各个部分、阶段、属性，分别加以认识和研究；综合，是把各个部分、阶段、属性按照内在联系有机地统一为整体，以掌握事物的本质和规律。在科学研究中，分析和综合两种思维方法相互补充、相互渗透，推动认识的发展和深化。如果思维局限于综合，忽略分析，那么对事物的认识只可能停留在浅显笼统的表面，难以剖析事物本质。反之，只能收获枝节之见，不能获得全面的认识。

在“抽象”思维过程中，我们综合了一系列细节，最终得出了“猴子”这个谜底，然后我们再对这个概念进行分析，剔除不必要的细节，最后形成了“猴子”这个概念。所以在具体和抽象思维过程中，都是伴有分析与综合的认识过程的。

四、逻辑思维方法的运用要点

脱离逻辑思维的语言是混乱的，同样，离开语言的逻辑思维也是毫无意义的。在用语言文字形象化表达逻辑思维时，我们应注意以下几点。

1. 清晰地把握概念

在不同的场合中，一个词语可能会对应多种概念。例如，在研究“色彩及其对人体的影响”时，就要从特定的民族文化和地理环境进行分析。在中国文化中，强调“日至而万物生”，红色起源于太阳，象征着生机和美好。中国人民崇尚红色，因而女子盛装称“红妆”，繁华之地称“红尘”，更有新婚红喜字、元宵挂红灯笼、新年贴红对联等习俗。而在西方文化中，红色是“血、火”的代表，象征暴力统治和激烈的政治运动。

因此，对所使用的概念进行精确的验证和必要的解释，有助于人们在认识事物过程中将具体问题上升到原则的高度，使认识更加具体和深化，使语言表达更加严谨、精练。

2. 善用多种思维方法

第一，运用辩证思维方法，弥补形式逻辑的单一性。思维方法是人们表达思想的手段和办法，科学的辩证思维方法支撑着我们用理论的形态反映客观事物的规律性，贯穿在研究工作和写作的全过程。辩证思维的几种基本方法，归纳与演绎、分析与综合、抽象与具体，我们在上文中已经介绍过。

第二，运用形象思维方法，增强学术论证的直观性。引入形象思维方法，可以避免概念性思维方法的干扰。在形象思维中，想象和联想是两种重要工具，举个简单的例子，画师绘画、建筑师设计房屋都是形象思维的结果。从事物本质剖析的形象思维方法是人的一种本能思维，是人类认知历史上最先使用的思维方法。其本身具备的形象性特点，生动、直观地反映事物形象，丰富完善了我们对于理论思维的认识。

第二节　学术论文的写作准备

一、选择合适的选题

论文的选题就是文章撰写者确定的论述范围和科研方向，它可以用一个词语或一句话来概括。在"挑战杯"系列比赛当中，只有选题新颖有价值，形成的学术论文才有意义，才能在比赛中脱颖而出。前文中我们已经详细地介绍了"挑战杯"的选题原则，故而在下文中，我们将从选题的来源、选题的导向、选题的方法 3 个方面总结说明"如何做好哲学社科类论文的选题"。

1. 选题的来源

选题的来源已经在第三章做了详细的描述，选题是学术研究的起点与方向，一个不研究某领域的人，很难提出这一领域的相关问题。简单来说，选题主要有 4 个来源，分别是从文献资料中选题、从社会生活中选题、从学科交叉区域中选题、从国家层面项目中选题。本书出版时间正好是 2021 年，下面就以 2021 年为时间节点列举部分哲学社会科学类论文参考题目，读者也可以参考第三章的附录 1《"挑战杯"竞赛哲学社会科学类参赛选题参考》，将其作为选题的来源，当然，更好的选题还是以当年竞赛通知中的参考选题为方向。

- 马克思主义·科学社会主义

*1. 习近平新时代中国特色社会主义思想科学体系研究

*2. 新时代人民群众美好生活研究

*3. "00后"大学生的思想政治教育话语及传播效度研究

*4. 网络意识形态传播及治理研究

*5. 实施"一带一路"倡议中的文化传播和民心相通研究

- 党史·党建

*1. 习近平总书记关于党史、国史的重要论述研究

*2. 建立不忘初心、牢记使命的制度研究

*3. 坚持和完善中国共产党领导制度体系研究

*4. 中国共产党革命文化发展史研究

*5. 健全为人民执政、靠人民执政各项制度研究

- 哲学

*1. 习近平新时代中国特色社会主义思想的哲学理论研究

*2. 中华民族伟大复兴的哲学研究

*3. 马克思主义哲学基本理论研究

*4. 新时代个体、集体与国家关系研究

*5. 现当代中国哲学研究

- 社会学

*1. 乡村人居环境的人类学研究

*2. 乡村振兴与新型城镇化融合发展研究

*3. 资本下乡与乡村振兴的社会政策研究

*4. 新型职业农民发展研究

*5. 农民工家庭化迁移研究

在大量阅读相关领域学术文献资料过程中，我们会发现很多前人研究成果中完全没有研究、部分没有研究或虽有研究但未解决的问题，有些论文或著作在结尾部分还会提及本研究的不足、有待进一步研究的问题或下一步研究的建议，都可以作为学术论文写作的选题依据。此外，还可以查询全国哲学社会科学工作办公室等权威网站或国家社科基金选题指南，结合个人专业和兴趣选择热点话题进行选题（如图7-4）。

2. 选题的导向

确定好选题之后，要审视自己的选题是否满足以下几个导向。

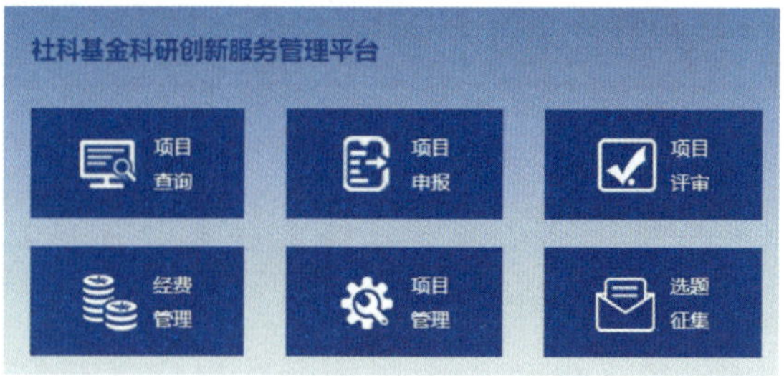

图 7－4　全国哲学社会科学办公室网站

（1）以“实用”为导向

学术论文的选题，最先考虑的是其是否能为人们的生活或生产服务。系统地来说，是指这项研究能否对某一科学领域，甚至对全人类产生积极的影响，促进科学研究的发展和社会发展。如果你选择的研究对人类生活起不到必要作用，可有可无，那么它就不具备实用性。

比如探讨研究一种新材料的性能，就能延伸到它所能创造的环保价值或经济效用价值。以丁腈手套取代传统 PVC 手套为例，丁腈橡胶制品耐油性好、贴附性强、对人体无过敏反应，可制成一次性手套，应用于医疗科研行业、食品行业等社会生产生活中。

（2）以“创新”为导向

学术论文选题的第二个导向就是创新。选取具有创新意义的课题，应从以下选题角度、研究方法两方面着手。相同的研究对象，别人已经取得一定的研究成果，那就可以选取不同于别人的新角度来审视。相同的课题，由于选用的研究方法不同，就会得出不同的认识和结论。

以《安徽农村电商扶贫模式研究》为例，在互联网经济的大背景下，“互联网＋”的扶贫模式取代传统扶贫模式，成为精准扶贫战略下的重要措施。所谓“互联网＋”的扶贫模式，就是借用互联网在生产要素中的优化和集成作用，引入市场机制的同时实现融合创新、重塑扶贫体系和结构，激活贫困区农民生产的积极性，为全面建成小康社会奠定基础。从扶贫模式的角度来审视精准扶贫战略的正确性，就能得到具有“新意”的选题。

（3）以“先进”为导向

学术论文是某一项新的学术研究成果的概述。它要求作者的成就必须反映目前科学技术的发展水平，能代表某一个学科领域的发展方向或是在某一学科领域中处于先进地位。因此，学术论文的先进性也是学术论文区别于不同类型论文的重要标志。

(4) 以“可行”为导向

选题的可行性要求该选题与研究者的能力相匹配，是研究者能够达到条件或能够完成的。在选题时，我们要考虑两个方面：从主观上来说，研究者要明确自己的业务专长，对自己的研究能力做出准确评估；从客观上来说，研究者要对研究该课题的方法、文献资料、经费支持等诸多方面做出客观评价，应从实际出发、量力而行。

二、查阅和收集资料

确定选题之后，就要开始查阅和收集所要研究方向的资料和文献。无论我们进行哪一领域的科学研究，都必须了解该项研究的历史、使用的研究方法、国内外的研究进展、目前存在的问题等，对该研究有一个整体的把握，才能写出严谨、全面、新颖的论文。而收集的资料一般分为文献资料和原始资料。所谓的原始资料，是指需要运用各种研究方法，从研究对象身上才能获得的第一手资料。文献资料，则是指纸质、电子产品等存储载体已经存储，可以查询到的那些材料。

1. 收集资料目的

(1) 避免重复性研究

学术论文除了是对科学研究成果的记录，还可以是科学技术交流的重要手段和工具。学术论文中写的许多工作都是基于以前的研究，如果作者想在研究中取得成功，就必须站在巨人的肩膀上，继承现有的理论和知识。为此，我们需要一步一步深入准确地思考以下几个问题：关于这个问题，以前有研究过吗？如果以前的研究已经做过，研究在多大程度上解决了这个问题？如果根本没有解决办法，那么正是我研究这个问题的契机。如果没有完全解决，那么这个问题的哪些方面是前人没有解决的？对这三个问题的回答都离不开对研究现状准确、全面的把握，这就需要对文献资料进行收集和研读。

(2) 提升研究创新性

学术论文的开拓创新意义，是判断一篇论文是否有“价值”的重要评判标准。主要体现在是否站在前人的基础上、是否提供新的论据、有无阐述新的观点。

(3) 提高研究科学性

采用正确、有效的方法是增强学术论文科学性的必要条件。当然，对于同一个问题，可能会采用不同的研究方法进行分析，因此，论文的科学价值可能会存在差异。通过查阅前人的文献资料，可以较为全面地知悉别人已经采用了哪些方法，尤其是别人进行研究设计的方法、收集原始资料的方法、测量的方法、统计分析的方法、论证的方法等具体方法和技术，从而为自己提供方法借鉴。

2. 收集资料的方法

为了使收集资料的工作顺利高效地开展，更快地掌握选题研究领域的概况，需要使用一些简单收集资料的工具以及方法。由于文献资料和原始资料的收集方法是不同的，下文即分而述之。

(1) 文献资料的收集

1) 检索工具

文献资料的收集可利用各种检索工具。见表 7－1。常用的检索工具有：维普、中国知网(如图 7－5)、万方智搜(如图 7－6)、EBSCO、ICPSR、SSCI、超星数字图书馆、中国人民大学复印报刊资料等专业网站。还可以查阅相关书籍；进入图书馆网站查找和借阅馆藏图书。

表 7－1　国内外主要检索工具

国内主要检索工具	国外主要的检索工具
中文全文数据库	EBSCO(人文学数据库)
中国科技引文数据库	ISSHP(社会科学与人文会议录索引)
国内大学图书馆书目检索系统	JCR(期刊引用报告)
国家科技图书文献中心	INSPEC (科学文摘)
万方资源数据系统	SSCI(社会科学引文索引)
各类印刷版文摘杂志	PQDD(博硕士论文文摘数据库)

图 7－5　中国知网

图 7－6　万方智搜

下面以中国知网为例，详细介绍常用检索工具的使用方法。“知网”即中国国家知识基础设施，是由清华大学发起，清华同方知网技术产业集团承担建设，涵盖了自然科学与工程、人文与社会科学全学科领域，以实现全社会知识信息资源传播共享与增值利用。下面介绍中国知网的一般使用流程。

第一步：登录数据库。如图 7－7。

远程访问 www. cnki. net，购买了该数据库的机构、用户输入账号、密码登录或者通过 IP 登录。

图 7－7　中国知网登录

第二步：选择检索方式。

第三步：输入检索词。

第四步：点击文献篇名进入下载页面。

第五步：下载文献。

知网一共提供四种检索方式，分别是一框式检索、高级检索、专业检索、句子检索和作者发文检索。

一框式检索是最简单的检索方式，用户只需输入关键词，单击搜索即可。如图 7－8。

常见的检索项有以下几种：

题名：文献的标题；

关键词：论述的研究对象；

摘要：对论文的简要总结；

作者；

图 7－8　中国知网(一框式检索)

作者单位；

全文：包括题名、摘要、正文等；

基金：某一基金资助发表的文献；

文献出版来源：发表文献的期刊。

高级检索是多个条件或者多个字段之间有一定逻辑关系的检索方式，从一框式检索页面中找到“高级检索”，并点击进入。

高级检索的检索项与上文描述的一框式检索基本一致。总的来说，高级检索一般将检索过程分为以下步骤。如图 7－9。

第一步：输入内容检索条件，即在主题栏输入关键词。

第二步：输入作者、基金、文献来源、时间范围等控制条件。

第三步：对检索结果进行排序，反复修正检索方式得到最终结果。

句子检索和作者发文检索，分别是在检索框中输入两个关键词，在全文中查找同时包含这两个词的句子，如图 7－10；或者是输入作者姓名以及单位信息，如图 7－11。其他的功能和操作，基本与高级检索相同。专业检索用于图书情报专业人员查新、信息分析等工作，使用运算符和检索词构造检索式进行检索，在此就不做介绍。

2）检索方法

检索方法有很多，在检索过程中应根据检索系统的功能和检查者的实际需求合理选择。常用的检索方法以下 5 种，即顺查法、倒查法、抽查法、追溯法和分段法。

(a) 第一步

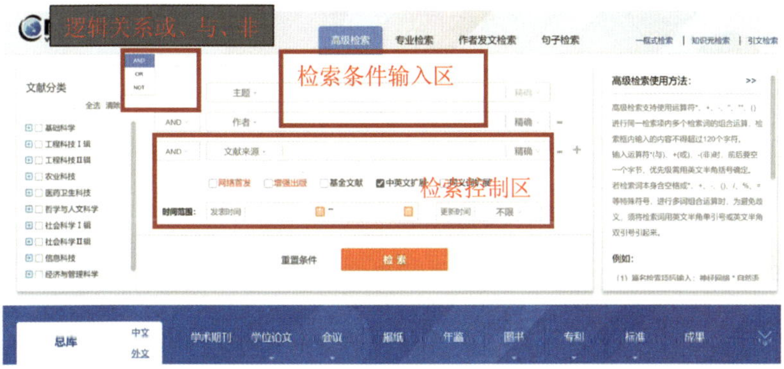

(b) 第二步

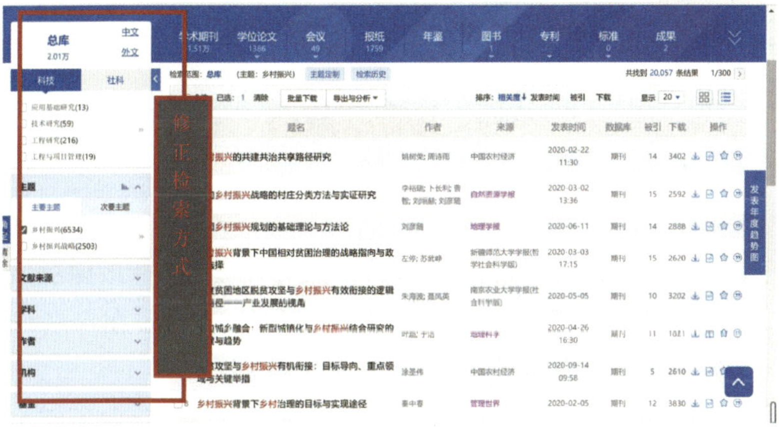

(c) 第三步

图 7－9　中国知网(高级检索)

① 顺查法。顺查法是指按照时间顺序,由远及近地查找文献的方法。一般用于较大课题、学科发展史等全面检索。例如,已知某课题的起始年代,需要深入了解其发展中不同阶段的实际内容和概貌,就可以利用顺查法从最初的年代逐渐向近期查找。

② 倒查法。倒查法与顺查法相反,是逆着时间顺序,由远及近、由新到旧利用检索工具进行文献检索的方法。此法有利于近期文献资料,多运用于最新课题的研究或者老技术新发展的课题。

图 7-10　中国知网(句子检索)

图 7-11　中国知网(作者发文检索)

③ 抽查法。抽查法是根据检索课题的特点和需要，选择该课题文献资料最全面的时间段，利用检索工具重点检索的方法。这种检索方法在专题调查报告的写作中最为常见，利用较少事件获得数量更多的文献资料。

④ 追溯法。追溯法是利用文献末尾所列的参考文献，获取所需文献信息的检索方法。在检索工具不齐全的情况下，运用这种检索方法，可以直观方便地获取文献信息，并依据文献的引用关系，获得更多数量的与论文相关的文献。

⑤ 分段法。分段法是将常用法、工具法和追溯法交替使用的一种方法，即利用检索工具进行常规检索，又利用文献所附的参考文献进行追溯检索，分期分段交替使用，直至满足需要，节约查找时间。

(2) 原始资料的收集

对于哲学社科类项目的研究，离不开原始数据的收集。例如，对于一些社会的热点问题，往往需要通过社会调研的方式掌握第一手的资料。原始资料的收集主要可以采用询问法、观察法、实验法等定性或定量研究的方法(如图 7-12)。掌握这些方法能更高效地掌握调研的第一手数据，通过分析与写作，可以呈现出最新、最有价值的论文，在某一领域产生实质性的影响，从而得到“挑战杯”系列大赛专业评委的认可。

询问法分为自填问卷调查（包括纸质版问卷调查和网络版问卷调查）、面访调查、电话调查，其中最常用的是问卷式调查。

观察法可以根据不同的形式划分为直接观察与间接观察、人员观察与机器观察、连续性观察与非连续性观察、公开观察与秘密观察等。

实验法的目的主要是进行因果关系推断，即研究者通过改变某些因素，来观察这些因素的变化对其他因素（被称为因变量）的影响。根据实验研究的环境，实验法可分为现场实验和实验室实验。现场实验是在自然环境下进行的实验，但是无法有效控制实验变量以外的其他因素。

图 7－12　原始资料收集法

在参赛中，本科生对文献的查阅检索能力还有待提高。查阅资料并不是一件简单的事情。在通过书本知识的学习，尚存在疑惑的情况下，可咨询指导老师、学长学姐，向他们虚心请教，汲取经验方法，学习如何高效使用检索工具以及检索方法。想要做好资料的查询工作，就必须掌握文献的检索。

第三节　学术论文的构成要素

所谓“养兵千日，用兵一时”，做好了上述一系列长久的准备之后，相信大家也都处于“厚积薄发”的状态中，对于接下来要下笔撰写论文，就算不是十拿九稳，也差不多可以做到胸有成竹了。既然如此，撰写作品就应该提上日程，趁热打铁。

一、论文的标题

标题又称题目，是对论文的精炼概括。标题是读者了解论文的第一道入口，因而一个好的标题要求既能提炼全文，又能引人注目。

1. 按照表达方式分类

论文标题可以分为判断式、疑问式、祈使式 3 类，如图 7－13。

(1) 判断式论文标题

判断式论文标题是指运用判断句式表达的论文题目。以《安徽省“农产品＋直播”营销模式存在的问题及对策》为例，该标题就用了判断的句式。论文主要是研究直播营销在农产品销售模式中存在的问题以及相应对策，宗旨是扩大农产品销售市场，推动我国“三农”问题的解决。

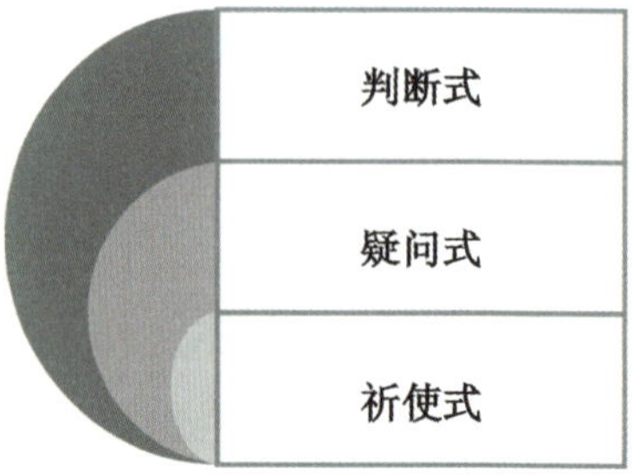

图 7－13　按表达方式分类

(2) 疑问式论文标题

疑问式论文标题是指运用疑问句表达的论文题目。这类标题通常观点明确，但语意婉转含蓄，需要读者加以思考，也是最能吸引读者注意力的一类标题。以《弱道德人工智能可行吗——从精神医学用途到道德增强》为例，该标题就使用了疑问的句式。论文主要研究一种苏格拉底助手式的弱道德人工智能的可行性，列举精神医学中使用的聊天机器人，从动机伦理等角度指出弱道德人工智能设想中隐含的悖论。

(3) 祈使式论文标题

祈使式论文标题是指运用祈使句表达的论文题目。以《请关注非物质文化遗产的拥有者》为例，该标题就使用了祈使句式，强烈地表达作者的观点，呼吁人们在关注物质文化遗产的同时，更应该注重其生成、传承到创新的全部过程。

2. 按照层次分类

论文标题可划分为总标题、副标题和分标题。

(1) 总标题

总标题也称大标题。总标题高度概括全文内容，往往就是文章的中心论点，直接体现作者的写作意图。一般哲学社科类论文都采用这种标题，它具有高度的概括性和明确性，便于读者获取论文的核心信息。

(2) 副标题

副标题是相对于总标题而言的。通常是对总标题加以补充和解说，更进一步揭示本质。常见的副标题有三种格式，一是在题目下面用破折号引出，也是在添加论文副标题时最常使用的；二是用小字与总标题分开；三是在题目与副题名间用冒号隔开。如：

《论日本古代社会的村落首长——以石母田正的首长制学说为中心》。
《社会性疼痛的存在:来源于生理性疼痛的证据》。

(3) 分标题

分标题也称小标题。设置分标题的目的就是清晰地显示论文的层次,概括论文的一部分内容,使文章脉络清晰,便于阅读。副标题通常就是论文的大纲,是对正标题的一层一层解析,反映作者的写作思路。

二、署　名

论文的署名一般写在标题下面。其不仅可以表明作者的身份地位,更重要的是表明对论文的著作权。论文的署名要注意以下几点。

一篇论文的署名不宜过多,一般不超过 10 人。

单名作者姓与名之间空一格。

署名应署真名、全名。

作者姓名按照对文章贡献程度,由大到小,依次排列。

三、摘要和关键词

摘要位于标题和署名之后,是对论文内容的高度概括。通常要在文章完成之后撰写,因为只有完成了论文的各个部分,作者的观点才表述完整、论证完结,结论方能被推出。

1. 摘　要

(1) 摘要的特点

一是重点清晰,言简意赅。用最少的文字(通常不超过论文总字数的 3%~5%)。GB7713—87 规定:"中文摘要一般不宜超过 200~300 字;外文摘要不宜超过 250 个实词。如遇特殊需要字数可以略多。"二是学术论文的重要组成部分,摘要位于标题之下,正文之前。重要性仅次于题目,是最先进入审稿人和读者视线的部分。三是便于读者抓住论文的关键,便于信息检索,摘要为实现知识的检索提供了便利,不仅方便读者,而且方便审稿人了解文章的主要思想。

(2) 摘要的构成

在撰写摘要过程中,通常采用结构式的写法,包括目的、方法、结果、结论四要素。如图 7 - 14。

目的,即摘要的第一句话要说明作者写作此文的目的,也就是研究的主要问

图 7－14　摘要的构成

题是什么以及研究动机如何。方法，即在摘要中务必要写明作者应用了什么理论、在什么条件下、采用了何种手段、是如何解决问题的。结果，是指论文中研究或调查的结果、数据，被确定的关系，得到的效果、性能等。结论，是对结果的分析、研究、比较、评价、应用等，以及对未来的预测和展望。

案例：肥西县部分乡镇农村留守儿童心理健康调查状况分析及其对策

【摘要】对合肥市肥西县部分乡镇农村留守儿童心理健康状况进行实地调查，在对调查结果进行分析的基础上，结合我国农村实际情况提出可行的解决方案，呼吁全社会关注农村留守儿童心理健康和生活状况，改善农村留守儿童的生活、学习环境。

在这段摘要中，目的是研究合肥市肥西县部分乡镇农村留守儿童心理健康状况；方法是实地调查；结果是对调查数据进行分析，提出解决方案；结论是呼吁全社会关注农村留守儿童心理健康和生活状况，改善农村留守儿童的生活、学习环境。这样的摘要层次清楚，使读者在较短的时间内掌握论文的核心内容，帮助其判断是否需要阅读全文，这就是一篇符合要求的摘要。

(3) 摘要的写作要求

摘要应具有独立性和自含性，一般不分段，更不分章节。独立性是指摘要是一篇短文，能独立使用。自含性即摘要概括论文的主要内容信息。此外，在摘要中对论文的内容不得添加注释和评论，不得简单地重复题名中已有的信息。摘要的语句采用无主句型(即使用第三人称)，严禁使用“本文”“本研究”“作者本人”“笔者”等主语。

在摘要中应采用“对……进行了研究，研究结果显示……”“对……进行调查，通过调查发现……”“得到……”“根据……”“报告了……现状”等记述手法。

摘要在内容上必须反映出论文的核心内容、给出研究对象及范围、指明采用的研究方法、说明研究取得的结果、告知采用的主要数据、提示问题的解决程度、展示研究的结论、阐释研究成果的价值和意义。

(4) 摘要撰写的常见问题及修改方法

在撰写摘要的过程中，我们遇到的问题集中概括为以下几种，未涉及论文主题、重复前言和结论、摘要冗长，细节过多、评论论文、摘要失真，与正文不符等，这就要求作者严格遵循上文所述的摘要写作方法。

2. 关键词

关键词是摘要内容的浓缩，是反映论文主题的最重要的词或短语，也是文献检索的标识。因此，关键词来源于主标题、摘要、逻辑段落标题及研究结论中的较为重要的词汇。关键词一般选用3～5个不重复的、单一词义的词汇。

案例：肥西县部分乡镇农村留守儿童心理健康调查状况分析及其对策

（摘要内容见上文案例。）

【关键词】留守儿童；心理状况；调查分析；对策

四、前　言

前言又叫导言、绪论、引言、序言，是向读者解释论文的主题、目的的总纲。对于读者来说，前言是一个指示器，通过阅读前言可以知道作者写作的意图、研究的缘由、使用的方法、研究的框架等重要信息。有些文章可能没有引言二字，但实际上文章的第一个逻辑段落就是引言。此外，引言会讨论到前人的研究成果，会提出研究方法等。

以《安徽农村电商扶贫模式研究》为例，引言部分为“党的十八届五中全会通过的《中共中央关于制定国民经济和社会发展第十三个五年规划的建议》中提出了‘精准扶贫、精准脱贫’的攻坚战略。在经济新常态下，‘互联网＋’的扶贫方式……”该前言交代了课题背景、研究主题、目的和内容等，直接向读者说明本论文的起始、经过、结果。如此，简练的语言就概括出了整篇文章的精华。

五、论文的本论

1. 本论的内容

本论是论文的核心和主体部分，是研究者通过不同角度，分析问题、论证观点、集中展示研究成果的部分。因而，本论是显示作者研究成果和评价学术论文的重要内容。本论的写法不拘一格，一般来说，是由若干个逻辑层次和论证单元组成，每个逻辑层次或论证单元都有一个分论点，再从分论点进行分析论证，从而表达作者的见解和研究成果。这里以哲学社科类论文为例。

其主体包括以下几个内容：提出问题——论点（或论题）；分析问题——论据或论证；解决问题——论证方法与步骤。

2. 本论的写作要求

第一，论证充分，说服力强。一般学术论文的论证方法有实践证明和逻辑证明两种类型。实践证明，即用作为实践结果的客观事实来检验、证实某种理论或观点的可靠程度；逻辑证明，即用一个或几个真实判断来论证、确定另一个判断的真实性。逻辑证明是由论题、论据和论证三个部分组成。论题，指需要加以证明的问题；论据，是用来证明论题的一些判断；论证，是论题与论据之间的逻辑关系的证明方式。无论哪种论证方式，都是作者证明自己观点正确和可行的一种方式。

第二，观点和材料相统一。本论部分的内容是由观点和材料构成，撰写哲学社科论文，必须在充分掌握材料的基础上，对材料进行分析、综合、整理，通过概括、判断、推理的逻辑组织和逻辑证明，最后得出正确的结论。写作时以结论为轴心，用材料说明观点，使结论与材料相统一。

3. 本论的结构方式

对于哲学社会科学类论文，本论的写法多种多样，其结构方式有以下几种。

第一，并列结构式。这是一种并列平行的结构关系，即论文各个小标题之间是并列关系，从不同的角度或层次论证中心观点。它要求每个分标题阐述一个基本观点，各观点之间轻重得当、互不交叉，相互间又有内在联系。

第二，推进结构式。即各个论述的层次之间为由表入里、由浅入深的递进关系。通常是在提出中心论点后，采取直线推动的方式层层推进，最后得出相关结论。它要求在分析问题时，运用所掌握的资料，在揭示事物运动的机理上，寻找该事物运动的影响因素和其有机联系，从总体上把握事物的本质和规律。如图 7－15。

图 7－15　推进结构式

第三，并列和推进综合式。即采用以上两种相结合的方法，一般用于篇幅较长的学术论文。如此，在并列和推进两种方式的架构下，论文逻辑严密、层次清楚、结构合理。

在确定了文章的结构后，文章的撰写就如平地起高楼一般，建筑者只需要把钢筋水泥、砖砖瓦瓦按图纸摆放好，一栋建筑就初具规模了。

4. 本论的写作形式

本论内容的写作，通常依照两种形式展开论述。一种是自然顺序法，即依照研究者对事物认识的脉络，或者按照研究的工作进程依次论述。另一种是按照逻辑法，即根据事物之间的关系，根据逻辑推理的线索安排层次，每个分论点按照结构顺序或程度排序等逻辑顺序分析论述。

“金字塔原理”就是按照逻辑法顺序展开论述的典型案例，任何东西都可以被概括为一个中心论点，而这个中心论点一般都由 3～7 个论据支持，这些一级论据本身也可以是个论点，被二级的 3～7 个论据支持，以此类推，形状如金字塔。如

图 7－16。

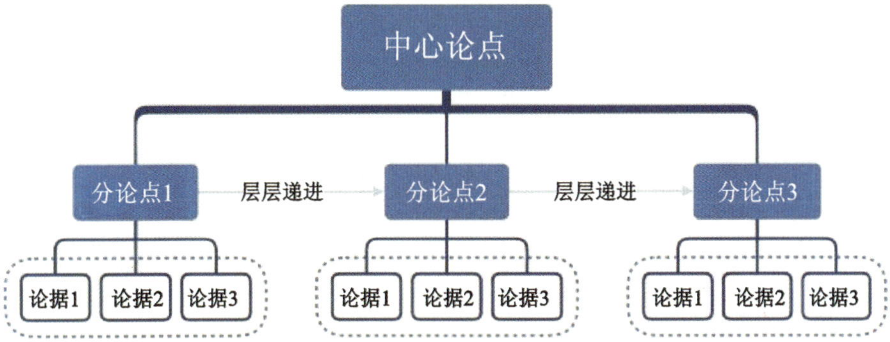

图 7－16　金字塔模式

以《中华优秀传统文化融入高校思想政治理论课改革探析》为例，它的分论点之一为"中华优秀传统文化融入高校思想政治理论课的必要性"，其论据为"弘扬中华优秀传统文化的必要一""弘扬中华优秀传统文化的必要二"和"弘扬中华优秀传统文化的必要三"，从三个方面支撑论点的成立。

六、论文的结论

学术论文的结论是研究者对在科学研究中所得的研究结果进行综合分析、逻辑推理而得出的总判断、总评价。

1. 结论的类型

论文的结论共有四种类型。一是综合型，在对正文内容重点分析的基础上进行概括总结研究结论；二是比较型，利用事实与文章中的理论、观点进行比较形成的结论；三是展望型，根据研究取得的研究成果，包括正文论证的理论、观点等，对其所具有的价值、意义、作用进行预期设想，预见其生命力；四是说明型，研究结论主要是为了强调在研究中形成的观点与结论，通过研究结论进一步说明，使之更加精练与明确。

2. 结论的内容

如图 7－17 为结论内容示意图。

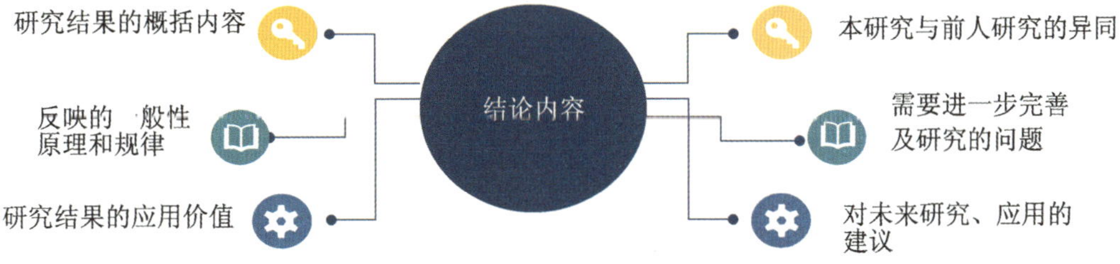

图 7－17　结论内容

以《2018—2019年安徽省农村居民胃癌筛查检出情况及相关影响因素分析》为例，结论部分为“本研究所显示的胃部相关病史及病理损伤同常见影响因素之间的关系，腌制食品摄入频率及烫热食品摄入频率是胃部病理损伤危险因素……”胃部相关病史及病理损伤同常见影响因素之间的关系是本篇结论的说明内容和其反映的一般性原理和规律。也有的与既往文献不一致，如“井水与池塘/湖泊水是保护因素”是说明与前人研究的不同之处。

七、注释与参考文献

1. 夹注方法

夹注，即在行文过程中把注述内容写在需加注项目的后边，用括号标明。所以，又称段中注或文中注。此种注法适宜于加注较少且注述内容又不复杂的论文。

脚注，即页下附注。就是在需要加注项目的当页下端作出注述。这种方法多用于专著的写作，其优点是便于阅读时参考。在《国际高水平SCI论文写作和发表指南》中，高水平论文的典型特征就是用了脚注。

尾注，是把注述内容放在全文或全书的末尾依次一并列出。这种注述方法在专著写作中使用较少，但在学术论文撰写中最为常见。在学术论文撰写过程中，用注码来标识需要加注的地方，一般是在加注对象的右上角用①②……或方括号[]标识。

2. 参考文献格式

表7-2为文献类型和标识。

表7-2 文献类型和标识

文献类型	标识	文献类型	标识
普通图书	M	专利	P
会议录	C	数据库	DB
汇编	G	计算机程序	CP
报纸	N	电子公告	EB
期刊	J	档案	A
学位论文	D	舆图	CM
报告	R	数据集	DS
标准	S	其他	Z

(1) 期刊类

[序号]主要责任者. 题名:其他题名信息[文献类型标识/文献载体标识]. 年,卷(期)-年,卷(期). 出版地:出版者,出版年[引用日期]. 获取和访问路径. 数字对象唯一标识符.

示例:

[1] 贺雪峰,仝志辉. 论村庄社会关联——兼论村庄秩序的社会基础[J]. 中国社会科学,2002(03):124-134,207.

[2] 李三辉. 乡村文化振兴的现实难题及其应对[J]. 长春理工大学学报(社会科学版),2021,34(01):46-50.

(2) 专著类

[序号] 主要责任者. 题名:其他题名信息[文献类型标识/文献载体标识]. 其他责任者. 版本项. 出版地:出版者,出版年;引文页码[引用日期]. 获取和访问路径. 数字对象唯一标识符.

示例:

[1] 骆郁廷. 思想政治教育引论[M]. 北京:中国人民大学出版社:高校马克思主义理论教学与研究文库,2018(3):297.

[2] 张澍军. 学科重要理论探索[M]. 北京:中国人民大学出版社:高校马克思主义理论教学与研究文库,2018(5):546.

(3) 报纸类

[序号] 主要责任者. 题名[文献类型标识/文献载体标识]. 报纸名,出版日期(版次).

示例:

[1] 潘小圆,王晓煊. 人工智能"进入"战机驾驶室[N]. 解放军报,2021-01-08(009).

[2] 赵秀玲. 全面小康社会下农村养老观念与制度创新[N]. 中国社会科学报,2021-03-17(005).

(4) 学位论文

[序号] 主要责任者. 题名:[文献类型标识/文献载体标识]. 出版地:保存者,出版年:起始页码.

示例:

[1] 张录全. 全面建成小康社会进程中的农村思想政治工作研究[D]. 天津师范大学,2019.

[2] 陈文林. 中国特色社会主义公正观研究[D]. 陕西师范大学,2019.

以上各种参考文献的注述，都应当严格按照国家统一标准来规范，文献题名、报刊名、出版者和相关单位都要用全称。

八、附　录

附录是指附在文章后面与文章有关的数据或者参考资料。一般来说，附录是对正文的补充说明，必要时才添加。以下是添加附录的三种情况。

第一，部分材料在文章中会显得凌乱，如果省略，文章就会显得不完整。这些材料通常是详细的研究方法和技术。

第二，部分资料篇幅过长，或者是复制品，不便在正文中展示，将这类材料附在附录部分补充说明，方便读者厘清问题的补充材料。

第三，部分资料，如数据、推导公式、源码程序、框图、调查问卷、调研图片、获奖证书等，方便读者理解文章内容，因而不便于省略，就可以以附录的形式出现。

第四节　论文的修改与提升

好作品是修改出来的，学术论文修改有广义和狭义两种理解。广义的理解包括对写作过程中各个环节的修改；狭义的理解，是对初稿完成后的处理和修改。无论是狭义的理解还是广义的理解，论文修改的内容和范围一般都包括思想观点、主题、结构、材料的使用、语言和附注等，下面分别谈谈各项修改的范围及其要求。

一、主题审查

第一，要以全文为基础，全面概括，回顾文章的主题和涉及的内容。重点是中心论点是否正确、具体、典型；从属论点是否与中心论点统一；逻辑结构是否清晰。

第二，增补和强化论文中出现的笼统或主观的内容。把模糊的改清楚，片面的改全面，笼统的改具体，浅显的改深刻，充分体现作者的基础知识和科研能力。

第三，修改论文的标题。标题是论文的学术性标志，在一定程度上代表论文的形象和质量，反映研究的范围和深度。因此，标题要用词准确、精练鲜明、传神生辉，具有理论和现实意义，使人一看就有兴趣。

二、增删资料

对选用材料有以下几点要求：一是必要，即所选用的材料必须高度支持观点；

二是真实，即所用的材料必须真实准确；三是合适，恰当地引用材料。编写某些段落时，可能会有一些不充分的论据，或者提及的材料不贴切主题、过长等，都可做适当的增减。此外，为了提高文章的标准化以及增强文章的规范性，需要一一核对某些数据或资料的出处。在论证某一问题时会使用很多论据，可能存在错误、缺陷或论证的措辞不准确，也可以略加修订。

三、调整结构

结构是整篇论文布局的样式，是论文的表现形式，关系着文章的严谨性和逻辑性。在文章的结构上适当增减和调整，保证文章逻辑通顺、思路清晰。我们需要关注的有三点，结构层次是否清楚？结构是否紧密？结构是否完整？正文结构层次上常见以下几种问题：标题不简明；标题用词含混不清；标题之间缺乏逻辑关联；层次递进混乱；行文多种结构方式混乱。

四、润饰文字

唐代作家皮日休说："百炼成字，千炼成句。"诗歌创作要斟酌考虑，学术论文的撰写也不例外。字句要好，就必须经过千锤百炼、反复推敲。学术论文有异于文学作品，以简洁精练为要，做到言之有文、行思长远。在撰写初稿时，要兼顾诸多方面，无暇顾忌字句是否准确、行文是否流畅，这些都需要后期琢磨修改。修改时，尽量逐字逐句地阅读文章的初稿，判断其语句是否通顺。也可以请老师或者其他前辈代为校阅，判断文章是否有其他语言逻辑或观点错误，以便及时改正。如在行文时，减少"呢""吗""吧"等句尾疑问词和感叹词，确保学术研究的严谨性。

五、修改附注

撰写初稿时，有该加注的地方而未作注，有附注的出处一时找不到的，都可以在修正时补充。需要注意的未作注内容包括以下几个方面：图表、数据等信息出处；他人的理论或案例；辅助论证的文献；强调某个理论；引文或定义的第一出处；超出常识范围的内容。

第五节　论文的投审与发表

一、论文的投稿

投稿，是作者将自己享有著作权的某一未发表作品投寄给报纸杂志社、出版社并希望被采用的行为。有些人片面地认为，只要文章写得好，就能发表。一篇文章能否顺利发表，不仅取决于文章本身内容，还取决于作者投稿的过程。

首先，作者要明确自己发表论文的目的，是展示学术观点还是以求毕业或晋升？如果是第一个目的，投稿就尽量选择知名度较高的期刊。如果是第二个目的，就可以选择学术刊物中排名靠前的期刊。对大学生来说，想要了解这些期刊的具体信息，最简单的方法就是从“中国知网”上寻找相关信息。

在新版的知网搜索右侧点击搜索框“出版物”检索，紧接着选择“期刊导航”内的左侧“核心期刊导航”，根据学科分类选择所需的期刊，并查看期刊详情（影响因子、收录概况等）。如图 7－18。

其次，作者明确目标刊物后，要深入了解目标期刊的门槛和需求。这就要求作者明确期刊的稿件要求、投稿基本格式、投稿方式、录用说明等。要了解这些信息很简单，以《中国社会科学杂志社》为例，直接找到期刊的官网，找到“投稿须知”等类似功能，点击进入即可，如图 7－19，图 7－20。

二、审稿流程与发表

审稿，是论文发表的必要过程，主要评价论文的选题价值和学术贡献。不同期刊的审稿制度不同，一般包括初审、专家评审和终审。

初审是审稿的第一阶段，是指编辑人员对分管专业的论文稿件进行初步审查和评价，以决定是退稿、退修或是送予专家评审。其评审的标准包括以下几点。

第一，审定稿件的大致方向、专业和风格是否符合期刊自身的定位。

第二，审定稿件本身形式是否合乎本刊出版形式，是否完整，如缺页或少图等。

第三，对比分析，初步确定稿件是否有一定的创新。

第四，阅读摘要、引言和结论，大致了解文稿是否有发表价值。

第五，推敲正文部分的科学性和逻辑性，初步辨别所述成果是否真实可靠。

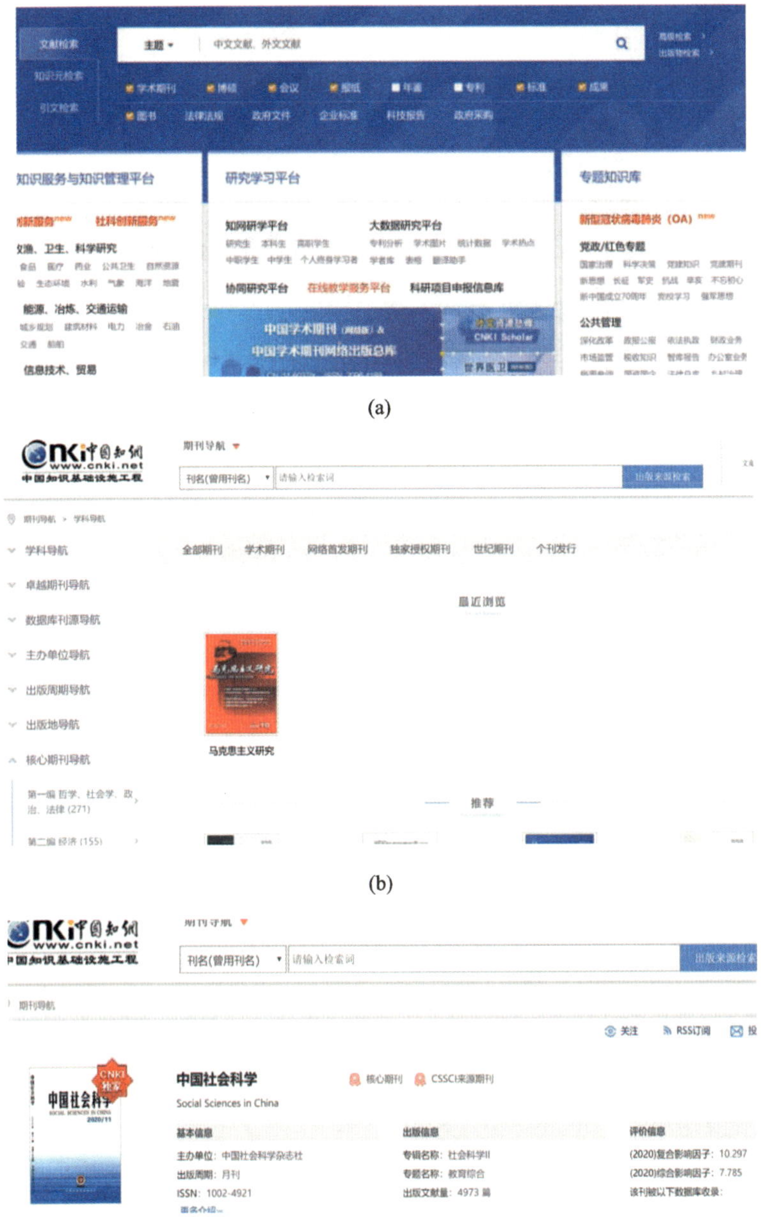

(a)

(b)

(c)

图 7－18　中国知网(期刊导航)

第六,通读全文,指出表达上较大的错误或找出论文主要组成部分是否有遗漏。

在初审阶段有以下几个可能结果。

第一,未审退回,这种情况可能就是我们上文描述的审稿标准的第一点。审定稿件的专业方向不符合期刊的自身定位,或者是论文的语言错误太多、逻辑混乱。一般情况下,编辑退回时会说明原因,此时作者就有机会在重投或改投前修

图 7－19 《中国社会科学杂志社》官网

中国社会科学杂志社投稿须知

中国社会科学杂志社热诚欢迎海内外作者向《中国社会科学》、《中国社会科学内部文稿》和《中国社会科学》（英文版）投稿。为保证学术研究成果的原创性和严谨性，倡导良好的学术风气，敬请作者投稿时注意如下事项：

一、请登录“中国社会科学网”（http://www.cssn.cn）或“中国社会科学杂志社”（sscp.cssn.cn），点击“中国社会科学杂志社投稿系统”或“投稿系统”进行投稿。

1、投稿方法：注册→登录→填写稿件标题→选择稿件类别→点击“保存”→点击“添加WORD”、“添加图片”或“添加音视频”→点击“保存并投稿”→选择所投刊物及学科并保存。

2、注册信息必须真实有效，请按要求填写相关信息，以便联系。

3、请在文章正文后面附上作者姓名、学位、职称、工作单位、联系电话、电子邮箱、通信地址及邮政编码等基本信息。

4、投稿类别以学科划分为基础，共分为14类：（1）马克思主义；（2）哲学、宗教学；（3）文学、语言、艺术、新闻传播；（4）中国史、考古学；（5）世界史；（6）经济学；（7）政治学；（8）国际问题；（9）社会学、民族学、人类学；（10）法学；（11）教育学；（12）英文稿。其中，英文原创性稿件请一律投至“英文稿”类别，供《中国社会科学》（英文版）使用；不包含在1-13类别的稿件，请投至“其他”类。

5、所投中文稿件本社默认可以为《中国社会科学》、《中国社会科学内部文稿》两刊中的任一刊选用。作者如对所投刊物有特定要求，投稿时请予以说明。

图 7－20 《中国社会科学杂志社》投稿须知

改语言。

第二，建议改投其他期刊。当编辑人员认为论文不适合原投稿期刊时，就有可能建议改投别家期刊，如果是一个出版社旗下的期刊，待作者同意后，会在期刊内部进行投稿转移。

第三，送交同行评审或匿名外审。闻道有先后，术业有专攻。当编辑人员对审定稿件的总体质量判断不精确时，就可以送交同行评审或匿名外审，以提高审稿质量。现在大多数专业都采取了双向匿名外审作为审稿的主要参考之一。

如果以上三种情况均为发生，意味着编辑人员经初审后初步认定该稿件可能有发表价值，一般就会产生第四种情况，送予专家评审，也就是审稿的第二阶段。专家评审人，大多都是本领域科研前沿的专家或知名学者，专家评审意见是稿件发表的关键因素之一。越是好的期刊，实际上越是会有专业化的发稿倾向。这就要求作者在投稿前广泛阅读期刊的历史发表文章或精细阅读期刊的征稿启事，明确了解期刊的选题方向，判断自己的文章是否符合对方的选题方向。

终审又称决审，一般由主编或副主编，或是相关学科编委担任，根据编辑初审、专家审稿意见等决定该稿件是否录用。当文章通过这个环节后，就会完全进入编校流程，即对文章进行微调，提高文章的整体质量，此时文章一般会如期见刊。

以上所描述的哲学社会科学类学术论文，一是可以作为企事业单位、党政部门的各类发展规划、咨询报告和工作方案等参考资料，即使已被采纳录用的亦可申报参加“挑战杯”竞赛，但需要递交采用单位证明的复印件和鉴定材料；二是即使没有被企事业单位、党政部门采纳应用也可以单独申报参赛；三是可以作为哲学社会科学类调查报告申报参赛作品的附录部分。

第六节　学术道德

道德，是一种规范与实践。学术道德，即关于学术科研的规范和实践。任何一篇论文的发表都要遵守学术道德。科研工作者不仅要有“宝剑锋从磨砺出”的探索精神，更要有“非宁静无以致远”“必出于己”的傲然风骨。“学术研究贵在求真。”学术道德是从事学术研究的前提和基础，只有在此基础上，学术研究才能合宜有效进行。

一、学术道德的概念

学术道德是指从事科研工作和进行学术活动时应遵循的道德规范。

“任何职业都要有自己的伦理。”当你踏上追求真理、钻研学术这一条道路时，就意味着你已经完成了身份的转换，成了一名学者。一个合格的学者应具备良好的学术品格和学术修养。

二、学术道德的特点

学术道德具有自律性、示范性、引导性三项特点。

1. 自律性

自律对人在社会活动中的约束力无法忽视，从本质来讲，自律是使自我遵守学术道德的约束力量。“律”即规范，保证没有行为可以越出这个规范。

2. 示范性

学术道德具有典型的示范性，因为钻研学术的行为本身就是令人尊敬、学习的。那些敬仰科学、热爱学术的学者往往受到他人崇拜与模仿，引领学术行业正气。

3. 引导性

研究学问，需要摒弃好高骛远、急功近利的浮躁心理。学术道德引导着我们不断追求学术知识的真、善、美，坚守学术界的珍贵品质和修养。

三、学术道德的基本要求

随着科教兴国战略的实施和我国社会主义现代化建设事业的推进，我国教育科研队伍不断扩大，学术研究成果丰硕。依据教育部发布的《关于加强学术道德建设的若干意见》，说明学术道德的基本要求。其主要包括以下几个方面。

第一，增强献身科教、服务社会的历史使命感和社会责任感。如果广大教育者和学生拥有献身科学，自觉维护和发扬学术界的良好学风，勤学修德、明辨笃实的品质，那么他就会自觉遵守学术道德，服务社会。

第二，坚持实事求是的科学精神和严谨的治学态度。实事求是分析事物方法论的根本要求，亦是研究学术的基本要求。实事求是的原则、严谨踏实的治学态度，远离虚妄，是每个学者必须坚守的。

第三，树立法治观念，保护知识产权、尊重他人劳动和权益。知识产权是他人的智力成果。保护知识产权，就是给予各行业的创作者、研究人员信任感与归属感，使其始终保持创新创作的活力，从而有利于建设创新型社会。

第四，认真履行职责，维护学术评价的客观公正。在学术研究的基础之上，客观公正地进行学术评价。例如在人文学科的研究上，我们可以从其讨论的问题、该研究对前期文献的掌握情况、论证结构是否符合逻辑要求、论据是否有力可靠等方面进行评价。

第五，为人师表、言传身教，加强对青年学生进行学术道德教育。身教者从、言教者讼。《礼记》中说："师者也，教之以事而喻诸德也。"为人师者，传授的不仅仅是知识，还有善意、纯良等更伟大、更珍贵的品性。

四、学术不端的行为和危害

遵守学术道德对于科学研究来说至关重要，但是学术界也存在一些负面倾向，有一部分学者不遵守学术道德，出现论文造假、买卖数据等学术不端的行为，给青年学者带来了不好的影响。

1. 学术不端的行为

学术道德问题是近年来科研领域面临的极为严重的问题，为学术界诟病的学术不端行为，是指学术界的一些弄虚作假、行为不良或失范的风气，或指某些人在学术方面剽窃他人研究成果，败坏学术风气的行为。以下列举学术不端的典型行为。

第一，剽窃、抄袭、侵占他人学术成果。

第二，篡改他人研究成果。

第三，伪造科研数据、资料、文献、注释，或者捏造事实、编造虚假研究成果。

第四，未参加研究或创作而在研究成果、学术论文上署名，未经他人许可而不当使用他人署名，虚构合作者共同署名，或者多人共同完成研究而在成果中未注明他人工作、贡献。

第五，在申报课题、成果、奖励和职务评审评定、申请学位等过程中提供虚假学术信息。

第六，剽窃、抄袭、侵占他人学术成果。

第七，其他根据高等学校或者有关学术组织、相关科研管理机构制定的规则，属于学术不端的行为。

2. 学术不端的危害

学术不端的行为会影响学术秩序和规范，污染学术氛围，阻碍学术进步、发展和创新。学术道德是学术界的通行准则，学术不端的行为会严重扰乱行业的内部秩序，影响研究人员的形象。此外，学术不端的行为，会使学术界里兢兢业业的学术工作者产生消极影响，使学术界内部出现腐败，藏污纳垢。然而，科学研究具有继承性，大多数研究都是站在前人的肩膀上，继承已有的理论知识，在此基础上创造新的成果。科学研究的进步和意义，就在于发展和创新。学术不端的行为会助长急功近利、粗制滥造的学术心理和行为，进而影响科学的蓬勃发展。

在撰写学术论文时，引用、借鉴他人的研究成果完全合理，毕竟，学术本身就是通过研究、探讨，不断提升的过程。因此，在借鉴他人已有的学术成果时，就必须严格遵守相应的学术规范。除了避免上文所涉及的学术不端的行为外，还可以通过总结、概括他人的研究成果来避免抄袭，一般的做法是做好文献引注，整理并呈现参考文献目录。“大学之道，在明明德。”弘扬科研的诚信精神，是每位科研工作者义不容辞的责任。

第八章　别开生面——作品精彩展示

展示环节不同于答辩环节，具有学术性与延展性。需要参赛团队将作品以最佳的方式呈现，化“平面”为“立体”，生动形象地向参与其中的各位领导、指导教师以及其他参赛团队展现作品，进行全方位的交流，将作品思想进行面对面传播，同时参赛团队也能从现场观众的反应中看到自我的不足，以便更好地改进。本章将从展示环节的展板制作、展台准备、服装准备以及现场展示4个方面进行具体叙述，以期指导参加“挑战杯”竞赛的队员在团队展示方面别具一格，展现出最精彩的一面。

第一节 准备工作

在正式参与展示环节之前,需要了解展示环节的全部流程。俗话说:“工欲善其事,必先利其器。”那么参与展示环节的重点就在于事先进行完善的准备,本章将从展板制作、展台准备、服装准备 3 个方面对展示环节的准备工作进行详细叙述。

一、展板制作

进入决赛后,除却作品申报书,展板是评委最能直观感受作品的方式,也是评委来到答辩现场后第一眼看到的“作品”。展板的设计需要兼具作品阐述、美观大方等功能要素,因为展板是走进评委心中的“敲门砖”,亦是团队精神风貌的展现途径。

如图 8 - 1 为展板制作要素。

图 8 - 1 展板制作要素

1. 基础要求

按照规定,每个作品只能悬挂一块展板,应严格按照高 1.2 米、宽 0.9 米的尺寸要求进行制作,并且参赛团队需在展板中用精准、形象的语言,图文并茂地介绍作品。参赛团队不仅要合理选择参赛作品的重点内容,还要在展板的内容布局、风格设计、色彩选择上力求美观，尽量给评委留下美好的第一印象。如图 8－2 为第十六届“挑战杯”竞赛作品《建设生态文明背景下的电力行业效率改进与减排优化研究》的展板，从该图中不难看出，参赛团队对展板所要展示的内容进行了深思熟虑，紧贴作品评审标准，将作品的科学性、先进性、创新性、现实意义等几个方面用有限的文字在有限的空间上充分展现，利用字体、字号的变换，进一步做出强调，使得评委很快能明白想要表达的重点，并配以与文字相贴合的图片。图文并茂的表现形式，使展板上的重点、要点一目了然。

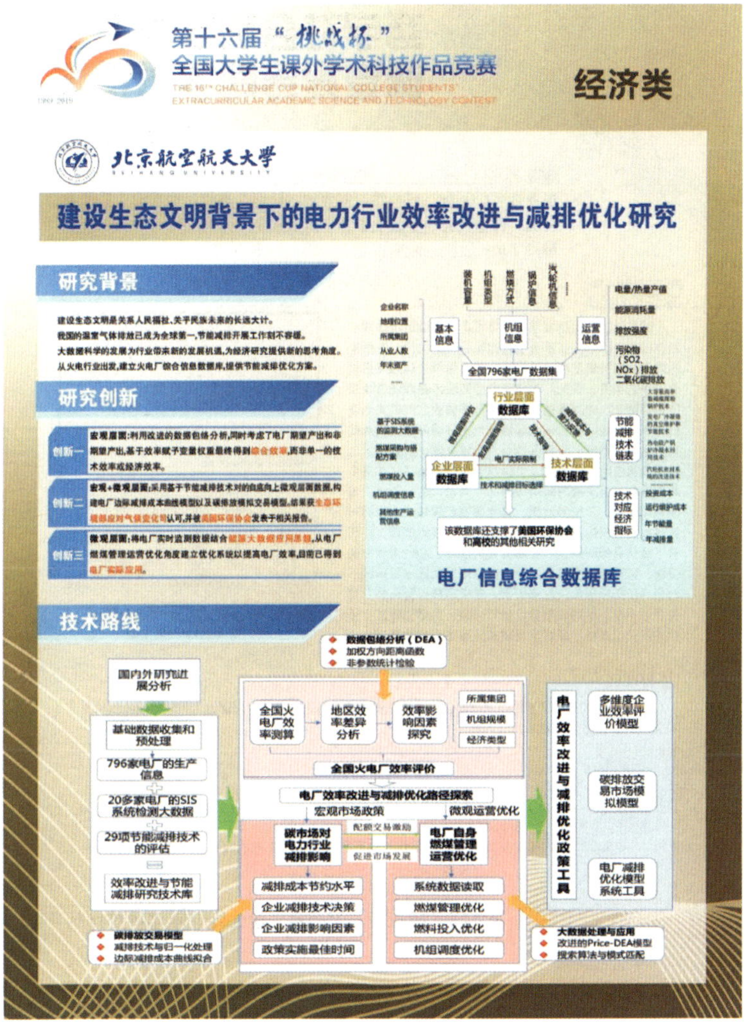

图 8－2　第十六届“挑战杯”竞赛作品《建设生态文明背景下的电力行业效率改进与减排优化研究》(此图片来源于网络)

2. 设计原则

展板主要用于向评委传达作品的信息，在设计过程中需要遵循科学性、针对性、实用性、艺术性原则。

（1）科学性

科学性是指展板所表达的信息需清楚、确切并符合基础事实，作为展板成功制作的关键因素，其是展板的灵魂。以湖南省第九届“挑战杯”竞赛作品《湖南省碳排放权交易体系研究》的展板为例，如图8－3，其牵涉许多经济学知识与专有名词，参赛团队通过结合曲线图、流程图的方式，充分传递了科学性、严谨性的观点，使作品的科技含量大大提升。

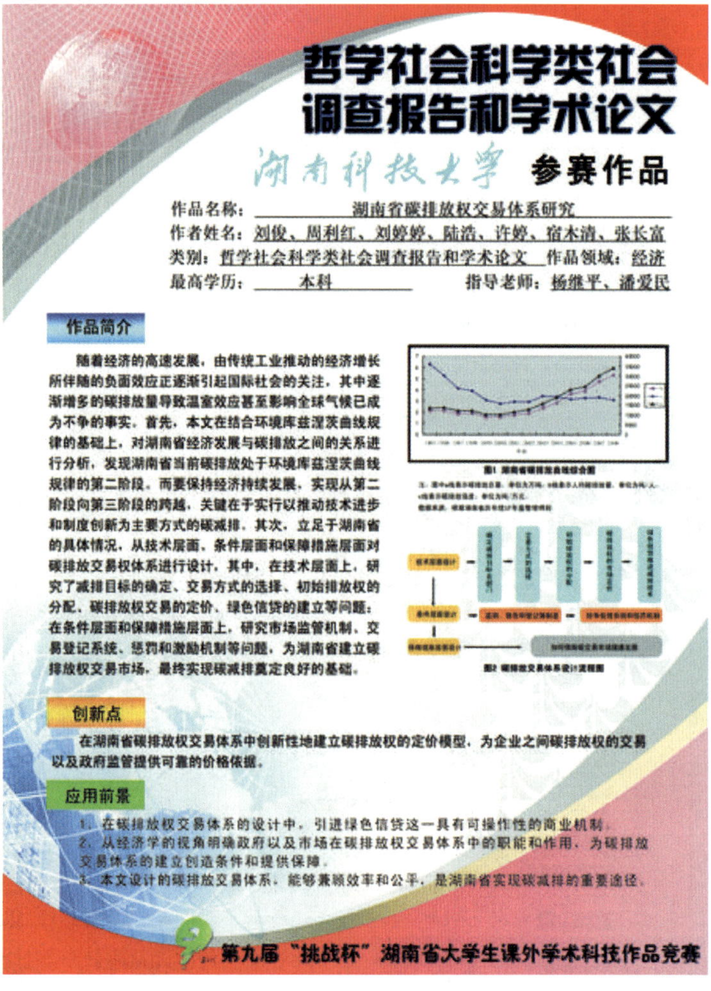

图8－3　湖南省第九届“挑战杯”竞赛作品《湖南省碳排放权交易体系研究》(此图片来源于网络)

（2）针对性

针对性是强调展板的选题及传播的信息，必须和目标人群的需求保持一致，并适应目标人群的特点。展板针对性强，才能充分调动目标人群的兴趣和热情。如图8－4，以第十五届“挑战杯”竞赛作品《全国二孩政策对女性就业的影响——基于江浙沪地区的调查》的展板为例，其调研对象分为女性个人和用人单位，作品整体的阐述也紧扣两条主线，紧紧贴合实际内容，主要分为研究问题和项目特色与调研设计和研究结论两个方面，极具条理性，并通过流程图的方式展现了调研思路，清晰明了，不会过于复杂让读者失去探究的欲望，但也不会太过简单失去了科技展览的意义。

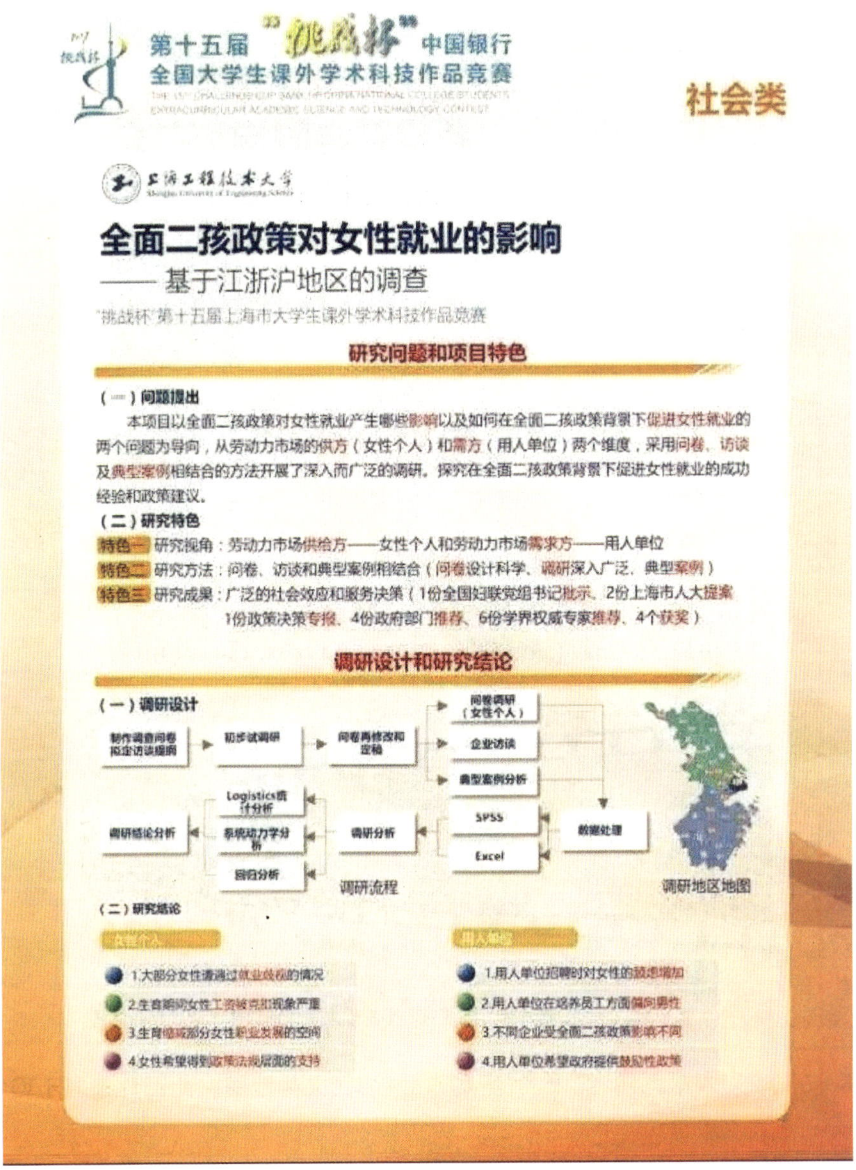

图 8－4 第十五届“挑战杯”竞赛作品《全国二孩政策对女性就业的影响——基干江浙沪地区的调查》(此图片来源于网络)

(3) 实用性

实用性是指展板传播的信息要简明、具体、可操作。展板的内容不宜涉及太多的专业理论知识，要贴近生活，用通俗易懂的语言讲清科学道理，努力做到一看就懂，一学就会。如图 8－5，以湖南省第九届“挑战杯”竞赛作品《湘西文化地图》的展板为例，该作品分为锦绣湘西、血色湘西、神秘湘西、浪漫湘西、绝技湘西和美味湘西六个篇章，用生动活泼的语言对湘西进行介绍，再配合富有韵味的湘西特色图片，使得湘西文化特色跃然纸上，改变了外界对湘西单一的想象与不实的印象。并通过对湘西形象的创意整合，重塑魅力形象。

图 8－5　湖南省第九届“挑战杯”竞赛作品《湘西文化地图》(此图片来源于网络)

(4) 艺术性

艺术性是指展板的文字、图片生动活泼，语言流畅，色彩搭配合理，有艺术感染力。通过合理利用对齐、重复、对比、亲密四个原则，可以使展板设计更加美观。如图 8－6，以第十五届“挑战杯”竞赛作品《中心城市大气污染治理体制改革与创新——基于南京市的纵向案例调研》的展板为例，通过各种图形的搭配，在表达内容的基础上，营造出了一种美感，三个区域互相独立却又互相呼应，兼具专业性与艺术性。

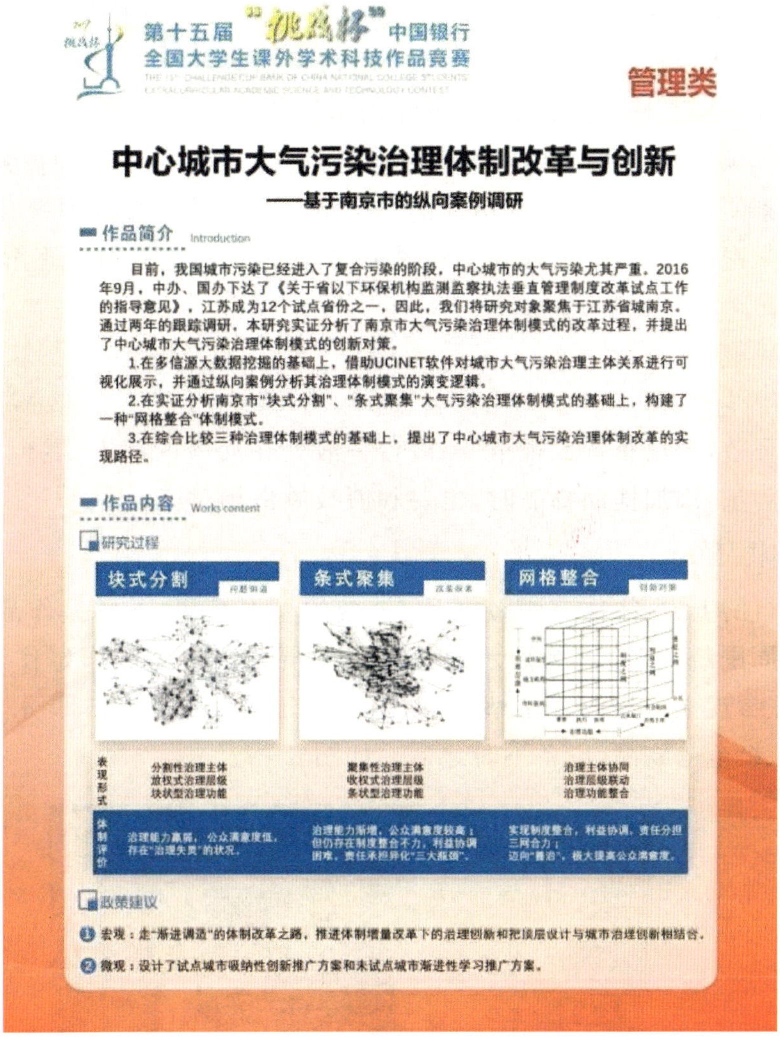

图 8－6　第十五届“挑战杯”竞赛作品《中心城市大气污染治理体制改革与创新——基于南京市的纵向案例调研》(此图片来源于网络)

① 对齐原则。页面上的每个元素都有属于自己的位置，不可随便放置，且每一元素都应与页面内容构成视觉上的联系。不同距离的元素可以通过制订不同的对齐方式达到相对统一。对于一些孤立元素，则可通过放置在适当位置，使其与整个页面构成一个整体，与其他信息协调统一。一个精美的设计最初总是看起来杂乱无章的，但通过用心寻找，总能找到最合适的对齐方式。

② 重复原则。所谓重复指的是设计元素在页面中多次出现，可能是一种粗字体、一条粗线，某个项目符号、颜色、设计要素，某种格式、空间关系等。有设计感

的重复元素不仅可以帮助组织信息，还能帮助读者浏览整个展板页面。设计元素的合理重复还有助于统一设计的各个部分。上下承接、左右并列的关系即可通过此原则来展现。

③ 对比原则。通过利用字体、线条、颜色、元素之间的间隔、材质形成对比效果，帮助评委快速捕捉重要的信息。对比原则对于展示页面信息至关重要，使得展板的设计存在冲突感，能给评委留下深刻印象。

④ 亲密原则。将相关的要素组织在一起，移动排列，使他们的位置相互靠近，这些相关要素便会被看作凝聚为一体的一个组。由碎片化变为系统化，通过同类信息要素的紧密结合，能帮助评委更轻松地阅读，从而更加高效地理解作品信息。

二、展台准备

在展示环节，会场布置也很重要，展台一般处在展板的前方，展台的布置以简洁大方风格为主，添加辅助物品时，也要和展板风格相对应。

1. 基础物品

在展示台的上方，往往有学校名称、校徽的立形横幅，下方是作品种类名称，展板在其四周围绕，正前方为展示台。展示人员可以事先制作好作品宣传小册子，以供来往参观人员进一步了解作品，更有助于作品的宣传。展示台上还可以摆放矿泉水、纸笔等物品，以备不时之需。如图 8－7。

图 8－7　展台展示(此图片来源于网络)

2. 特色物品

为了更好地传达团队理念，参赛团队可以将调查采访的过程、调查结果等具有特殊意义的事件以图片的形式打印出来放置在展示台上，供来往参观人员观看。诸如特色村落的建筑风格、文化遗产研究等，可以将其模型或者实物放置于展示台上。如图 8－8。

图 8－8　作品《“e 粒粟”微农共享扶贫公益平台》展台布置（此图片来源于网络）

三、服装准备

展示人员的服装不必像答辩环节一般严肃正式，可相对活泼，但也应展示出团队风貌。可穿着统一的团队服装，具有职业特色的参赛团队可以穿着配备相应特色且符合作品主题的服装，如医学生可以统一穿着白大褂进行展示。如图 8－9。

图 8－9　服装展示（安徽省第八届“挑战杯”竞赛特等奖作品参赛团队）

第二节　现场展示

一、提前演练

展示现场除展板、展示台外，还有展示屏。在展示环节开始之前，展示人员可事先准备好展示稿、PPT 等，挑选最能展现作品核心与团队风貌的内容进行展示，并事先进行多次排练，保证展示过程的完美呈现。

二、展示环节

在进行总决赛前一天左右，将会有各级领导、专家学者、指导教师、参赛团队等前来观摩，需要参赛团队展示自己的作品，在展示时，展示人员应保持沉着冷静的态度，展现出作品的主旨内核与良好的团队风貌。此外，应将其与答辩环节的展示稍做区分，受众群体相较于答辩时面对的各个专业评委来说专业性较弱，故而讲解时也应尽量用较为简单易懂的语言，化繁为简，展现作品的实用性与趣味性。面对参观人员提出的各种意料之外的问题，应当保持冷静，在不脱离作品主旨的前提下进行回答。

三、特色展示

对于部分作品来说，可能存在更多的展示空间，可以充分发挥专业特长优势。以中医药院校临床专业学生参赛为例，如果他的作品调研主题围绕中医药发展方向展开，为了让参观人员进一步加深对中医药的理解，展示人员可现场展示推拿、艾灸、拔罐等中医诊疗技术，传播中医药特色的同时深化了调研主题，有利于展示环节的进一步开展，从而加深现场参观专家对作品的印象。

附录 6

全国部分“挑战杯”竞赛获奖作品展示

全国部分“挑战杯”竞赛获奖作品展示如表 8－1、表 8－2、表 8－3、表 8－4 所列。

表 8－1 第十六届“挑战杯”竞赛社会科学类部分获奖作品介绍

特等奖作品	
作品名称	《百年风华，劳工神圣——有关“一战”华工文化记忆的调查研究》
指导老师	杨位俭
团队成员	徐嘉、高昕、张若朴、郭艺颖、刘胤衡、梅其右、杨智翔、邹涵璐
简介：该项目通过文献整理、问卷调查分析、口述史料采集以及深入的理论研究，将调查与研究相结合，主要对“一战”期间中国派遣的 14 万赴欧支援华工的历史、贡献和牺牲等情况进行研究，全面、详实地还原华工的生命故事，深刻理解和阐释华工赴欧对于现代中国道路选择以及思想文化构造的贡献，在新时代背景下具有重要的学术价值和积极的现实意义。	
作品名称	《建设生态文明背景下的电力行业效率改进与减排优化研究》
指导老师	朱磊
团队成员	谢俊、梁壮、潘睿之
简介：该项目利用改进的数据包络分析，同时考虑了电厂期望产出和非期望产出，基于效率赋予变量权重最终得到综合效率，而非单一的技术效率或经济效率。项目采用基于节能减排技术的自底向上微观层面数据，构建电厂边际减排成本曲线模型以及碳排放模拟交易模型。结果获生态环境部应对气候变化司认可，并被美国环保协会发表了相关报告。项目将电厂实时监测数据结合能源大数据应用思想，从电厂燃煤管理运营优化角度建立优化系统以提高电厂效率，目前已得到电厂实际应用。	
作品名称	《精准扶贫中的贫困识别：福利损失与解决办法——基于西部、东部、东北的调研与实证研究》
指导老师	高峰
团队成员	李常、朱恒栋
简介：该项目通过分析整体贫困户的收入分布信息，来研究贫困户低保收入的现象，将聚束分析方法应用于贫困识别领域的福利分析，将支持向量回归模型引入贫困识别的研究中，为贫困识别研究提供了更加准确的方法。研究可用于全国各地的扶贫工作，为打赢脱贫攻坚战提供科学分析的工具。	
作品名称	《“退之有道”：兼顾农户利益与社会效益的宅基地退出模式优化研究——基于浙江省 15 个县市区调研》

续表 8-1

指导老师	苑韶峰、钱水土
团队成员	李叶菁、王佳、杨帆、秦海涛、王晓旭、钱优楠、盛灏成、徐泺滢、邵润植、蓝齐芳
简介：该项目致力于助力乡村脱贫，进行了多次调研，在探索分析过程中结合多种模式，最终将系统动力学理论附加至“宅基地退出模型”，为制定宅基地退出改革政策提供参考。	
作品名称	《行动起来，向滥用抗生素说不——中国 13 省市 1345 家零售药店无处方销售抗生情况调查及应对研究》
指导老师	Thérèse Hesketh、沈筱筠、陈超
团队成员	陈杰、孙泳、侯田志超、赵帆、许煜梓、周弘毅、徐明明、杨建辉
简介：该项目以零售药店为切入点，运用“神秘顾客法”调查中国 13 省市 1345 家药店，发现其中83.6%存在违规销售行为。通过深入访谈，分析总结浙江省抗生素管理政策和经验，并推出面向医药从业者和公众的线上教育平台，现注册量超 2.8 万人。形成可复制的调研方法和干预模型，为遏制抗生素滥用提供新思路，让未来中国依然有药可用。	
作品名称	《生命的馈赠：器官捐献家庭意愿影响因素与对策研究——以浙江省为例》
指导老师	林建锋、潘晓婷、刘婵娟
团队成员	黄君婷、刘维、戴振峰、白子铖、马及、吴屹昂、项巍驰、方程钰
简介：该团队以家庭视角为切入点，通过问卷发放、实地调研等方法，分析器官捐献家庭意愿影响因素，并创新性地构建器官捐献“家庭向阳模型”，从文化观念、制度建设、社会关怀三个方向提出相应对策，以期提高器官捐献家庭同意率，让家庭成为器官捐献的推动力量。	
作品名称	《基于供应链金融的“三维信用评价体系”助力中小微企业融资增信——对 140 家企业和 40 家金融机构的访谈调研》
指导老师	储雪俭
团队成员	谢天豪、钱赛楠、张尊力、闫娅男、艾浩然、杨佩芳、李欣怡、谢冰
简介：本项目致力于解决中国中小微企业融资难的问题，从供应链金融的视角，构建“三维信用评价体系”，并通过 BP 神经网络对新体系的有效性进行验证，从而实现打通金融活水流向中小微企业“最后一公里”。项目通过问卷调查和实地访谈对 7 省 26 市的 140 家中小微企业及 40 家金融机构进行了调查研究，共发放 420 份调查问卷，回收有效问卷 390 份，调研结果表明：目前我国中小微企业的融资渠道主要为社会融资和平台融资，较难获取商业银行的低息贷款；其核心问题在于信用不足，中小微企业主体信用难以体现真正的信用能力，商业银行未能深度参与产业运作，银企存在信息不对称。就此，本项目提出将交易信用和监管信用纳入以主体信用为主的传统信用评价体系，构建“主体＋交易＋监管”三位一体的三维信用评价体系，从根本解决中小微企业融资难的问题。“三维信用评价体系”也获得了多方的验证，实地采用均取得精准评价效果。	

续表 8-1

<table>
<tr><td>作品名称</td><td>《护航“网生代”——Web3.0 时代未成年人网络权益软性保护路径研究》</td></tr>
<tr><td>指导老师</td><td>李川、苗泽一、刘艳红</td></tr>
<tr><td>团队成员</td><td>刘一帆、范洁、胡炜瑛、陈睿毅、王若男、肖湘雨、邓心林</td></tr>
<tr><td colspan="2">简介：项目组针对未成年人网络沉迷问题提出软性预防的新思路，即运用互联网“软法”预防未成年人沉迷网络。互联网“软法”是指不具有法律约束力，不通过国家强制保障实施，由互联网时代社会各界在自发、协商一致的基础上制订的并通过自身隐含的约束力保证实施的一种预防措施，可分为自律性规范预防、专业性技术预防和引导性教育预防。</td></tr>
<tr><td>作品名称</td><td>《科学育孙万家行——祖辈教养“2+X”课程开发与推广》</td></tr>
<tr><td>指导老师</td><td>徐雄伟、何慧华</td></tr>
<tr><td>团队成员</td><td>俞峰、田诗晴、卞祥瑞、朱莉、储海燕、罗园园、张书玄</td></tr>
<tr><td colspan="2">简介：该项目针对祖辈教养最为关注的育孙问题，开展了广泛的社会调研和深入的理论研究，基于建立和推广“科学育孙观”的工作宗旨，开发了以祖辈为教育对象、以社区教学与入户指导为主要形式的“2+X”课程体系。祖辈教养课程的开发与实施能有效提高祖辈教养的质量，为打造祖辈积极参与的和谐家庭教育生态提供了重要的理论依据和实践模型。</td></tr>
<tr><td>作品名称</td><td>《网络舆情“体制归因”演化机制及防控策略研究——基于 503 个教育网络舆情案例分析》</td></tr>
<tr><td>指导老师</td><td>李天丽、董浩玉、詹红燕、徐殿秀、陈志勇</td></tr>
<tr><td>团队成员</td><td>王鹭、郑青青、史祺祯、陈清清、赖丽慧、林雅彬、林昊元</td></tr>
<tr><td colspan="2">简介：该项目针对网络舆情中“体制归因”现象，对自 2016 年 1 月以来的 605 个舆情案例展开了分析，从时间规律、关涉领域、矛头指向等角度切入，对存在“体制归因”趋向的教育舆情展开了研究，探讨其传播现状、演化机制和防控策略。</td></tr>
<tr><td colspan="2">一等奖作品</td></tr>
<tr><td>作品名称</td><td>《设计立县：基于福建松溪的设计扶贫实践与模式更新》</td></tr>
<tr><td>指导老师</td><td>周洁</td></tr>
<tr><td>团队成员</td><td>何宇瑶、陈德芳、张轶然、王伊莎、虞心依</td></tr>
<tr><td colspan="2">简介：该项目从“精准扶贫”政策出发，选取福建松溪县为实践样本，开展社会实践调查、设计打造“松溪茶堂”文创体验空间、举办设计大赛、策划农业现代旅游节等系列活动。在发掘地域文化资源、整合区域文化品牌方面，项目切实为松溪县提出可实施性解决方案，带动地方特色品牌的打造和宣传，激发了更多大学生回乡建设家乡的热情，为更多的设计立县计划和设计扶贫行动提供有本可依的模式参照。</td></tr>
<tr><td>作品名称</td><td>《关于“塔西佗陷阱”的研究——政治史学视野下的文本追溯与古今之辩》</td></tr>
<tr><td>指导老师</td><td>张文涛</td></tr>
<tr><td>团队成员</td><td>张云天、唐子涵等</td></tr>
</table>

续表 8－1

简介：项目基于政治史学视野下的文本追溯和古今之辩展开了对“塔西佗陷阱”的研究。通过文本梳理、史实发掘、哲学分析和相关著作的佐证，项目最终确定“塔西佗陷阱”实际上具备两种含义：一方面涉及对上位者的行为约束，另一方面涉及对民众的政治教育。通过对“塔西佗陷阱”的文本追溯和古今之辩，项目可以增进各界关于“塔西佗陷阱”的正确理解，推动这一概念在当代中国发挥更为积极的作用，助力建设中国话语体系和国家治理体系。	
作品名称	《产业驱动的乡村振兴之路3.0版——对浙江省9镇36村地方产业驱动乡村发展的典型模式研究》
指导老师	陈晨、杨贵庆
团队成员	徐浩文、王昱菲、陈王苗、刘姿辰、刘小涵、李志鹏
简介：项目聚焦乡村振兴先行区浙江省，为破解当前乡村实践中乡村贫困和乡村产业发展不可持续的两大难题，深度研习产业驱动的乡村振兴之路3.0版，挖掘地方产业激活乡村发展的经验，为乡村地区产业发展提供借鉴。基于产业经济学和城乡规划学的交叉学科视角，研究针对产业选择提供政策支持，针对产村互动发展特征提出空间规划要点。面对乡村地区人才匮乏的现状，为强化实际应用，项目研制“掌上智村”小程序与“乡村产业振兴工作法”，旨在解决乡村产业发展“干什么”和“怎么干”的问题，并通过互联网进行成果应用与迭代发展。	
作品名称	《脱贫长效机制研究——基于中部三省四县的调查》
指导老师	左才
团队成员	赵德明、张萌颖，范涛溢、吴天慧、孙宗芹
简介：该研究围绕“精准扶贫”主题，在左才老师指导下，结合过去两年在中部集中连片贫困地区的四个国家级贫困县进行的实地调研成果，探讨如何建立“脱贫长效机制”。该研究基于行政主导型扶贫模式的研究框架，依次分析了产业扶贫、驻村帮扶、结对帮扶等三方面内容的主要特点及其效应。研究发现：不同产业项目扶贫效果存在差异，且产业决策中存在选择盲目、项目扎堆、捆绑式发展等弊病；驻村工作队在改善贫困现象与乡村治理状况的同时，也挤压了部分村两委自主性；结对帮扶干部更多运用政治资本，而非社会资本来提高扶贫绩效，但容易造成扶贫短期化或依赖性。基于此，该研究针对性地提出了“产业决策专业化、驻村机制常态化、结对帮扶社会化”三大长效机制，为精准扶贫、精准脱贫建言献策。	
作品名称	《制造业中小企业创新的成功之路——“协同创新＋靶向服务”的江阴经验》
指导老师	郑江淮、胡丹丹
团队成员	殷至舟、陈越、刘铭丞、张涵程、蒋韬、王雨桐、田静、周铃铃
简介：制造业作为实体经济之母，关乎国家兴衰。近年来经济动荡不定，制造业中小企业唯有创新才能提高竞争力。作品通过对“中国制造业第一县”江阴的中小企业实地调研，指出制造业中小企业创新的两大失灵问题；为破除瓶颈，作品根据江阴经验经博弈论证凝练出协同创新范式，并通过实证分析验证；最后，针对制造业中小企业创新“痛点”，提出以“靶向服务”为核心的政策建议。	

续表 8-1

作品名称	《农房共享、融通城乡：农村闲置房屋盘活利用的可行模式探索——基于陕西高陵、湖南浏阳两地三案例的调查研究》
指导老师	陈胜祥、周宗根
参赛学生	李愉欣、黄莉、李嘉惠、陈燕珺、邱国忠
简介：在宅基地“三权分置”改革背景下，各试点地区积极探索农村闲置房屋盘活利用模式，形成了一些典型案例。作品基于乡村分化视角和理论抽样原则，选取陕西高陵“共享村落”、湖南浏阳“旅游民宿”和“城乡合作共建”三个案例作为研究对象。依据“状态·结构·绩效”的逻辑进路，运用 nvivo 软件管理和分析质性数据，在案例比较的基础上，基于不完全契约理论，创新性地构建了一个具有普遍适用性的可行模式，并论证了其应用价值。	
作品名称	《信息流广告的广告相关性如何提升广告转化率的机制研究——基于有调节的中介效应模型》
指导老师	张峰
团队成员	夏宇锋，韩博昱、胡洁蓉、梁柏林
简介：该项目关注信息流广告这种精准传播的有效手段，揭示其相较于传统广告的优势，考察其有效转化的机制，以弥补该领域实证研究的空白，并为我国信息流广告产业的发展提供重要启示意义。该项目研究成果表现出了极强的市场价值和学术意义，团队已与多家企业达成深度合作，并与诺贝尔经济学奖获得者泽尔滕教授实验室——南开大学泽尔滕实验室达成科研合作。	
作品名称	《民营经济如何迎来大发展的春天？——各省民营经济政策与落实情况研究》
指导老师	郭元源、刘琼
团队成员	方韵、王伟、朱程红、杨伊涛、张颖怡、顾懿晶、黄靖茹、郑嘉奕
简介：本项目通过对民营经济扶持政策进行质性分析，创新性地总结出近 15 年来民营经济政策在财税、融资、创新以及公共服务等四方面的演变趋势以及各省政策侧重点，并通过问卷发放、企业访谈等实证调查，分析各省民营经济扶持政策特色与落实效果，最终对处于不同民营经济发展阶段的省份提出了有差别、有重点的政策建议以帮助民营经济越火山、融冰山、移高山，助力民营经济迎来大发展。	
作品名称	《乡村振兴战略背景下中国农民的农地情怀与政策期待——基于 8432 位农民对家庭联产承包责任制的感知》
指导老师	尹建华、张萌、解丽霞
团队成员	吴玉转、欧家芬、冯泽林、罗颖仪、席婧、罗漪雄、王耀庆
简介：乡土中国调查队在改革开放四十周年的契机与实施乡村振兴战略的时代背景之下，以农民视角为切入点进行全国调研，探究农民的农地情怀与政策期待，10 万字报告为即将到来的新一轮土地承包期与乡村振兴建言献策，积极响应习总书记对青年人“深入基层，深入群众”的号召。	

续表 8-1

作品名称	《印度主流媒体对“一带一路”倡议的认知情感变化及原因分析》
指导老师	王雪玉、刘道影、王媛媛
团队成员	张明慧、游方晓、杨美、王鼎鹿、葛志安、孙智祺、陈天翼、陈青、陈灼、刘楷阳
简介：项目通过对印度国内六大主流英文媒体相关新闻报道进行细致语言分析，探究印媒对“一带一路”倡议的认知情感变化及其背后原因。研究发现印媒对“一带一路”的关注度不断提高，认知情感变化从最初的怀疑、矛盾逐渐向积极方向发展。这一变化与印度作为南亚大国的历史文化语境相关。同时，西方主流媒体新闻报道和中印历史遗留问题对印媒新闻内容和话语的选择也具有一定影响。	
作品名称	《“追梦人”的逐梦路：探寻大学生创客群体的发展之道》
指导老师	徐浩、孙薇薇、解春艳
团队成员	全静、王宁、武惟婕、李梦、葛俊帅、徐超、季逸书、陈锦坤、王将、薛宇豪
简介：该项目依托学校丰富的创业教育实践，以“大学生创客群体”为研究对象，以构筑创业梦、走近“追梦人”、问路梦之初、聚力创业路为研究线索，走近大学生创客群体，倾听他们的心声，探寻他们的发展路径，为后来者筑路搭桥。研究过程中，回收有效问卷 417 份，形成访谈记录等原始材料 40 余万字，多位知名学者对团队成员在研究中体现的敢于担当的社会责任感与使命感给予了充分肯定。研究成果还受到了人民网、《南京日报》、人民日报社等媒体的关注，并曾在 2019 全国大学生创业实训营期间进行宣讲和推广，相关建议被第二届南京市青年大学生双创节采纳并运用。	
作品名称	《小农户也有大市场：城郊小农户农产品流通模式创新研究——基于长沙市 5 区 28 个城郊村调研》
指导老师	王清、叶洋滈、李慧
团队成员	朱杰、刘圣文、黄耀湘、赖丽芬、魏岑琛、陈英、黄雅娟、陈若晨
简介：通过对长沙市 5 区 28 个城郊村的调研，梳理出城郊小农户的发展现状与特征，针对存在的问题，经过实践探索，提出可行的解决方案，精准对接小农户农产品供给与社区需求，探索一条实践性强、可复制的乡村振兴进程中小农户农产品流通的创新之路，提升小农户获得感、幸福感，实现小农户与现代农业发展有机衔接。	
作品名称	《数据山水——基于气候适应性的京津冀传统古村落山水格局设计指导》
指导老师	齐羚
团队成员	刘冉倩、刘静羽、崔岳晨、唐璇、张君宇、郭雨萌、王乙淋
简介：该项目通过对京津冀地区传统村落进行深入调研、实验观测和数值模拟，探究其微气候与山水格局特征多因子耦合关系，并提出参数化辅助设计新流程，为京津冀传统村落保护规划提供基于气候适应性的山水格局优化策略。	
作品名称	《消除黑臭，澈水长流——基于西安市黑臭水体防治对策研究》
指导教师	冯永宁
团队成员	张晨、罗懿、姜阳、赵家豪、方兴、薛福举、贺豪华

续表 8-1

<table>
<tr><td colspan="2">简介：项目团队依托专业学科优势，针对西安市城六区、临潼区等 13 个主建成区的 931 处水体开展黑臭水体识别排查及分级判定工作。整个排查工作历时近三个月，发放问卷 9000 份，调研范围覆盖 3629 平方公里，测定水样 6876 个。基于调研结论，团队提出了太阳能充氧曝气、景观水体与绿地灌溉系统节能交互设计两项黑臭水体技术治理措施。同时，着眼于当前黑臭水体综合整治模式存在的突出问题，创新性地提出了“政府—高校—公众”协通联动的全民盯防新模式，利用互联网技术构建“黑臭水体综合防治全过程监管平台”，实现黑臭水体及时反馈、及时治理与长效保持。西安市水务局高度认可调研工作以及团队提出的防治对策建议，并将其运用到疑似黑臭水体的整治工作中，取得了显著成效。</td></tr>
<tr><td>作品名称</td><td>《困境与期盼：农民幸福路在何方？——基于全国东中西部 17 个乡镇的调查》</td></tr>
<tr><td>指导老师</td><td>许和连</td></tr>
<tr><td>团队成员</td><td>孙一君、杨宇琪、张伽、高翔、张嘉豪、刘思成、唐露</td></tr>
<tr><td colspan="2">简介：基于 2017 年 10 月习近平总书记提出的实施乡村振兴战略，项目团队成员秉承“经世致用”的家国情怀，深入农村基层，历时一年多的时间走访了全国东中西 8 省（自治区）17 个乡镇，针对农民幸福感问题开展了深入调研，得到了关于农民幸福感的第一手数据，进行了科学的统计分析，分老中青三代，探究我国农村居民幸福感的影响因素，并提出提升农村居民幸福感的政策建议。</td></tr>
<tr><td>作品名称</td><td>《如何绘制新时代“富春山居图”——苏南地区村土地利用规划编制实践》</td></tr>
<tr><td>指导老师</td><td>黄秋昊、李岩、陈振杰</td></tr>
<tr><td colspan="2">简介：乡村振兴是实现中华民族伟大复兴的重要基石。近年来，党中央国务院多次要求进一步深化农村土地制度改革。然而，苏南农村在发展过程中却面临着土地零散碎片化布局、乡土风貌退化等突出问题，乡村发展乏力。作品深入苏南乡村研究土地利用现状，综合运用地理信息技术与空间分析等多学科方法，尝试探索一条集约高效、人地和谐相处的土地利用模式。</td></tr>
<tr><td>作品名称</td><td>《破局与更立，共享单车发展困境与协同治理研究——基于政府—企业—公众联动视角》</td></tr>
<tr><td>指导老师</td><td>程钰</td></tr>
<tr><td>团队成员</td><td>郭玉婷、侯雨蓉、王若强、齐麟、沈芷晴、侯家璇、张德阳、邢玉琦</td></tr>
<tr><td colspan="2">简介：团队成员实地走访山东省济南市各辖区，从市场、企业、政府、公众四方面研究归纳当前制约公众骑行意愿的共享单车发展困境，并探索公众骑行意愿的影响因素，针对性提出共享单车治理措施。从“发展困境－骑行意愿－协同治理”逻辑展开，创新 GCPP 模式下的共享单车运作机制，视角创造性转向社会治理现代化，从政府—企业—公众三主体具体探究共享单车协同治理对策，促进共享单车行业健康可持续发展。</td></tr>
<tr><td>作品名称</td><td>《融“工笔”入“写意”，绘互联互通新丝路——中国高铁“走出去”的知识产权风险调查研究》</td></tr>
<tr><td>指导老师</td><td>张祥志、宋婷</td></tr>
<tr><td>团队成员</td><td>米钰洁、杨梦迪、白惠文、安雪芬、陈颖、熊若曲、徐金辉、贺心怡</td></tr>
<tr><td colspan="2">简介：本作品从中国高铁“走出去”的知识产权风险调查着手，提出了相应的知识产权风险应对策略，期待能为中国高铁高质量地“走出去”提供全方位的战略参考。</td></tr>
</table>

续表 8-1

作品名称	《网约车个人信息保护问题研究》
指导老师	毛俊响
团队成员	王思洋、程馨、金源、郭佳
简介：团队通过调研认为，个人信息泄露是网约车安全问题频发的关键，团队以解决现实问题为导向，运用问卷调查和大数据分析等方法发现总结网约车个人信息的特殊性，以及网约车个人信息保护中存在的五个问题，从完善立法等七个方面提出对策建议，获得四位省部级领导批示，两位省部级领导推荐，项目具有较高实际应用价值。	
作品名称	《初中生校园欺凌的精准治理模式实践探索——基于累积生态风险模型的心理干预实证研究》
指导老师	郭磊、赵永萍、陈富国
团队成员	肖雪、姚馨怡、吕文婷、孙兵、唐诗、杨丹妮
简介：该项目以社会关注的热点问题"校园欺凌"为主题，在阅读大量相关文献、开展实地问卷调查的基础上，构建了校园欺凌精准治理理论模型，并立足现实根据欺凌者、受欺凌者不同特点进行针对性干预，研究全面考察多重风险因素，生态效度高，成果被多所中学采纳。	

表 8-2　第十五届"挑战杯"竞赛社会科学类部分获奖作品展示

特等奖作品	
作品名称	《资源型村庄的权力结构及治理的变迁——基于对山西省 T 村历史的实证研究》
指导老师	董磊明
团队成员	张梦吉、王鹏、刘楠、张子煜
简介：该项目调查的时间跨度为四十年，从不同于当地人的视角进行考察，将变化的过程和内部的机理梳理下来。为研究资源型村庄权力结构及治理变迁提供了一个典型个案；为理解我国的资源型村庄的乡村治理问题提供价值。	
作品名称	《境遇与选择：当代大学生的休闲生活方式及满意度研究——基于天津市高校大学生的调查》
指导老师	宣朝庆
团队成员	王余意、樊沛文、刘斯彤、唐芮、唐诗文、周文慧、肖文波、张刘引
简介：该项目旨在关注当代大学生的休闲生活方式，了解其休闲需求与休闲动机，揭示影响大学生休闲选择的原因机制，力求为大学生休闲生活质量研究提供参考依据，为中国休闲教育与休闲产业的发展提供实证支持。	
作品名称	《开源还是节流——山西省贫困地区居民收入与消费结构调查》
指导老师	石涛、杨永红
团队成员	赵思婧、张静、王佳怡、李肖、史成超、张晓燕、潘港辉、张淑杰

续表 8-2

简介：该项目调研历时近4个月，覆盖全省72%的贫困县，涉及贫困县42个、5000余户居民。通过将问卷数据分析与访谈相结合，发现恩格尔系数在贫困地区失灵的问题，提出了新时代下贫困新类型——“准支出型贫困”的概念。从政府开源与节流政策的角度，通过深入的理论与实证研究，印证了我国社会主要矛盾转化的基本状况，提出对于山西省乃至全国“精准脱贫”的对策与建议，并对脱贫时间进行了预期。	
作品名称	《一张地图、一座城市、一种文明——以上海首张生态文明教育资源地图开发为例》
指导老师	孙伟华
团队成员	黄铃婷、金朋珏、宫甜青、孙子萱、董锦云、饶怡沁
简介：该项目梳理了上海市生态文明建设成果，绘制了我国第一张生态文明教育资源地图，打造了一种实践性强的多元化生态教学模式，首创了一种高校团体、党团组织、职能部门三方共同推广生态教育的模式。团队与团市委、市水务局合作，开发了水专题等课程，依托大学生环保社团联盟，承接本市中小学生态教育，探索生态文明终身教育之路。	
作品名称	《农民专业合作社运行现状与利益联结机制研究——基于鲁、皖、浙三地合作社实地调研》
指导老师	季奎明
团队成员	王念东、任檬佳、汪涛、张涛
简介：该项目以山东、安徽、浙江三地20家农民专业合作社运行情况为蓝本，以合作社对普通农户的带动作用强弱为区分，在合作社提供服务内容、产权关系、盈余分配三个维度内，梳理了合作社与农户联结的三种模式。以合作社带动农户持续增收为着眼点，发现现阶段合作社普遍存在的三个层次的问题，即自身治理不规范、持续盈利能力弱、以“合作社”之名套取财政扶持。在肯定合作社领办人对合作社发展起积极作用的同时，提出领办人能力和素质欠缺是合作社与农户利益联结薄弱的内部原因，政府应在合作社发展中善尽监管之责，并对《合作社法》的修改提出建议。	
作品名称	《最后一批南京大屠杀幸存者个体生命记忆——1937—2017：穿越八十年的家国之梦》
指导老师	张生、武黎嵩
团队成员	高昕宇、朱智立、张益偲、邓雅欣、朱笑言、杜羽宸、高旭东、郝怿
简介：团队以习近平总书记关于深化抗日战争研究系列讲话精神为指导，整理口述资料，分析出幸存者们的阶层分布，深化了对于南京大屠杀史实的认识，明确了中国共产党在南京陷落后的中流砥柱作用，通过对幸存者们个体生命记忆的记录诠释了“中国梦”的主题，承载了家国情怀和历史使命。	
作品名称	《需要为本，优势取向：创新流动儿童权益保护社会工作服务模式——常州一校三社区的行动研究》
指导老师	史良、刘玉兰、张黎夫
团队成员	肖丹、陈醉、雷静、丁晶、魏璐璐、蔡淳麒
简介：该团队通过调查，设计问卷、访谈等形式开展项目。通过新模式，推进儿童社会支持系统重建，积极推动流动儿童个体能力提升、互助网络建立、参与机制完善，提升流动儿童的权益保护水平。	

续表 8 - 2

<table>
<tr><td>作品名称</td><td>《中心城市大气污染治理体制改革与创新——基于南京市的纵向案例调研》</td></tr>
<tr><td>指导老师</td><td>曾维和</td></tr>
<tr><td>团队成员</td><td>孙诗雅、陈曦、朱佳慧、钟倩华、王瑞、徐艺嘉、韩超、周抒</td></tr>
<tr><td colspan="2">简介：目前，我国城市污染已经进入了复合污染的阶段，大气污染治理问题凸显。以南京市为例，大气污染治理体制历经“块式分割”和“条式聚集”两个阶段，该项目参赛团队——“云”团队对此进行了为期两年的跟踪调研，研究提出了迈向善治的“网格整合”治理体制，形成了一条中国特色城市大气污染治理体制创新路径。</td></tr>
<tr><td>作品名称</td><td>《“一带一路”框架下高等教育国际吸引力提升路径探究——一项基于“一带一路”沿线国家来苏留学生教育的调查》</td></tr>
<tr><td>指导老师</td><td>周卫京、俞洪亮、刘佳</td></tr>
<tr><td>团队成员</td><td>王知言、滕志谦、何姝、高佳芊、高玥、顾安教、杨帆、周能</td></tr>
<tr><td colspan="2">简介：该团队历时 16 个月，对江苏省内 19 所高校、来自 24 个“一带一路”沿线国家的 359 名海外留学生进行了访谈和了解。团队采用数据挖掘、问卷调查、深度访谈、现象分析、政策与文献分析等研究工具，定性定量相结合，从留学生入学前、就读中、毕业后三个阶段，政府、社会、高校三层面，探究问题和对策。</td></tr>
<tr><td>作品名称</td><td>《最好的告别：安乐死的社会意愿及合法化路径探究——以浙江省为例》</td></tr>
<tr><td>指导老师</td><td>刘婵娟</td></tr>
<tr><td>团队成员</td><td>龚丹妮、李勇、王俊、于焕凯、林温曼、陈铠杰、谢琪琦、夏佳辉</td></tr>
<tr><td colspan="2">简介：该团队在进行医学伦理审查研究时关注到了安乐死问题，其后从医学伦理审查的角度进行剖析，认为安乐死应具备合理的理论支撑和完备的模式体系；因此在进一步研究时，成员对中国国情进行分析，并与已实现安乐死立法的国家进行反复对比，从而提出了符合中国国情的安乐死合法化推进路径，使课题得以延续和丰富。</td></tr>
<tr><td>作品名称</td><td>《从“愁城难解”到“城人之美”：基于武汉市流动摊贩的全民自治模式探究》</td></tr>
<tr><td>指导老师</td><td>戴胜利、陈刚华</td></tr>
<tr><td>团队成员</td><td>唐林、黄诗凡、孙静竹、张欣、吴金龙、沈琪瑶</td></tr>
<tr><td colspan="2">简介：本研究以“管贩关系”为中心，重点探究各角色主体的行为困境，归纳了城市治理模式从政府直管到全民自治演化过程中的利益纠葛及由此导致的复杂性行为特征，总结出“管贩关系”在各时期流动过程中所表现出来的多重矛盾。尝试探索出政府协同下全民自治的未来新模式，并将当代信息技术融入新模式建构路径中，力图在学理的演进上进行拓展，并为城市治理提供一些政策建议和思路借鉴。</td></tr>
<tr><td>作品名称</td><td>《法律规制视角下历史遗留重金属污染防治的风险分析与对策选择调研报告》</td></tr>
<tr><td>指导老师</td><td>柴立元、张宝</td></tr>
<tr><td>团队成员</td><td>吴星翰、朱佩、谭小丁、易啸、郑日晟</td></tr>
</table>

续表 8-2

简介：该团队先后前往了湖南常德市、临湘市等地区，与相关政府单位合作，将目光投向存在大量遗留污染的工业地带，本着理论与实践相结合的思路，以历史遗留污染地区的四个典型案例的分析研究为中心展开，探索建立并健全历史遗留型污染的新型法律治理机制，进而建构行之有效的法律规范体系。	
作品名称	《“精准扶贫”典型、经验与贫困户满意度调查研究——基于南疆少数民族集中连片特困区》
指导老师	李青
团队成员	薛珍、刘国昊、姚亚玲、张文瑜、何亮
简介：该团队历时 2 年，行程近 2 万公里，采用重点调查、典型调查和入户访谈等形式，全面调查研究南疆精准扶贫工作的瓶颈和存在的突出问题。她们在对 1247 份问卷、144 份访谈资料和 552 份音频视频资料进行系统归纳总结的基础上，完成了调查研究报告，为建立健全脱贫长效机制、防止脱贫再返贫提供了翔实的基础素材。	

表 8-3 第十四届“挑战杯”竞赛社会科学类部分获奖作品介绍

特等奖作品	
作品名称	《“情理之治”：基层信访办的运作逻辑——北京市 A 乡“无理上访”的案例分析》
指导老师	周飞舟
团队成员	任鹤坤、周瑞宇、杨舒晗、苑子文
简介：该项目通过对乡级信访办的长期实地观察与访谈，从中选取“无理上访”的三个案例进行讨论，补充以不同信访干部在调解和工作方式中的特殊细节，总结出了基层信访中“情、理、法”的作用关系。该项目落脚于制度精神，对信访制度反映出的传统与现代之间的暧昧处境进行了反思。	
作品名称	《乡土社会与市场经济的互嵌——基于福建东庄镇医疗产业同乡同业现象的实地调查》
指导老师	赵炜
团队成员	林颖楠、唐怡欣、王均、张海强
简介：本研究重点了解医疗产业同乡同业村福建省东庄镇医疗产业的生命史，并对其市场与亲缘地缘传统联结纽带的相互作用互嵌互构进行研究与分析，以此透视转型期市场经济下传统乡土社会的巨大变迁。在专业知识与实地研究的基础上为政府政策和社会组织的行动给予导向，为乡村经济发展的新思路与新农村建设的合理化开展提供理论参考。	
作品名称	《经济发达、人口众多的民族社区治理调查——以福建省晋江市陈埭镇为例》
指导老师	季芳桐、卜一
团队成员	胥楗梧、戈玲丽、陈明、周昕宇、于茜仪、李君宜、韩雨笑

续表 8 - 3

简介：十八届三中全会指出："全面深化改革的总目标是完善和发展中国特色社会主义制度，推进国家治理体系和治理能力现代化。"其中，社区作为社会治理的基础单元，实现其科学治理关系到国家治理体系的完善。本作品选取了福建省晋江市陈埭镇进行实地调研，对陈埭镇经济发达、人口众多的民族社区特点进行分析，总结当地将外来人口视同本地户籍人口对待的治理理念，以及形成的党政主导、社会力量参与和民生保障到位的综合治理机制，有利于丰富社区治理的相关研究。	
作品名称	《生态文明建设中的村民动员机制探索——基于江苏省建华村创建国家级生态村的实证研究》
指导老师	王晓燕
团队成员	姚海波、潘海燕、郭然、徐廉欣、崔雯青、张静静、周申倡、潘胜东
简介：团队一行 8 人对江苏省建华村创建国家级生态村、动员村民参与生态文明建设的状况进行了深入调研和研究。下乡走访 20 余次，整理访谈记录 30 多万字，搜集文献资料 130 多万字，最终完成《生态文明建设中的村民动员机制探索——基于江苏省建华村创建国家级生态村的实证研究》的调研报告。	
作品名称	《一个村庄的涅槃——以云南边境民族地区 R 村毒品问题的乡村控制为视角》
指导老师	莫关耀
团队成员	杨海燕、王双宝、郑成功
简介：该团队用两年的时间，完成了调查报告《一个村庄的涅槃》。报告显示，在国家法律的高压态势和村民自治的结合之下，截至 2015 年，曼软村这个被毒品笼罩了几十年的村寨，已经连续 6 年"没有新增吸毒人数，且原有吸毒者人数降低"。曼软村的经验，为边境村寨的毒品控制和社区治理创新提供了有价值的借鉴。	
作品名称	《"丰富环境"戒毒：劳教后时代强制隔离戒毒模式的社会化新探索——基于浙江 5 家强制隔离戒毒所的实证调研》
指导老师	刘昱、冯一文、周文华
团队成员	李鹏平、李双艳、陈伟峰、林德永、潘统鹤、许舜、李平、杜奕奕、吴波亮、李萌
简介：该团队凭借转化医学指导构建"丰富环境"戒毒模式，通过法学调研完善戒毒者权利保障，融合医学和法学的特长，为我国的强制隔离戒毒模式日渐完善提供了可供选择的方案。目前戒毒所已投入 300 余万针对该戒毒模式进行建设。	
作品名称	《农民工欠薪问题何以在务工人员大县高校解决？——基于浙江省玉环县清薪办模式的调研》
指导老师	于朔
团队成员	尤越、孙婧妍、许弘智

续表 8-3

简介：该调研通过深入观察清薪办、采访工作人员、收集案例等方式获取大量一手材料，从成立历史、人员部门、机构职能三个方面对清薪办工作模式进行了深入分析。基于获得的分析资料，三位同学从理论层面展开分析，提出玉环县清薪办之所以能够短时间处理大量复杂案件，一是由于部门定位转变，将政务沟通渠道变为政务解决机构；二是降低门槛与消减成本，给予农民工讨薪以制度化的利益表达渠道；三是精简组织结构，提升执行力。他们的调研给政府保障农民工合法权益提出了制度性的出路和模式，为我国其他地方解决类似问题提供了借鉴。	
作品名称	《城镇化进程中农村基层治理体制创新——以“正经分离”为特征的南海农村综合改革调研》
指导老师	陈那波
团队成员	黄佳娴、蔡师博、朱睛菲、梁文君、张家玉、丘铭然、李昊煜、林展翰
简介：该项目试图超越“国家撤出农村”抑或“国家嵌入农村”的争论，结合南海三个具有代表性村庄个案，通过合作治理理论的视角来分析广东南海是如何通过“政经分离”综合治理体制改革来实现国家与社会良性互动的。总结南海“政经分离”改革的具体经验做法，对全面深化改革、推进国家治理体系和治理能力现代化以及全国其他地区开展“政经分开”试验具有重大而深远的意义。	
作品名称	《新常态下我国水土流失治理机制的探索——基于“长汀经验”的调查与思考》
指导老师	黎元生、俞姗、俞建群、陈洪昭、陈忠生、祁新华
团队成员	罗莹燕、丁中贤、张璇、陈钰心、陈晓竞、姚雨璟、陈晔倩、吴越
简介：该团队三次远赴长汀，走访 23 个乡村，发放 405 份问卷；与种养大户、农户深度访谈半个月，与 50 多位相关领域的专家学者、政府部门人员进行探讨交流。同时，该项目实现了其决策参考价值，得到了福建省水利厅和省科学技术厅的采纳。	
作品名称	《土地流转、农民权益与新型经营主体：在流转中实现共赢——河南鄢陵模式探析》
指导老师	贺东航
团队成员	蔡佳楠、黄嘉妮、林位廉、何锐、赵青、马欣、常菁、张盈盈
简介：立意高，站在国家战略的角度考虑问题。习总书记在河南考察时，强调中部和北方地区土地流转与现代农业制度建设的重要性。该团队研究的题目符合现代农业制度改革方向，将土地改革、农民承包权益与现代农业制度(新型经营主体)三者(三位一体)结合起来考虑，立意符合国家急需解决的问题。该团队调研的河南许昌鄢陵县课题关注了新农村发展，对推动国家土地改革战略有重要意义。	

表 8-4 第十三届“挑战杯”竞赛社会科学类部分获奖作品介绍

特等奖作品	
作品名称	《广东省农村土地流转模式比较研究——基于 8 市 22 个行政村的实地调研》
指导老师	谭砚文
团队成员	曾华盛、黄颂歌、陈兆凤、邹欣、潘家敏、陈坤彬

续表 8－4

<table>
<tr><td colspan="2">简介：团队累计时间超过两年，走访了 8 市 11 乡镇 22 个村 115 个农户，完成了上百份访谈问卷。在预调研期间，曾华盛团队实践发现：相对于问卷调查，农民更加喜欢面对面相互交流，彼此之间有了一定了解之后，才会敞开心扉地倾诉。经过反复讨论和思考之后，他们决定采用访谈的方式来了解当地土地流转的真实情况。调研先做好设计，设身处地去感知。曾华盛团队的采访对象，从一开始村干部、农民不配合，到逐渐深入调查群体，了解到自己从未预料到的情况，都得益于采用了访谈的调研方法。</td></tr>
<tr><td>作品名称</td><td>《封闭管制还是开放协商：社会管理新模式的实践与探索——以吉林省白山市吊水壶村为例》</td></tr>
<tr><td>指导老师</td><td>李文祥</td></tr>
<tr><td>团队成员</td><td>吴征阳等三人</td></tr>
<tr><td colspan="2">简介：该团队独创的“四方共建”模式，成功解决了吉林省白山市吊水壶村严重的村企矛盾，也为当前我国解决地方经济发展与群众利益协调问题提供了一条可行措施。</td></tr>
<tr><td>作品名称</td><td>《建设工程表见代理纠纷的审判方法和风险防范研究——基于全国 230 件案例的实证分析》</td></tr>
<tr><td>指导老师</td><td>申卫星</td></tr>
<tr><td>团队成员</td><td>王小何、邹沁、王婧、李唯涵、阮神裕</td></tr>
<tr><td colspan="2">简介：该团队经研究提出“表见代理四要件分析系统”，并以此为基础为法院法官提供一套切实可行的审判方法，给建筑企业和交易相对人提出了一套全面系统的风险防范建议。
随着城镇化进程加快，我国建筑行业迅猛发展，规模急剧扩大。但是，由于巨大利益驱动、市场体系不成熟、行政监管缺位等原因，施工挂靠、转包、违法分包等不规范经营方式已成泛滥之势。在此背景下，建设工程表见代理纠纷高发，已经成为当下困扰司法界和建筑业的重大难题。以弥补立法缺失、解决审判困局、填补学界空白、规范市场秩序为目的，课题组在一年多的时间搜集和分析了全国 230 件典型案例，并走入“建筑之乡”江苏省，深入南通市中级人民法院、港闸区人民法院、南通建工集团法务部、工青妇活动中心及商办工程项目部、江苏友诚律师事务所等单位进行专业访谈，以当事人的诉求与困惑、司法审判的经验与困境为宝贵的第一手材料，总结反思司法审判中的三大症结，独创“表见代理四要件分析系统”供法官审判适用，并针对性地为建筑行业两大商事主体提出了切实可行的风险防范建议，形成 8 万余字书稿，其观点与建议得到了最高人民法院及民法权威王利明、崔建远教授的高度肯定。</td></tr>
<tr><td>作品名称</td><td>《流浪儿童何以“流浪”——对新疆流浪儿童成因与对策研究》</td></tr>
<tr><td>指导老师</td><td>耿敬、刘玉照</td></tr>
<tr><td>团队成员</td><td>阿里木江、夏兆强、周雨薇、曹诗婕、章世园、周茜蒙、赛尤拉·肖开提</td></tr>
<tr><td colspan="2">简介：该项目通过对政策制度、机制、相关人员及社会四个层面进行研究以及从新疆当地经济水平、宗教信仰、文化教育等方面的特殊状况出发，从救助部门、社区、家庭、学校以及社会五个角度拟定了针对性的介入对策方法，分析讨论在现有条件下如何组织新疆内地“流浪”儿童顺利回疆，保证救助工作的有效性，保障这些被救助回归家庭、等待重回社会的孩子能够正常地融入社会、开始新的生活。</td></tr>
<tr><td>作品名称</td><td>《中国慢性病防治“四位一体”管理模式的探索——基于南京九社区老年糖尿病患者的调查与服务实践》</td></tr>
</table>

续表 8－4

<table>
<tr><td>指导老师</td><td>孙子林</td></tr>
<tr><td>团队成员</td><td>高圆圆、胡越兰、张福侠、胥新平、李颖、沈刚、马晓燕、周晓宇</td></tr>
<tr><td colspan="2">简介：该团队通过对社区同伴支持互助小组组长、患者、医护人员、志愿者、卫生管理人员、专家的座谈和深入访谈等方法评价这种模式的初步效果。结果成功构建了医院—社区—患者—志愿者一体化慢性病管理模式，该模式能够有效提高患者的依从性、消除患者的孤独感、改善患者的自我管理行为。结论：医院—社区—患者—志愿者一体化慢性病管理模式是现阶段国情背景下可实现的一种模式，能够有效缓解卫生资源紧缺的矛盾，实现对慢性病患者的持续支持，具有可推广价值。</td></tr>
<tr><td>作品名称</td><td>《新型农村合作经济组织发展道路的探索——以苏州市湖桥村为例》</td></tr>
<tr><td>指导老师</td><td>夏永祥</td></tr>
<tr><td>团队成员</td><td>邵路遥、许家瑞、孙若谦、汤嘉</td></tr>
<tr><td colspan="2">简介：该团队历时 2 年，4 位本科生先后 12 次赴湖桥村调研，深度访谈 80 多人次，实地考察村委会、湖桥集团以及村内的商铺、企业、工厂等，将湖桥村与华西村等典型农村经济发展模式进行对比，为全国范围内新型农村合作经济组织的发展路径提出借鉴意见。</td></tr>
<tr><td>作品名称</td><td>《一厢情愿到两情相悦：浙江省高校创业教育模式与发展路径》</td></tr>
<tr><td>指导老师</td><td>徐小洲、姚铮、邬爱其</td></tr>
<tr><td>团队成员</td><td>陈敏洵、何其蔚、吴琛、陈佳亮、王凯雨、王耀歌、倪好（横跨 3 个年级）</td></tr>
<tr><td colspan="2">简介：本作品以目前浙江省三类高校创业教育模式总结与发展路径为切入点，选取三所典型院校（研究型大学——浙江大学、教学型大学——温州大学、职业教育型院校——义乌工商职业技术学院）进行调研，通过案例研究与实证分析的方法总结了不同类别高校创业教育的成功经验和不足之处，识别了不同类型高校创业教育的发展空间。最后，针对各类高校创业教育设计“理念指导、课程教学、实践模拟、外围支撑”的“四位一体”创业教育发展路径，构建创业教育复合体，并提出了“创业教育链”的概念，实现不同类别高校创业教育间的差异性发展和联动性发展，为浙江省高校创业教育更好地实施提供了合理化建议。</td></tr>
<tr><td>作品名称</td><td>《产业转移黏性是如何产生的？——基于泛长三角地区百家企业的调查研究》</td></tr>
<tr><td>指导老师</td><td>王先柱、成祖松</td></tr>
<tr><td>团队成员</td><td>冷娜娜、兰茹佳、李贝贝、赵婷、夏会良、张嘉、李宗丽、李竹</td></tr>
<tr><td colspan="2">简介：师生们走访江浙沪皖四省 15 个地市 113 家企业，发放和回收问卷，拍摄访谈视频时长 70 多个小时。冷娜娜介绍道，在一个多月的时间里，队员们走遍了上海、杭州、连云港、淮安、苏州、扬州、南京、合肥、芜湖、池州等地区的开发区和承接产业转移示范园区，调研范围包含了各种行业类别的 112 家企业。</td></tr>
<tr><td>作品名称</td><td>《信用共同体“贷”动小微企业创富梦——江西省探索小微企业走出融资困境的调查报告》</td></tr>
<tr><td>指导老师</td><td>陈胜祥、李似鸿、应露晨</td></tr>
<tr><td>团队成员</td><td>唐青松、余志辉、彭巧巧、章静一、刘婷、王婷婷、彭瑞文、曾文佳</td></tr>
</table>

续表 8-4

<table>
<tr><td colspan="2">简介：2011、2012 年，参加中国金融教育基金会暑期调研，形成关于江西省民间借贷和小微企业民间借贷两篇调研报告，分别获一、二等奖。在这一基础上，2013 年，围绕小微企业融资难这一热点问题、现实问题继续推进。作品开篇引用了十八大报告里的一句话：“要支持小微企业，特别是科技型小微企业发展。”凸显了选题的现实意义。</td></tr>
<tr><td>作品名称</td><td>《利益调整与制度变革：让新居民平等融入社区——对温州新居民社区融合的调查分析》</td></tr>
<tr><td>指导老师</td><td>项继权</td></tr>
<tr><td>团队成员</td><td>袁青、宋江帆、张滔、吴婷、朱聪聪、张宇</td></tr>
<tr><td colspan="2">简介：该团队两年内往来武汉与温州 8 次，走访温州的鹿城、瓯海、乐清、平阳、泰顺、文成 6 个地区，组织了问卷调查、开座谈、当面采访、见习式观察 4 类调研，涉及居民 2000 多位。</td></tr>
<tr><td>作品名称</td><td>《中国非正规小微企业生存性与合法性研究——基于广东省 8 个集群 1240 家企业的案例调研》</td></tr>
<tr><td>指导老师</td><td>任荣伟</td></tr>
<tr><td>团队成员</td><td>余雷、林鸿章、龚玺、周梦洁、郑惠淑、赵国良、魏国清、黄婉怡、陈世明、林倩岚</td></tr>
<tr><td colspan="2">简介：该项目以提升中国小微企业在创业成长过程中的生存性与合法性为目的，整合了制度理论和社会网络理论的视角，进一步提出和检验了社会网络、组织合法性和新创企业绩效之间的关系，在社会网络的视角下提出提升小微企业生存性与合法性的建议。</td></tr>
</table>

第九章　胸有成竹——公开答辩环节

答辩环节在“挑战杯”竞赛中起着至关重要的作用。答辩不仅是充分展示作品、升华作品主题的直接途径，更是呈现团队风采和核心精神的有效方式。一场精彩的答辩不仅可以锦上添花，甚至可以力挽狂澜，逆转战局。本章将介绍哲学社会科学类作品的答辩流程、技巧及注意事项等，以期对参加“挑战杯”的团队有实质性的帮助。

第一节　答辩概况

在正式答辩之前，熟悉规则是一个重要的环节。很多同学在答辩之前，只是粗略浏览规则，没有做到深读、精读、充分理解。只有完成规定动作，同时又有特色发挥，才能获得专家评委的一致好评。

如图 9－1 为高分作品构成要素。

图 9－1　高分作品构成要素

一、答辩环节技巧

1. 熟读通知

各级比赛承办单位会提前告知答辩时间、地点及规则，若团队未按规定时间参加作品汇报，将视为自动放弃，取消参赛资格，因此团队在进行答辩前一定要仔细阅读比赛通知以及答辩规则。

2. 彩排调试

每届"挑战杯"竞赛承办单位会提前通知答辩团队进行抽签，在所有参赛队伍签到确认之后，在主办方引导下通过抽签决定出场顺序，各团队需要按规定时间参加答辩彩排，保证在最终答辩环节能适应环境，发挥正常水平。彩排时一定要按时测试答辩 PPT，检查电脑及投影是否能正常运行，提前和工作人员沟通，防止意外发生。目前最常使用的 PPT 版本是 Microsoft Office PowerPoint 2013，国赛建议播放比例为 4:3。多人答辩时应做好分工和团队配合,答辩时需讲普通话,比赛服装应整洁端庄。

3. 把握时间

答辩分为陈述环节和问答环节两个部分。答辩时间因比赛级别的不同、学校的不同而有所差别。在答辩会上,第一部分要进行的是陈述环节,国赛 PPT 陈述时间为 5 分钟,在 4 分钟时有提示。省赛以安徽省为例,陈述时间为 8 分钟。校赛以安徽省某高校为例,陈述时间为 6 分钟。第二部分即问答环节,国赛问答环节不超过 10 分钟,在 9 分钟时会出现提示。总体来讲,答辩时间以国赛时间为标准,在一定范围内波动。

在答辩过程中严禁超时。在陈述汇报时,提前结束者一般不会扣分,到规定时间汇报者还未完成汇报时,必须停止其汇报,否则会被扣分。赛场上有专门的计时装置或者专门提醒时间的工作人员,因此,答辩人员要注意对答辩时间的把控,工作人员或时间提醒装置一般会在演讲时间还剩下 1 分钟时提醒汇报人员。

如图 9－2 为答辩现场。

4. 注重分寸

比赛为公开答辩,应注意保护知识产权。“挑战杯”竞赛采取公开答辩的方式,以确保评审结果的公平公正,由于对外开放,答辩人员进行答辩时应做好准备,答辩时各团队应注意保护知识产权,在展示作品内容及作品成果及技术时把握分寸。

图 9－2 答辩现场

二、评委组成

在国赛层面,竞赛设立全国评审委员会,由主办单位聘请的相关学科具有高级职称的非高校专家组成。全国评审委员会设主任 1 名,常务副主任 2 名,副主任若干名,秘书长 1 名。全国评审委员会经主办单位批准成立,有权在相关章程和评审规则所规定的原则下,独立开展评审工作。

全国评审委员会职责:一是在本章程和评审规则基础上制定评审实施细则;二是审看参赛作品及其演示,对作者进行问辩;三是确定参赛作品获奖等次。

“挑战杯”竞赛设立作品资格评判委员会,在全国组委会第二次全体会议召开时成立,由全国评审委员会常务副主任 1 名、评审委员 3 名(根据被评判作品学科分布选定)、主办单位代表各1名、全国组织委员会高校委员中抽签产生的代表10名组成。资格评判委员会主任由全国评审委员会常务副主任担任。资格评判委员会会议由资格评判委员会主任负责召集。

作品资格评判委员会职责如下。

① 授权全国组委会秘书处在预审开始至终审决赛结束前接受参赛学校和学生、评委、社会各界人士对参赛作品资格的质疑投诉。

② 在终审决赛结束前,如出现被质疑投诉作品,资格评判委员会应召开会议,对被质疑投诉的参赛作品的作者及所属学校进行质询。

③ 投票表决被质疑投诉作品是否具备参赛资格。

省级组委会建立包括团省委、社科院、教育厅、省学联、省科协等哲学社会科学领域专家以及企业界、管理咨询界、风险投资界、金融界、媒体等领域的专家学者组成的评委库,其中包含一定数量的"挑战杯"竞赛全国评委。

三、评审标准

一般来说,答辩评审主要从作品、答辩表现以及团队成员具体表现3个方面进行评分,具体划分为以下几点(见表9-1)。

表9-1 答辩评审标准

考核内容	参考标准Ⅰ	参考标准Ⅱ	参考标准Ⅲ	参考标准Ⅳ
科学性(30分)	25~30分:具有很强的科学意义,研究方法合理、可行性强	15~20分:具有较强的科学意义,研究方法比较合理,有一定可行性	10~15分:科学意义一般,研究方法可以,可行性一般	0~9分:科学意义不明显,研究方法不科学,可行性较差
先进性(30分)	23~30分:创新点突出,有较高的技术含量,能体现当今大学生的创新意识	15~23分:有一定的创新特色和一定的技术含量	8~15分:没有较明显的创新点,技术含量一般	0~8分:没有明显创新点
现实意义(25分)	18~25分:实用价值高,能够为社会创造价值,能促进学术进步和技术发展	12~18分:有较好的实践和应用价值	6~12分:有一定的实践和应用价值	0~6分:缺乏实践和应用价值

续表 9-1

考核内容	参考标准Ⅰ	参考标准Ⅱ	参考标准Ⅲ	参考标准Ⅳ
论文、答辩PPT与语言表达能力（10分）	8～10分：论文格式规范，答辩PPT准备充分，语言表达能力强，逻辑严密，能迅速准确回答问题	6～8分：论文格式规范，答辩PPT较充分，语言表达能力较好，条理性好，能准确回答问题	4～6分：论文格式较规，答辩PPT尚可，能表述和回答问题	0～4分：论文格式不规范，答辩PPT不完整，表达能力差
精神面貌（5分）	5分：服饰整洁，面部表情生动，肢体语言得体	4分：服饰、面部表情、肢体语言较好	2～3分：服饰、面部表情、肢体语言一般	0～1分：服饰不整洁，面部无表情，肢体语言不得体

第二节　答辩前准备

如何将作品通过精彩且有力的演讲呈现给评委？

在准备答辩时，应根据以下六步提示及提问，在脑海中形成逻辑清晰的梳理线，认真思考并回答问题，对作品和答辩有一个整体的把控。

第一步：Why—为什么要做这个演讲（或作品）？

第二步：Who—是面对谁做演讲？

第三步：What—希望达到怎样的效果？

第四步：Point—想要表达的核心观点（内容）是什么？

第五步：How—如何讲（大纲、详稿、PPT）？

第六步：Design—演讲中哪些部分可以设计？（包括开头、结尾、视觉呈现方面。）

一、答辩团队构建

风险投资之父乔治·多里特（George Doriot）曾经说过：“我更喜欢拥有二流创意的一流创业者和团队。”答辩也是如此，除了要求每位成员拥有过人的长处之外，还要求每位成员之间精诚合作，互相搭配。答辩团队的构建要素总结为以下四点。

第一，目标：是团队为之努力的方向，为团队成员导航，使团队成员知晓要往何处去，没有目标团队就没有存在的价值。目标是将人们的努力凝聚起来的重要因素，从本质上来说答辩团队的目标都是相同的，即明确阐述作品内容，准确传达作品精神。

第二，人员：是构成答辩团队的核心力量，一般而言，答辩人数最多不超过三个。目标，是通过人员具体实现的，所以人员的选择是团队中非常重要的一个部分。在一个团队中需要有人进行统筹，安排任务，有人实施，有人协调，有人监督。不同的人通过分工共同完成团队的目标，在人员选择方面要考虑人员的能力如何，学科知识是否互补，技能是否互补，人员的经验如何。任何计划的实施最终还是要落实到人身上去。而人作为知识的载体，其所拥有的知识决定了团队的命运。

第三，角色：即明确各人在答辩团队中担任的职务和承担的责任。每个成员需认知自己在团队中的角色，同时认知其他人在团队中担当的角色。团队队长一般由项目负责人担任，主要负责做好具体的团队计划与规划，统筹工作，协调队员之间的关系与进度，从整体把握工作进度。团队中的技术人员需要熟练掌握制作 PPT 的技巧，答辩人员则要有演讲经验和临危不乱的应答技巧，辅助人员需要格外细心，协助答辩人员进行演练、检查等工作。

第四，计划：它包括两层含义，其一是目标最终的实现，需要一系列具体的行动方案，可以把计划理解成完成目标的具体工作的程序；其二则是按计划进行可以保证团队的工作进度。只有在计划的指导下团队才会有条不紊地接近目标，最终实现目标。

二、撰写演讲稿

1. 主题与思路

演讲稿撰写的依据是作品本身。1965 年诺贝尔物理学奖得主费因曼曾经说过："我不能创造我不理解的东西。"可见理解是创作与创新的重要前提。与之相对应的，只有理解透了一件作品的核心主题，才能撰写出精确并且深入人心的文字，传达给他人。作品核心内容以及特色可以通过精简提炼，在演讲稿中体现，并通过精彩吸睛的演讲方式传达给评委。对于一件作品，在撰写演讲稿之前都必须深刻理解作品内容，并将作品需要的信息条理化、放大化，抓住中心思想，在脑海中形成清晰完整的思路线，制订一个简约的、有逻辑的、即使非专业也能理解的框架，这样才能完成一篇好的演讲稿，为自己的作品锦上添花。

哲学社会科学类调研报告及论文演讲稿框架的制订可根据以下三步提示完成。如图 9－3。

第一步，提出问题。引出作品社会背景，接着提出作品所想表达的核心主题，作品的社会价值，想要解决的问题。

第二步，分析问题。对所提出的社会问题做大量的社会调研，进行数据的收集以及统计信息处理，对这个问题的社会现状进行切实的了解，得出初步的结论。

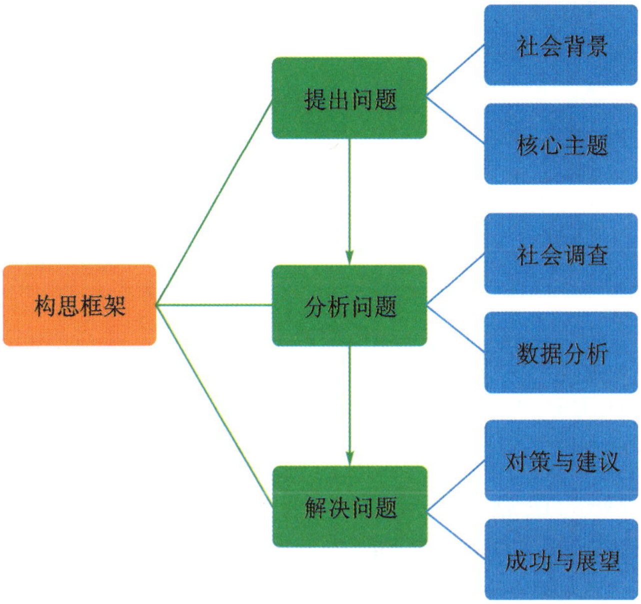

图 9-3 构思框架

第三步，解决问题。根据调查结果，提出解决问题的方案与对策，取得的成果、存在的社会价值以及对未来的展望等。

在梳理框架、形成思路图的过程中，还可以借助一些常见的逻辑梳理软件，如 Mind-Manager、思维导图等。

要知道评委最想了解的部分是什么。在初步制订好框架之后，需要根据比赛所给出的评分标准，再调整框架的侧重点，要根据评分标准，将框架重点放在作品的先进性、科学性和现实意义中，重点讲述作品的经济效益、社会效益与影响范围（见表 9-2），脱离现实的作品无法走得更远；还需简要论述作品的理论依据与创新程度。如图 9-4。

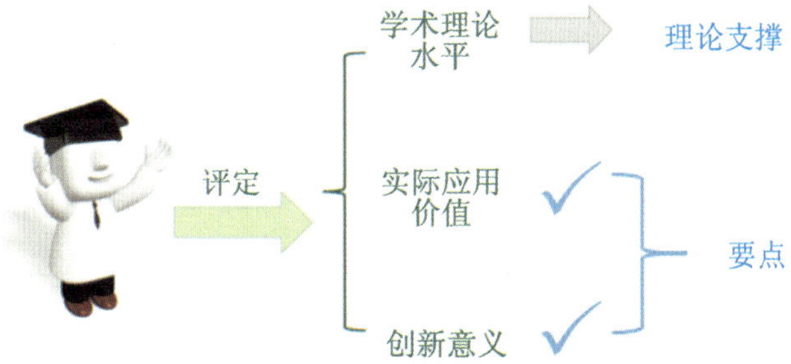

图 9-4 评委评定侧重点

表 9－2　评分构成比

先进性 30%	科学性 30%	现实意义 40%
创新程度 10%； 难易程度 10%； 学术水平 10%	理论基础和研究方法 15%； 论证严密性和可靠性、论据准确性 15%	经济效益和社会效益 20%； 影响范围 20%

2. 结构与内容

如前所述，演讲稿框架可分为三部分：提出问题、分析问题、解决问题。与之相应的，演讲稿的具体结构有开头、主体、结尾三部分。开头对应提出问题，即提出调研的背景；主体部分对应包括分析问题和解决问题，即所调研的核心社会问题、调研的方式、调研的论点及应对策略；结尾对应调查研究的深化总结、对未来的展望及致谢。其中演讲稿着重撰写的部分是主体，应占整个篇幅的 60%～80%。下面以第十六届“挑战杯”竞赛安徽省特等奖，全国三等奖作品《健康中国战略背景下家庭医生签约服务对策研究——基于××省 8 个市县基层社区的调研》调研报告的演讲稿为例进行分析，以便读者更好地理解。

演讲稿的开场白格式：

尊敬的评委老师，亲爱的同学们：

大家上午/下午好，下面由我来汇报我们的作品。

① 开头(提出问题)：

无论是繁华都市，还是边远山区，有那么一群人总是走在泥泞的乡村小道，默默地为基层百姓的健康而努力付出。他们第一次被国家称为“健康守门人”，走入了平常百姓家。正是“旧时王谢堂前燕，飞入寻常百姓家”，各位评委，我汇报的主题是《健康中国战略背景下家庭医生签约服务对策研究——基于××省 8 个市县基层社区的调研》。下面，我将从具体内涵、重要意义、调研概述、问题及成因分析、构建五位一体新模式五方面重点阐述。

② 主体(分析问题与解决问题)：

引出调研的核心社会问题：也许第一次听到这个名词的您，会有这个问题。什么是家庭医生签约服务？家庭医生签约服务是指以家庭医生为核心，通过与社区居民家庭签约的方式，促使具备家庭医生条件的全科医生与签约家庭建立起一种长期、稳定的服务关系。而家庭医生作为签约服务的重要主体，承担着对服务对象实行全面连续、有效及时的个性化医疗服务。自 2006 年起，我国就开始探索建立家庭医生签约制度，2011 年国务院又出台相关文件保障家庭医生签约服务的开展。作为国家领导人高度重视的国家制度，家庭医生签约服务体现了新时代“健康中国梦”，为社区居民的健康保驾护航。

阐述调研意义：本调研组针对我省基层社区家庭医生签约服务展开调研存在着理论意义、实践意义和现实参考意义。首先是理论意义，研究基层社区家庭医生签约服务，既丰富了社会主义核心价值观中“自由、平等、公正、法治”的理论内涵，又推动了供给侧改革理论与基层卫生医疗服务供给实践的结合。同时，在卫生医疗资源配置不平衡的背景下，也是研究解决现阶段我国社会主要矛盾的内容子集。其次是实践意义，对于安徽省八个县市的调研，有利于验证基层社区家庭医生签约服务的开展实效，有利于促进基层社区卫生工作的组织安排，有利于我省基层社区家庭医生签约制度的完善，为推进我国家庭医生签约服务可持续发展提供翔实的数据，为政府决策提供可靠的依据，具有现实参考意义。

调研方式：调研组选定了××8个市县基层社区（每个市县选5个乡镇社区）进行了专项调研。调研方法多种多样，具有科学性，包括问卷调查法、现场访谈法、文献收集法、文件整理法、实地调研法、系统分析法和归纳总结法。……

分析问题：综合调查数据可知，我国家庭医生签约服务仍存在着诸多困境和因素。第一，签约制度监督宽松，配套政策有待完善。第二，社区居民信任度不高，宣传力度有待加强。第三，基层优质人才匮乏，服务质量有待提高。第四，社会资源整合不足，智慧医疗有待进步。第五，服务考评机制缺乏，医生福利有待改善。

解决问题：基于以上问题及成因分析，借鉴国内外优势做法，结合我省实际，课题组构建“五位一体”家庭医生签约服务新模式，以政策为保障、人才为关键、监督为抓手、平台为载体和宣传为手段，密切配合、形成合力，破解医防融合痛点并提出了如下建议。首先，强化监督体系，完善保障政策。例如厦门市的“三师共管”模式，旨在创新医疗服务配套政策，解决服务“碎片化”问题。广东深圳市把签约服务纳入规范化文件，对各项内容做出了细致到位的规范，并督促落地。其次，提高居民认同，加大宣传力度。例如山东省采用了多种宣传方式，有效营造了家喻户晓的宣传氛围，因此该省参与家庭医生签约服务的多数居民对政策实施效果比较满意。再次，培养优质人才，提升服务能力。例如，盐城模式通过采取多层次培训和使乡村医生加入家庭医生队伍的方式，对村医向全科医生发展提供政策、资金支持，提高了医疗技术水平。再次，加快平台建设，支撑签约服务。例如，浙江杭州市通过建立智慧健康服务和评价网络平台、推行“蓝钮”计划，实现信息化建设下的精准动态管理。最后，激发工作热情，完善考核机制。例如，上海长宁模式的“双激励”效应注重完善考评激励机制，进一步突出“公益性”“质量提升”与“健康绩效”。

③ 结尾（提升主题与致谢）：

调查研究的深化总结：在此次调研过程中，课题组历时半年，花费了大量的时间和精力。但其实真正打动我们的,是家庭医生的赤子之心。调研组多次访问签约居民、走访安徽省卫健委,现场发放问卷填写、向家庭医生咨询交流、询问就诊病人、深入家庭医生工作地、多次召开小组专题研讨会,并进行数据录入,最终形成四篇论文、一篇调研报告,并即将呈现给政府机关,只为那一句"将脚印留在居民家中,将口碑留在居民心中"。谢谢大家的聆听!

3. 字数与时间

数据表明,人的演讲语速一般为每分钟 220～270 字左右。因此,可以通过控制演讲稿的字数把控演讲的时间。另外,由于每个人的语速以及演讲方式的不同,相同字数的稿件,在演讲时也会占用不同的时间。所以,在正式比赛前一定要排练计时,以有效预估时间,调整演讲稿,防止超时。

以国赛为例,演讲稿的字数应根据框架,以准确、生动、简洁的语言展示作品为要求,控制在 1100～1400 字左右。在实际比赛中,由于演讲过程中存在停顿,如走位、PPT 卡顿以及其他非主观因素的影响等,演讲稿字数一般控制在 1000 字左右,以留出时间应对意外状况。

4. 演练与调整

流利自然的演讲以及精彩答辩的背后是刻苦的练习。阿曼达·帕尔默(Amanda Palmer)的例子可以印证以上观点——2013 年,她在 TED 演讲"请求的艺术"(The Art of Asking)中的表现极为精彩,引起轰动。在她演讲成功后的一周,帕尔默在博客上发表了一篇长博文,感谢帮助她设计、排练这场演讲的工作伙伴。从中我们可以看出一场成功的演讲的确需要一个团队的共同努力,真正打动评委的演讲都是用心准备的结果。正式开始之前,我们究竟需要做哪些准备呢?

首先,要合理安排团队的分工。一人陈述是"大挑战杯"竞赛演讲陈述最常见的形式。一人演讲相对容易,多次排练之后,可根据自己的语言、用词习惯、节奏、动作习惯,调整出最适合自己的措辞、语句顺序、演讲语气和走位动作,以掌控演讲台风。另一种常见形式就是一人负责陈述演讲,另一人负责 PPT 的播放,这种情况两人要做好配合。多人陈述汇报,这种形式在"挑战杯"竞赛答辩中较少见到,由于在"挑战杯"竞赛答辩中的时间过于紧张,并没有过多的时间浪费在团队配合上,加之团队配合陈述出现风险的概率更大,大部分团队都会选择一人做代表,进行陈述演讲,在问答环节则可以多人参与。所以在准备答辩之前先确立分工。确定是一人答辩,还是团队配合?谁负责陈述?谁又负责问答?只有分工明确,准备效率才会更高,舞台的展示才会更加精彩。

其次,要反复进行演练并且及时调整。有一个大家比较熟知的一万小时理论:精通任何一项技能,例如钢琴、小提琴、书法绘画等都需要一万小时的练习。

笔者坚信这个理论也适用于“挑战杯”竞赛中的答辩。在演讲稿初步完成之后，答辩人员应背诵演讲稿内容，做到将讲稿的内容烂熟于心。真正的演练应在PPT和动作细节设计完成之后，配合着PPT的播放以及精心设计的动作，整体演习，直到调整到最佳状态。在演讲排练的过程中，请队友或指导老师观看，让他们给出客观的反馈以及适用的建议。或者对着镜子练习，最好是用摄像机记录下来。当众练习演讲，并把它录下来，然后反复观看，对自己的表现进行客观评价，你也许会惊讶地发现自己有许多“嗯”或者“然后”这样的口头禅；紧张到发抖手脚不自然；缺乏和观众的眼神交流与身体互动，整体演讲无活力，生硬死板等。认真思考这些问题，想办法克服并改进，这是最有效的提高演讲能力的方法。

三、制作演示文稿

简洁形象的PPT是陈述作品成功的一半，它能使得评委更容易理解与接受外界的复杂信息。作为演讲的辅助手段，评委可以直接根据幻灯片捕捉有效信息，加深对作品的理解，同时制作精良的PPT能提升作品在评委心中的地位。以下就PPT的制作给出若干建议，希望能给参赛团队一些指导与帮助。

1. 收集素材，搭建框架

前期应收集素材，确定PPT制作的大致类型，如果实在想不出好的PPT风格，或者不知道制作什么风格的PPT，可以根据作品类型寻找相适合的模板作为参考，然后再搜集与作品及演讲稿相关的图片、数据、表格等，以作为PPT的支撑内容。同时，还可以通过WPS、百度文库、微博、百度贴吧、知乎话题等途径按需寻找与PPT制作相关的内容，以求得到最新颖、最实用、最契合的PPT素材与技巧。如果对PPT的细节有更高的要求，可以到找字网、方正字库、造字工房等网站去寻找称心的字体，还可以到昵图网、影美晴、素材天才等网站寻找高质量的图片，而对于一些精美的图标文件则可以到爱看图标网、ico图标等网站去搜寻。

为了更好地突出项目的重点和亮点，PPT的框架搭建应配合演讲稿进行。首先根据演讲稿的目录制定PPT的目录，删繁去简，保留重点内容，其次根据主目录补充子目录，即次级标题，最后利用Xmind、Word等工具制作思维导图，保证每个独立部分都具有相应的逻辑性。尤其是在团队共同头脑风暴的过程中，简洁清晰的框架在帮助理清思绪的同时不遗漏任何内容。

2. 规范组成，合理设计

PPT的设计应从简出发，在短短的几分钟内需要简明扼要、条理清晰、直观生动、重点突出地展示出作品的逻辑框架、内容以及亮点。在制订好PPT的框架之后，要始终从整体观念出发，以作品核心内容及创新点为基础，合理安排以下模块，并以客观角度审视 PPT 设计的合理性、美观性、简洁性。

(1) 分块与大标题

制作 PPT 时，根据演讲稿制订框架与思路，确定 PPT 的大标题，这样在填充具体内容时，清晰方便，不会漫无目的。同级标题之间最好保持对仗工整，格式相同，贯穿首尾的标题需要具有一定的逻辑性。根据所制订的标题划分模块，保证连续性，以便填充具体内容时更加清晰方便。

(2) 填充文字内容

根据模块划分，高度提炼作品与演讲稿的内容，精简字数，突出重点，再按照一定的逻辑顺序填充到各个模块中。文字不能太多，切忌把整段文字粘贴到幻灯片内，同时要避免把字放在复杂背景区域(如图 9－5)。文本框内的文字，不必用完整句子表达，尽量用提示性文字，使评委一目了然。

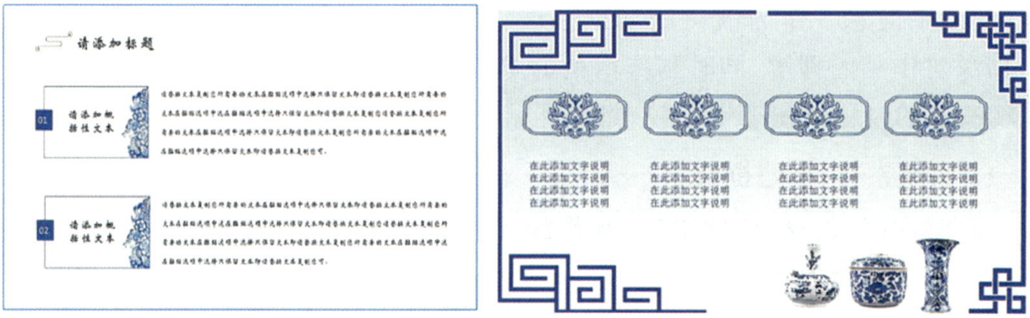

(a) 错误示范　　(b) 正确示范

图 9－5　文字内容的错误示范与正确示范

制作 PPT 时，作品的内容不可能都详细涉及。应该根据演讲稿和评分标准对 PPT 有针对性地填充，精简提炼文字。详略得当，学会取舍。对于评分标准中重点涉及的内容要学会“取”，对于不重要的内容要及时“舍”。“取舍”是一门大学问，适当地舍去内容，会收到意想不到的效果。

(3) 字体与符号

① 字体大小：在答辩比赛中，一般没有明确的 PPT 字体要求，但不宜太大占据整张 PPT 空间，更不宜过小，密密麻麻影响美感。一般标题用 32～44 号；正文用 20～32 号，不应小于 20 号，更不能小于 18 号。

② 字体选择：推荐宋体、微软雅黑、黑体等字体，建议加粗；英文用 Times New Romans 等。如必须使用特殊文字，要提前拷贝到比赛用的电脑或 U 盘上。此外，在 PPT 的正文中，表格或图表中会用到大量数字，这些数字的特点是字体

显小，希望数字被清晰阅读的话，推荐优先使用 Arial 字体，且此种字体能够被不同的电脑兼容。需要格外注意的是，数字字体往往需要刻意放大字号，加粗，配合内外阴影效果才能出彩。

③ 字体颜色：字体颜色选择和模板相关，建议不要超过 3 种，多了会显得花里胡哨，缺少正式感与严肃感。应选择与背景色有显著对比的颜色，如果两种颜色相近，在实际的播放过程中，评委可能看不清文字内容。同级别标题要用相同字体颜色和大小。一个句子内尽量使用同一颜色，如果用两种颜色，要在整个幻灯内统一使用。

④ 文字内容不宜过多：以 1 分钟内让评委看完为宜。切忌把 Word 文档整段文字粘贴到幻灯片内，尽量使用提示性文字，避免大量文字的堆砌。文字过多可能会造成评委来不及阅读的局面，使得评委觉得团队的准备不够充分，思想不够成熟。相反，简洁而具有提示性的文字可以与演讲相辅相成。

⑤ 行、段间距：正文内的文字排列，一般一行字数在 20～25 个，不要超过 6～7 行，更不要超过 10 行。行间、段间要有一定的间距，标题间的距离（段间距）要大于行间距。

⑥ 符号：正所谓细节决定成败，标点符号看似很小，但是体现一个团队的认真与严谨程度。不可顿号写成逗号，或者多个标点符号，甚至没有标点符号。

（4）图表、视频与动画

对于播放效果来说，视频＞动画＞图＞表＞文字。图片的选取应当清晰，不同图片间风格应该相近，增加过渡。文字、图表的“出现方式”可适当选用动画，但不可过多。显示同一幻灯片上的不同内容，也可考虑使用动画。图表、视频与动画的穿插使用，不仅可以美化 PPT，提高汇报效果，还可以在短时间内引起评委的兴趣。

① 切换过渡：切换动画与过渡页的使用是为了突出 PPT 的模块划分，使内容脉络框架更清晰，同时也起到承上启下的作用。切换动画可设置为飞入、淡出等形式，过渡页的文字内容可以设置为下一模块的大标题，提示上一部分的结束，下一部分的开始。时刻谨记答辩是正式的、严肃的，所以切换动画与过渡页不宜太过炫丽花哨。

② PPT 风格：PPT 的风格最好与作品风格相适应，如图 9-6，某一瓷器文化的调查研究，可以采用代表这一文化特色的元素和风格，如青花瓷等瓷器图片花纹，民风古风的背景等，以凸显作品特色。不同模块的风格应做到统一化，体现 PPT 的连贯性、完整性。统一化要求不同幻灯片的字体、颜色、表格样式、图片、背景等元素尽量相似，避免出现多种不同风格的元素。保证 PPT 风格统一的最好办法是重复，比如用同一个背景，标题、正文、强调的内容等采用同一格式。

③ 色彩搭配:整体的色彩搭配应该合理、美观、大方,凸显作品风格。尽量选择同一个底色的模板,如果采用两种及以上底色,则反差较大,难以达到协调。文字或图片颜色不能过于接近底色,要有一定对比度。整个幻灯片的配色方式要一致,如图 9-6,标题使用蓝色,后面幻灯片的标题也应使用蓝色。

图 9-6 PPT 风格

④ 简单配色:深蓝底的使用会让整个 PPT 显得更加专业,可配以白色、浅黄或橘黄的字,但应避免选择暗红色的字。这种配色方案,往往给评委以稳妥、专业的印象。

黑底配以白字和黄字,造成较大的反差对比,有视觉冲击感。

白底配黑字、蓝字、浅绿色文字,会显得简洁大方,清新脱俗。如图 9-7。

(a) 左蓝底配白色文字,右白底配蓝色文字

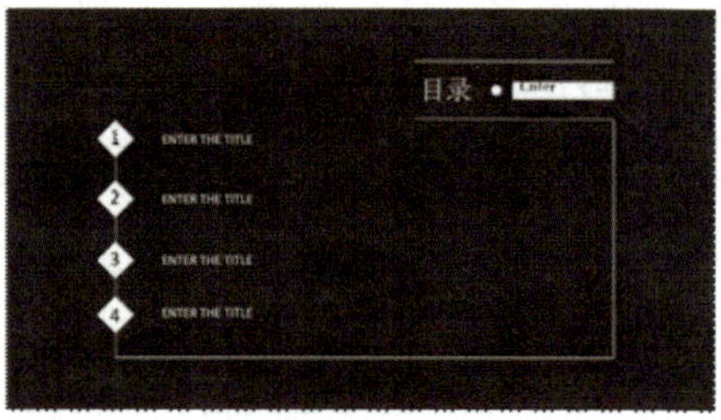

(b) 黑底配白色文字

(c) 白底配黑色、绿色文字

图 9-7 简单配色 PPT 展示

和演讲稿的撰写相似,PPT 也需要反复进行排练。在排练时应注意演讲稿与

PPT之间的协调性,注意对演讲与PPT播放时间的把控。如果出现冲突、遗漏,演讲稿与PPT播放对应不上的情况应及时补充、调整完善。此外,如果是多人同时制作PPT,在汇总时应格外注意统一性。

3. PPT案例展示

如图9-8为《"乡村政治人"与基层民主选举的有效实现》的PPT展示。

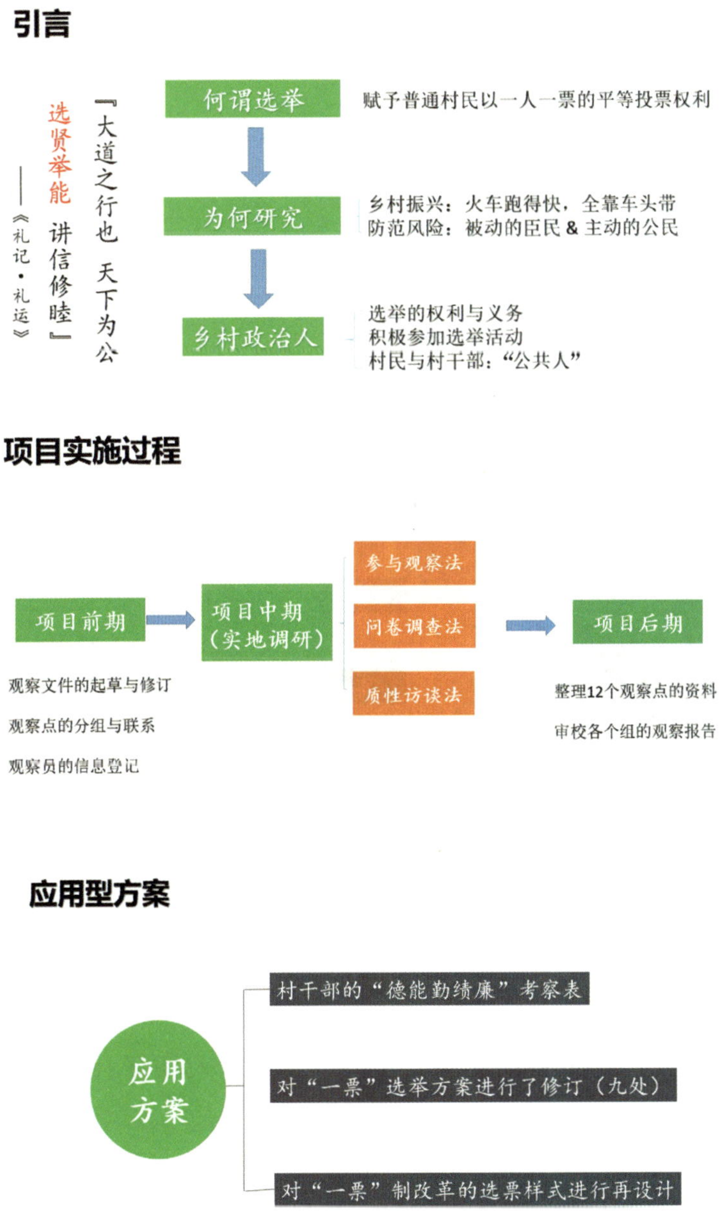

图9-8 PPT案例展示(引自《"乡村政治人"与基层民主选举的有效实现》)

图 9-8　PPT 案例展示(引自《“乡村政治人”与基层民主选举的有效实现》)(续)

四、注意事项

如图 9-9 为 PPT 展示的准备要素。

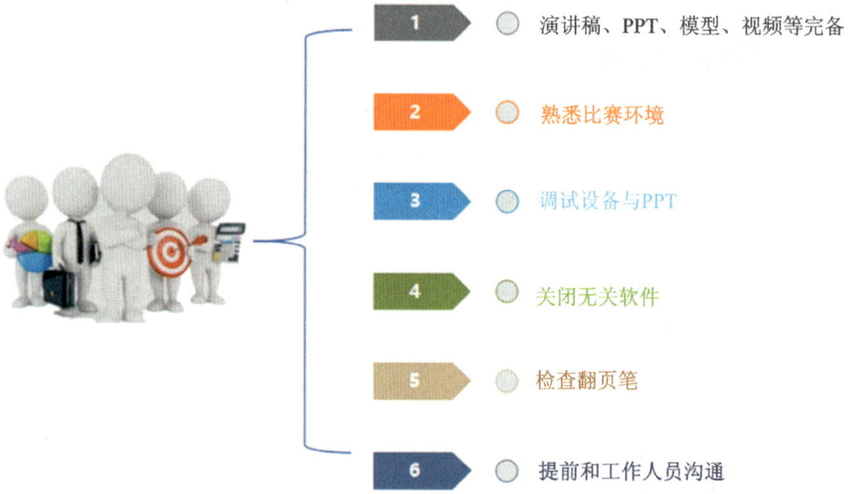

图 9-9　准备要素

1. 物质准备

在正式比赛前，要把相关的物品准备好。例如，入场证、演讲文稿，展示物品以及辅助用品。

2. 心理准备

根据上文六步提问，再次回忆有关问题，此时的你对这些问题的回答应已轻车熟路，否则你就要好好反思，为什么在比赛之前对作品和答辩环节没有那么熟悉？你是否尽了自己最大的努力？这是最后一关，要做好战斗的心理准备，不要胆怯，不要紧张，保持镇静，相信坚持就是胜利。在这种靠主观判断来决定结果的比赛里是做不到100%公平的，所以参赛选手要调整好心态，不要把结果看得太重，往往越是在意结果，就会越紧张，越难正常发挥，在比赛上场之前你已经做了无数次的模拟练习，做了最精细的动作和走位设计，在赛场上，只要尽了自己最大的努力，把之前所排练的内容完整展示即可，做到让自己满意。

第三节　答辩进行时

一、陈述环节

1. 把握整体，落落大方

演讲者应具有整体观念，掌握内容、把控时间。整体观念要求答辩人员对作品及演讲稿内容熟练掌握，对演讲时间精准控制，以及做到演讲与PPT的有机结合。演讲者只有熟练掌握作品及演讲稿内容，才能做到语言流畅、表达清晰、思维活跃。演讲者要时刻谨记对时间的控制，不宜过短，切忌超时。演讲时，演讲者要把演讲内容与PPT的内容有机融合，边讲边引导评委观看PPT内容。PPT与演讲稿之间应该有着相辅相成的关系，两者互相补充，彼此对应。通过PPT上较少的关键词与图片的引导，辅以演讲对其加以解释，为整个演讲过程增色。

当演讲者走进答辩会场的时候，切不可为了吸引注意而故作姿态，这会引起评委的不适。演讲者应当衣着得体、姿态大方、步伐坚定、挺胸抬头，切勿含胸驼背。开始演讲之前，演讲者一定要向听众和评委鞠躬致意，显示对评委的尊重和个人的文雅庄重，并提示工作人员开始计时。不要慌张转身，急忙点头哈腰，给人可笑之感。演讲过程中演讲者要做到自信真诚，落落大方。注意演讲时无论是走位还是站位，尽量不要走在或站在PPT之前，以免遮挡评委视线，最好站在PPT的一侧，使得PPT得以更好地展现。在讲台上不宜前后摇摆，也不应左右摇晃，不要随便用手撑住讲桌，也不要懒散地靠在桌边、要腰板挺直。若演讲时遇到卡壳现象，不要慌乱，保持镇静，寻找解决办法。演讲结束时同样鞠躬致意，感谢评委的聆听，接着面带微笑，提醒评委进行提问。

2. 脱稿演讲，控制语速

“读”是答辩比赛当中最大的忌讳。陈述环节中的演讲不可宣读，要根据具体要求进行脱稿演讲，使演讲抑扬顿挫，自然流露。

在陈述环节中还要注意一些语言的技巧，其中包括对语速、语调以及声量 3 个方面的合理控制。

① 语速：即文字或人类表达意义的语言符号在单位时间内所呈现的词汇速度。正常演讲语速为每分钟 220～270 字。一般来说，语速过快过慢都达不到好的演讲效果，因此，演讲者要根据自身的表达习惯和练习情况确定合适的语速，确保能够给予评委足够的思考时间。切勿因为时间不够而抢速度，遇到这种情况时，宁可删去次要内容，也要保证以正常速度在规定时间内完成。

② 语调：即说话的腔调，指一句话声调高低、抑扬、轻重的控制和变化，包括停顿、重音、升降。不同的语调暗示了说话人的不同意向和态度，其是口语表达感情的重要方式。语调必须切合语言环境，考虑现场效果，适当地减缓或者增速，加重或减轻，以提升演讲的渲染效果。

③ 声量：即声音的响度或强度。演讲时声音的声量是反映演讲者是否自信的一个因素。声音太小，唯唯诺诺，或如苍蝇叫般听不清楚，会让评委觉得团队对作品本身不够自信以及演讲准备不充分。声音洪亮则反映演讲者自信大方，准备充分。需要注意的是，不能一味地追求声音大，欲速则不达。中气十足，声音清晰，谈吐自信为最佳，一些特别的句子或词语可以加重以做强调。

3. 目光真挚，肢体灵活

陈述环节中的演讲还需注意目光真挚，肢体灵活。这些都需要选手赛前进行精细的设计，反复的排练，在比赛场上才能做到“自然”。一场精彩的演讲一定要学会精细设计、反复排练，这样才能做到演讲“自然”，整体效果更加精彩。

演讲者配合演讲内容进行适当的转移，并且真挚地面对评委，是优秀演讲的基本要求。合适的眼神交流能够拉近与评委之间的距离，促使评委进一步关注作品本身。

肢体的运用包括手势与姿态。“手势是演讲者的第二张脸。”可见，适当的手势引导会使演讲更加生动形象、富有感染力，彰显出演讲者的从容不迫、落落大方。如单单是食指与拇指便可表示多种意思，竖起的大拇指可表示肯定、认同等意，而竖起的食指也有指明、强调、思考等意，手势的合理应用将会使得演讲过程更加生动有趣。

如表 9－3 以埃内斯托·思罗力在 2012 年 TED 演讲的部分话语及相应的手势为例，说明肢体辅助在演讲中的作用。

表 9-3 埃内斯托·思罗力 2012 年 TED 演讲的部分话语及相应的手势

话　语	手　势
西红柿在非洲长得很好。在意大利，一个西红柿一般长这么大，而在赞比亚，能长到这么大。	双手先围成一个小圆圈，随后双手分开，双臂围成一个大圆圈。
这让我们感到难以置信。我们对赞比亚人说："看，农业就是这么简单。"西红柿成熟了，长得又大又红，却引来了河对面的 200 多头河马，它们一夜之间吃掉了所有的果实。（笑声）	双手向身体两侧伸展，在说到河马进入田间时手往前伸。一个字没说，继续通过表情（睁大眼睛和张大嘴巴）表现他的震惊。
我们对赞比亚人说："天哪，这些该死的河马！"	把双手放到头上。
赞比亚人说："是啊，所以我们这儿没有农业。"	点头。

思罗力用手势强调他的每一句话，都让他的观点和案例更具有说服力。读者可以访问 TED 官方网站，搜索并观看他的演讲视频，学习和模仿他的手势运用，以便更好地掌握辅助演讲的奥秘。

4. 抓住重点，详略得当

由于演讲具有严格的时间限制，因此，演讲过程中的内容应抓住重点，详略得当。如前所述，演讲稿撰写时已经分配了重点，进行了演讲内容的取舍，不出意外情况，演讲是有逻辑、有重点且详略得当的，演讲内容不会出现太大的变动。

答辩之前，演讲者应当充分思考以下问题：重点是什么，该怎样把握？社会调查研究有什么社会价值？作品提出了哪些新观点？与前人的观点有何不同？提出了哪些新的方法？做了哪些新的试验？建立了什么样的模型？获得了哪些重要成果？等等。这些应在演讲稿与 PPT 的排练中充分体现，以做好万全的准备。

5. 随机应变，语言生动

演讲者在演讲过程中，如有意外情况发生要处变不惊，随机应变。最怕出现的情况就是因紧张忘记内容，即卡壳，不知所措，语无伦次。如果出现这种情况一定要保持镇静，仔细回忆排练的内容。如果实在想不起来，在脑中快速搜集相关的资料，整合加工，突出重点，舍杂去糅，理顺条理，重新组织语言进行演讲。实在反应不过来，也应避免时间停滞的尴尬，可先进行下一部分的演讲汇报，等回想起来忘记的内容再返回汇报。

学会语言套路，善用修辞手法，运用创新的表达方式，可以使演讲更加生动，富有吸引力。具体方法如下。

① 以小见大，引入主题。演讲开始的时候，通过一段故事，来反映相关社会问题。

② 运用设问，设置悬念。在演讲开始时，通过设问提出问题，停顿数秒钟，让人们有所思索后再引出论点，为下文演讲设置悬念，让评委抱有期待。但是，演讲者务必要给评委做出精彩、认真、满意的答案，不然会让其大失所望。

③ 新话老说，巧妙融合。将自己的观点，巧妙地融合在谚语、民谣、俗语、典故当中，不仅能增加观点的可靠程度，而且能使语言生动通俗，便于理解。

6. 实例展示，注重细节

表 9－4 以第十六届“挑战杯”竞赛三等奖作品《健康中国战略背景下家庭医生签约服务对策研究》调研报告的 PPT 为例进行分析。

表 9－4　PPT 逐字稿模板(包含动作走位设计)

PPT 模板	分　析
	无论是繁华都市，还是边远山区，有那么一群人总是走在泥泞的乡村小道，默默地为基层百姓的健康而努力付出。他们第一次被国家称为“健康守门人”，走入了平常百姓家。正是“旧时王谢堂前燕，飞入寻常百姓家”，各位评委，我汇报的主题是健康中国战略背景下家庭医生签约服务对策研究——基于××省 8 个市县基层社区的调研。(指引评委看向大屏幕。)
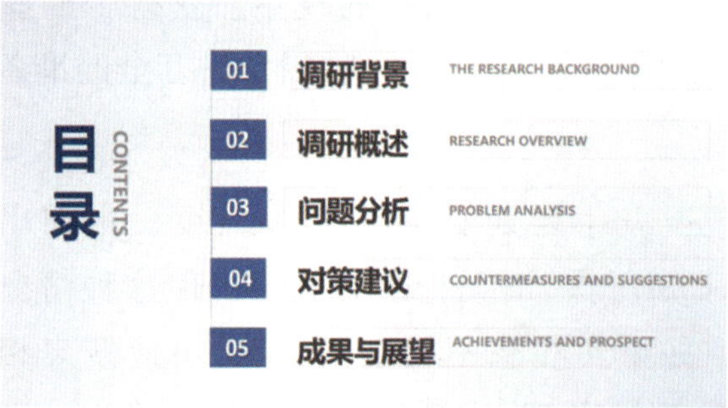	下面，我将从具体内涵、重要意义、调研概述、问题及成因分析、构建五位一体新模式五方面重点阐述。(伸出五根手指以加深印象。)

续表 9-4

PPT 模板	分　析
	（过渡页） 也许第一次听到这个名词的您，会有这个问题（与 PPT 相对应）。什么是家庭医生签约服务？家庭医生签约服务是指以家庭医生为核心，通过与社区居民家庭签约的方式，促使具备家庭医生条件的全科医生与签约家庭建立起一种长期、稳定的服务关系。而家庭医生作为签约服务的重要主体，承担着对服务对象实行全面连续、有效及时的个性化医疗服务。
	具体内涵：自 2006 年起，我国就开始探索建立家庭医生签约制度，2011 年国务院又出台相关文件保障家庭医生签约服务的开展。作为李克强总理高度重视的国家制度，家庭医生签约服务体现了新时代“健康中国梦”，为社区居民的健康保驾护航。（单手或者双手握拳并放于胸前，以展示充满力量与信心的情绪。）
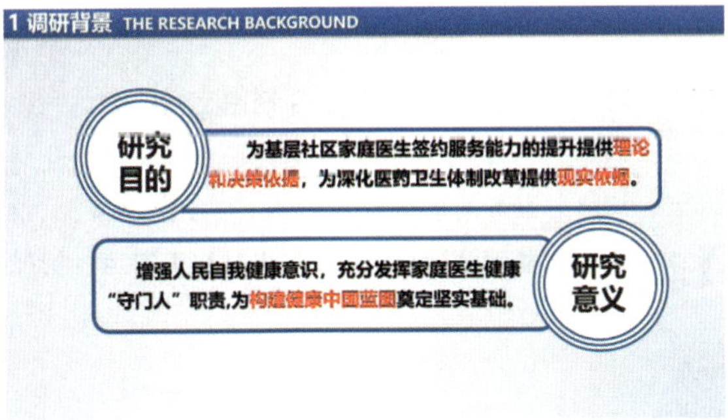	本次调研的研究目的主要是为基层社区家庭医生签约服务能力的提升提供理论和决策依据，为深化医药卫生体制改革提供现实依据；研究意义在于增强人民自我健康意识，充分发挥家庭医生健康“守门人”职责，为构建健康中国蓝图奠定坚实基础。
	（过渡页） 调研概述：而如何让曾经的“赤脚医生”转变为新时期基层社区的“家庭医生”，就成了本调研的重点内容。

续表 9－4

PPT 模板	分　析
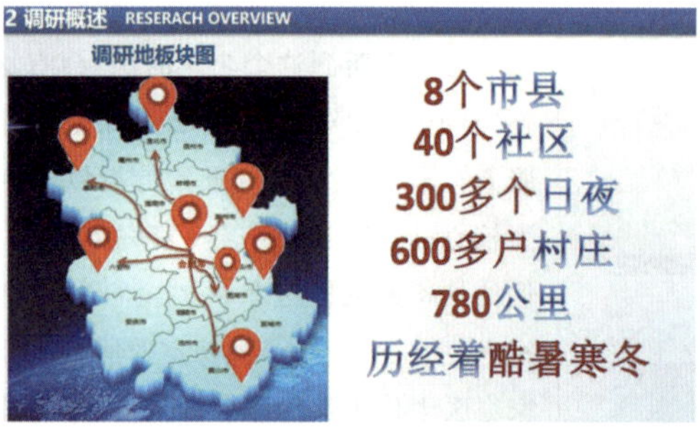	调研组选定了××8 个市县基层社区(每个市县选 5 个乡镇社区)进行了专项调研。
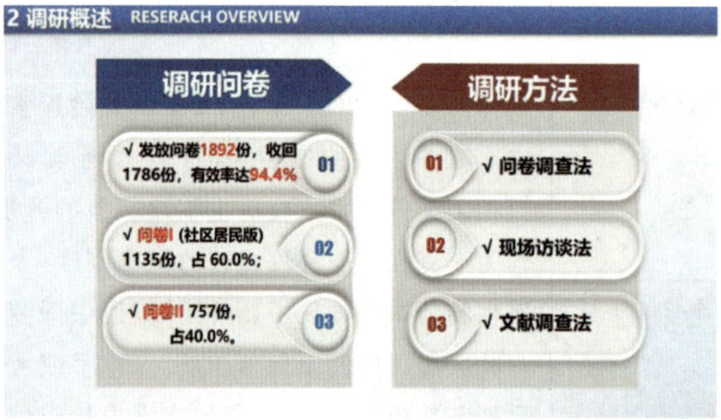	调研方法多种多样，具有科学性，包括问卷调查法、现场访谈法、文献收集法、文件整理法、实地调研法、系统分析法和归纳总结法。在这样完整高效的工作体系下，调研组获得了大量有效的数据，并将其转化为可视化的图表，进行了纵向研究与横向对比。
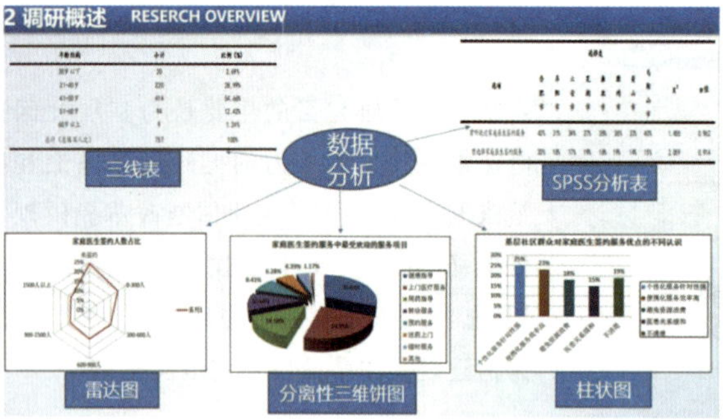	我们采用了饼图、柱形图、雷达图和三线表、SPSS 分析表深入研究了目前家庭医生签约服务的项目设置情况、人才保障情况、群众基础情况、优势发挥情况和机制运行情况。
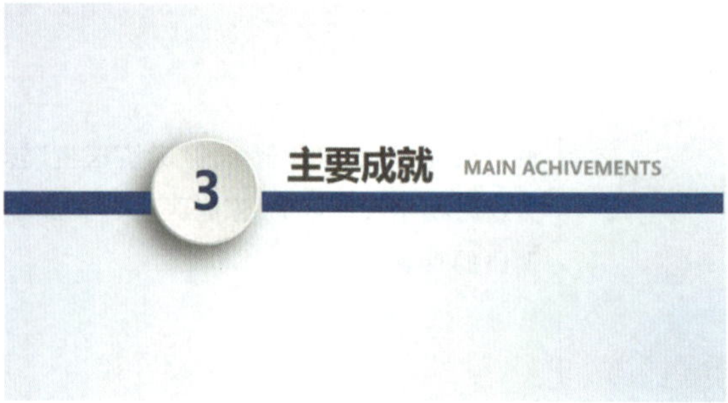	(过渡页) 在调研过程中，调研组发现当前推进家庭医生进社区已经取得了部分成就，主要为以下几点。

续表 9－4

<table>
<tr><th>PPT 模板</th><th>分　析</th></tr>
<tr><td>
</td><td>其一是首创了基本公共卫生服务“两卡制”；其二是建立村医“县管乡用”的基层医疗机构编制“周转池”制度；其三是立项 800 万元支持建设家庭医生签约服务省级管理系统。（逐步伸出三根手指。）</td></tr>
<tr><td>
</td><td>（过渡页）
通过联合实际进行调查，综合调查数据发现当前家庭医生进社区仍存在许多问题，项目组从以下五个方面进行阐述。</td></tr>
<tr><td>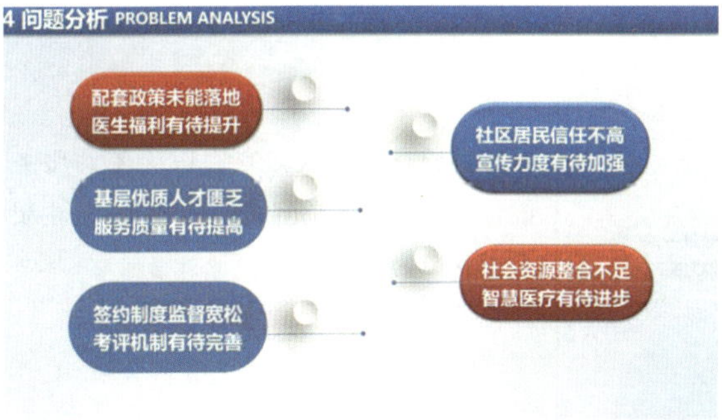
</td><td>我国家庭医生签约服务仍存在着诸多困境和因素。第一，配套政策未能落地，医生福利有待提升。第二，社区居民信任度不高，宣传力度有待加强。第三，基层优质人才匮乏，服务质量有待提高。第四，社会资源整合不足，智慧医疗有待进步。第五，签约制度监督宽松，考评机制有待完善。</td></tr>
<tr><td>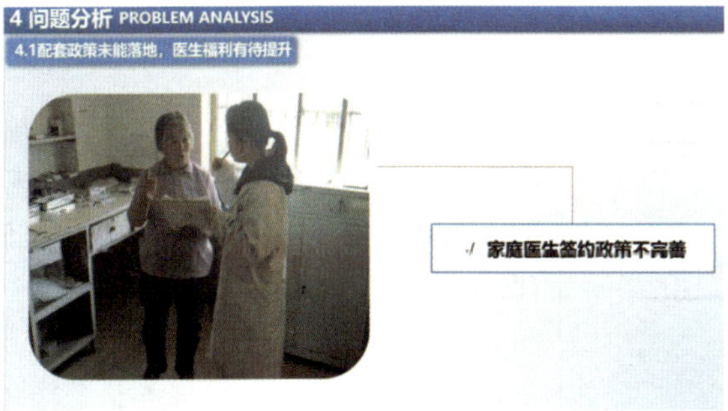
</td><td>首先是配套政策未能落地，医生福利有待提升，主要表现为家庭医生签约政策不完善。</td></tr>
</table>

续表 9－4

<table>
<tr><th>PPT 模板</th><th>分　析</th></tr>
<tr><td>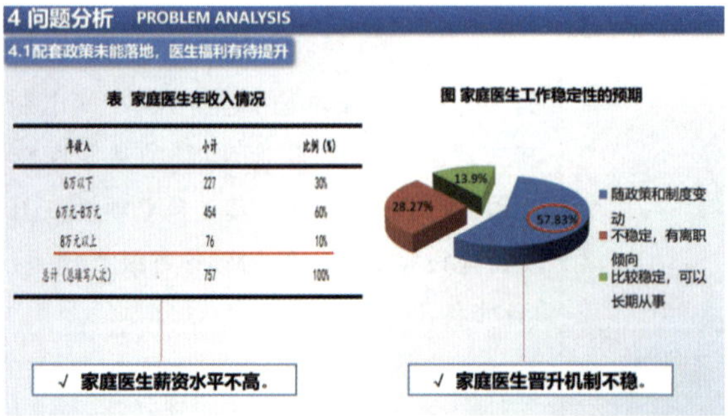
</td><td>通过统计家庭医生年收入情况，发现家庭医生的薪资水平不高，（走向屏幕左侧，食指强调。）而 57.83%的家庭医生都表示工作会随着政策和制度进行变动，说明家庭医生晋升机制不稳。（走向屏幕右侧，食指强调。）</td></tr>
<tr><td>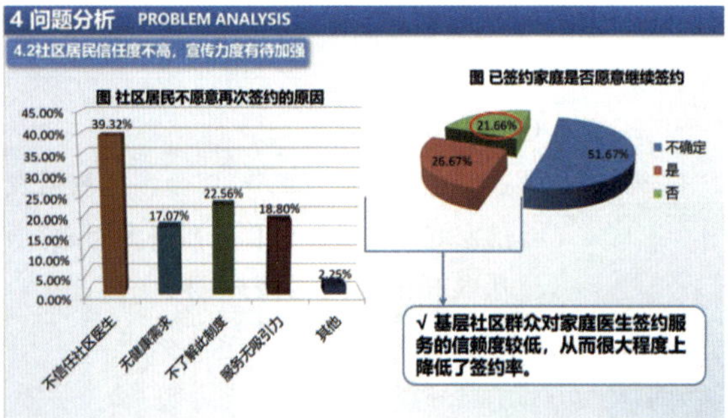
</td><td>其次是社区居民信任度不高，宣传力度有待加强。超过半数的社区居民表示并不确定是否愿意继续签约，说明基层社区群众对家庭医生签约服务的信赖度较低，从而很大程度上降低了签约率。</td></tr>
<tr><td>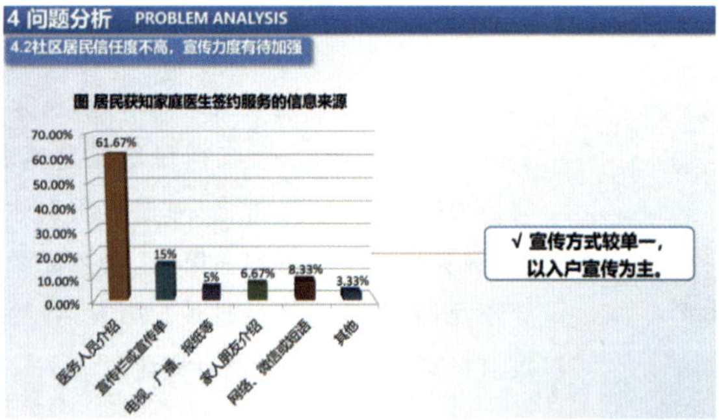
</td><td>而通过调查居民获知家庭医生签约服务的信息来源发现当前宣传方式较单一，主要以入户宣传为主。</td></tr>
<tr><td>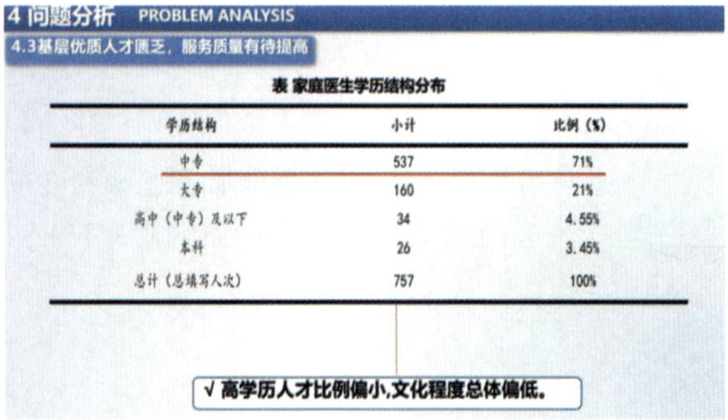
</td><td>再者是基层优质人才匮乏，服务质量有待提高，通过调查家庭医生学历结构分布发现高学历人才比例偏小，文化程度总体偏低。（配合圈出“中专”层面，指出学历分布。）</td></tr>
</table>

续表 9-4

<table>
<tr><th>PPT 模板</th><th>分　析</th></tr>
<tr><td>
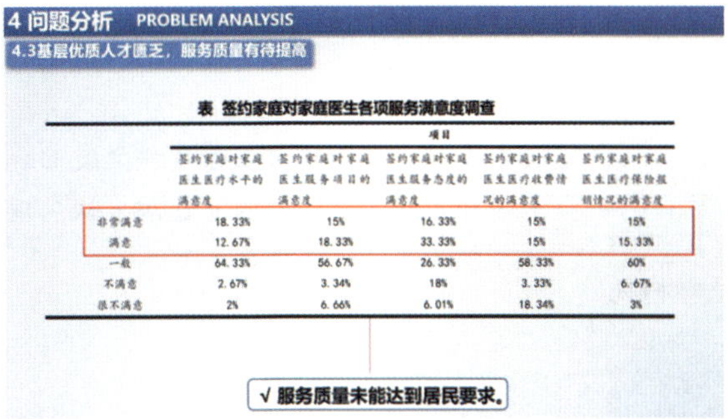

</td><td>而从签约家庭对家庭医生各项服务满意调查结果来看，家庭医生签约服务满意度不高，服务质量未能达到居民要求。</td></tr>
<tr><td>

</td><td>然后是社会资源整合不足，智慧医疗有待进步，通过走访卫健委，发现当前医疗服务资源分散，各相关部门缺乏有效协调。</td></tr>
<tr><td>
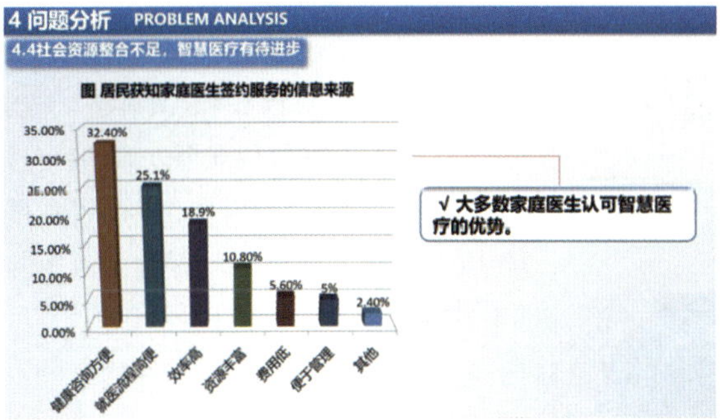

</td><td>通过调查发现智慧医疗的优势主要集中在健康咨询方便、就医流程简便、效率高等，调研过程中发现大部分地区未建立互联网+家庭医生服务平台。（从左指到右，配合从高频率指向低频率。）</td></tr>
<tr><td>
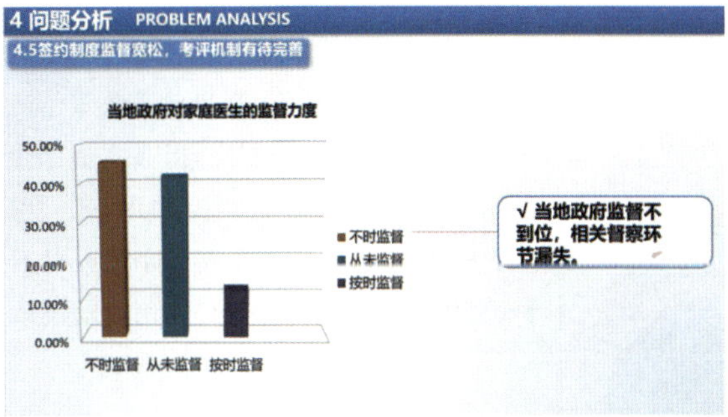

</td><td>最后是签约制度监督宽松，考评机制有待完善，从政府角度来看，当地政府监督尚不到位，导致相关督察环节漏失。</td></tr>
</table>

续表 9－4

<table>
<tr><th>PPT 模板</th><th>分　析</th></tr>
<tr><td>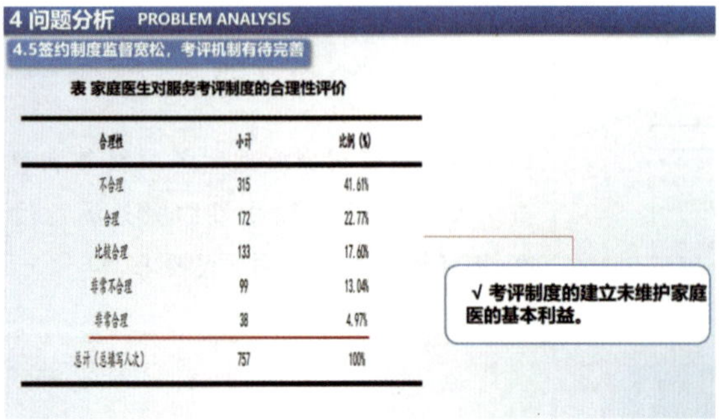
</td><td>走访当前家庭医生对服务考评制度的合理性评价发现将近一半的家庭医生认为现行家庭医生考评制度并不合理。</td></tr>
<tr><td>
</td><td>（过渡页）
基于以上问题及成因分析，借鉴国内外优势做法，结合我省实际，课题组构建“五位一体”家庭医生签约服务新模式，以政策为保障、人才为关键、监督为抓手、平台为载体和宣传为手段，密切配合、形成合力，破解医防融合痛点并提出了如下建议。</td></tr>
<tr><td>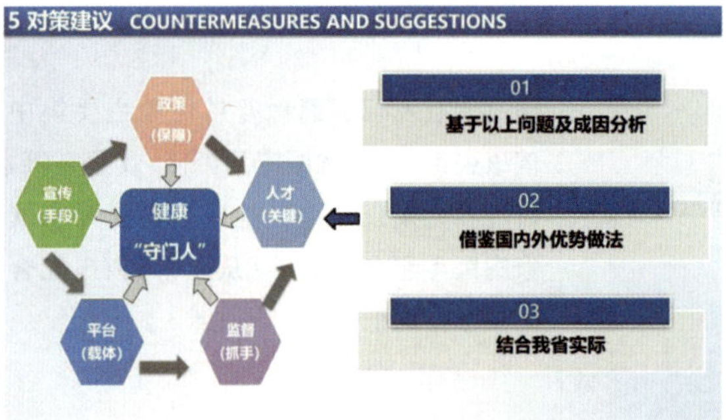
</td><td>基于以上问题及成因分析，调研组从政策、人才、监督、平台和宣传五个方面进行分析，（伸出五根手指，以示强调，并和前面相对应。）借鉴国内外优势做法，结合我省实际提出具体建议。</td></tr>
<tr><td>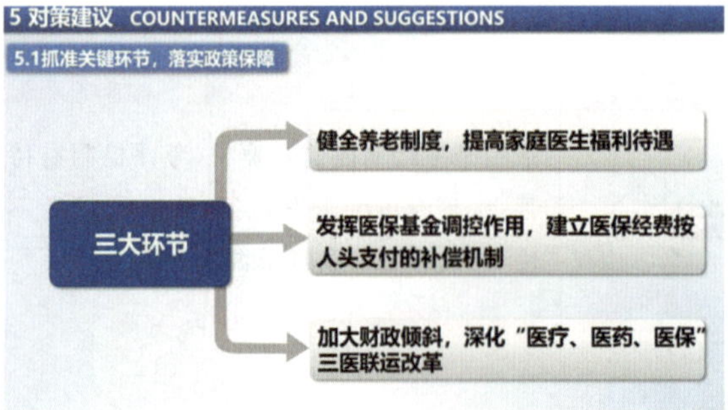
</td><td>首先是抓准关键环节，落实保障政策。三大环节分别是健全养老制度，提高家庭医生福利待遇；发挥医保基金调控作用，建立医保经费按人头支付的补偿机制；加大财政倾斜，深化“医疗、医药、医保”三医联动改革。</td></tr>
</table>

续表 9-4

PPT 模板	分　析
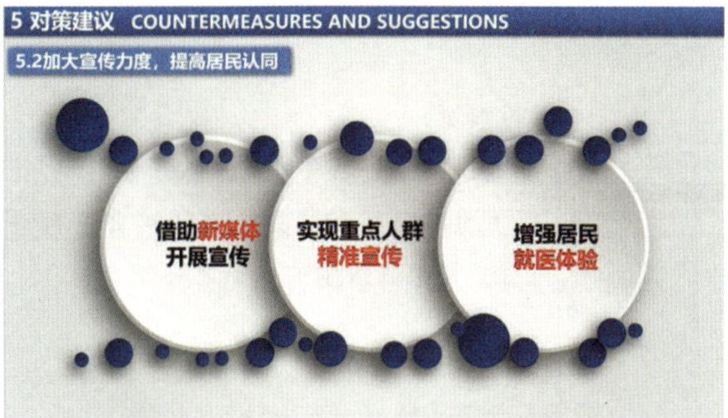	其次是加大宣传力度，提高居民认同。具体措施为借助新媒体开展宣传，多形式提升宣传效果；实现重点人群精准宣传，突出个性化签约服务；增强居民就医体验，着力提高签约居民满意度。
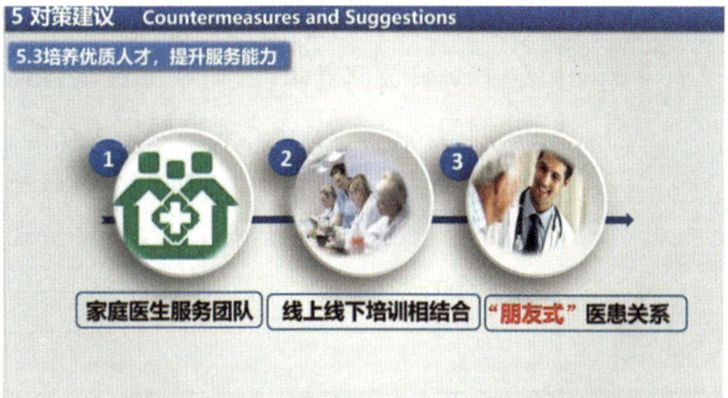	再者是培养优质人才，提升服务能力。例如，盐城模式通过采取多层次培训和使乡村医生加入家庭医生队伍的方式，对村医向全科医生发展提供政策、资金支持，提高了医疗技术水平。具体措施表现为扩充家庭医生服务团队；强化线上线下培训力度；发展“朋友式”医患关系。
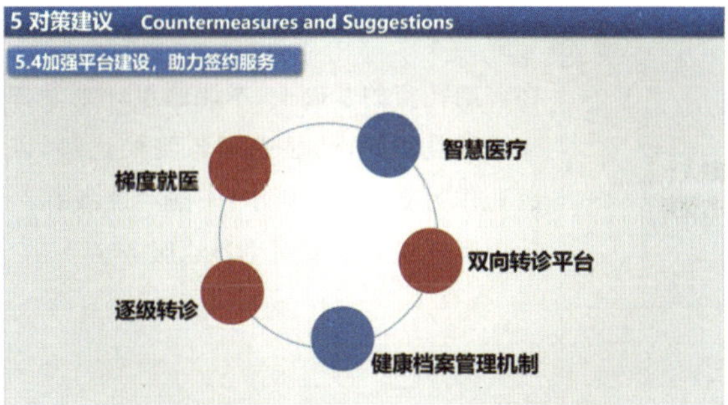	然后是加强平台建设，支撑签约服务。例如，浙江杭州市通过建立智慧健康服务和评价网络平台、推行“蓝钮”计划，实现信息化建设下的精准动态管理。具体表现为梯度就医、智慧医疗、双向转诊平台、健康档案管理机制、逐级转诊等方面。
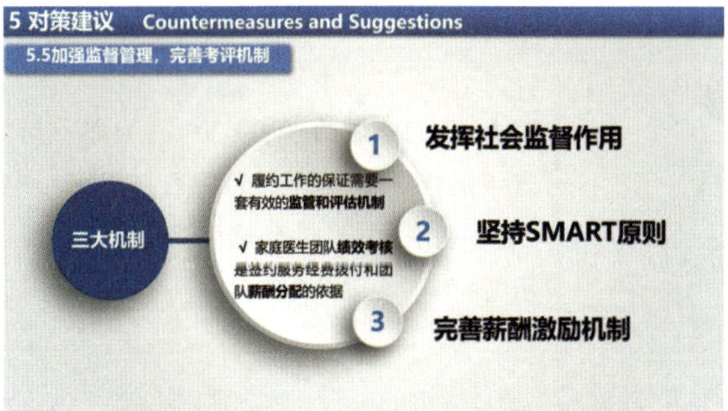	最后是加强监督管理，完善考评机制。例如，上海长宁模式的“双激励”效应注重完善考评激励机制，进一步突出“公益性”“质量提升”与“健康绩效”。主打三大机制：首先是发挥社会监督作用，建立完善监督评估机制；坚持 SMART 原则，科学设置考核指标；突出签约服务质量，完善薪酬激励机制。

续表 9－4

<table>
<tr><th>PPT 模板</th><th>分　析</th></tr>
<tr><td>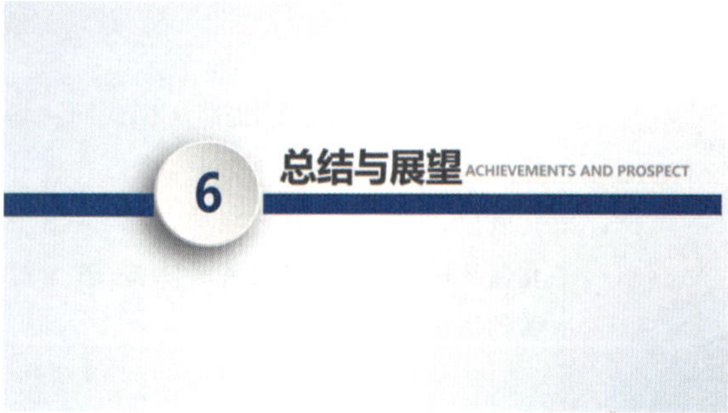
</td><td>（过渡页）
在此次调研过程中，课题组历时半年，花费了大量的时间和精力。但其实真正打动我们的，是家庭医生的赤子之心。</td></tr>
<tr><td>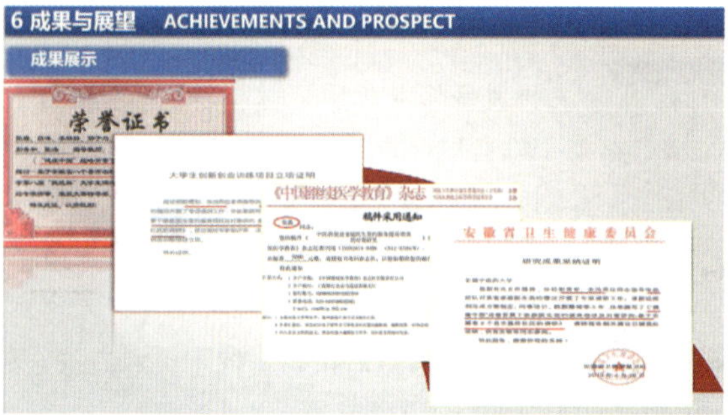
</td><td>于是调研组访问签约居民、走访安徽省卫健委，现场发放问卷填写、向家庭医生咨询交流、询问就诊病人、深入家庭医生工作地、多次召开小组专题研讨会、数据录入，最终形成四篇论文、一篇调研报告，并即将呈现给政府机关。</td></tr>
<tr><td>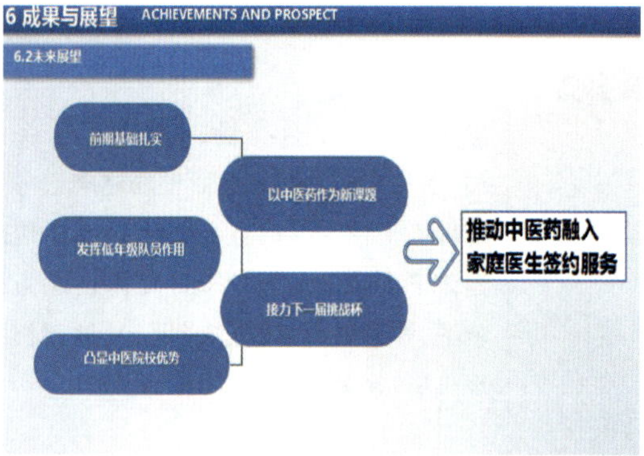
</td><td>在前期扎实的基础上，本课题组计划发挥低年级队员作用，凸显中医药院校优势，以中医药作为新课题，接力下一届“挑战杯”，推动中医药融入家庭医生签约服务。</td></tr>
<tr><td>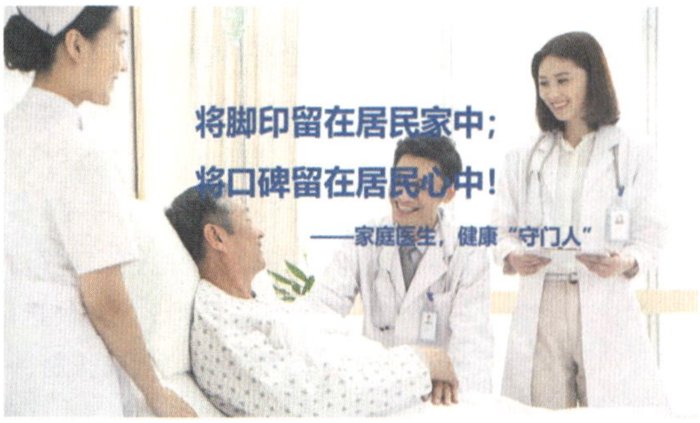
</td><td>综上，我们所做的一切努力，只为那一句“将脚印留在居民家中，将口碑留在居民心中”。（掌心朝上，大拇指自然张开，手部抬高，表示“赞美”“希望”之意。）</td></tr>
</table>

续表 9-4

PPT 模板	分　析
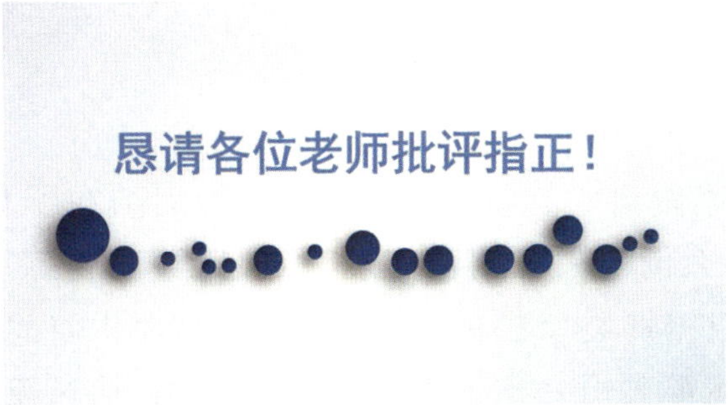	我们的演讲到此结束，恳请各位老师批评指正。（走到正中央，向评委鞠躬。）

二、问答环节

1. 精心预测，提前设想

“台上一分钟，台下十年功”“凡事预则立，不预则废”等至理名言，都是说明凡事预先有准备的重要性。大部分答辩评委在比赛之前很可能没有深入接触过作品的研究方向和内容，所了解的仅来自演讲者的当场介绍以及事先提交的申报材料。换句话说，评委只有十分钟左右的时间来了解，而作品团队成员至少准备了6个月，甚至一至两年。在答辩的过程中，对评委提出的问题灵活应对，回答准确流畅，这些都离不开赛前的精心预测和充分准备。不仅陈述汇报环节要进行无数次的排练，问答环节也要进行构思设计以及反复演练。答辩人员应该进行换位思考，把自己放在评委的位置上，试想一下评委可能提什么问题。

评委提问的角度不外乎以下几个方面：

你为什么会做这项调查或论文？你对它有什么看法？

你所提出的方案是独树一帜的还是略做改进？

你的解决方案效果十分明显还是略有提升？

推广应用能否产生经济效益社会效益？

提出了哪些新的方法？做了哪些新的试验？建立了什么样的模型？获得了哪些重要成果？等等。

2. 认真聆听，态度谦逊

回答，是在致辞过程中对别人的提问的反馈，是交际场上“短兵相接”的利器。在答辩问答环节中，对评委提出的问题要认真聆听，正确把握问题的关键和实质，体现对评委的尊重。答辩的评委基本上都是德高望重，在相应领域有一定影响力的人物，作为晚辈应怀着对评委的敬畏之心，虚心请教。在评委提问的过程中，应充分尊重提问者，等他把问题全部说完，再答不迟，切忌不耐烦地打断或自作聪明地接话。演讲者应面带微笑，神情专注，头微向前倾，千万不要东张西望，低头看稿，抓耳挠腮等，这样会给评委留下非常不好的印象。

3. 抓住关键，把握重点

评委提问完毕后，答辩人员要迅速做出应答反应，每个问题的症结在哪里？从哪一个角度回答问题更好？应举什么例子来证明？切忌口若悬河，离题万里，甚至答非所问。抓住问题关键之后，根据评委所提的问题，快速在脑海中将思路调至对应的章节回答问题，这就要求答辩人员一定要对作品非常熟悉，通过反复阅读熟知作品的每一部分，以此应对每一个问题。

4. 逻辑严谨，实事求是

回答问题的过程实则是做一篇“口头作文”的过程，除却主题之外，还需要具有一定的逻辑性。在听清评委的问题之后，最好开门见山地回答。如果评委提出的问题正好是你事先准备过的，一般就能清晰、有逻辑地回答。但是如果评委的提问，你事先并没有了解，答辩人员可以在脑海中拟定一个简单的大纲，列出回答的要点和层次。需要说明的是，这些活动是同时进行的，边说边想，边说边调整。在回答的内容上一定要注重实事求是，首先是一切回答以作品为基础，以事实为依据，切忌夸大。如果回答不上来评委的问题，千万不要生编硬凑，糊弄评委，遇到不清楚的问题可以虚心向老师请教，表明虚心好学的态度，比如“抱歉，我没有这方面的了解，希望以后有时间能得到您的指教”“有机会，我一定向您请教”等。

5. 重答非辩，主动化解

在答辩过程中最大的忌讳就是不停地和评委“争辩”。比赛场上，是思维的碰撞。聪明的选手会耐着性子听评委把观点或者问题讲完，面带微笑，神情专注。不急于反驳评委，而是循循善诱，先用自己所掌握的知识回答评委的问题，再对自己的观点进行阐述，引导评委走进自己的观点和作品。若评委对某一部分提出质疑并固执地坚持观点，并且自己说服不了他时，也不要觉得评委故意刁难，心生怨恨，和评委争吵。尽量采用温和的语言与评委交流，比如你可以说“不好意思，这是我们的疏忽……因为时间有限，希望结束能得到您的指教”等结束话题。这样也会赢得他们的好感，并且化解僵局。

三、细枝末节

答辩时的注意事项，在前面基本上已经涉及，现在这里做简单的说明。

1. 提前熟悉环境

进行 PPT 汇报之前一定要提前入场，熟悉环境（平时练习环境和正式比赛的环境是有所差别的）。提前沟通，防止意外。

2. 做好团队配合

一定要做好团队配合，并进行大量反复的预先排练。团队成员之间应根据各自擅长的部分对答辩任务进行合理分配，做好团队配合，答辩是几个人的配合，哪些人应负责演讲，哪些人负责问辩，哪些人又负责后勤，应在正式比赛前安排妥当。例如，PPT 播放出现故障时，负责后勤的成员应迅速和工作人员沟通做好调试，如果调试不好，和工作人员沟通是否可以暂停。答辩时，如果一个人卡壳或回答不上来，另一个人应适当提示或者代替回答，等等。好的团队配合可以提高做事效率，使答辩流畅自然，有感染力，否则杂乱无章，会让人大失所望。

3. 熟练背诵稿件

切忌“读”稿，忌无逻辑，结构混乱，正式比赛前应熟练背诵稿件，才能保证在正式答辩过程中以谦虚大方的精神面貌应对答辩比赛全过程。

4. 调整心理

如果上台前始终无法平复心情，可尝试吞咽温开水，缓解紧张；倘若正式答辩过程中遭遇忘词、卡壳的现象，可以在心里默念“我不紧张，我不紧张”，给予自己强烈的心理暗示，重塑信心，顺着刚才所说继续讲述；倘若比赛结束后获得的结果并不尽人意，也应从自身寻找原因，对自身作品、答辩过程等进行纠错改正，看到此场比赛的收获，而非只看重结果。

第四节　答辩后调整

一、认真听取

在答辩完成后，团队成员可继续聆听同一赛段内其他组别的作品，不要答辩结束后就无所事事，扰乱会场纪律，影响其他组别的答辩。此外，多听取他人的作品经验也有助于自身作品的成长，吸取经验，取长补短，不断改进，这对于团队成员来说也是一个提升。

二、不断修整

此次比赛结束后，参赛选手除了及时调整心态之外，还要根据评委意见及时对作品内容做出调整，没有什么作品是百分之百完美的，一次比赛的经历除了对参赛选手自身是个历练之外，对作品本身也是一个很好地考验。通过在一次次比赛中不断改进，弥补不足，终能勇攀高峰。

三、注意事项

答辩整体结束后，团队务必要在主办方的组织下有序离场，切勿给主办方造成不必要的麻烦。在结果出来之前，要迅速调整自我心态，更加注重比赛过程中团队成员的经验收获。

第十章　搜集寻访——参赛经验访谈

古人云,“他山之石,可以攻玉”。参加过“挑战杯”竞赛比赛的指导老师和参赛者的经验对于后来者来说,至关重要。他们一次次比赛经验的沉淀都是一笔宝贵的精神财富。本章访谈了 2 位优秀指导老师和 6 位杰出参赛选手。他们分别从参赛流程、团队组织、科研选题、撰写过程以及人生启发等方面讲述了自己宝贵的经历,并进行了经验总结,以期对后来者有所启发,少走一点弯路。

访谈一：

十年挑战路　凝心育桃李
——安徽省优秀指导老师彭青和经验分享

一、基本情况介绍

彭青和，男，硕士研究生导师，澳大利亚国立大学访问学者，第十届全国高校辅导员年度人物提名，安徽省首批辅导员名师工作室主持人，安徽省青少年研究会理事，“挑战杯”竞赛“安徽省优秀指导教师”。现主要从事大学生创新能力培养研究工作，近十年指导了 30 多个学生团队参加“挑战杯”“远志杯”等竞赛。指导学生参加“挑战杯”系列竞赛，获得国家一等奖 1 项、三等奖 5 项；安徽省特等奖 2 项、一等奖 4 项、二等奖 5 项、三等奖 3 项，安徽省银奖 1 项、铜奖 2 项。指导学生参加“远志杯”全国高等中医药院校大学生课外学术科技作品竞赛，获得全国一等奖 3 项 、二等奖 2 项、三等奖 3 项。

二、指导经验分享

1. 熟读文件

“挑战杯”全国大学生课外学术科技作品竞赛，简称“挑战杯”竞赛，每两年举办一次，建议每一位指导老师和准备参赛学生要熟悉整个竞赛流程，比赛前一年的 11 月份至比赛当年的 1 月份，全国竞赛指南将会发至各高校，广大师生要深入了解竞赛的选题指南，结合国家政策和时事热点来准备竞赛。

2. 组建团队

从参赛的各个环节来看，一个优秀的团队中负责人、成员以及指导老师等都是必不可少的组成部分。在“挑战杯”竞赛中，团队负责人对队伍的影响很大，团队负责人不仅要有鲜明的团队责任感和良好的沟通交流能力，而且还要有强烈的公正判决能力和专业的学术科研能力。好的负责人能最大限度发挥出团队整体的力量，带领团队取得骄人的成绩。团队成员是组建团队的基本要素，并不需要人数过多，一般 6～8 人为最佳，成员之间既要具备属性相似、属性互补特点，也要具备明确的团队认同感和相互合作的意识,能够做到识大体顾大局,一切从团队出发,有良好的执行力和创造力,善于发现新问题、寻找新思路。指导老师起到提纲挈领的作用,可根据具体情况由1～3位指导老师组成,一般国赛1位指导老师,省赛2～3位指导老师,他们最好是对项目所涉及的专业领域有较多研究的专业老师,需要具有一定的学历职称与学术科研水平,发表过相关论文、开展过相关课题研究等。作为一个成功的指导老师,需要具备多项素质。

第一,要有时代使命感和无私奉献精神,即由使命感激发出来的激情和热情,并具有持久性。

第二,团队虽由学生自主组成,但存在能力不足者,指导老师要对成员的挑选进行严格把关。

第三,指导老师的言行及态度影响着团队的发展,优秀且言行品德好的老师对团队的建设起着积极作用。

3. 认真选题

俗话说"好的开始是成功的一半",选题是参加"挑战杯"的首要环节,是创造性思维的过程,是至关重要的一环,同时,选题也决定了整个"挑战杯"竞赛的价值性,可以说在一定程度上决定比赛的成败。从往届获奖情况来看,选题要以点带面,围绕一个点或者一个侧面开展调研,在选题中要含有或隐含"调查"二字,体现选题的实证性特点;同时,选题多以双标题为主,既有主标题,又有副标题,主标题往往反映一种客观的社会事实或者代表了一种社会期望,副标题反映申报者要研究的主题内容。在选题来源上要与国家方针政策结合起来,要与社会热点结合起来,要与交叉学科结合起来,要与学生所学专业结合起来;在选题原则上要具备价值性、创新性、可行性、具体性的特点;在选题方法上通常有"提炼""交叉""求异""预见""专小"等方法。在选题方向上应该以社会民生、自身优势、社会价值、新颖创新为导向。

4. 开展调研

万丈高楼平地起,选定主题后,整个项目研究思路就清晰明了了。分析近几届"挑战杯"哲学社科类获奖作品,不难发现90%以上作品都做了充分的社会调研,从而挖掘得到有用数据,可见社会调研的必要性和重要性。如何做好社会调研,要从三个方面着手。一是做好调研问卷设计。设计要主题明确、篇幅适宜;要符合逻辑、顺序发问;要结构合理、通俗易懂;要措辞准确、避免误解;要前后一致、突出重点;二是做好数据收集与整理。在这个过程中,需要采用好的调研方法,主要有文献检索和访谈调查、电话调查、实地调查、集中调查、在线调查等方法;三是做好数据分析与挖掘。主要有单变、双变、多变量等统计分析方法,在这个过程中学生要熟练使用计算机，要做好数据分析，学会绘制箱图、条形图、折线图、饼状图等基本操作方法。

5. 写好报告

调研报告的中心在于如何求真务实地对客观实际进行分析与阐述。主要分成两个部分：一是调查，需要以详细的材料作为支撑点；二是研究，就是把调查了解到的情况和搜集到的资料进行对比、分析、判断和推理。调研报告的类型主要有反映基本情况型、总结典型经验型、反映新生事物型和研究探讨分析型。报告要具备结构上完整、资料有代表性、论证有效性、陈述条理性四个基本特性，同时还要具备数据准确、材料真实、观点创新、内容切合、责任担当等五个基本要素。

6. 润色提升

作品初稿完成后，要不断润色修改。好的作品是修改出来的，可以请团队内部成员进行修改，结合调研的材料认真修改，初具成文后，再结合指导老师的意见反复进行修改，要不厌其烦地修改。一份好的作品，前后要修改近 10～20 稿，指导老师修改以后再请校内专家修改，最后再请有丰富经验的校外专家修改。总之，好的作品是精益求精的过程，是不断打磨、不断酝酿的过程。

十年挑战路，凝心育桃李。“挑战杯”竞赛已成为大学生创新能力培养的重要载体，在今后的大赛指导生涯路上，将以更大的勇气、拼搏和智慧来指导更多的学生，指导出更好的作品，在创新道路上紧跟时代步伐、瞄准国际前沿、服务国家战略。落实立德树人根本任务，加强思想引领，助力学生成长成才。

访谈二：

路漫漫其修远兮　吾将上下而求索
——优秀指导老师张浩经验分享

一、基本情况介绍

张浩，男，硕士研究生学历，安徽中医药大学中西医结合学院特邀党建组织员、大学生思想政治辅导员、学生党支部书记。指导学生参加“挑战杯”大学生课外学术科技作品竞赛，获得全国一等奖 1 项、三等奖 3 项；安徽省特等奖 1 项、一等奖 3 项、二等奖 2 项。指导学生参加“远志杯”全国高等中医药院校大学生课外学术科技作品竞赛，获得全国一等奖 2 项 、三等奖 1 项。主持各级各类课题 5 项，发表学术论文 10 篇。

二、指导经验分享

任何一场竞赛的成功主要取决于团队的合力。俗话说得好,“一个好汉,三个帮;一个篱笆,三个桩。”“挑战杯”竞赛也是如此,离不开经验丰富的指导老师、责任鲜明的团队负责人和团结合作的参与人的共同努力。团队组建后,更多是团队的日常管理和运作,其实在这个过程中,我的感受主要有以下几点。

1. 提前育苗

提前确定参加“挑战杯”的人选,这一点至关重要,尤其是要在学生低年级的时候有意识地培养参加“挑战杯”的学生。很多同学以为到了高年级才能参加“挑战杯”竞赛,其实不然。有一部分同学因为考研、工作等个人原因不愿意参加竞赛,也有一部分同学因为竞赛每两年举办一次的客观原因,错过竞赛。所以说应该提前确定参加“挑战杯”竞赛的人选。一般让低年级的同学参与实际调研、撰写数据分析等,这样便于低年级融入团队,了解竞赛过程。

2. 权衡力量

常言说,“一山不能容二虎”。如果一个团队里面有两个及以上的综合实力非常突出的学生,那么这个团队运作起来就比较困难,往往会导致执行困难,力量分配不均,这个问题在竞赛前期更加突出。所以需要提前化解问题,想出合理对策,权衡力量之间的关系。一般情况,需要指导老师选定一个主要负责人,让其在整个过程中发挥主要领导角色,同时私下要关心其他同学,让每位同学认清自己的角色,站好自己的位置。

3. 发挥优势

在参加“挑战杯”的过程中,充分调动和发挥每一位同学的主观能动性。指导老师需要设计规划好“挑战杯”竞赛的美好蓝图,既要让同学们看到旭日,也要尝到甘露。在平时培养和训练过程中,需要观察团队成员的优势和特点,让其得到淋漓尽致的展现和发挥。“众人拾柴火焰高”,说的就是这个道理。

4. 率先垂范

指导老师的言行及态度影响着团队的发展,优秀且言行品德好的老师对团队的建设起着积极作用。“德高为师,身正为范”,这足以说明指导老师品性的重要性。在竞赛的设计、调研、撰写、修改等过程中,都需要老师亲力亲为。这样才能够让学生亲其师,信其道,调动这个团队的积极性。到现在,我还记得夜里三点,陪学生在医院的座椅上查阅文献的过程。

路漫漫其修远兮，吾将上下而求索。“挑战杯”竞赛是一场经历、一场历练，更是一场蜕变。蜕变的不仅是学生的成人成才，更是教学相长的经验积累和亘古不变的教育初心。

访谈三：

一路走来　花开有声
——全国三等奖、安徽省特等奖获得者安徽中医药大学尤良震经验分享

一、基本情况

2013 年，尤良震同学作品《城市社区中医药服务现状及对策研究》获得第十三届“挑战杯”竞赛全国三等奖、安徽省第五届“挑战杯”竞赛特等奖。指导老师：彭青和、王可。尤良震博士现为北京中医药大学某医院在站博士后，曾获全国中医药博士优秀论文奖，中国大学生“自强之星提名奖”，安徽省“创新之星”等荣誉称号，入选安徽中医药大学卓越博士培养计划，主持中国博士后科学基金面上项目 1 项。

二、经验分享

成功的道路很艰难，而失败却很容易。路越艰辛，风景越美，无论如何，感谢经历。我们团队当时参加的第五届“挑战杯”大学生课外学术科技作品竞赛获得全国三等奖、安徽省特等奖。大家对比赛投入了很多精力，我们也从中也获得了课堂和书本中学不到的知识和经验。非常开心能与大家分享我的参赛经验和获奖心得，希望可以给大家一些帮助，以此共勉。

“挑战杯”竞赛的选题直接关系到课题研究的意义与方向。“挑战杯”竞赛以“崇尚科学、追求真知、勤奋学习、锐意创新、迎接挑战”为宗旨，旨在促进青年创新人才成长。创新性与社会实用性是选题的重要原则。我们要学会将自己所学的理论知识和社会热点有效结合，站在自己科学的角度对当下社会现象做独特的研究，那么你们就会领先别人一步，你们的研究才会有当下意义。大家一定要把握好自己的专业优势，并且多关注社会现象，不断提高敏感度，那么就会有更多思想的碰撞。不仅如此，做研究要有宽阔的视野，如何找到专业与现实社会热点的交叉点，就需要同学们具有宽阔的视野。

我们团队的挑战杯项目是《城市社区中医药服务现状及对策研究》。选题思路主要来源于两个方面：一方面是来源于中西医临床专业社区实践课程。2011 年我校在中西医临床医学专业学生培养方案中加入了社区卫生实践的环节。我们在社区卫生实践的过程中体会到中西医结合在社区卫生服务中的重要性以及广大社区居民的需求性。另一方面来源于国家政策大力扶持中医并促进基层中医药服务能力提升。2012 年 9 月卫生部(现卫计委)等部门在《关于实施基层中医药服务能力提升工程的意见》中明确了提升基层中医药服务能力建设的指导思想和原则、主要目标及当前应着力完成的各项任务。我们在以上两方面因素基础上结合团队的兴趣开始了挑战杯旅程。

为了完成这个项目，我们组建了大学生健康知识宣讲团和大学生科技创新调研队，广泛地召集志愿者，利用大学生社区卫生实践及大学生暑期社会实践的机会开展调研。最终形成的课题团队是在自愿的基础上吸纳具有完成项目比赛任务的项目组核心成员。在项目完成的过程中难免会出现队员间意见不一致或者分歧的状况。作为队长面对团队成员的分歧时采取的主要措施是，冷静思考出现分歧的原因，摆事实，顾大局。如果是客观原因引起的分歧就实事求是地解决，如果是主观意见不合就在讨论的基础上征求指导老师的意见，暂时服从一方意见，保留一方意见，再用结果说服另一方。

每个团队都会有队长，作为队长，要确保自己有足够的时间和完美的协调能力，分配任务、跟进任务、做好示范一样都不能落下。当出现问题时，首先反思自己应该如何改进，再纠正队友工作纰漏。例如队友拖延，先反思是不是自己规定期限时定得不明确。在合作撰写报告的时候，先统一格式，方便整合，引导队员在做手头上工作的时候多为下一个环节考虑，有利于形成温暖融洽的团队氛围。团队里的所有成员都有其闪光点和不足，偶尔也会有摩擦，而队长需要做团队的润滑剂，调节矛盾，减小摩擦，使团队更加和谐。

很多同学尤其是刚入学的新生们可能会有这方面的困惑和纠结：我们医学专业学习任务重，那么我们是否需要竞选学生干部和参加一些实践活动、创新创业或学术科技类比赛呢？这些是否会影响到学业课程呢？我个人是鼓励在校期间参与课外实践及科技创新，特别是在本科阶段。我在本科、硕士研究生、博士研究生期间一直担任学生干部，经常参与社会实践与科技创新等课外活动。担任学生干部既是对自己的严格要求又是一种磨炼。参与社会实践与科技创新活动既是开阔视野、增长知识的过程又是知不足而后奋起的体验。专业学习是我们的学习之本，其他的是锦上添花，根深蒂固方能花团锦簇。课外兴趣是打开另一扇大门的钥匙，神采奕奕方可绝处逢生、登峰造极。

其实学习专业知识和我们参加社会实践、比赛等这两者是不冲突的。虽然我们的时间是有限的，但是通过合理规划时间，可以完美地协调这些事并让自己的大学生活更加丰富和充实。

回顾我的大学时光，我的学业规划可分为三部分。大一到大二的阶段：循序渐进、按部就班。大一正常上课，参加了学校各种活动，应聘了学院办公室的勤工助学岗位，广泛地阅读课外书籍。大二竞选了班级团支书、学院学生会部长，继续在学院勤工助学岗位。大三到大四阶段：务实专业学习，着力创新训练。在紧跟专业学习步伐的同时，我创建了大学生健康知识宣讲团，组建科技创新团队，参加老师科研活动，参加“挑战杯”大学生课外学术科技作品竞赛等创新训练。大五阶段：临床实习，回归课本，专注考研。一边进入紧张的临床实习，一边加紧复习备战考研。

大学的这三个阶段，几乎每天都很忙碌，日子过得也很充实。时间的安排主要是随着阶段性目标的改变而改变，有一定的学习目标就得花时间去学习、去钻研。在这期间，有时候时间安排的过于密集也会出现精力不足、身心疲惫的情况。总之，大学期间需要有一定的学业规划，也要有所舍得，分清主次。我个人的规划与安排就是立足当下，确定小目标，实施修订大方向。我们大多数同学刚进学校时都很迷茫，只有通过不断的学习和接受新事物，从中找到目标，并不断修正，才能一步一步接近大的目标。我在大学期间，在专业学习不放松的前提下，去广泛地阅读增加知识面，去参加学生会等增强社会实践能力，在创新创业训练中找到了自己的长处并努力地去做。在创新创业训练中感受到自己知识的匮乏，明确了考硕士研究生乃至攻读博士研究生的目标和方向。

最后，我给大家分享一些在参加“挑战杯”竞赛及学习生活过程中的一点心得和感悟。一是，大学学习要有点精神和激情。我建议大家在大二到大三这个关键点，一定要调整学习方式，树立目标，饱含激情，专注专业学习与大学生科技创新。二是，创新源于思考、源于积累、源于专业、源于虚心与勤奋。我在参加“挑战杯”竞赛之前参加过各种竞赛，但都没有取得好的成果，我一直都在思考，每参加一次活动总结一次经验。于是我在专业实践学习中，找到切合点，将大学生社区实践与中医药社区服务相结合，通过在勤工助学中接触到诸多老师的资源，一次、两次、三次的请教询问，最终，开展了调研撰写论文，获得“挑战杯”奖励。三是，淡看荣誉，以增长本领为金标准，以提高个人修养为首要。大学就是一条河，在这期间的表现只能代表这一段，我们学会了什么，这才是最重要的。因为，走过这条河，我们面对的是一片海洋。以参加“挑战杯”竞赛为例，参加比赛活动是一方面，另外就要多问一个我学会了什么，这样才能走得更远。

回顾“挑战杯”竞赛的经历，对我个人的成长产生了巨大的影响。这既是一次竞赛活动更是一次学术启蒙。在本科期间专业知识与专业思维刚刚形成的阶段接受创新思维的训练，就像是仰望星空的孩子，星星是那么的灿烂又那么的遥远，而在孩子的无限憧憬与奇思妙想下，星星又在眼前。随着时间的流逝，当年的星星可能已经模糊，而不知不觉中星星住进了孩子的脑海里，如影随形，伴随其追梦逐星的一生。如果你正处于迷茫期，请再给自己一次仰望星空的机会，重拾梦想与激情，一路走去，再回首，无处不是花开！

访谈四：

没有付出就没有收获
——全国三等奖、安徽省特等奖获得者安徽中医药大学张淼经验分享

一、基本情况

2019年，张淼同学作品《健康中国战略背景下家庭医生签约服务对策研究》获得第十六届“挑战杯”竞赛三等奖，安徽省第八届“挑战杯”竞赛特等奖。指导老师：彭青和、张浩。张淼推免上海中医药大学硕士研究生，曾获校第七届“十佳青年学生”“安徽中医药大学生自强之星”等称号，主持国家级创新创业训练项目1项，参与9项。

二、经验分享

时光荏苒，岁月如梭，转眼间我已将近毕业。五载寒窗历历在目，在这里，各位老师以其博大的胸襟、渊博的学识、长者的风范，训我以治学之理，授我以做人之义，师之恩情永铭我心！无论我在哪里，始终会铭记自己是一名杏林学子，始终会心系母校的每一步发展，祝愿母校明天更加辉煌！

我和我的团队共7人，历时近两年时间，完成了我们的作品。现在想来，“挑战杯”留给我最宝贵的财富是思考问题方式的改变和做事所应具备的那种自信和激情，这些将使我终身受益。下面是我参加“挑战杯”竞赛的一些体会，希望能够带给学弟学妹们一些思考与启发。

1. 全新旅程，携梦出发

做挑战杯就是做一件事，一件比较复杂的事而已。刚开始听说和接触挑战杯时，总感觉做挑战杯是一件很高深、很有难度的事，能拿到全国性的大奖更是遥不

可及。其实，挑战杯并没有那么神秘，我个人认为，简单来说挑战杯就是找一个自己有兴趣、想研究的事情或者现象，通过运用各种科学有效的方式或方法对其进行系统科学的研究，并最终形成文字报告。

2. 合理选题，把握优势

在参赛的过程中，我发现入选的或者获奖的论文都有一个共同特点，就是它们与时代热点的结合性和社会实用性都特别强。我总结出可能这样的选题更适合参加挑战杯：一是要有创新性；二是要有社会实用性。我们要学会将自己所学的理论与社会热点有效结合，站在自己学科的角度对当下社会现象做独特的研究，那么你就领先别人一步，你的研究才会有当下意义。我们一定要把握好自己的专业优势，并多关注社会现象，不断提高敏感度，那么我们就会有更多新鲜的思想火花。

3. 深入调研，亲身参与

挑战杯是一项最综合、最系统、最全面、最能考验和锻炼一个人的活动。刚开始我把挑战杯等同于科研，又片面地认为科研就是坐在室内查资料写字，以此推论出凭自己的性格好像不适合做挑战杯。其实挑战杯绝不是室内运动，因为本科生现在所做的作品比较偏向于调研报告性质的，需要我们做大量的调研工作。比如我们的作品，对8个专题调研地的40多个基层社区，600多户市县小区住户及社区附近人群聚集地进行深入调研。每一次去调研都是以团队自己联系为主，必要时可请学院和学校出面。我记得有一次我们想到省委组织部了解相关情况，需要学校出具相关证明，学院领导很重视这个事，亲自协调这件事，学校也很配合，很快就给我们出具了相关证明，令我们很感动。

4. 反复修改，精益求精

作品的每一句话每一个文字都应该反复推敲，不要害怕修改，只害怕不能更好。每一次的反复推敲都不应该停留在上一次看问题的视角，上一次认为对的内容下一次也要再次推敲。士别三日当刮目相待，项目中所阐述的观点与文字也一样，几天后再次推敲时也应给予不同角度的考量，人的思维格局是在不断上升的，对每一个文字的思考也是，要用更加科学、更加贴合、更加精准、更加合理的文字不断地进行完善。此外，还需学会提炼语言，精简文字，切忌啰唆模糊。特别需要尊重数据的科学性，尊重实际数据所反映的现象。

5. 用心付出，悉心收获

哪里有天才，我是把别人喝咖啡的时间都用在了工作上。当节假日同学们都在放松时，课题组成员却要在图书馆查文献、找资料；当寒暑假放假时，课题组成员却冒着严寒酷暑深入社会实地调研；当其他同学可以一起逛街、聚会时，课题组成员却要一个人坐在教室写文章。无论是否获得奖项,只有用心去做挑战杯的人才能从中获得实实在在的收获！其实这句话不仅是对挑战杯而言,对于我们做任何事都是一样的。用心做与不用心做是两个境界,其实可以说,不用心就等于没有做,没有做也就很难有什么收获了。只有用心做了,才会竭尽全力想办法去解决所要面对的困难,才能品尝其中的艰辛和不易,才能获得人生的历练和成长。

其实在挑战杯的道路上还有很多艰难险阻,无数次的讨论、无数次的删改、无数次的调研,最终得到了今天我们看到的作品。看着这些作品,如同在回望自己奔跑逐梦的青春。马克思说过:在科学的道路上没有平坦的大道,只有不畏劳苦沿着陡峭山路攀登的人,才有希望到达光辉的顶点。挑战杯之路亦是如此,人生之路更是如此,所以我们要把这种崇尚科学,追求真知,勤奋学习,锐意创新,迎接挑战的挑战杯精神发扬到我们生活的各个领域中,只有如此挑战杯才真正实现了它的价值!

访谈五:

行而不辍　未来可期
——全国三等奖、安徽省一等奖获得者安徽中医药大学章伟经验分享

一、基本情况

章伟作品《安徽省新型农村居民社会养老保险实施状况调查研究》获得第十三届“挑战杯”竞赛全国三等奖、安徽省第五届“挑战杯”竞赛一等奖。指导老师:彭青和、汪国兴。章伟现任中建材安徽某市玻璃工业设计研究院党群工作部部长助理、团委副书记。在《中国青年报》等重要报刊及信息刊物上发表文章90余篇。获中国企业改革发展优秀成果一等奖。

二、经验分享

参加“挑战杯”竞赛是我大学生活中最难忘的经历,它不仅是我的一次学术之旅,更是一个教会我如何表达学术观点、与导师交流、规范学术论文的人生大课堂。在这样的机遇下,我和一群志同道合的小伙伴们竭尽全力去做一件不留遗憾的事情,现在回忆起这段经历仍历历在目。

那个时候安徽中医药大学中西医结合学院、中医学院都会有暑期实践、三下乡等活动,活动结束后都需要提交一篇与暑期社会实践相关的报告。在一次社会

实践之后，我一边学习一边尝试地写了一篇相关的报告，很幸运的是这篇文章获得了全省一等奖。所以我是通过这篇获奖报告，进而延续这篇文章来做“挑战杯”的比赛。

机缘巧合之下，我获奖的那篇文章受过彭青和老师和汪国兴老师的共同指导，所以就通过这篇报告，荣幸地在两位老师的指导下展开了。当时我确定的课题和专业知识没有很大关联性。在大学期间，我对社会热点比较关注，在和指导老师们共同探讨后定为“农村养老”这个热点话题。对于这个与我专业知识毫无关联的课题，我也曾犹豫和迷茫过，但是在那个年代，农村养老问题在社会上备受关注，之前调研的文章跟这个之间也有一定关联并且也得到了专业老师的认可，所以还是坚持继续把这个课题做下去。对于项目的主题，建议大家选择切合社会热点需求，符合当前时代发展方向，具有广泛社会意义和经济效益等的。芯片升级、5G、大数据、智能机器人之类的项目很多。所选的课题最好有论文、专利、各类横向纵向项目、新闻报道等支撑，支撑材料越多文章就会越丰满。

我们研究的课题是农村养老问题，需要经常去实地考察，每次学校或者班级组织“三下乡”活动和暑期实践活动时就会给我们提供很多机会去当地做一些问卷调查。通过这些问卷调查，我们以这些数据和结果作为依据发表了文章，也正是这些客观的数据和调查支撑了我们课题的获奖。

实地考察调研的过程也是烦琐而又辛苦的。在实践活动的第一天，我们就上网搜索了一些关于我国农村养老普遍状况的数据及问题。接着去村委会了解到农村里一些特殊老人目前的生活方式。接下来几天，我们小组成员就到农村有老年人居住的家庭里，询问他们当前的生活情况、儿女赡养状况，村里干部为此做出的努力以及他们目前对生活的态度。在相对艰苦的工作环境下，大家都没有喊累，而是分工合作，相互鼓励，圆满完成了我们的实地调研。

在团队合作的过程中，大家有意见和想法都会提出来，互相讨论，我作为队长主要职责是梳理汇总队员们的想法，形成大家都能满意的方案。但避免不了会有观点不一致或出现分歧无法统一的时候，这时我会先建议大家求同存异，避免摩擦，在无法解决的问题上求助指导老师给予一些指导意见和引导。

现在回想起来，初赛其实是最辛苦的，在大家对比赛完全没有经验的前提下，组建一个团队，难度之大可想而知。但团队的意义就在于大家可以互相讨论，团队里有人擅长财务，有人擅长技术类操作，有人演讲能力很出色，大家集合了所有人的优势来共同完成项目。感觉大学里除了期末考试，没有其他时候会比当时更累，更疯狂，白天上完课，就回去查阅相关书籍和资料，可以一直坐在电脑前一写就写到凌晨一点多，可以做梦都是在想怎么收集和完善材料。临近比赛，疯狂程度到达极限，凌晨三点多，我把最终策划书整理好发到小组群里，看着几千字的策划书，一种成就感油然而生。比赛之际，大家在一个小教室里，一遍又一遍地修改完善 PPT，负责演讲的同学一遍又一遍地练习着，大家都互相鼓励、互相加油打气，直到现在回想起那个画面还是不由得鼻酸。

我们都是医学生，平时学习任务也比较重，所以合理规划时间很重要。我当时规划自己早上几点起床，几点洗漱完、吃早饭，几点到教室，晚上怎么安排，可以细化到每小时甚至每半小时，这样就能把自己有限的时间高效利用起来。我还会挤出一些课余时间和周末休息时间来做项目，因为是真心想把这个项目做好。大家时间都是有限的，但就像鲁迅先生所说，“时间就像海绵里的水，只要你愿意挤，总还是有的”。

不仅是学生时代，我的这些比赛获奖经验在毕业后甚至工作后都给我带来一定的影响，算是我的“加分项”。我毕业后有在政府机关和科技单位工作的经历，认为参加这类比赛对以下几点有很大的锻炼，使我工作乃至生活都有所受益。第一点是文字的写作能力，我们在比赛期间写过大量的文章、论文，这些都锻炼了我的写作和语言组织等能力。第二点是对事情的整合能力，从一件事情的起草到实施、完善、总结。这个能力的提高让我做事更有规划，有始有终。第三点是我自己的性格有一些改变，因为年轻人相对比较急躁，但是做这些课题和调研会牵涉很多复杂的工作，这使我的性格更沉稳，情绪更加稳定。

在挑战杯比赛中，有些人可能会获得一些成绩，也有些人可能会面临一些失败，尝试参加比赛很多次都没有什么结果。对此我的建议是：一定要坚持下去并对此坚定不移。希望学弟学妹们不要惧怕失败，勇于尝试，多向有经验的老师们学习，一步一步脚踏实地，相信你们都未来可期！

访谈六：

以极致投入态度　为青春挥洒自我
——安徽省二等奖获得者安徽中医药大学梅赛经验分享

一、基本情况

梅赛，安徽中医药大学 2008 级中西医临床医学专业学生，现为安徽省宿州市某市直单位公务员。2010 年在彭青和老师的指导下，组建团队参加安徽省第四届“挑战杯”大学生课外学术科技作品竞赛，作品《安徽省农村基层中医药的发展现状及对策分析》获得全省二等奖。

二、经验分享

大学对于很多人来说，不仅是学习知识和专业技能的地方，更是培养能力和拓宽视野的场所，是能够给我们提供机遇和带来挑战的平台。于我而言，亦是如此。

当看到校团委等部门下发的关于开展第四届“挑战杯”大学生课外学术科技作品竞赛的通知后，我内心激动万分，因为我们学校有团队在2009年全国“挑战杯”大学生创业计划竞赛中获得了铜奖。我个人也认为这类竞赛层次多、舞台大，非常有吸引力，于是怀揣着期待、跃跃欲试的心情报名参赛，并初步组建了自己的挑战杯团队。当然具体来讲，当时参加竞赛还有两个目的：通过比赛提高自身科研能力，以及丰富大学课外生活。回想参加挑战杯并获奖的这段经历，有些感悟想和大家分享。

柏拉图说，“良好的开端是成功的一半”。挑战杯的开端是选题，选题是挑战杯的关键。选题方面，兴趣是动力，竞赛到了后期可能在专业程度上有很大的提升，但是提升专业程度的过程相对来说是枯燥的，所以兴趣是一个很重要的基础。同时，选题还需要结合专业背景。因为专业背景本身具有的学科优势能够形成天然的差异化竞争优势，且以自己的专业背景开展竞赛更容易些，在开展调查研究过程中也会拥有更多便利，即所谓的“术业有专攻”。我们团队确定选题时，大概想法就是，作为中医药院校的团队，要有中医药特色，要在中医药上面做文章。当初，我们在和指导老师沟通了大致的想法后，老师对竞赛特点、政策环境和专业背景等进行综合研判后，提出了大致的研究方向和选题，即中医药在我国基层发展的问题。最初的选题有点大，后来经过学院组织的评审专家建议后，改为中医药在我国基层发展现状及对策分析——以安徽省部分县市为例。校赛后，指导老师专门请省社科院专家为我们指导，建议进一步缩小范围，选题改为安徽省农村基层中医药的发展现状及对策分析。总的来说，我们的选题在当时的政策环境下应该算是比较大的一个亮点。当时的中医药发展刚刚迎来了春天，国家层面也出台了进一步发展中医药及中西医结合的政策，但是基层中医药发展得怎么样？还存在什么样的问题？有没有什么亟待解决的问题？对这一系列问题的专题研究与解答，对中医药的发展、对中医药发挥作用惠及基层群众甚至对安徽省进一步推动中医药在基层的应用和发展，都有较为直接且重要的参考价值，所以我认为我们团队的选题是一大亮点，也是我们挑战杯的良好开端。

现在想起来确定选题的过程，有几点比较重要：一是参赛团队要有大致的想法，这样才能找到合适的指导老师，在此基础上，才有可能找到一个适合竞赛又能深入研究的课题;二是选题要紧扣国家政策、时事热点,即要有一定的研究价值,要能回应社会关切,提出决策参考;三是选题范围要精准,这样样本点好选取,后期工作好开展,数据等采集更准确。

"学者必求师,从师不可不谨也",挑战杯竞赛中指导老师的选择尤为重要。我们团队刚开始成立时,我的脑海里只有一个大概的想法,即大概想要开展哪个方向的研究,但仅仅是个雏形,项目的选题并不具体。在这种情况下,我们和指导老师及时进行了沟通,大概沟通了几次后,就初步确定了研究的方向和大致的选题。所以,建议大家选择有相关领域研究背景,或有丰富带队经验,之前带过多个团队参加竞赛,并取得较好成绩的指导老师。例如我们的指导老师,他在哲学社会科学领域就有很深的专业功底,这对于我们这个首次参加竞赛而且选题方向为哲学社会科学的团队来说,再合适不过了。

"一人智谋短,众人计谋长",团队合作对挑战杯的重要性不言而喻,因此,团队成员的选择需要通盘考虑。组队时,不仅要寻找有共同兴趣爱好的队友,以便大家开展研究讨论的过程中产生有效的思想碰撞,还须寻找有不同能力特长的队友,团队中其实也有大概的分工,团队负责人根据成员不同的特长,给成员分配不同的工作,这样才能形成合力,有助于竞赛的开展。此外,找寻的队友要能挤出充分课余时间,这一点颇为重要,因为竞赛周期长,有集中攻关期,这个阶段需要团队成员齐心协力、通力合作,所以队友要有充分的课余时间。当时我们团队在指导老师的带领下,分工明确、各负其责,我想这也是我们团队挑战杯获奖的原因之一。

实践出真知,实地调研的数据可以为挑战杯提供依据,故而实地调研的开展要合理且细致。我们团队当时主要结合了暑期"三下乡"活动开展实地调研,另外一个形式就是依托样本点本学院暑期回乡同学,就近开展相关调研。实话说,当时我们这方面做得不够细致,一定程度上影响了后期课题的研究,现在仍觉得是个遗憾。所以建议参加挑战杯的同学们进行实地调研时,一是要根据课题做好实地调研方案,方案要反复论证,务求样本点选取更加合理、更加科学、更加具有可操作性;二是根据调研对象,做好调研问卷;三是采取更多样的实地调研方式,比如小范围座谈、一对一访谈、问卷调查等,针对不同人群采取不同的调研方式;四是实地调研要做好预案,保障人员安全。

既然"挑战杯"竞赛属于竞赛范畴,那么参赛选手对竞赛的标准意识必须牢记于心。要走向省赛甚至国赛的作品,本身在学术上一定要过硬。对于参赛作品,我们必须要精益求精,将竞赛的标准意识和规范化意识具体到每个环节:从课题到队友,到指导老师,再到作品的初步生成和后期打磨,以及最终的答辩,力求每个环节都做到更好。以参赛作品的形成为例,参加竞赛的作品是不断完善的,是一个持续更新提高的过程，我觉得首先要对这一点有一个基本的认识。其次，作品的撰写首先要明确选题的目的是什么，研究的对象是什么，定位、创新点是什么，在此基础上，拟写一份大纲概括一下要写的内容，然后再分板块进行内容的填充，这样思路清晰，结构合理，能让评委老师看了一目了然才是最好。在形成作品的过程中需要注意格式的规范化，以及语言的简洁明了、书面化，不能太随意地长篇赘述，太过烦琐与简洁都会减分。最后，作品基本完成后还需要不断地修改和润色，这是一个比较长期的工作，需要耐心，需要与指导老师保持高效的沟通，指导老师提出的修改意见，参赛团队要通过十足的努力来百分之百实现，这对下一步的修改至关重要。在这一过程中要高度警惕并排除畏难情绪，千万不能有"都已经修改这么多稿了，已经完全改不动了"这种想法，因为只有把自己逼到绝境，才能知道自己尚有潜力可挖。另外绝不能有拖沓应付、厌战松懈的心态，因为结果不会陪我们演戏，如果没有较真、精益求精的劲头，竞赛作品是没办法突出重围的。就我们团队而言，作品成型的过程相对来说难度不是最大的，最难的其实是后期的打磨。我们的作品，初稿出来之后，有过几次大的改动，第一次是整体框架的重建，这是在指导老师指导下完成的。第二次就是指导老师请省社会科学院社会学研究所的专家进行指导，专家对作品的标题、研究范围、研究方法、相关的对策建议、答辩 PPT 等进行了系统修改，还建议要进一步把作品的亮点凸显出来，这对我们作品的质量来说是一次很大的提升。

至于最终的答辩环节，参赛选手的答辩应当流畅和精准。答辩过程中，老师一般会问到作品的缺陷问题，这属于答辩评委的常规操作，也是基本上每个竞赛团队都会遇到的问题。参赛选手首先要对此有充分的心理准备，当遇到答辩评委抛出这样的问题时，保持足够的从容与镇定。其次就是注意回应的技巧，在策略上不要立马否定评委的质疑，要顺着评委的话回答，然后做出合理的解释，最后表明进一步整改的决心和举措。

当然，参加挑战杯固然是很好的锻炼机会，但是大家还是需要权衡利弊。一些成绩较好，并且有耐心、肯吃苦的同学可以权衡并尝试参加，一旦成功，你会发现竞赛就像爬山，获奖后就有种爬到山顶"一览众山小"的感觉。就我而言，参加挑战杯的这段经历让我的科研能力有了明显的提升，这种能力的提升即使在竞赛结束九年之后依旧对我大有益处。去年我做在职研究生毕业论文的时候，应对自如，当时从开题到论文初稿完成也就不过一周时间，而且论文初稿在导师那里只是做了一些细节的调整后就通过了初审，应该说当时竞赛打下的基础是很牢固的。但是，参加竞赛也会给大家带来一些困扰，毕竟参加竞赛会占用很多的课余时间，而且竞赛的同时学业也不能落下，身边有参加过竞赛的同学都知道，竞赛的准备过程还是很辛苦的，因此我个人不太建议学习成绩较靠后的同学参加竞赛，毕竟竞赛结果和能否顺利毕业没有直接关系，但考试成绩却有。

古人讲谋定而思动，用现在的话来讲，就是想清楚才能干明白。希望每一位想参加竞赛或者已经参加竞赛的同学，对于竞赛都能够“先想清楚，再干明白”——先想明白竞赛在大学生活中的定位以及自己想通过竞赛达成什么样的目标。一旦决定踏上竞赛的征程，就一往无前、敢于挑战，充分挥洒青春的活力和激情，充分发挥才干和创造力，要干就干最好，不怕输不服输，以“不破楼兰终不还”的决心和魄力，与“挑战杯”战斗到底！

访谈七：

精诚协作　勇往直前
——安徽省二等奖获得者安徽中医药大学戴荣经验分享

一、基本情况

戴荣作品《安徽省公立中医医院试点改革的成效分析与对策研究》参加安徽省第七届“挑战杯”大学生课外学术科技作品竞赛，获安徽省二等奖。戴荣现为安徽中医药大学硕士研究生在读。

二、经验分享

不轻言放弃，是对梦想的执着；不停地努力，是对人生的追求，生命因追求而精彩，个体因团队而强大。回想起当年我们团队参加挑战杯的日子，是我们一路携手，团结协作，不畏艰难才熬过来的。在我看来，在参加“挑战杯”竞赛的过程中起决定性作用的就是团队，把团队做好，挑战杯的项目才会很顺利地完成，针对如何让团队协作高效率高质量地完成项目，我想分享几点个人经验，希望对大家有所帮助。

项目开始首先是组建团队，这需要花费一番工夫，最重要的是团队里的每个人要找准自己的定位。组队可以找一些比较熟悉的同学，这样合作的时候可以免去互相了解的过程，大家可以更快地进入合作状态，在准备比赛的过程中有问题或不同的建议会方便沟通一些。团队组建好以后需要明确自己的定位，在团队中应该扮演什么样的角色。比如项目负责人，是团队中不可缺少的一员，作为团队核心，要起领导作用，要合理分配任务，让每位队员充分发挥自己的特长；在挑战杯的项目进程中，需要明确项目每一步的走向以及具体的实施步骤，给队员们清晰的目标；日常生活中要善于沟通，要承担起与指导老师交流的任务，遇到队友发生矛盾的时候，要主动调节矛盾；负责人需要具备永不放弃，敢于面对失败，多次尝试，不屈不挠的精神，要成为整个团队的精神支柱。团队里善于表达的队员，可以负责 PPT 讲解和答辩，一般来说，挑战杯准备过程中涉及一些调研工作或是采访类工作，团队中若有善于表达的人，实施项目会相对容易；团队里文书能力比较强的人，可以在申报书上多费点心思，工作着重点在于书写申报书，整理材料。不管怎样，团队里每个人都应该有自己的闪光点，有各自准确的定位，各自发挥自己的才能，这样的团队才能高效率地完成任务，也避免一个人撑起一个团，其他人懒散划水的现象。在我们参加挑战杯的时候，队员的各自定位就比较明确，每个人有负责的主要内容，互不干涉，相互补充合作，协调发展。

团队是一个整体，每个人应该将自己融入团队，把自己当成团队的协作者，积极提出建议和看法，关注项目进展，主动承担更多的责任，互相学习，互相鼓励，这样才能发挥一加一大于二的效果。大多情况下，我们要主动承担责任，否则会影响项目的进展。主动承担责任看似简单，但实施起来却很困难，这就需要队员调整团队合作时的态度，改变自己参加挑战杯的态度。团队里每个人有每个人的思想，遇到问题很容易产生不同的看法，这时候就需要各自提出自己的看法并加以协商，积极沟通。三人行，必有我师焉。团队中的每个人都应该学习队友的优点并将其变为自己的长处，灵活运用，不断完善自己。当团队里的每个人都坦诚相待，都有一份奉献精神时，取长补短，个人能力才会得到提升，团队的力量才会日益强大。在我们团队写申报书的那段时间，有时候为了完善一个页面，为了增加一个页面，甚至为了一个图片的摆放位置，我们都会进行头脑风暴，集思广益，也毫不吝啬地发表自己的看法。有时候队友发现一个问题，提出几个不同思路，我们也会一起讨论，综合大家的建议，最终确定一个较好的方案。在讨论过程中每个人都会积极参与，提出解决方案，这也让我们的工作效率变得很高。

在挑战杯的团队中，除了学生，指导老师也很重要，他们的指导在团队的合作中有锦上添花的作用，所以在整个项目实施过程中，要加强与指导老师的沟通。例如挑战杯项目的选题，是挑战杯比赛的第一个关卡，我们如果有自己的想法，需要与指导老师沟通，咨询一下课题是否可行、有没有更好的提议，也可以请教指导老师有关开展项目的一些问题。撰写申报书时，需要团队不断地修改和润色，才能形成一份比较完整的申报书，这是一个比较耗时的工作，需要耐心，学生经验不足难免会出现问题，这就需要大家经常与指导老师沟通。指导老师经验比较丰富，如果老师指出我们的一些不足，我们要虚心接受批评，再针对这个问题进行深入的剖析，与指导老师探讨解决方案，不断地完善申报书。对于答辩的准备，也可以与老师交流一下有关 PPT 的制作以及答辩过程中汇报的侧重点等细节问题。学生与指导老师的合作也是团队合作中很重要的一部分，只有与指导老师有效沟通，才能让团队工作高质量地完成。

古人言："千人同心，则得千人之用；万人异心，则无一人之用。"一棵傲然挺立的青松不算什么，一枝独秀不算英雄，万木成林才是遮挡风沙的坚固长城。无论生活中还是学习中，我们都要学会团队合作，精诚协作，勇往直前，永不言弃！

访谈八：

心怀科研梦　一心一意追梦行
——安徽省三等奖获得者安徽中医药大学于东东经验分享

一、基本情况

于东东作品《皖南中医药健康旅游产业发展现状及转型升级对策研究》参加安徽省第六届"挑战杯"大学生课外学术科技作品竞赛，获得三等奖。于东东现为安徽中医药大学硕士研究生在读。

二、经验分享

大家好，很高兴能够和大家分享我参与挑战杯的感想。其实对我来说，加入挑战杯团队和参加挑战杯竞赛是一个巧合。我当初参加暑期"三下乡"活动时听老师和学长提起过这个竞赛，认为比较有挑战性，又可以锻炼自己，刚好当时有第六届"挑战杯"大赛，于是我就抱着学习的想法参加了。回想自己的参赛历程，虽然辛苦，但的确有着很大的收获，我也成长了不少。

首先，挑战杯是我将自己的科研兴趣与实际研究相结合的一次尝试，也是我科研梦的初启航。在课题的选择上，一方面，我对中医药领域的相关研究很感兴趣，另一方面，我非常希望借助这次机会将自己的科研兴趣落实到比赛和实践中，初步实现自己的科研梦想，故而一直努力找寻一个合适的中医药方面相关课题。幸运的是，我们团队当时无意间查看国家中医药管理局官网，浏览最新新闻，发现了感兴趣的方向，于是就初步确定了课题，即中医药健康旅游产业的发展现状及转型升级对策，后期又确定了研究范围为皖南地区。我认为我们团队最大的特色就体现在课题以及整个项目充分结合了中医药特色和中西医专业需求上，同时我们的项目也体现了安徽的中医药地域特色，这也是我们在挑战杯竞赛中相较于其他团队所独有的竞争优势。

其次，参加挑战杯竞赛锻炼了我的科研能力。其实科研，无非就是一个想法—实践—成果的转化过程，在其中有几项能力至关重要，比如创新能力、创造力、表达和总结能力、实践能力等。而挑战杯竞赛的全过程就非常锻炼参赛学生的综合能力，“挑战杯”竞赛包括选题、组队、研究、总结、展示等环节，全过程、多环节的训练有利于学生全方位的发展，有利于培养参赛学生的科研能力。在选题过程中，学生需要分析国家或者行业发展背景，结合自身专业特色及地方需求确定选题，这有利于拓展学生的视野，开阔其思路；组建一个优势互补的团队，不仅能培养学生的团结协作能力、管理能力，而且在团队交流的头脑风暴中，更能激发学生的创造力；研究的过程需要学生对各项因素进行分析，将理论与实践相结合，培养学生的创新意识，尝试创新方法，养成严谨的科研态度；总结及展示过程需要学生提炼研究成果，并且要通过主题演讲或者图片展示进行作品宣传，提升了学生的表达能力和总结能力。以上均能够提升大家的科研能力，为大家将来的科研工作打下一定基础。

另外，参与挑战杯一定程度上也培养了我的科研思维。对我来说，参与挑战杯竞赛最大的收获即科研逻辑思维的提升，同时，我的自学和阅读能力提高了很多，竞赛过程中查阅和学习的大量的文献资料以及科研方法培养了我更加严谨的科学态度。以上收获都让我在之后的学习和其他工作上更加得心应手。我目前在中医药防治代谢疾病研究工作中一些好的研究习惯，也许就是在这次挑战杯竞赛中潜移默化所形成的。

总的来说，挑战杯是兴趣的起源，也是学习实践的初探，同时也是科研种子的萌芽。一方面，这是大学生挑战自我、将自己的兴趣爱好和初步的科研想法或思路进行归纳和整理并向他人展示的平台。毕竟大部分人的学生生涯都是平淡无奇的，能够将心中的科研梦想播种发芽也是自我挑战和自我锻炼的好机会，通过一个比赛的流程迫使自己走出去，说不定自己团队的项目就是很好的科研素材。另一方面，它还可以培养大家形成科研思维，提高逻辑的缜密性，养成做事细致的习惯，我想这对每个人来说都是不可多得的重大收获。基于以上两点，我认为挑战杯比赛能够为科研领域开拓新的科研思路，提供人才储备军，这是不限于个人眼前的收获，从长远来看，这对自己或者整个团队的参赛者来说都大有裨益。

此外，参与挑战杯竞赛也有一些需要注意的地方，比如参赛选手对于挑战杯的认知和态度一定要明确和端正。既然选择参加挑战杯竞赛，那就必须端正自己的态度，对作品负责，对团队负责，更对自己负责，从而收获一些硬核知识和技能。挑战杯于我，是兴趣，更是科研梦想的实践，那么我就时常给予自己心理暗示：完成挑战杯竞赛不仅是一项任务，这更是一项自己热爱的科研项目，是自己科研梦想的启航。这是我参加挑战杯的初衷，也是我自己和团队坚持完成课题的最大动力，它在课题开展中一直激励着我们不断前进。态度决定一切，细节决定成败，希望每一位参赛选手都能够明确自己的目的，用认真负责的态度去对待挑战杯竞赛。

现在，回想参加挑战杯并获奖的经历，有喜悦也有遗憾，为那段时间的努力成果得到认可而喜悦，也遗憾未能做得更好，争取更进一步。当然，我非常感谢那时候的自己，感谢他将年少的科研梦想播种，一心一意追梦而行，也感谢他为今天走在科研路上的自己埋下深深的伏笔。

最后，希望各位师弟师妹们在参加比赛时，抱着重在参与，重在学习，重在展现，重在思维，重在合作的想法，努力将自己团队的项目做到最好，不论结果，一往无前。在此也祝愿各位参赛同学勇夺桂冠，展现青春风采！

访谈九：

在实践中发现　在思考中创新
——安徽省三等奖获得者安徽中医药大学王燕俐经验分享

一、基本情况

王燕俐作品《大数据背景下安徽省健康管理服务体系建设的调查研究》参加安徽省第六届“挑战杯”大学生课外学术科技作品竞赛，获得三等奖。王燕俐同学现为安徽省中医院医生。

二、经验分享

挑战杯比赛是全国同类型竞赛的最高等级竞赛，含金量高，难度也大，相应需要投入的时间也长。我在 2015 年的时候参加了第六届挑战杯大学生课外学术科技作品竞赛，当时我们的项目获得了省三等奖。虽然遗憾没有入围国赛，止步于省赛，但是参加挑战杯的过程仍然是本科学习期间的一段宝贵经历。在参加比赛的前后过程中，我感触颇深，在这向大家分享一下我的一些经验和看法。

挑战杯以“崇尚科学、追求真知、勤奋学习、锐意创新、迎接挑战”为宗旨，从比赛的组队、选题再到策划书撰写、路演，所有环节紧紧相扣，容不得半点马虎。尤其在前期阶段要做大量充分准备，日常需要不断积累。就我个人而言，最为重要的是如何找到创新点和选题。俗话说“题好一半文”，所以我想重点和大家聊聊如何找准创新点和确定合适的选题。

第一，学校的创新教育以及提供的创新平台对于学生的创新意识培养至关重要。环境对于一个人的影响是巨大的，特别是对于处在发展阶段的大学生。学校在进行常规教学计划的基础上，给我们开设创新创业指导课，学校也有大学生创新创业孵化基地，以及定期举办各种专题讲座、学术报告，这给我们提供了很多展示的平台，我们在不断地比赛展示中学习，吸取经验教训，不断成长。寻找好的创新点，具有创新意识和创新能力是基本条件。

第二，广泛的收集资料，寻找社会热点是前期选题的基础。九层之台起于垒土，千里之行始于足下。提高发现问题的能力，需要不断地积累。在确定选题的前期，需要大量阅读时事热点新闻，了解国家最新的政策，关注当今社会的热点问题，从而寻找创新点的灵感。结合自身专业，贴合时事热点、社会实情的课题，才是有研究意义的课题。收集资料的渠道多种多样，大家可以多阅读新闻报刊、关注一些政府官方的公众号，了解国家的政策。多留心网络上、生活中备受大家关注的社会热点问题，抓住其中的核心要义，积累于日常生活中。还可以和老师们多沟通交流，在沟通的过程中会有一些新的启发。闭门造车肯定不会产生好的想法，可以在知网上广泛阅读文献，从大量的文献数据中总结出近几年的最新研究和发展进程。好的选题同样离不开队员们的集思广益，各自收集素材后，再进行汇总讨论，会有更多的思路。

第三，团队协作，共同进行问卷调查、实地调研也是非常重要的环节。纸上得来终觉浅，绝知此事要躬行。仅仅有想法是不够的，我们当时在前期就进行了大量的问卷调查和实地调研。因为我们的团队队员有不同的想法，没有一开始就确定选题，有好几个备选项，所以我们进行了走访调研，借助老师、同学们的力量，发放了大量的调查问卷。最后收集整理问卷数据，从结果中分析哪个选题更加贴合实际。想要更好地完成研究，实地调研的过程必不可少。当时我们的课题在前期准备过程中，指导老师帮我们联系了很多相关专业人士，让我们去实地采访。在采访后，我们会仔细将访谈记录整理成文稿，再进行团队讨论，根据专业人士的建议，最终确定选题方向。在那段时间里，当然也会遇到很多困难，比如我们的团队成员都是本校学生，想要调查得更加广泛深入，就需要扩大调研范围和力度。团队成员调动自己一切可用资源，联系不同学校、不同城市的同学，帮忙一起进行问卷调查。我还清楚记得，当时一个团队成员说：“为了做问卷，多年没联系的初中同学都联系上了。”除了发放调查问卷，更多的是我们自己进行实地调研，利用寒暑假和自己空闲时间，到其他城市（地区）深入调研，从而收集了大量素材。在前期准备过程中，每位队员都付出了大量的时间和精力，在这里我想感谢当时一起努力的小伙伴们，是大家一起齐心协力，互帮互助，才成就了这个项目。

第四，要善于发现问题，寻找创新点。以我的项目为例，当时我们的项目是《大数据背景下安徽省健康管理服务体系建设的调查研究——基于合肥市、芜湖市等六城市的调研》。2015 年的时候，大数据信息化尚处于初步发展阶段，对于健康管理相关信息，各个社区的普及程度都不高。我们就考虑健康管理目前有哪些不完善的地方，如何进行改善。结合当时的情况，互联网大数据开始受到更多人的关注，团队思考是否可以将互联网大数据整合到健康管理医疗环境中呢？我们希望借助大数据信息化，给人们日常的健康生活管理带来帮助。大数据整合人们的身体健康信息，更加清楚明白且操作方便。通过这种创新方式，让人们更加关注自己的健康问题。深入基层，扩大调研范围，将医学与互联网科技相结合，为社区健康管理提供可信赖的数据，是我们作品的最大亮点。所以同学们要多关注当下的国家形势与政策，多关注社会热点问题，一定要顺应社会发展，寻找与本专业相结合的创新点。善于发现问题，从问题中寻找创新点。

第六，耐心和追求完美的严谨态度不可或缺。个人觉得参加比赛，首先要明确比赛的核心要义，不能操之过急。凡事不可能一蹴而就，任何课题项目的开始及发展都需要时间，是一个不断积累完善的过程。遇到困难和挫折是肯定的，不能遇到一点打击就放弃，我们应当持之以恒，不轻易放弃，保持平常心。整个比赛过程中有与队友的配合，有与老师的沟通，有与自己耐心的磨合，不断地修改完善，以达到最终要求。项目书是比赛的核心，应当认真严谨，可以参考既往其他同学的项目书，吸收他人优秀项目书中的精华，整合自己团队的主旨不断修改，有无法敲定的地方可找老师们定夺。严谨的态度体现在很多小细节方面，哪怕是问卷的排版、资料文稿的整理、项目书的格式排版、PPT 的制作，这些小事情往往影响整个项目的进展。始终保持耐心、细心，精益求精，最终通过文字、幻灯片的形式完美呈现出来。

以上几点是我的经验分享，希望能给大家在寻找创新点和选题方面带来启发。参加挑战杯是一个非常珍贵的经历，对于之后的读研或者工作学习都有帮助。它不仅是一个比赛，更重要的是培养锻炼了我们的综合素质和能力。这段经历也教会我，在以后的岁月里要更加吃苦耐劳，不可急功近利。没有什么事情可以一蹴而就，要学会接受一次一次的失败，然后反复地思考重新再来。

希望我的经验能给学弟学妹们一些帮助，人生的路很漫长，要勇于去尝试，既然做就尽量做得最好，无愧于自己的付出。但也不用过分看重结果，在整个比赛过程中，你能学习到的东西更为珍贵。最后祝学弟学妹们学业有成，取得更好的成绩！

第十一章　举一反三——经典案例参考

实践是认识的来源和认识发展的动力，也是检验认识正确与否的唯一标准。只有不断实践，才能总结出适合自己的方法和思路。《论语·述而》中说道："举一隅不以三隅反，则不复也。"本章主要选取了两篇全国三等奖、安徽省特等奖的作品作为经典案例，供大家学习和参考，希望能起到抛砖引玉的作用，引起大家的深度思考，达到触类旁通的效果。

第一篇作品是《健康中国战略下家庭签约医生服务现状与对策——基于安徽省 8 个市县基层社区的调研》。第二篇作品是《城市社区中医药服务现状与对策研究》。这两部作品都是本书作者的优秀指导作品，也是十几年挑战杯指导经验的完美诠释。

经典案例一：

健康中国战略背景下家庭医生签约服务对策研究
——基于安徽省8个市县基层社区的调研

【摘要】基于对我国家庭医生签约服务模式的可行性分析、政府颁布的政策研究以及现实意义的探讨，调研组通过对安徽省合肥市等8个市县基层社区进行专题调研，分析当前家庭医生签约服务现状，剖析存在的主要问题及其成因，借鉴国内外优势做法，以问题为导向，从政策保障、宣传引导、人才培养、平台建设和监督考评五个层面提出有针对性的对策建议，充分发挥家庭医生健康"守门人"作用，实现签约服务可持续发展，为政府决策提供参考依据。

【关键词】健康中国；家庭医生；签约服务；现状；对策

第一节 前 言

一、调研背景

党的十八大以来，以习近平同志为核心的党中央把维护人民健康放在优先发展的战略地位，作为实现"两个一百年"奋斗目标的重要保障。2016年10月，中共中央、国务院印发《"健康中国2030"规划纲要》[1]，明确提出要加快推进健康中国建设，规划纲要要求把人民健康放在首位，精准对接人民健康需求，全方位全周期维护人民健康，满足人民群众对美好生活的追求。十九大报告再次提出"人民健康是民族昌盛和国家富强的重要标志"，并用了326个字阐述了"健康中国战略"，而要完成这个战略的基石，正是报告中所提到能为人民群众提供全方位全周期健康服务的家庭医生签约服务。

我国家庭医生制度实施时间较晚，自1997年才开始陆续制订和出台关于全科医学、全科医生的政策；2010年国家六部委印发《以家庭医生为重点的基层医疗卫生队伍建设规划》，到2020年，需要通过多种途径培养30万名家庭医生；2011年国务院颁布了《关于建立全科医生制度指导意见》[2]；直到2016年国务院医改办等七部门印发了《关于推进家庭医生签约服务的指导意见》[3]，家庭医生签约服务制度得到广泛推行，至此，国家宏观层面的重要政策框架已基本奠定，要求到2017年家庭医生签约服务覆盖率达到30%以上，重点人群签约服务覆盖率达到60%以上；到2020年力争将签约服务扩大到全人群，形成长期稳定的契约服务关系；2018年，国务院再次针对家庭医生制度提出指导意见，发布了《关于改革完善全科医生培养与使用激励机制的意见》，意在解决家庭医生人数少与需求量大的矛盾，实现2020年家庭医生签约服务制度全覆盖的宏伟目标。

二、调研目的与意义

1. 调研目的

调研组对安徽省8个县市家庭医生签约服务的现状进行调研，深入了解基层社区家庭医生签约服务方式、内容等情况，总结安徽省家庭医生特色经验和存在的主要问题，为我国家庭医生签约服务的推广提供案例依据，为推进家庭医生签约服务提供参考建议。

① 了解安徽省家庭医生签约服务现状。

② 调研样本社区家庭医生签约服务开展情况，分析社区就诊居民需求和利用情况，结合国内外成熟的家庭医生模式，总结安徽省家庭医生签约服务现存问题，探索符合地区特色的签约服务模式。

③ 提出完善我国家庭医生签约服务的具体对策和建议。

2. 调研意义

国际国内经验表明，家庭医生签约服务是一种行之有效的医疗卫生服务模式，有利于满足居民的医疗卫生服务需求，有利于提高医疗卫生服务体系的整体效率，也有利于控制医疗费用过快增长。家庭医生签约服务，是推动分级诊疗制度建设的重要基础，是构建和谐医患关系的重要路径，也是应对老龄化和疾病谱变化所带来健康新挑战的重要举措。实行家庭医生签约，让群众百姓真正有自己的健康“守门人”。

三、调研对象和方法

1. 调研对象

调研组选定了合肥、六安、黄山、阜阳、芜湖、滁州、马鞍山、蒙城8个市县基层社区（每个市县选5个乡镇社区）进行了专项调研。在居民和医生层面，调研组还通过网络调研以及与当地卫生行政部门联合对当地居民和医生进行了问卷调查；

在政府层面，调研组采取现场访谈和文献调查等方法，深入了解家庭医生签约服务的政策、法律法规和有关工作开展情况；同时还对我省合肥市×××等5个社区医院进行小范围的实地走访调研。

2. 调研方法

依托国家级特色专业建设平台，利用学校—卫健委—社区共建卫生实践基地，寒暑假临床见习等社会实践机会，从我校临床见习同学以及大学生健康知识宣讲团、华佗爱心社、医学科学人文社等学生团体的志愿者中，精心挑选出21名调研人员，培训上岗，历时一年深入专题调研地开展调研和小范围抽样调研活动。采取了定量研究和定性研究相结合的方式进行调查。

① 问卷调查法：问卷一针对社区居民，侧重调查对家庭医生服务过程中的服务质量、服务满意度的考核与评价；问卷二针对家庭医生，着重家庭医生对签约服务的认识以及工作中面临的困境，福利待遇落实问题的调研。

如图11－1为调研问卷回收情况，图11－2为调研地板块图。

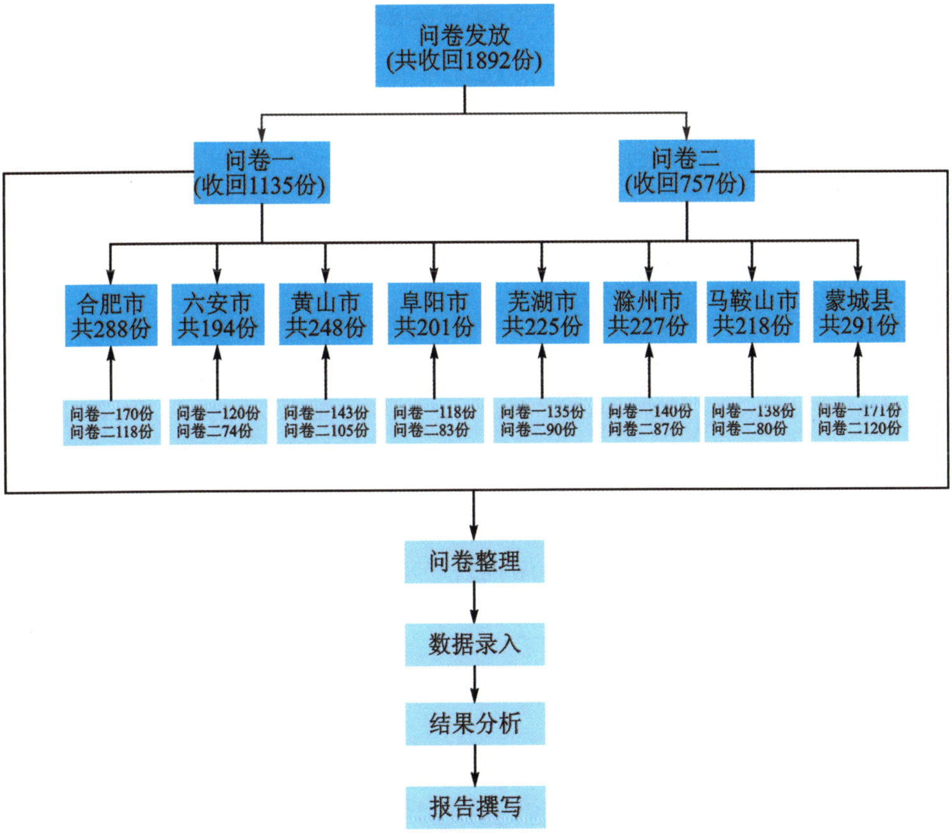

图11－1 调研问卷回收情况

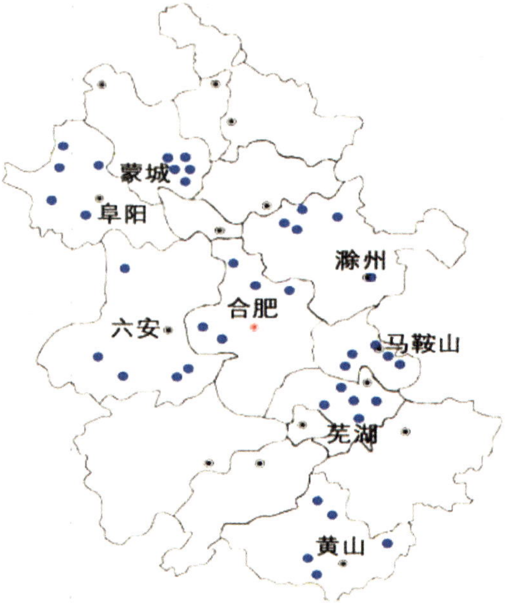

图 11－2 调研地板块图

② 现场访谈法：包括政府机关、卫健委工作人员，基层医院医护工作者，以及患者、居民等，接受调研访谈人数 36 人。调研小组对合肥市石塘镇社区医院部分家庭医生和社区居民进行访问式调查，挖掘影响家庭医生签约服务的因素。访谈内容侧重于两方面：一是家庭医生的工作量、收入待遇等问题；二是社区居民的健康需求、对家庭医生签约服务的看法等意见。

③ 文献调查法：一是在各级卫健委官网搜索相关政府文件，对辽宁、上海、浙江、厦门、江苏、福建、山东等省市的家庭医生签约服务相关政策文件进行归纳整理；二是通过在中国知网、万方等数据库以“家庭医生”“签约服务”“医共体”等为关键词进行检索，共检索到课题相关论文和新闻稿件 346 篇，分析国内外优势做法，结合实地走访调研与数据统计结果，进一步深化调研组成员对家庭医生签约服务的政策、法律法规和相关工作开展情况的认识。

四、数据统计

调查表经过复核后，采用 EpiData 软件进行双重输入，并按 15％的比例随机抽查核对。用 SPSS 23.0 统计软件包进行统计分析，包括逻辑检错、变量转换、统计分析以及 logistics 回归分析。其中基层社区家庭医生签约服务项目开设率比较、群众对家庭医生签约服务的选择度情况、不同区域的签约率比较等采用 χ^2 检验；签约率、满意度、认知度的影响因素分析采用 logistic 回归，显著性水准设为

0.05(双侧)(见表 11-1)。

表 11-1 家庭医生签约服务影响因素赋值表

变量	赋值
性别	1=男性,2=女性
年龄(岁)	1≤30,2=31~40,3=41~50,4=51~60,5≥60
文化程度	小学及以下=1,中学=2,大专/本科及以上=3
是否患有慢性病	1=是,2=否
就业状况	1=全职,2=兼职,3=无业或失业,4=退休,5=务农
医保类型	1=城镇职工,2=新农合,3=商业医疗,4=居民医疗,5=其他,6=无医保
收入	1=6 万元以下, 2=6 万~8 万元,3=8 万元以上
签约服务项目类型	1=健康指导,2=上门医疗服务,3=用药指导,4=转诊服务,5=预约服务,6=送药上门,7=错时服务,8=其他
签约	1=是,2=否
满意	1=满意,2=不满意
认知	1=了解,2=不了解

第二节 国内外家庭医生签约服务优势做法

一、国外家庭医生签约服务的先进经验

欧美发达国家于 20 世纪 40 年代开展了家庭医生服务,为家庭提供可持续性的、综合性的医疗卫生服务,对于家庭医生服务模式的研究已经积累了相当丰富的理论与实践经验。

1. 英国模式

英国[2]国民医疗卫生服务体系建于 1948 年,是世界上最大的公益医疗服务体系。英国是世界上第一个实行全民免费家庭医生制度的国家,被誉为福利医疗制度的先行者。英国相关法规条款表明,居民首先要由其签约的全科医生全面负责其基本健康问题,之后只有出具私人医生转诊证明才能到专科医院就医。全科医生首诊、预约接诊及与大医院间的双向转诊机制是英国的主要特点。英国的医疗卫生体系为居民建立了比较全面的健康档案,该项档案不会因为居民迁徙而中

断，而是伴随着居民到其他生活地区，继续为居民健康服务，这种健康档案将伴随病人一生。

2. 美国模式

在美国，社区卫生服务主要由家庭医生负责，强调家庭的医疗服务，居民一旦生病将会首先由家庭医生负责诊治，若有进一步需要，可住院治疗，但需要家庭医生提出转诊建议，患者方能到公共医院进行诊疗。家庭医生团队由医生、护士、心理医师、药剂师、财务人员及社工人员等组成，利益的竞争促使医生不断完善自身服务，病人和签约家庭对医生有选择权，能够极大影响医生的收入。数据显示，美国[3]的家庭医生可以保障八成至九成的病人直接治愈，仅 10%～15%需要通过转诊机制和渠道进行康复，因此被形象地称为“守门人”。

3. 澳大利亚模式

澳大利亚[4]的社区卫生服务实行区域化管理制度，由政府部门根据地理位置、交通情况及居住人口等因素划分社区，公立、私立或者社区组织承办的非营利机构均统一归入区域规划并进行统筹管理，利用法律体系和科学的行政管理体制对社区卫生服务的各个方面进行法制化管理，并由政府提供服务人员的薪资和服务费用，以保障社区卫生服务的持续、健康发展。

二、国内家庭医生签约服务的先进经验

我国家庭医生制度实行起步较晚，但是在相关政策的引导支持下，我国部分地区家庭医生签约工作有了较大的进展，如上海、北京、深圳、青岛、厦门等地区有很多成功经验可以借鉴。近年来，安徽省作为签约服务的重点省份之一，家庭医生签约服务取得了一定的成就，主要体现在首创基本公共卫生服务“两卡制”，建立村医县管乡用的基层医疗机构编制“周转池”制度，财政立项 800 万元支持建设家庭医生签约服务省级管理系统等方面。

1. 上海市“1+1+1”模式

2015 年 6 月，上海市出台社区卫生服务综合改革与发展的指导意见及配套文件，正式提出“1+1+1”医疗机构组合签约服务模式。即一家社区卫生中心+一家区级医疗机构+一家市级医疗机构，其被称为家庭医生签约服务模式“2.0”版，力求通过进一步加强签约服务双方关系，努力提升家庭医生的初级诊疗能力与对社区居民的健康管理能力，并逐步建立起分级诊疗制度，最终全面实现家庭医生守门人的职能，提升医疗卫生水平。

2. 厦门市“三师共管”模式

厦门市以社区居民健康需求为导向，实施“慢病先行、两病起步”的策略，提出了以大医院专科医师＋基层全科医师＋健康管理师组合的“三师共管”分级诊疗模式。因“三师共管”签约服务模式鲜明的技术支持特色以及不可忽略的双向转诊方面的优越性，在短期内就实现了量与质的双重飞跃，目前该模式正式向全国推广。

3. 浙江省“医养护一体化”模式

2015 年，浙江省卫健委和财政厅联合发文，决定在绍兴市等 5 个地区开展首批试点。推广实行“医养护一体化”签约服务模式，这是利用信息技术，整合部门资源，以医疗护理康复进家庭为基础，拓展对社区儿童及老人的服务内容，譬如日托所及机构养老中心等，同时根据居民不同需求，因地制宜地提供医疗、养老、护理一体化的健康服务新模式。

三、国内外家庭医生签约服务经验带来的启示

综上所述，国外家庭医生服务模式比我国要早 50 多年，整个运行模式也比较成熟先进，研究着重点在于进一步地探索如何促进家庭医生医疗服务效率的提升，或是思考新技术互联网引进所起到的作用。由于我国家庭医生制度推广较晚，国内学者仍然在探寻适合我国国情的家庭医生服务模式。不论是机制的构建、支付的方式、评价的指标，还是激励约束制度，都要以居民需求为本。通过不断改进家庭医生服务模式，缩小我国不平衡不充分的医疗需求与相对滞后的医疗团队能力之间的差距。国外的经验理论中具有一定普惠性质的规律，而国内的研究也对家庭医生的各方面进行了相对深入的研究，但研究始终没有对如何开展家庭医生服务做出深刻回答。本研究通过学习到的国内外研究思想，经过选择，运用到实例中去，为安徽省乃至全国家庭医生签约服务提出系统的、全面的对策建议。

第三节　家庭医生签约服务现状

本次调研组共发放问卷 2000 份，其中问卷一（社区居民版）1200 份，占 60.0%；问卷二（家庭医生版）800 份，占 40.0%。收回有效问卷 1892 份，其中问卷一 1135 份，问卷二 757 份，有效率 94.6%。根据调查问卷数据统计，结合访谈，

从家庭医生签约服务开展基本情况、政策保障情况、宣传引导情况、人才培养情况、平台建设情况、机制运行情况六个层面进行梳理,现报告如下。

一、家庭医生签约服务开展基本情况

1. 家庭医生的基本信息

由表 11-2 可见,在专题调研地,样本人群中家庭医生性别比例相对均衡,男性略多,占 55.49%;家庭医生服务团队的主力军为中年医生,41~50 岁的家庭医生占 54.66%,30 岁以下和 60 岁以上仅占 2.69%和 1.24%;家庭医生团队中高学历人才比例偏少,文化程度总体偏低,中专学历占到 70.93%,学历为本科以上的从业者仅占 3.43%;家庭医生职称偏低,结构不够合理,无职称者占 53.83%,而高级职称者仅占 0.62%。

表 11-2 专题调研地家庭医生的基本信息表

项目	例数	百分比(%)
性别		
男	420	55.49
女	337	44.51
年龄(岁)		
<30	20	2.69
31~40	220	28.99
41~50	414	54.66
51~60	94	12.42
>60	9	1.24
学历		
高中	34	4.50
中专	537	70.93
大专	160	21.14
本科及以上	26	3.43
职称		
无	407	53.83
初级	280	37.06
中级	65	8.49
高级	5	0.62

由表 11－3 可见，不同区域之间家庭医生的学历差异无统计学意义（$\chi^2=8.674, P=0.277$）。

表 11－3 不同区域医疗单位中家庭医生从业者的学历比较

专题调研地	高中及以下	中 专	大 专	本 科	合 计
合肥市	5	84	24	5	118
阜阳市	4	63	14	2	83
六安市	3	58	11	2	74
芜湖市	4	66	17	3	90
蒙城县	5	88	23	4	120
滁州市	5	52	27	3	87
黄山市	3	69	30	3	105
马鞍山市	5	57	14	4	80
合 计	34	537	160	26	757

2. 签约率情况

调研数据显示：家庭医生的签约情况比较乐观，近九成乡村注册医师已签约，参与率较高。在已注册的执业医师中，签约人数在 300～600 人之间的占 19.88%，签约 600 人以上的分布较为均衡（如图 11－3）。

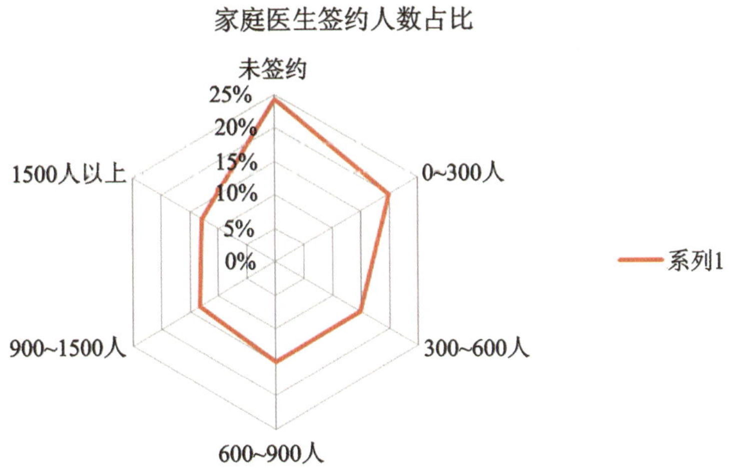

图 11－3 家庭医生签约人数占比

由表 11－4 可见，不同地区签约率比较差异无统计学意义（$P>0.05$），提示家庭医生签约服务在不同地区开展情况均良好，但调研地区的签约率普遍在 40%以下，其中合肥市、黄山市、淮北市签约率稍高。调研组在实际调研中发现：基层社区群众知晓情况下的主动签约率没有达到统计学水平，存在实际签约率虚高的现象。调研组推断出现这一现象与受统计学方法等因素影响有关。

表 11－4　不同地区签约率比较

专题调研地	签约率(%)	χ^2	P 值
合肥市	33	13.125	0.62
阜阳市	30		
六安市	32		
芜湖市	31		
蒙城县	33		
滁州市	30		
黄山市	35		
马鞍山市	32		

3. 签约率的影响因素

通过表 11－5 中 Sig 值可知，性别、是否患有慢性病、就业状况、医保类型是签约率的影响因素。结合 EXP(B)值可知，女性签约率是男性的 2.061 倍；未患有慢性病的居民是患有慢性病的 5.462 倍；在就业状况相关因素中，以全职作为参照，无业或者失业的签约率是全职的 1.385 倍，而兼职、退休、务农签约率相近；医保类型中，新农合是城镇职工医保居民签约率的 0.832 倍，商业医保、城乡居民医保、其他签约率相近，总体呈现不如城镇职工医保持有者签约率。

表 11－5　家庭医生签约率影响因素的 logistic 回归分析

变　量	β	Sig	EXP(B)	95% C. I. for EXP(B)	
				下　限	上　限
性　别					
男					
女	0.723	0.000	2.061	1.485	2.861
是否患有慢性病					
是					
否	1.698	0.000	5.462	3.972	7.510
就业状况					
全　职		0.005			
兼　职	−0.487	0.042	0.614	0.384	0.984
无业或失业	0.326	0.189	1.385	0.852	2.251

续表 11-5

变　量	β	Sig	EXP(B)	95% C. I. for EXP(B)	
				下　限	上　限
退　休	−0.417	0.118	0.659	0.391	1.111
务　农	−0.535	0.029	0.586	0.362	0.948
医保类型					
城镇职工医保		0.000			
新农合	−0.183	0.433	0.832	0.526	1.317
商业医保	−1.128	0.025	0.324	0.121	0.866
城乡居民医保	−1.038	0.000	0.354	0.223	0.562
其　他	−0.850	0.356	0.427	0.070	2.595
无医保	−0.416	0.543	0.660	0.173	2.518
常　数	0.606	0.097	1.832		

（注：赋值情况见表 11-1）

二、家庭医生签约服务政策保障情况

1. 国家制度层面

如表 11-6 所示，家庭医生制度的建立是推进健康中国建设、深化医药卫生体制改革的重要体现。其中最重要的一点便是建立合理的分级诊疗制度，实现“基层首诊，双向转诊”，有效缓解就医压力和实现居民健康管理。

表 11-6　家庭医生相关政策实施

年　份	文件名称	主要内容
2012 年	《关于建立全科医生制度的实施意见》	建立全科医生制度的指导思想、基本原则和总体目标，推进统一规范的全科医生培养制度建设，多举措缓解现阶段全科医生紧缺问题，改革完善全科医生执业模式，建立全科医生制度的保障措施
2015 年	《关于进一步加强乡村医生队伍建设的实施意见》	总体要求和主要目标，健全乡村医生管理制度，强化乡村医生培养培训，创新乡村医生服务模式，保障乡村医生合理待遇，优化乡村医生执业环境，切实强化组织领导
2016 年	《关于印发推进家庭医生签约服务的指导意见的通知》	解读为什么要推进家庭医生签约服务、目前家庭医生签约服务的开展情况如何、开展家庭医生签约服务的总体思路和主要目标是什么、如何激励家庭医生团队更好地提供签约服务

续表 11 - 6

年　份	文件名称	主要内容
2017 年	《关于做实做好 2017 年家庭医生签约服务工作的通知》	合理确定工作目标任务;明确家庭医生签约服务内容;加强家庭医生团队服务能力;完善家庭医生签约的激励机制;完善吸引居民签约的优惠措施;落实和完善家庭医生签约支持政策;强化签约服务信息化支撑;加大家庭医生签约服务宣传;强化督导与监测评价;切实加强组织领导
2017 年	《推进家庭医生签约服务》	推进家庭医生签约服务要加大宣传力度;推进家庭医生签约服务要加强人才培养;推进家庭医生签约服务要开发整合资源;推进家庭医生签约服务要完善工作机制
2017 年	《关于印发加快推进家庭医生签约服务工作实施意见的通知》	家庭医生签约工作的主要目的、基本原则、工作目标、组织方式与服务主体、服务对象、签约方式、主要内容;建立收付费机制
2018 年	《关于改革完善全科医生培养与使用激励机制的实施意见》	建立健全适应行业特点的全科医生培养制度,加强贫困地区全科医生队伍建设,完善保障措施
2018 年	《关于做好 2018 年家庭医生签约服务工作的通知》	进一步做实做细家庭医生签约服务工作,为群众提供全方位、全周期的健康服务
2018 年	《深化医药卫生体制改革 2018 年下半年重点工作任务》	坚持医疗、医保、医药三医联动,进一步规范医疗联合体建设和发展,完善医疗联合体建设和分级诊疗考核;推进家庭医生签约服务,完善激励机制,优先做好重点人群签约服务,做实做细服务
2019 年	《实行家庭医生“两卡制”记工分》	第一张“卡”的作用是身份认证,居民在接受健康服务时,通过人脸识别、刷身份证或指纹识别等方式进行身份认证,确认服务的真实性。第二张“卡”的作用是绩效考核,每位医生有全省唯一工号,以工号登录基本公共卫生服务管理信息系统为居民提供服务,工作量自动记入医生工号

调研组访谈签约居民和家庭医生发现,在政策保障方面,存在着以下不足:第一,目前家庭医生待遇低是普遍现象;第二,不少机构在药品和仪器设备方面资源短缺,很多居民需要的药还是要去大医院才配得到;第三,在医疗保险和报销方面,居民的保险费用与签约前差距并不大,感受不到明显的福利。对此,受访人希望政府部门发挥好引导作用,通过出台具体的政策文件,督促相关部门给予推行家庭医生制度的人力、物力及财力方面的支持。

2. 具体保障政策

调研数据表明，大部分团队所在的地区并未将其纳入医保补助的政策范围内，超过半数以上的数据说明了医保补助政策并未完全落实。反映出家庭医生的合法权益并未得到保障，相关保障政策缺乏。家庭医生对于现有的福利保障满意度较低，71.01%的家庭医生认为现有的福利保障不合理，10.97%的家庭医生认为比较合理，15.32%的家庭医生认为现有的福利保障合理，认为其非常合理的家庭医生只占了2.69%（见表11-7）。说明无论是从政策制定角度还是实施角度，现有的保障制度都存在不合理性。

表11-7 家庭医生对福利保障制度的合理性评价

合理性	合 计	比例(%)
不合理	537	71.01
比较合理	84	10.97
合 理	116	15.33
非常合理	20	2.69
合 计	757	100

三、家庭医生签约服务宣传引导情况

1. 宣传服务对象

调研数据显示：家庭医生最近一周的患者主要集中在老年人占比35%，中年女性和儿童分别占比25%、24%，中年男性、青少年女性和青少年男性各占6%、5%、5%（如图11-4）。该结果与家庭医生签约服务对象重点人群相吻合。

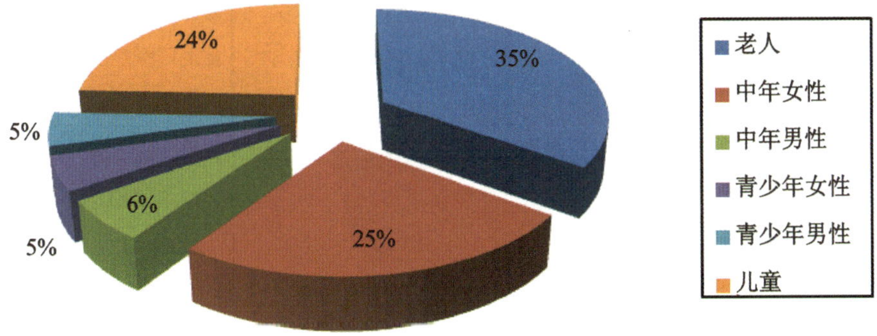

图11-4 家庭医生最近一周内患者情况调查

2. 健康需求与签约服务的匹配情况

(1) 社区居民健康需求

调研数据显示：签约家庭最希望家庭医生提供的服务是健康保健指导(27.75%)，部分中老年人希望能够提供慢性病(高血压、糖尿病)随访(16.65%)(见表11-8)。由此可见，社区居民的健康需求与家庭医生签约服务内容基本一致。

表11-8 签约家庭最希望家庭医生提供的服务

服务内容	合　计	比例(%)
门诊医疗	125	16.52
预　约	25	3.30
医药咨询服务	66	8.72
上门医疗服务	100	13.21
健康保健指导	210	27.75
健康教育	40	5.25
转　诊	45	5.95
慢性病(高血压、糖尿病)随访	126	16.65
其　他	20	2.65
合　计	757	100

(2) 服务内容

调研发现：家庭医生签约服务中最受欢迎的项目是健康指导和上门医疗服务(如图11-5)。表明家庭医生签约服务形式多样，服务基础项目完善。

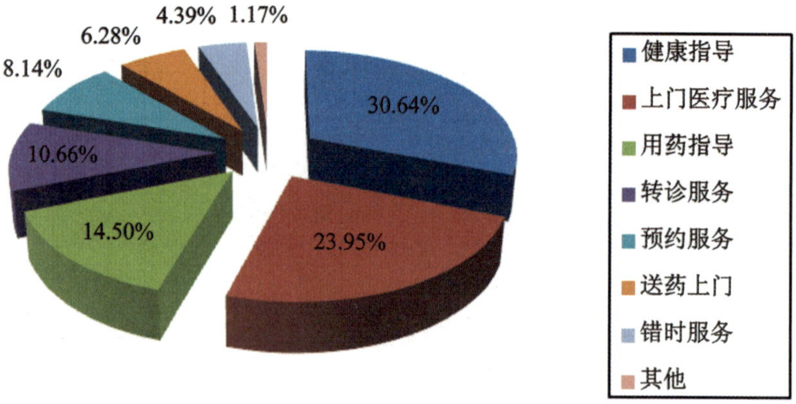

图11-5 家庭医生签约服务中最受欢迎的服务项目

由表 11－9 可见，不同地区之间的社区卫生服务中心（站）的家庭医生签约服务开展项目差异无统计学意义（P＞0.05），提示家庭医生签约服务项目开展率差异不明显。从均数来看优先预约就诊、孕产妇康复管理、重点疾病管理等项目开展率在 20％以上，而建立居民健康档案、健康教育、转诊绿色通道等设备开展率较低。

表 11－9　家庭医生签约服务项目在不同社区中的设置比例

服务项目	设置率（％）								平均设置率（％）	χ^2	P 值
	合肥市	阜阳市	六安市	芜湖市	蒙城县	滁州市	黄山市	马鞍山市			
老年人健康管理	8	9	6	7	8	5	4	7	6.75	7.758	0.256
优先预约就诊	23	18	20	21	19	21	25	20	20.88	11.723	0.068
慢病长处方	4	6	8	2	7	8	2	9	5.75	1.303	0.971
转诊绿色通道	5	8	6	5	4	5	7	6	5.75	18.060	0.060
重点疾病管理	19	21	22	20	24	23	19	18	20.75	3.512	0.742
儿童健康管理	6	8	1	7	3	3	7	5	5	10.411	0.108
孕产妇康复管理	25	17	22	23	18	21	22	20	21	2.203	0.900
建立居民健康档案	8	6	5	4	5	4	3	4	4.88	1.018	0.985
预防接种	4	3	7	4	7	6	5	7	5.38	1.185	0.978
健康教育	3	5	4	7	5	4	6	5	4.88	7.429	0.283

3. 社区居民对家庭医生的认知度

调研结果表明，基层社区群众对家庭医生签约服务的认知度较低。在 8 个专题调研地的调研中，只有 36.1％左右的样本人群曾经听说过家庭医生签约服务，而超过 17.5％的样本人群曾选择过家庭医生签约服务。

由表 11－10（以专题调研地为例）可见，不同地区社区群众对家庭医生签约服务的选择度差异无统计学意义（P＞0.05），提示各地区均相应开展了家庭医生签约服务，社区居民认知度不高。

表 11-10 不同地区社区群众对家庭医生签约服务的认知度比较

选项	认知度(%)								χ^2	P 值
	合肥市	阜阳市	六安市	芜湖市	蒙城县	滁州市	黄山市	马鞍山市		
曾听说过家庭医生签约服务	42	31	34	37	35	38	32	40	1.455	0.962
曾选择家庭医生签约服务	20	18	17	19	18	19	14	15	2.059	0.914

调查结果显示：基层社区群众普遍认为家庭医生签约服务的优点是个性化服务针对性强(25%)，另外有近23%的样本人群认为其优点是便捷化服务效率高。而基层社区群众普遍认为家庭医生签约服务的缺点是指导性文件相对滞后(30%)；有近23%的样本人群认为家庭医生签约服务缺乏明确的规定；分别有19%和15%的群众对家庭医生签约服务的优点和缺点表示不清楚，提示家庭医生签约服务仍需加大宣传力度，提高居民的认知度（如图11-6、图11-7）。

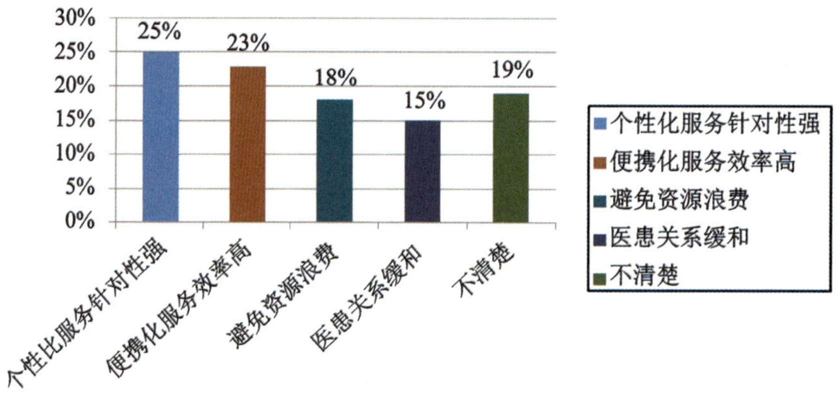

图 11-6 基层社区群众对家庭医生签约服务优点的不同认识

4. 认知度的影响因素

通过表11-11中Sig值可知，在多因素共同作用下，年龄、中学及以上文化程度、就业状况、医保类型群体是签约居民对家庭医生是否认知的重要因素。其中，年龄≤30岁和小学及以下文化程度的群体对家庭医生不了解。具体来说，年龄在31～40岁和中学文化程度群体对于家庭医生的了解程度为年龄≤30岁和小学及以下文化程度群体的0.638倍和2.129倍。

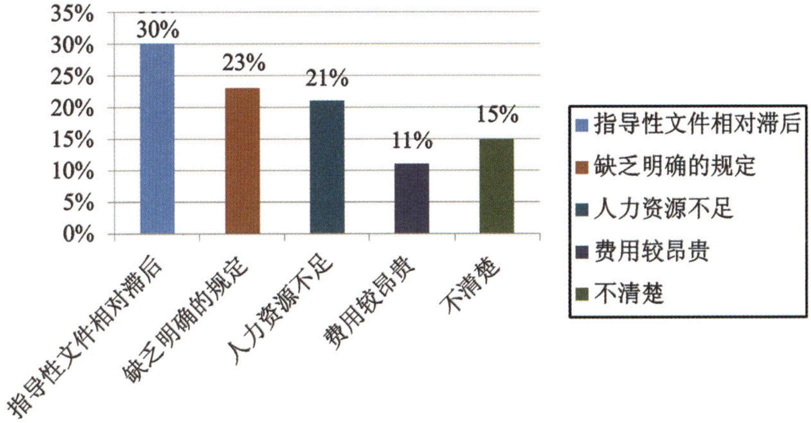

图 11－7 基层社区群众对家庭医生签约服务缺点的不同认识

表 11－11 居民对于签约服务的认知度的 logistic 回归分析

变 量	β	Sig	EXP(B)	EXP(B) 95% C.I. for	
				下 限	上 限
性 别					
男	0.294	0.097	1.342	0.948	1.899
女					
年龄(岁)					
≤30		0.000			
31～40	－0.450	0.064	0.638	0.396	1.027
41～50	－1.182	0.000	0.307	0.184	0.510
51～60	1.376	0.000	0.253	0.147	0.434
>60	－1.455	0.000	0.233	0.130	0.418
文化程度					
小学及以下		0.000			
中 学	0.756	0.001	2.129	1.366	3.316
大专/本科及以上	－2.006	0.000	0.134	0.084	0.214
是否患有慢性病					
是					
否	－0.117	0.494	0.890	0.637	1.243
就业状况					
全 职		0.092			
兼 职	0.429	0.111	1.536	0.906	2.603

续表 11-11

变　量	β	Sig	EXP(B)	EXP(B) 95% C. I. for	
				下　限	上　限
无业或失业	0.538	0.028	1.713	1.059	2.771
退　休	0.375	0.196	1.455	0.824	2.570
务　农	−0.126	0.627	0.882	0.530	1.466
医保类型					
城镇职工医保		0.066			
新农合	0.015	0.947	1.015	0.652	1.580
商业医保	0.652	0.201	1.920	0.706	5.220
城乡居民医保	−0.504	0.040	0.604	0.373	0.977
其　他	−0.853	0.337	0.426	0.075	2.430
无医保	1.133	0.302	3.105	0.361	26.696
收入(万元)					
≤6		0.150			
6～8	0.337	0.052	1.401	0.997	1.969
>8	0.195	0.417	1.216	0.758	1.949
常　数	1.835	0.000	6.268		

（注：赋值情况见表 11-1）

5. 社区居民对家庭医生的信赖度

基层社区群众对家庭医生签约服务的信赖度较低，综合调查数据可以看出，有 51.67%的基层社区群众对是否愿意再次签约表示不确定。不愿意再次签约的占 21.66%，愿意再次签约仅占 26.67%（如图 11-8）。提示基层社区群众对家庭医生签约服务持怀疑态度。

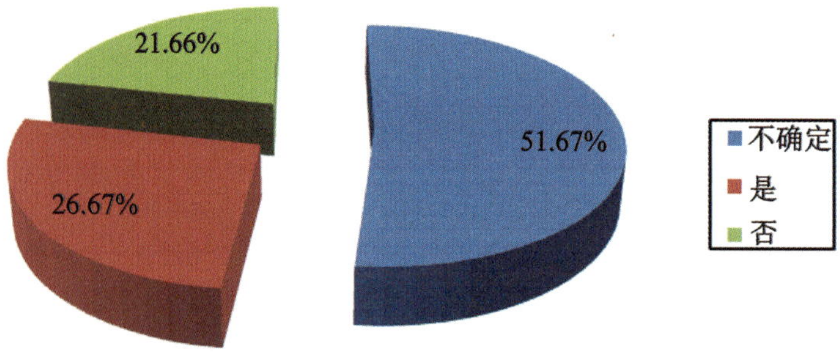

图 11-8　已签约家庭是否愿意继续签约

调研组对不确定以及不愿意签约的社区居民进行进一步调查，探究其不签约的原因，结果显示对社区医生不信任的居民最多，比例为 39.32%。表示不了解此制度和服务无吸引力的居民人数分别排在第二、第三位，所占比例分别为 22.56% 和 18.80%（如图 11-9）。提示基层社区群众对家庭医生签约服务的信赖度较低且很大程度上降低了签约率。

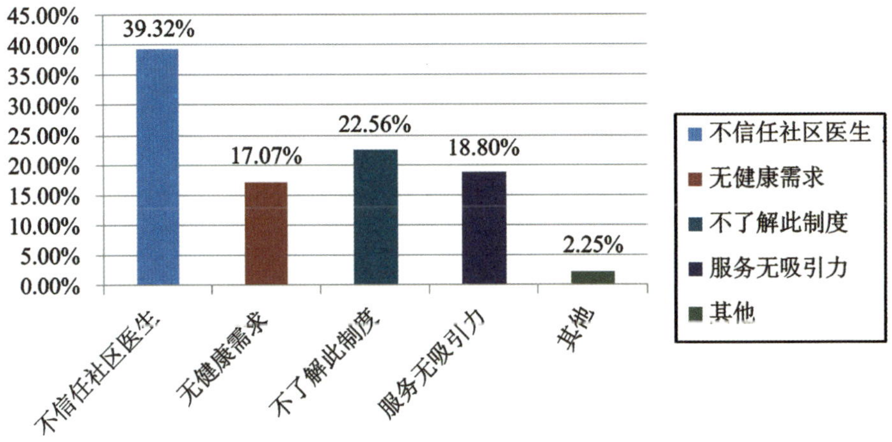

图 11-9　社区居民不愿意再次签约的原因

调研数据和访谈结果均显示：当下宣传制度存在误区，过度不恰当的宣传导致许多居民认为家庭医生是上门医疗服务，与实际情况产生落差，对家庭医生团队产生不信任感。对此，受访者希望：在实际工作中，能更注重增强居民与医生的互动和居民的体验感，尤其要将讲述、体验、分享三大环节环环相扣，形成社区的良性循环。

6. 签约信息来源

调研发现，在宣传家庭医生签约服务时，基层党委在落实政府宣传政策方面并未获得良好效果，宣传方式比较单一，居民得知家庭医生签约服务的来源中，通过宣传栏或者宣传单得知的占 15%，通过电视、广播、报纸以及网络、微信或短信等现代传媒工具得知的占 5%，由家人朋友介绍得知的占 6.67%，其他方式占 3.33%，而通过医务人员介绍得知的占 61.67%（如图 11-10）。可见居民得知家庭医生签约服务的信息来源主要以家庭医生的入户宣传为主，提示政府部门的宣传方式需要多元化，通过构建全方位宣传网络，形成社区首诊的良好氛围。

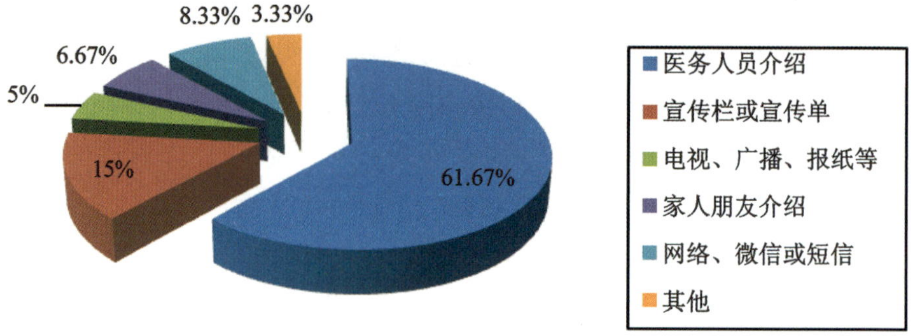

图 11－10 居民获知家庭医生签约服务的信息来源

四、家庭医生签约服务人才培养情况

1. 社区居民对家庭医生的需求情况

基层社区急需家庭医生团队，并且缺乏高层次全科医生。43％的家庭医生认为团队人才匮乏是限制家庭医生服务推广的主要因素。另外认为政府支持力度不够的占25％，医疗设备欠缺的占17％，居民就医观念未转变的占15％。与此同时，家庭医生对签约服务的建议主要集中在加强全科医生的人才培养（42％），其次是政府须加大支持力度（25％）、加强对签约服务的正面宣传（18％）、家庭医生自身素质的提高（15％）等方面（如图11－11、图11－12）。

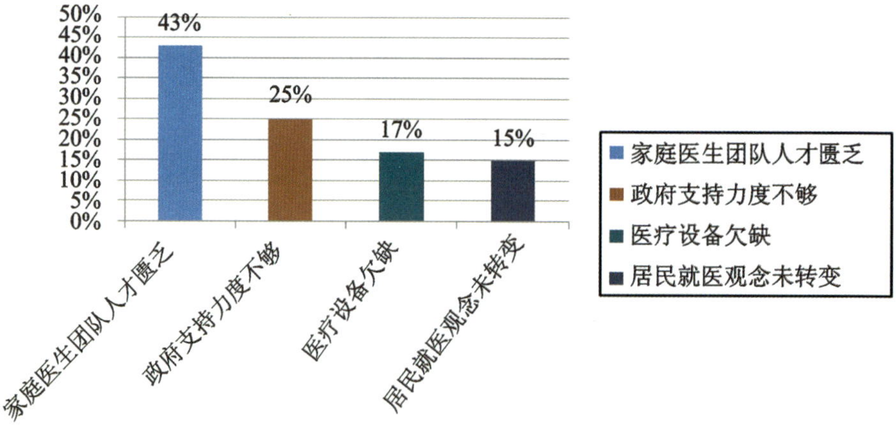

图 11－11 家庭医生认为限制家庭医生服务推广的因素

通过与家庭医生的实地访谈发现：2018年，我省率先建立村医县管乡用的基层医疗机构编制“周转池”制度，按照“动态调整、周转使用、人编一体、人走编收”的原则，全面推行乡村医疗卫生服务一体化管理，对家庭医生招聘实行“县招乡管

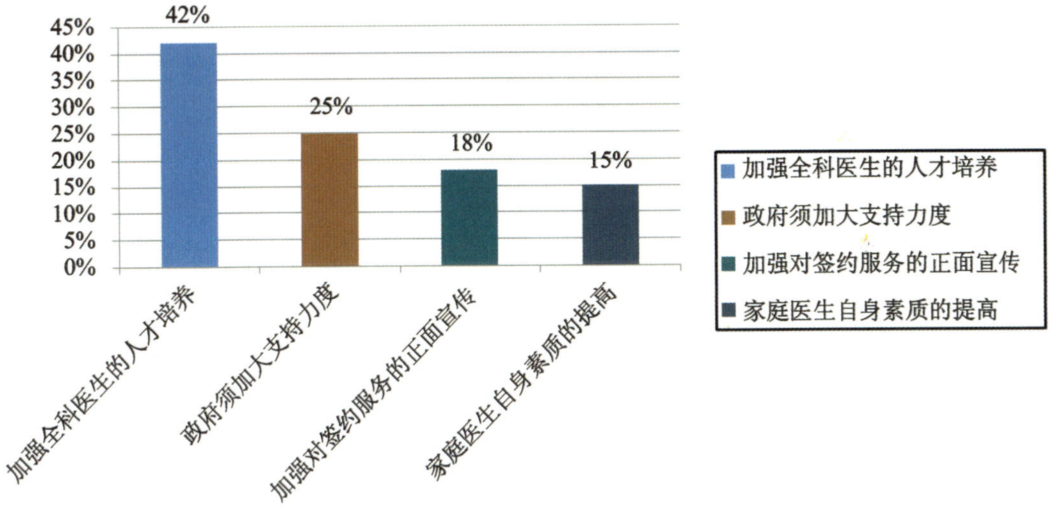

图 11－12　家庭医生对家庭医生签约服务的建议

村用”，取得了较好成效。但从调研结果来看，家庭医生在专业技能方面能力还有待提升，家庭医生团队的建设尚未完备，工作负荷大直接影响了工作效率和服务质量。受访者表示希望能在未来拥有更多渠道和平台进行学习交流，尤其是去上级医院学习的机会。

2. 人才质量提升途径

在可提供服务项目的基础上，家庭医生方面认为还需要再继续增强在其他方面的知识和技能，尤其在临床经验与技能(29.71%)、社区康复指导(26.19%)、医学心理学知识(12.53%)等方面(如图 11－13)。

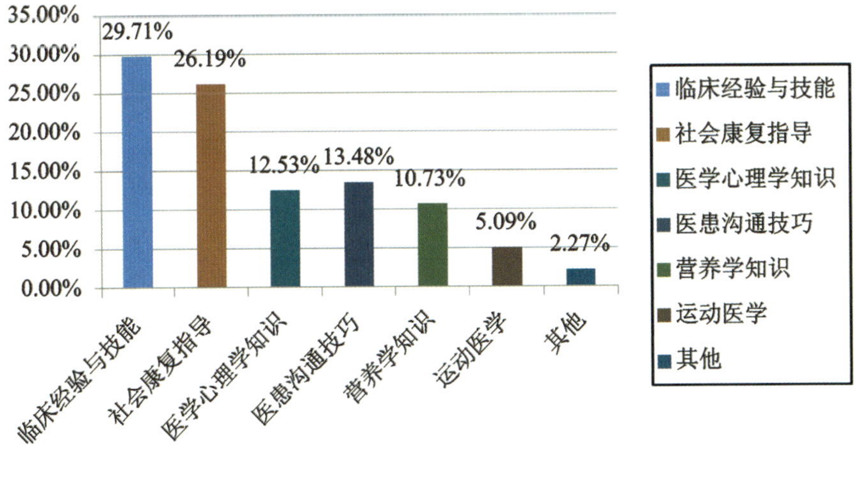

图 11－13　家庭医生认为应该加强的知识技能

五、家庭医生签约服务平台建设情况

1. 签约服务平台建设

调研发现：大部分区域还未完全构建“互联网＋”家庭医生服务平台(62.59%)，在一定程度上降低了家庭医生的服务能力，不利于工作的开展(如图 11－14)。

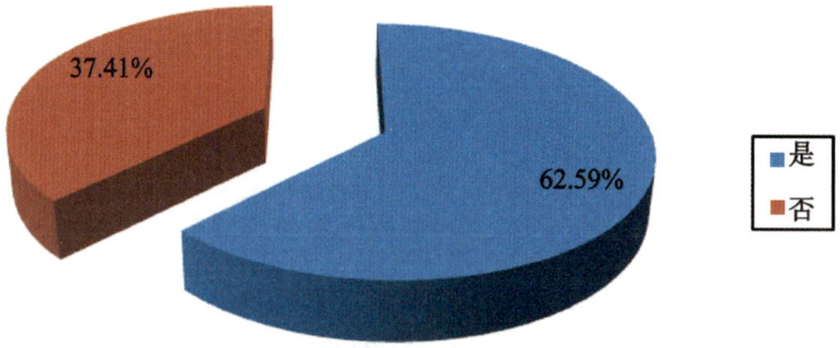

图 11－14 “互联网＋”家庭医生服务平台构建情况调查

调研组与居民访谈进一步发现：当前信息化平台建设不完善，尤其在居民转诊机制上，流程并未得到简化，居民并没有获得制度带来的该有的福利。受访者希望能在充分考虑民众利益的基础上进一步完善信息建设，建立县乡统分结合的双向转诊制度，构建医疗共同体。

2. 典型案例地区的信息化建设比较

在 8 个县市基层社区的调研中，均利用了信息化手段，建立家庭医生签约服务平台。尤其合肥、芜湖、马鞍山的建设情况较好，充分利用分级诊疗平台，实现了医疗、公卫、签约、医保等信息的互联互通(见表 11－12)。

表 11－12 三地家庭医生签约服务信息共享情况

类 别	合 肥	芜 湖	马鞍山
信息平台	分级诊疗平台(智慧医疗一体化平台)	家庭医生签约服务管理平台	互联网＋分级诊疗；协同服务平台
信息互联互通	实现医疗、公卫、签约、转诊、医保信息互联互通	部分功能未实现	公卫、医疗、签约健康数据信息共享、PCMH 实现签约全过程管理
区域资源共享	五大中心	—	第三方检测中心

3. 智慧医疗建设情况

互联网与家庭医生签约服务相结合的发展模式目前尚处于发展阶段。如

图 11－15，在被调查的家庭医生中，大多数家庭医生比较看好智慧医疗的应用，并愿意为居民提供在线医疗服务。家庭医生认为智慧医疗的优势主要在于健康咨询方便(32.4％)、就医流程简便(25.1％)及效率高(18.7％)。

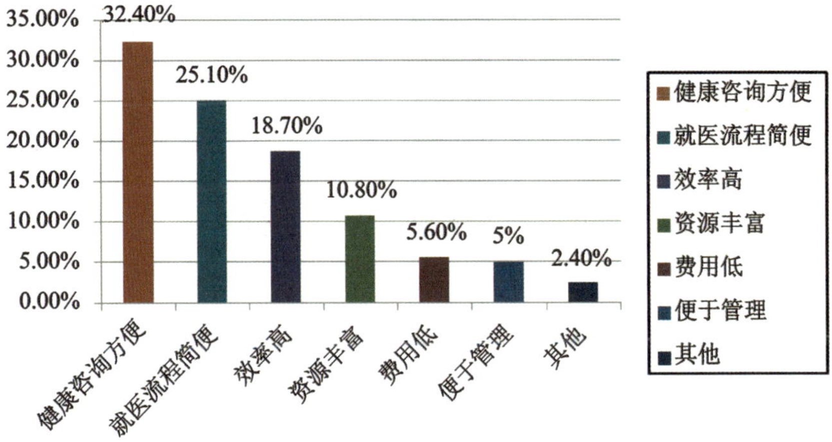

图 11－15　智慧医疗的优势

六、家庭医生签约服务机制运行情况

1. 监督评价机制层面

对于家庭医生签约服务质量的保障主要从建立考评机制和完善监督政策两方面来进行，但由于各种原因导致的考评机制不严谨、福利政策不合理等问题，导致家庭医生签约服务的监督与评价机制的实施受到限制。

(1) 监督机制

关于制度的实施方面，调研组调研深入发现，制定了服务考评制度的家庭医生团队按制度对家庭医生进行监督的仅有 12.45％，当地政府也未及时监督，45.60％的家庭医生团队对此制度的执行抱有松懈态度，只在上级检查时才会实行，而 41.95％的家庭医生团队则从未实行这一制度(如图 11－16)。反映出当地政府对于家庭医生签约服务的监督不到位，相关督察环节漏失。

(2) 考评机制

调查结果显示，超过七成的家庭医生签约团队都建立了服务考评制度，但对于其合理性说法不一。超过半数的家庭医生认为其存在不合理的地方(41.61％)，而另一部分家庭医生则对其持比较认同的态度(22.77％)，只有 4.97％的家庭医生认为其非常合理(见表 11－13)。大多数家庭医生认为其不合

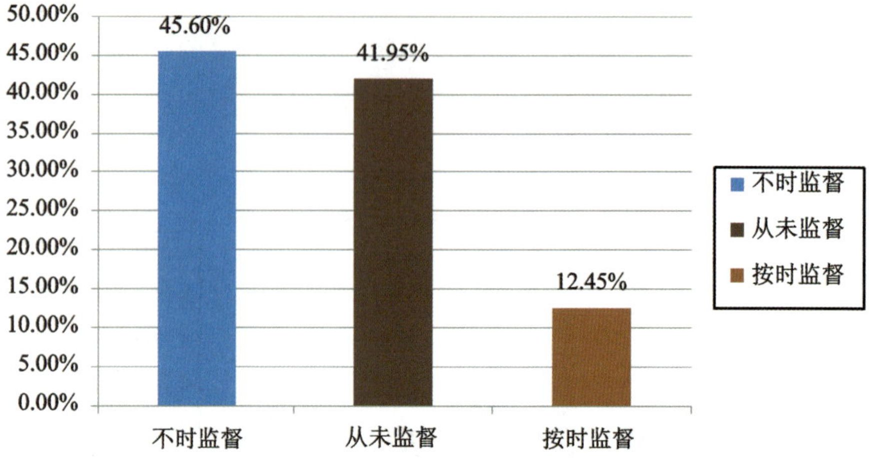

图 11－16　当地政府对家庭医生的监督力度

理的原因在于,此种服务考评制度维护了签约家庭的利益而忽视了家庭医生的权益,使家庭医生的基本要求得不到保障。

表 11－13　家庭医生对服务考评制度的合理性评价

合理性	频　数	比例(%)
非常不合理	99	13.04
不合理	315	41.61
比较合理	133	17.60
合　理	172	22.77
非常合理	38	4.97
合　计	757	100

调研组通过整理政府文件与实地访谈发现:2018 年,安徽省投入 800 万建立全省家庭医生签约服务管理信息系统,实行动态监管,家庭医生的签约数量、服务质量等能够全程监控,从而实现对家庭医生签约、履约的实时在线监控,起到实效作用。但当前绩效机制并不完善,且很多监督工作落实不到位,乡镇卫生院对制度表现出浮于表面的维护,甚至出现吃"大锅饭"以及常见病资源垄断现象。受访者希望未来可以制订一个更加科学合理的考评机制,不光是对家庭医生进行监督,对一些负责考评的相关部门也做好监督工作,保证各项工作落实到位。

(3) 群众满意度

以医疗水平、服务项目、服务态度、收费及保险报销五个方面为维度,多角度调查社区居民对家庭医生签约服务的满意度(见表 11－14);医疗水平方面的调查结果显示:签约家庭对家庭医生的满意度仅有 31%(包括比较满意和非常满意)，大多数签约家庭认为家庭医生医疗水平一般(53.90%)，选择很不满意的人数仅为总人数的2.67%，排除偶然性和极个别客观因素的影响，家庭医生的总体医疗水平没有达到居民的要求，须进一步提高服务质量；服务项目方面的调查结果显示：居民对家庭医生服务项目的满意度不高，只有33.33%的人选择比较满意或者非常满意，提示家庭医生的服务项目开展程度不高，须扩大服务项目，满足居民多样化的健康需求。服务态度方面的调查结果显示：选择服务态度一般和不满意的人数高达44.33%，居民对家庭医生服务态度的满意度较低，家庭医生的服务态度直接影响签约率，因此要改善服务态度，被签约居民所接受，以利于后续工作的进展。收费及保险报销方面的调查结果显示：选择一般和不满意的人数高达总人数的60%左右，收费方面情况不容乐观，不能被大多数居民所接受。提示在家庭医生制度中，居民的医疗保险报销制度仍有待完善，需要更详细的制订细则、解释和说明。

表 11-14　签约家庭对家庭医生各项服务满意度调查

项　目	满意度(%)				
	签约家庭对家庭医生医疗水平的满意度	签约家庭对家庭医生服务项目的满意度	签约家庭对家庭医生服务态度的满意度	签约家庭对家庭医生医疗收费情况的满意度	签约家庭对家庭医生医疗保险报销情况的满意度
非常满意	18.33	15	16.33	15	15
比较满意	12.67	18.33	33.33	15	15.33
一　般	53.90	52.31	35.22	50.36	53.62
比较不满意	6.15	6.85	7.10	6.19	6.38
很不满意	2.67	3.34	2.01	3.33	6.67
不知道	6.28	4.17	6.01	10.12	3

综合各方面评价，居民对家庭医生服务团队的总体满意度情况不容乐观，满意的人数未超过半数(如图11-17)；不满意和非常不满意的人数高达67%，由此来看，家庭医生签约服务制度在很多方面依然有待完善。

(4) 满意度的影响因素

通过表11-15中Sig值可知，性别、文化程度和就业状况是对家庭医生签约服务总体满意度的影响因素。具体来说：性别方面，男性对于家庭医生签约服务的满意度要高于女性，女性的满意度仅为男性的0.698倍；文化程度方面，文化程度越高，对于家庭医生签约服务的满意度越高。高学历的人，如大专、本科及以上学历的人满意度为小学学历的1.663倍，中学学历的人对于家庭医生签约服务的满意度为小学学历的1.204倍；在就业方面，兼职是对家庭医生签约服务满意度

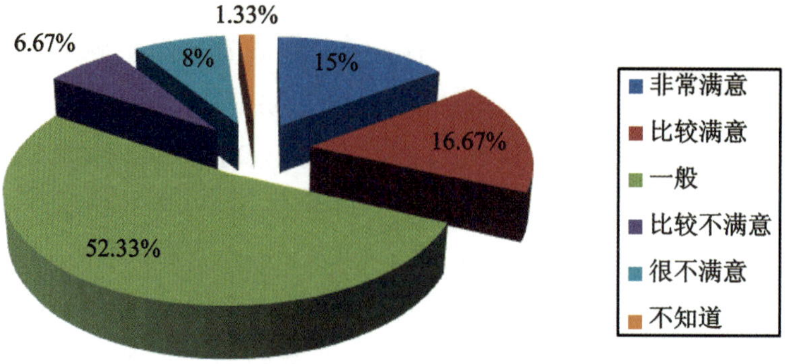

图 11－17　签约家庭对家庭医生签约服务的总体满意度

的影响因素。相比较全职的人来说，兼职人员对于家庭医生签约服务的满意度仅为全职人员的 0.515 倍。

表 11－15　签约家庭对签约服务总体满意度的 logistic 回归分析

变　量	β	Sig	EXP(B)	95% C.I. for EXP(B)	
				下　限	上　限
性　别					
男					
女	−0.360	0.021	0.698	0.514	0.946
文化程度					
小学及以下		0.029			
中　学	0.186	0.355	1.204	0.813	1.784
大专/本科及以上	0.509	0.017	1.663	1.096	2.523
就业状况					
全　职		0.055			
兼　职	−0.664	0.003	0.515	0.333	0.797
无业或失业	−0.176	0.427	0.839	0.543	1.294
退　休	−0.266	0.304	0.766	0.461	1.273
务　农	−0.313	0.178	0.731	0.463	1.153
常　数	0.982	0.005	2.670		

（注：赋值情况见表 11－1）

通过表 11－16 中 Sig 值可知，在多因素共同作用下，医保类型、签约服务项目类型是影响签约家庭对家庭医生医疗水平满意度的因素。医保类型方面，城镇职工医保、商业医保、城乡居民医保、无医保的居民对于家庭医生医疗水平的满意度高于新农合以及其他医保的居民。其中，新农合居民对家庭医生医疗水平的满意度仅为城镇职工医保的 0.935 倍；签约服务项目类型方面，居民对于送药上门、转诊服务和错时服务方面的家庭医生服务水平满意度低，其满意度分别为健康指导的 0.937 倍、0.436 倍和 0.414 倍。

表 11-16 签约家庭对医疗水平满意度的 logistic 回归分析

变量	β	Sig	EXP(B)	95% C.I. for EXP(B)	
				下限	上限
医保类型					
城镇职工医保		0.03			
新农合	−0.068	0.743	0.935	0.624	1.401
商业医保	0.443	0.418	1.557	0.533	4.548
城乡居民医保	0.656	0.004	1.926	1.238	2.998
其他	−1.009	0.189	0.365	0.081	1.645
无医保	0.509	0.457	1.664	0.435	6.364
签约服务项目类型					
健康指导		0.01			
上门医疗服务	0.173	0.354	1.188	0.825	1.712
用药指导	0.224	0.327	1.251	0.799	1.958
转诊服务	−0.027	0.911	0.973	0.603	1.570
预约服务	0.134	0.624	1.144	0.668	1.958
送药上门	−0.829	0.002	0.436	0.258	0.738
错时服务	−0.882	0.008	0.414	0.217	0.791
其他	0.517	0.339	1.678	0.504	5.588
常数	1.044	0.004	2.840		

（注：赋值情况见表 11-1）

通过表 11-17 中 Sig 值可知，性别是签约家庭对家庭医生服务项目是否满意的影响因素。女性对于家庭医生服务项目的满意度仅为男性的 0.59 倍。

表 11-17 签约家庭对服务项目满意度的 logistic 回归分析

变量	β	Sig	EXP(B)	95% C.I. for EXP(B)	
				下限	上限
性别					
男					

续表 11－17

变　量	β	Sig	EXP(B)	95% C. I. for EXP(B)	
				下　限	上　限
女	－0.512	0.001	0.590	0.443	0.812
常　数	1.282	0.000	2.840	3.603	

（注：赋值情况见表 11－1）

通过表 11－18 中 Sig 值可知，性别、就业状况、签约服务项目类型是签约家庭对家庭医生服务态度是否满意的影响因素。性别方面，女性满意度仅是男性的 0.264 倍；就业状况方面，兼职、务农是对家庭医生态度满意度的影响因素。其中，兼职居民对于家庭医生态度满意度仅为全职的 0.59 倍，而务农居民是全职满意度的 0.567 倍；签约服务项目类型方面，健康指导、送药上门服务、错时服务、其他是居民对家庭医生态度满意度的影响因素。其中，签约家庭对送药上门服务的满意度仅是健康指导的 0.548 倍，措施服务是健康指导的 0.325 倍，其他是健康指导的 0.454 倍。

表 11－18　签约家庭对服务态度满意度的 logistic 回归分析

变　量	β	Sig	EXP(B)	95% C. I. for EXP(B)	
				下　限	上　限
性　别					
男					
女	－1.333	0.000	0.264	0.195	0.356
就业状况					
全　职		0.058			
兼　职	－0.527	0.023	0.590	0.374	0.931
无业或失业	－0.205	0.348	0.815	0.531	1.250
退　休	－0.420	0.115	0.657	0.389	1.108
务　农	－0.567	0.014	0.567	0.361	0.892
签约服务项目类型					
健康指导		0.000			
上门医疗服务	0.013	0.942	1.014	0.708	1.451
用药指导	0.321	0.135	1.378	0.905	2.098
转诊服务	－0.469	0.053	0.626	0.389	1.005
预约服务	－0.530	0.050	0.589	0.347	1.000

续表 11－18

变　量	β	Sig	EXP(B)	95% C. I. for EXP(B)	
				下　限	上　限
送药上门	−0.602	0.037	0.548	0.311	0.964
错时服务	−1.123	0.002	0.325	0.159	0.664
其　他	−0.790	0.146	0.454	0.156	1.318
常　数	1.286	0.000	3.617		

（注：赋值情况见表 11－1）

通过表 11－19 中 Sig 值可知，性别、就业状况、医保类型、签约服务项目类型是签约家庭对家庭医生医疗收费是否满意的影响因素。女性的满意度仅是男性的 0.263 倍；签约服务项目类型方面，健康指导，送药上门、错时服务是影响因素。其中，送药上门、错时服务分别是健康指导满意度的 0.542 倍和 0.325 倍。

表 11－19　签约家庭对医疗收费影响因素的 logistic 回归分析

变　量	β	Sig	EXP(B)	95% C. I. for EXP(B)	
				下　限	上　限
性　别					
男					
女	−1.334	0.000	0.263	0.195	0.355
就业状况					
全　职		0.057			
兼　职	−0.527	0.023	0.590	0.374	0.931
无业或失业	−0.205	0.347	0.814	0.530	1.250
退　休	−0.426	0.110	0.653	0.387	1.101
务　农	−0.567	0.014	0.567	0.361	0.892
医保类型					
城镇职工医保		0.014			
新农合	0.158	0.465	1.171	0.767	1.789
商业医保	−1.228	0.011	0.293	0.114	0.751
城乡居民医保	−0.302	0.174	0.739	0.479	1.142
其　他	−0.984	0.273	0.374	0.064	2.168
无医保	−0.200	0.767	0.818	0.218	3.073
签约服务项目类型					
健康指导		0.000			

续表 11-19

变　量	β	Sig	EXP(B)	95% C. I. for EXP(B)	
				下　限	上　限
上门医疗服务	0.014	0.941	1.014	0.708	1.452
用药指导	0.322	0.134	1.379	0.906	2.100
转诊服务	−0.468	0.053	0.626	0.390	1.006
预约服务	−0.529	0.050	0.589	0.347	1.001
送药上门	−0.613	0.033	0.542	0.308	0.952
错时服务	−1.123	0.002	0.325	0.159	0.665
其　他	−0.791	0.146	0.454	0.156	1.318
常　数	1.293	0.000	3.654		

（注：赋值情况见表 11-1）

通过表 11-20 中 Sig 值可知，文化程度、签约服务项目类型是签约家庭对家庭医生医疗保险报销是否满意的影响因素。文化程度方面，文化程度越高，对于家庭医生医疗保险报销的满意度越高。大专/本科及以上学历的人满意度为小学学历的 1.998 倍，中学学历的人对于家庭医生签约服务的医疗保险报销满意度为小学学历的 1.476 倍。签约服务项目类型方面，错时服务和其他服务是签约家庭对家庭医生医疗保险报销是否满意的影响因素。

表 11-20　签约家庭对医疗保险报销满意度的 logistic 回归分析

变　量	β	Sig	EXP(B)	95% C. I. for EXP(B)	
				下　限	上　限
文化程度					
小学及以下		0.005			
中　学	0.389	0.053	1.476	0.995	2.190
大专/本科及以上	0.692	0.001	1.998	1.313	3.042
签约服务项目类型					
健康指导		0.148			
上门医疗服务	−0.295	0.106	0.744	0.520	1.065
用药指导	0.025	0.911	1.025	0.662	1.589
转诊服务	−0.193	0.424	0.824	0.513	1.324
预约服务	−0.001	0.998	0.999	0.593	1.685
送药上门	−0.192	0.501	0.826	0.473	1.442
错时服务	−0.709	0.032	0.492	0.258	0.941

续表 11－20

变 量	β	Sig	EXP(B)	95% C. I. for EXP(B)	
				下 限	上 限
其 他	−1.143	0.030	0.319	0.113	0.898
常 数	0.563	0.108	1.756		

（注：赋值情况见表 11－1）

2. 待遇激励保障层面

(1) 薪资水平不高

调研数据显示：家庭医生签约服务实行后，部分家庭医生在工作量增加的情况下，其收入并未增加，而随着社会的发展，物价的抬高使乡村家庭医生在此种薪酬制度下无法保障基本生活问题。我省 2018 年建立的“两卡制”，强调将每一项服务的工作量自动记入医生工号。该举措不仅创新了政府管理模式，也调动了家庭医生工作积极性。

但是在薪酬的具体数值方面，年总收入 6 万元以下的占 30%，6 万～8 万元的占 60%，8 万元以上的占 10%（见表 11－21）；收入与支出不构成正比的现象极大地抑制了家庭医生签约服务的发展。

表 11－21 家庭医生年收入情况

年收入	频 数	比例(%)
6 万以下	227	30
6 万～8 万元	454	60
8 万元以上	76	10
合 计	757	100

在探索家庭医生工资如何分配的问题时，课题小组发现，按劳分配的家庭医生团队仅占参与调研的家庭医生团队的 23.27%，平均分配工资的家庭医生团队占了 76.73%，工作的积压导致部分家庭医生出现工作懈怠等问题。

(2) 晋升机制不稳

调研发现：有 57.83%的家庭医生认为此份工作会随着政策和制度发生变动，28.27%的家庭医生认为不稳定，产生了离职倾向，仅仅有 13.90%的家庭医生对于此份工作表示满意（如图 11－18）；家庭医生签约服务自引进我国发展至今只有十余年的时间，很多制度仍处在不断探索的过程中，存在许多不确定因素。另外，该数据也反映了目前大部分家庭医生并未从此份工作中获得居民认同感。

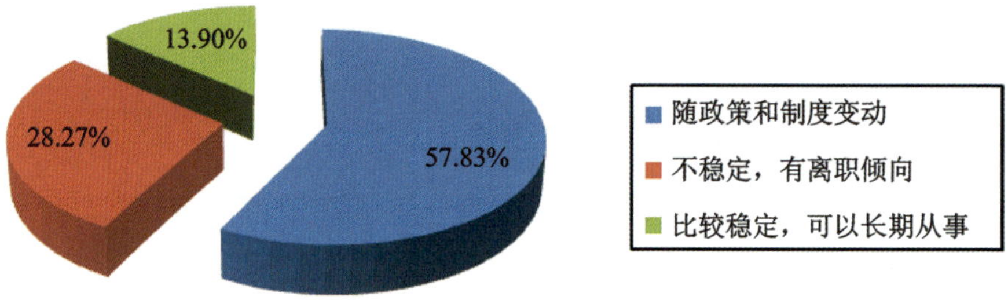

图 11－18　家庭医生工作稳定性的预期

第四节　家庭医生签约服务中存在的主要问题及成因分析

根据以上调研发现，我国家庭医生签约服务内容不断丰富、水平不断提高，取得了丰硕的成果，但还存在着制约发展的诸多困境和因素。下面以调研数据为基础，结合查阅文献，以及借鉴国内外优势做法，对于家庭医生签约服务中存在的问题进行归纳及成因分析。

一、配套政策未能落地，医生福利有待改善

调查结果显示：家庭医生签约政策不完善，家庭医生福利待遇低。目前我省家庭医生收入待遇主要来自公卫服务经费、诊疗收入费、基本药物制度补助 3 个层面，年总收入 6 万元以下的占 30％，6～8 万元的占 60％，8 万元以上占 10％。“两卡制”的建立虽然在一定层面保障了家庭医生的收入，但超过 60％以上的家庭医生团队未享有医保补助政策，农村基层几乎没有享受医保福利政策，高达 71％的家庭医生认为现有的福利保障不合理。安徽省基层家庭医生签约服务收费政策落实还有待进步，部分地区签约服务项目收费不统一。至今为止，只有少数地区制订并落实相关政策，建立家庭医生签约收费机制。大部分地区都未将家庭医生开展的服务项目纳入医疗保险报销范围，医生的劳动价值得不到应有的体现[5]。同时，基层医院缺乏财政专项补助，家庭医生几乎没有周末休息时间，医生自身利益得不到保障，幸福指数较低，导致积极性大大降低。

成因分析：一是我国家庭医生签约服务起步较晚，处于探索试点阶段，配套政策缺失，政府经验不足，投入不大，在配套政策的设计方面比较滞后；二是县域内各部门协同分工合作不明确，家庭医生作为三级诊疗制度的“排头兵”，掌握足够的医疗服务资源、畅通的转诊渠道[6]，家庭医生签约服务收费政策的制定之所以

缓慢，主要是因为县域内各部门协同合作不明确，对于收费项目价格尚未形成统一的标准；三是签约服务费用支付制度欠完善。基层医疗卫生服务中心普遍实行收支两条线，尚未实行按人头付费、按病种付费。但老年人、慢性病和传染病人群等重点人群的医疗费用明显高于平均水平，有可能导致家庭医生推诿高风险人群，使居民医疗费用不降反升。

二、社区居民信任不高，宣传力度有待加强

调查结果显示：居民签约家庭医生的意愿不高，有效签约率较低。只有36%左右的居民听说过家庭医生签约服务，而有超过一半的居民对是否愿意再次签约表示不确定。居民对签约家庭医生存在顾虑，对医生的技术水平、服务态度以及是否会延迟治疗等方面存在担心；居民对家庭医生制度的了解不深入，存在很多误解，大多持怀疑态度。

成因分析：一是家庭医生签约服务作为医药卫生体制改革的新措施，许多社区居民对其认知极为缺乏，往往误认为家庭医生就是私人医生，产生过高的期望，从而影响居民的实际获得感，导致居民医疗服务利用满意度降低[7]；二是政府对家庭医生制度的宣传不到位，社会宣传不充分不完整，甚至出现误导现象，致使居民难以真正了解家庭医生签约服务，这也是居民对家庭医生认知率不高的原因之一[8]；三是我国家庭医生签约服务秉承自愿原则，居民对于是否签约拥有较大的自主权。由于居民对签约后能够享受何种服务、是否会影响自由就医等不是很清楚，容易导致人们对签约保持着警惕和观望的态度，从而在一定程度上降低了签约率。

三、基层优质人才匮乏，服务质量有待提高

调查结果显示：基层优质人才匮乏，新老更替滞后，直接影响了服务质量。虽然我省已建立"周转池"制度，但将近一半的家庭医生仍认为人才匮乏是限制服务推广的主要因素。理由如下：一是家庭医生学历偏低，71%的家庭医生为中专学历，本科及以上学历人数很少，家庭医生的执业年限大多在两年及以下，经验相对不足；二是家庭医生数量的缺乏，尤其表现在经过规范化培训的优质家庭医生的稀缺，有些医生一时难以转变疾病治疗思想，全科医疗和全身心健康理念有待加强，签约服务内容难以完全完成。

成因分析：一是我国资源配置是以供方为导向的，导致卫生资源呈现"倒三角"形式，使得医学生毕业后大多倾向于留在有更多发展潜力的大城市，从而造成

基层医务人员相对缺乏，家庭医生与社区居民的配置呈现“僧多粥少”的局面[9]；二是我国大部分家庭医生团队的签约工作量较大，部分家庭医生属于超负荷工作状态，这使得家庭医生对于某些居民的特定要求服务难以实行；三是社区家庭医生待遇低、晋升难，加上家庭医生继续教育和培训制度不健全，导致服务质量堪忧[10]。

四、社会资源整合不足，智慧医疗有待进步

调查结果显示：基层医院社会资源整合不强，信息化水平落后。62.59％的区域还未完全构建“互联网＋”家庭医生服务平台，智慧医疗开展缓慢，无法满足家庭医生的期待。基层社区医院信息化的技术支持力度不够，信息化发展水平落后，没有充分利用社会资源，整合不到位，从而阻碍基层医院与上级医院病人间的交接过程，导致转诊信息和检查信息对接不畅。

成因分析：一是相关部门的服务管理系统并未完全统一。预防保健服务、医疗服务以及保健服务管理等方面相互独立，彼此没有实现联通合作，造成信息错综复杂，资源浪费，对于签约居民的信息管理方面，并未实现患者的电子病历、健康档案、诊疗信息的流通共享，不利于对患者的连续管理，导致患者在不同医疗机构就诊时出现重复检查的现象；二是基层医疗信息化意识不强、信息工程建设不足。长期以来省市一级医院拥有大量人力资源，医疗信息工程建设体系完备，精尖管理人才较多；而向基层下沉人才数量极少，县域经济发展缓慢，各级基层医院医疗信息化意识不强，导致医疗信息工程建设不足，移动医疗利用率建设缓慢。

五、签约制度监督宽松，考评机制有待完善

调查结果显示：绩效考评与激励机制尚不健全，实施过程监督有待进一步完善。虽然我省已建立家庭医生签约服务管理信息系统，但在监管考核中仍然有部分家庭医生团队认为考评机制不合理，只有12.45％的团队进行了按时监督。部分地区签约服务不充分、签约进程缓慢，相关部门只关注签约数量，具体落实有待进一步完善。由于缺乏有效的基层医疗卫生人员的绩效考核机制和激励制度，工资水平与工作量不相匹配，使家庭医生的服务热情度较低，工作积极性不高。

成因分析：一是县乡卫生主管部门对基层社区医院定期回访监督机制尚未成形。对于基层社区医院回访次数较少，回访监督机制尚未形成，容易造成一部分社区医院存在侥幸心理，仅满足于签约服务数量上的达标，而忽视了对服务内容上的实质开展；二是家庭医生的服务项目缺乏统一的标准、规范、考评。社区医院

没有针对家庭医生主要服务对象、常见疾病建立合理的诊疗计划，绩效考评机制不健全，同时，在家庭医生团队中缺乏明确的分工以及系统的说明，造成人力资源未得到充分利用[11]；三是家庭医生在业务培训、职称晋升、评奖推优等方面的激励机制不完善[12]。家庭医生每年接受的业务培训次数较少，且由于机制的不完善，作为家庭医生的上升空间很少，这种不明朗的学习进修机会和职业发展前景影响了家庭医生的工作积极性。

第五节　家庭医生签约服务对策与建议

基于以上问题及成因分析，借鉴国内外优势做法，结合我省实际，从政策、人才、监督、平台和宣传五个层面提出有针对性的对策与建议，并以政策为保障、人才为关键、监督为抓手、平台为载体和宣传为手段，密切配合、形成合力，破解医防融合痛点，提升家庭医生签约服务能力，当好居民百姓的健康“守门人”。

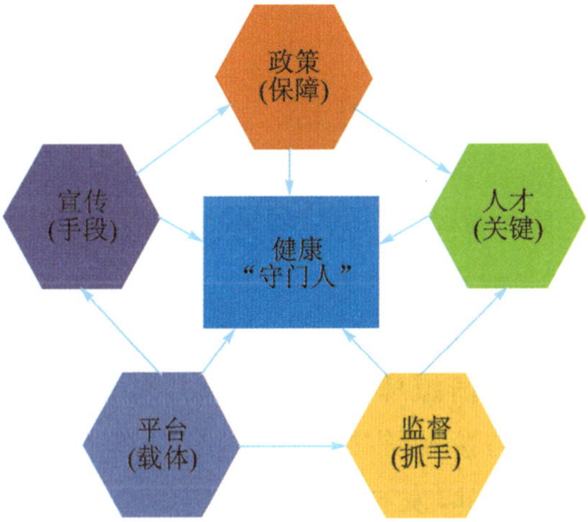

图 11－19　家庭医生签约服务对策建议模型

一、抓准关键环节，落实政策保障

建立完善的家庭医生制度体系需要政府及其相关部门的全力支持与配合，但目前其他部门参与度较低，缺乏相应的配套保障政策。

第一，加大财政倾斜，深化“三医联动”改革。构建家庭医生财政支持平台，在完善收支两条线管理制度的基础上，增加对家庭医生薪酬的投入，优化当前的财政政策和经费支持[13]，加强各方资源的统筹[14]，深化医疗、医药、医保“三医联动”

改革。

第二,改革支付方式,发挥医保基金调控作用。一是充分发挥医保的调控作用,在医保总额预付管理的基础上,医保费用按人均一般诊疗费的标准并入签约服务包,建立医保经费按人头支付的补偿机制[15];二是加快家庭医生签约服务专项补助的设立,提高签约服务和公共卫生服务的补助标准;三是进一步拉大在不同级别医疗机构就诊的报销比例,拉大签约人群与非签约人群的就医报销比例,引导居民优先利用家庭医生签约服务[16]。

第三,健全养老制度,提高家庭医生福利待遇。农村基层家庭医生是具有中国特色、植根于广大农村的卫生工作者。从全国情况来看,在当前从严控制事业编制的背景下,将村卫生室全部纳入乡镇卫生院编制管理条件尚不具备,但国家要从政策层面为部分优秀的农村基层家庭医生进入乡镇卫生院预备部分空间。一方面,积极推动地方完善村医养老政策,可采取三种方式提高村医养老待遇:一是纳入城镇职工养老保险,二是给予年资补助,三是给予定额补助[17]。另一方面,从基本公共卫生服务补助、设立一般诊疗费项目、村医实施基本药物制度进行补偿三条渠道,提高家庭医生福利待遇。

二、创新宣传方式,提高居民认同

居民与家庭医生之间交流贫乏,政府要重视对家庭医生签约服务的宣传,包括力度和形式,提高居民的认知和意愿。

第一,借助新媒体开展宣传,多形式提升宣传效果。以新媒体为手段和宣传载体,利用网络直播、App 等新媒体的受众群体广、及时性与便捷性等优势,拓展公众与家庭医生签约服务的接触深度。通过采取召开宣传会、入户宣讲、设置宣传广告、媒体广播、墙体广告、印发材料等途径进行全方位宣传[18]。同时,把握宣传时间节点,利用“世界家庭医生日”以及周末等法定假日开展系列宣传活动,营造支持签约服务、关注家庭医生的良好社会氛围。政府部门要及时收集活动资料、发现亮点、总结典型、广泛宣传,引导社区居民接受并广泛认可家庭医生签约服务[19]。

第二,以健康需求为导向,突出个性化签约服务。签约服务内容要与居民需求相统一,将疾病预防放在重要地位。一方面,重点关注不同人群需求,实现重点人群精准宣传[20]。另一方面,明确签约服务内容,丰富签约服务内涵。重点突出与非签约居民的不同之处,如保证充足的上级专家号源,享受到上级医院的用药政策,从而提高居民签约积极性和满意度[21]。

第三,着力提高签约居民感受度,增强就医体验。一方面,要优先发展居民需求量大、获得感强的服务项目，提高签约服务对居民的吸引力。家庭医生团队要密切与签约居民的联系，通过门诊治疗、随访、健康咨询、信息推送等多种方式，针对不同人群、不同服务需求提供精准健康服务。甚至为高龄老人、残疾人、终末期患者等确有需求的人群提供上门医疗服务，将签约服务从机构延伸到社区和家庭。另一方面，通过现场体验等活动，邀请专家免费为患者开展健康知识宣讲，促使居民近距离与专家互动交流，提升居民的实际获得感[22]。

三、优化人才队伍，提升服务能力

家庭医生是政策执行的重要人力资源，其服务质量是衡量家庭医生团队整体素质、医疗卫生服务能力水平的一个重要标志[23]。

第一，扩充人才队伍，构建家庭医生服务团队。一方面，从源头加大家庭医生的配备，完善“农村订单定性免费医学生”培养政策[24]。此外，通过采取增加基层卫生机构人员配置，对社区高级职称人才的聘任采用适当的倾斜政策，从而稳定家庭医生人才队伍[25]。另一方面，加强签约服务团队建设，调整人员结构，加大医护人员比例配置，促进团队合理分工、协同合作、高效工作[26]。

第二，坚守契约精神，建立以关怀为导向的医患关系。一方面，通过家庭医生签约模式逐步培育，形成固定的契约式服务关系，加强医德医风建设，构建良好的医患环境，以此来达到重塑职业荣誉感的目的[27]。另一方面，在全科医生的素质培训与拓展中，增加人际关系、医患关系基本理论学习[28]，将传统以医疗服务为导向的医患关系，转化为以关怀为导向的新型“朋友式”医患关系[29]。特别是要结合精准扶贫实际，深入开展建档立卡贫困人口签约服务工作。

第三，严格准入机制，强化家庭医生培训力度。一方面，严格家庭医生的准入机制，对家庭医生的资质进行严格审核并公示[30]。另一方面，畅通人才流动渠道，与医疗服务水平高的综合医院建立人才流动机制[31]：一是实施好中央补助地方基层卫生人才能力提升培训项目，优先选派家庭医生团队全科医生骨干、护士、乡村医生参加线下培训，鼓励基层服务人员通过国家基层卫生能力建设平台参加线上培训；二是邀请专家下基层进行指导，开展多种形式的学习教育活动；三是选派社区医务人员至综合医院进修，建立较完整的家庭医生培养和继续教育机制，提高员工的技能与素质[32]。

四、加快平台建设，推进智慧医疗

实现数据的互联互通和共享，推动家庭医生签约服务工作重点向提质增效转变，提高签约服务的工作效率[33]。

第一，发挥新媒体作用，持续做好电子健康档案工作。建立完善居民电子健康档案，形成健康档案的动态闭环管理机制[34]。依托社区资源，促使健康档案与医保就医系统、医生工作站、各专业站所实施联网；推进医联体、医共体、医协体等体内签约居民健康数据共建共享，应用一卡通在电子健康档案系统中查阅签约居民健康信息资料[35]。

第二，推进家庭医生首诊，优化双向转诊平台。当前家庭医生的首诊与转诊作用还不能够充分实现，医疗服务资源的分散和各相关部门缺乏有效协调。一方面，推进定点医疗和家庭医生首诊[36]，另一方面，推动社区卫生服务中心与上级医疗机构建立良好的合作关系，优先保障家庭医生签约制服务的社区居民转往上级医疗机构就诊，逐步实现“梯度就医、逐级转诊”的目标[37]。

第三，开展智慧医疗，大力推进“互联网＋”签约服务。一方面，结合实际加快签约服务信息系统建设和应用，运用互联网、手机 App 等，为签约居民提供在线签约、健康咨询、预约就诊、健康管理、慢病随访、报告查询等服务。推进利用信息化手段采集家庭医生团队的签约数量、服务质量、签约居民满意度等信息，逐步实现签约服务管理信息化，通过转诊体系为签约患者建立绿色通道，提高工作效率。另一方面，围绕医务工作者管理、团队管理、系统关联管理、查询统计和绩效考核管理等服务，实现家庭医生签约服务的精准量化，管理的规范化和科学化[38]。

五、加强监督管理，完善考评机制

家庭医生履约工作的保证需要一套有效的监管和评估机制，家庭医生团队绩效考核也是签约服务经费拨付和团队薪酬分配的依据。

第一，发挥社会监督作用，建立完善监督评估机制。继续开展应用全省家庭医生签约服务管理信息系统，加强平台监督，实现从单向线性到多向全方位的转型，在进一步细化纵向权力监督的同时，通过建机制强化横向权力监督[39]。一是从患者就医角度进行评价监督，将患者的满意度、信任度、反馈和投诉意见作为监督制度运行的重要指标。二是政府要在制度管理运行、经费使用、药品医疗服务和人才准入培养等领域落实监管细则，使监督结果与医院星级评估挂钩。三是依托第三方评价机构对家庭医生制度的运行情况、医疗机构的实施情况进行评价，以切实发挥社会监督作用。

第二，坚持 SMART 原则，科学设置考核指标。考核指标体系的设计应遵循 SMART 原则，即具体、可度量、可实现、现实、有时限[40]。从日常管理、服务质量及满意度等方面监督机构绩效，考核结果直接与公共卫生经费补助、机构评先、负责人任期等因素挂钩；从工作量、签约率、服务质量、健康管理效果、医院费用控制、基层就诊率、居民满意度等方面评估家庭医生团队服务效果，并与个人绩效分配挂钩，以“阶梯工资”的形式落实绩效考核[41]。

第三，突出签约服务质量，完善薪酬激励机制。完善以签约服务质量为导向的全科岗位收入分配机制，合理体现医务人员劳务价值。一方面，明确家庭医生薪酬支付方式，拓宽家庭医生团队收入来源。对签约服务费中用于家庭医生团队薪酬支付的比例进行规范调整，对开展签约服务的收益部分单独核算，作为绩效工资增量用于团队人员奖励[42]。另一方面，促进按人头付费在家庭医生签约服务中的执行，实现按人头付费对家庭医生的激励作用，多方面、多层次激励家庭医生的工作积极性、提高家庭医生的收入[43]。

无论是繁华都市，还是边远山区，老百姓都将拥有自己的家庭医生。在未来的两年内，国家将组建 100 万个家庭医生签约团队，每个团队签约 1000～1500 个居民。虽然目前签约服务还处在探索阶段，面临诸多挑战，存在着一系列的问题，但相信随着我国医疗卫生体制改革的不断深化，在《“健康中国 2030”规划纲要》精神的指引下，家庭医生签约服务工作必将得到可持续发展，这也是中华民族健康发展史上最伟大的工程。基层医生是离居民最近的健康服务力量，家庭医生签约服务用契约的形式，第一次为每一位居民提供了自己的健康“守门人”，正是“旧时王谢堂前燕，飞入寻常百姓家”。

本案例参考文献：

[1] “健康中国 2030”规划纲要[N]. 上海中医药报，2016-12-30(001).

[2] 国务院关于建立全科医生制度的指导意见[A]. 浙江省医师协会社区医师分会、浙江省基层卫生协会. 2012 年浙江省社区医师大会暨社区卫生服务高级论坛论文集[C]. 浙江省医师协会社区医师分会、浙江省基层卫生协会：浙江省科学技术协会，2012：5.

[3]《关于推进家庭医生签约服务的实施意见》政策解读[N]. 宁夏日报，2017-05-17(007).

[4] 孟广喆. 长春市朝阳区家庭医生服务现状分析[D]. 长春市：吉林大学，2018.

[5] 张向东，赵京，兰丽娜，等. 北京市社区卫生家庭医生式服务模式及激励机制探讨[J]. 中国全科医学，2014，17(7)：766-769.

[6] 吕世军，赵春阳，赵金龙，等. 家庭医生现状及前景分析[J]. 中国市场，2019，(4)：57-58.

[7] 徐学萍，袁林林，孙晓杰. 我国家庭医生签约服务开展中的“病症”与“良药”[J]. 中国初级卫生保健，2018，32(10)：22-24.

[8] 范转转，刘园园，杨倩，等．我国家庭医生签约服务存在的问题研究[J]．卫生经济研究，2018(11)：54-56.
[9] 王静成，张桁忠，潘云龙，等．医联体家庭医生服务能力及激励机制的探索[J]．江苏卫生事业管理，2018，29(03)：266-268.
[10] 沈思．家庭医生签约：核心和重点都是“质量”[J]．中国卫生，2018(11)：72-73.
[11] 程逸文．中医药促进家庭医生签约服务提质增效的推进策略[J]．智慧健康，2018，4(27)：15-16.
[12] 林洁，李惠．医联体环境下的家庭医生签约服务的思考[J]．科技视界，2018(28)：94，97-99.
[13] 冯迎利．上海市家庭医生制度研究[D]．上海市：上海工程技术大学，2016.
[14] 杨阳．广州市家庭医生式服务的效果评价研究[D]．广州：南方医科大学，2017.
[15] 杨月娇．全民医保制度下的“家庭医生”计划研究[D]．厦门：厦门大学，2009.
[16] 张晓奇．某社区卫生服务中心家庭医生签约服务知晓率和签约率[D]．郑州：郑州大学，2018.
[17] 潘亮．提高村医待遇加强养老保障[J]．政协天地，2010(11)：29-30.
[18] 王纯．上海市徐汇区家庭医生制工作现状及对策研究[D]．上海：复旦大学，2013.
[19] 谢贵涛．广东省揭阳市家庭医生签约服务现状与对策研究[D]．武汉：华中师范大学，2018.
[20] 孙晓凡．社区卫生服务居民认知分析及政策建议[D]．上海：上海交通大学，2015.
[21] 曲振翔．推行家庭医生签约服务工作问题研究[D]．郑州：郑州大学，2018.
[22] 谢春艳，陈多，王常颖，等．上海市J区居民就医体验研究[J]．中国卫生事业管理，2017，34(10)：735-738，745.
[23] 李辉，付译节，朱天民．家庭医生服务质量评价体系构建初探[J]．卫生软科学．2014．28(2)：98-99.
[24] 赵梦，朱兆芳，孙昊明，等．北京市居民对社区家庭医生式服务的认知和利用情况调查[J]．中华医院管理杂志，2016(5)：382-384.
[25] 彭燕．城郊推行家庭医生制度存在的问题及对策研究[D]．上海：华东政法大学，2015.
[26] 王冬阳．基于供方的家庭医生制度研究[D]．南京：南京医科大学，2018.
[27] 王敏，兰迎春，赵敏．社会转型期重塑医务人员职业声望的对策研究[J]．医学

与哲学，2014(12):57-59.
[28] 汤榕彬. 分级诊疗政策背景下厦门城市居民基层首诊意愿及其就医行为研究[D]. 泉州：华侨大学，2018.
[29] 赵西茜. 南京市某区部分慢性病患者利用家庭医生签约服务现状研究[D]. 南京：南京医科大学，2018.
[30] 陆元英. 以全科团队为依托的家庭医生制服务模式探讨[J]. 中国社区医师(医学专业)，2012，14(15)：387.
[31] 纪瑞云. 北京市居民与社区医务人员对家庭医生式服务的认知及签约情况研究[D]. 合肥：安徽医科大学，2015.
[32] 王凝宁. 北京市朝阳区家庭医生式服务的现状研究[D]. 北京：北京中医药大学，2014.
[33] 李平平. 完善城市社区家庭医生式服务对策研究[D]. 郑州：郑州大学，2018.
[34] 莫海韵. 广东省不同地区家庭医生签约服务现状及对策研究[D]. 广州：广州医科大学，2017.
[35] 徐夏良. 家庭医生服务模式研究[D]. 上海：华东政法大学，2014.
[36] 姚登攀. 互联网背景下城市家庭医生服务能力建设研究[D]. 合肥：中国科学技术大学，2017.
[37] 计光跃. 基于分级诊疗制度的家庭医生信息平台理论研究[D]. 上海：第二军医大学，2016.
[38] 卢喜烈，苗锋，应致标. 新型医联体背景下的智慧医疗建设模式与路径研究[J]. 中国卫生信息管理杂志，2018，15(1)：66-69，73.
[39] 王佳骏. 安徽A县农村家庭医生签约服务现状、问题和对策研究[D]. 苏州：苏州大学，2018.
[40] 吴姝德. 基于绩效考核的全科医生团队薪酬激励机制研究[D]. 武汉：华中科技大学，2016.
[41] 佟欢. 基于结果链框架的上海市家庭医生制服务试点评价研究[D]. 上海：复旦大学，2013.
[42] 赵艳青. 典型案例地区家庭医生签约服务实施路径研究[D]. 北京：北京协和医学院，2018.
[43] 钟佳. 家庭医生政策执行困境及其化解研究[D]. 成都：电子科技大学，2018.

经典案例二：

城市社区中医药服务现状及对策研究

【摘要】基于中医药融入社区卫生服务可行性分析、现实意义的探讨及国家和地方对城市中医药服务的政策研究，通过对××市等7个专题调研地14个市行政区和10个市行政区小范围城市社区抽样调查，分析目前城市社区中医药服务现状，结果显示城市社区中医药服务水平较高、发展势头良好，在各方面取得了积极成果，但也存在影响城市社区中医药服务水平的诸多因素。笔者基于××省24个城市社区中医药服务现状调查，分析存在的问题及其成因并提出有针对性的改进建议，为提升城市社区中医药服务能力提供详实的数据和可靠的依据，具有一定的参考价值。

【关键词】城市社区；中医药服务；调查研究；对策

前 言

中医药是具有传统文化特色的卫生资源，中医药融入社区卫生服务，向低成本、广覆盖、高效益、方便居民的方向发展，是医药卫生事业发展的趋势，也是改进社区卫生服务的一项重要尝试。

近年来，党和国家对城市社区中医药服务建设的重视程度不断提高，早在2006年国务院就强调要“发挥中医药和民族医药在社区卫生服务中的优势与作用”[1]。随后，卫生部(现卫计委)、国家中医药管理局在《关于在城市社区卫生服务中充分发挥中医药作用的意见》中把“坚持中西医并重，突出中医药特色，充分发挥中医药的优势与作用”作为实施城市社区卫生服务的基本原则之一。特别是党的十八大报告和国家“十二五”规划纲要分别对“保基本、强基层、建机制”的医疗卫生的发展原则和将“支持中医药事业发展”作为“完善基本医疗卫生制度”的六项重点任务之一的提出，保障了城市社区中医药服务水平的提高。在国家和地方一系列政策的引导下，中医药进社区必将带来良好的社会效益和一定的经济效益。

××中医药有着悠久的历史，历代名医辈出，著述浩繁，史书记载的名医就有1400多名，为保障人民群众的身体健康做出了不可磨灭的贡献，在中国医药学形成和发展史上写下了辉煌的篇章。汉末亳州神医华佗，制麻沸散，乃外科学之鼻祖；创五禽戏，开养生学之先河。新安医学发轫于宋，鼎盛于明清、延伸至近现代。

家族克绍，师生传承，著作汗牛充栋，远播重洋。安徽山美水秀，物华天宝，中药材3284种，位居华东之首，中华第六。皖北亳州，药商云集，夙称药都。“北华佗，南新安”的医学特色和优势，为安徽中医药的发展，奠定了优越的基础，对当前全国中医药发展而言具有一定代表性。

在社区中医药事业蓬勃发展的背景下，完善城市社区中医药服务对改善民生、加快各项改革具有重大的现实意义和推广意义。随着城市化、城镇化进程的加快，城市人口结构和卫生需求的变化对基层医疗卫生服务体系带来的压力不断增加，中医药事业在发展中也面临诸多困难和问题。深入了解中医药服务能力与城市居民的具体需求、相关政策与城市中医药事业发展的实际情况及新的变化对进一步彰显中医药的品牌、特色和优势具有重要意义。为此笔者专门组织了青年大学生对城市社区中医药服务现状展开调研。

一、调研概述

（一）调研目的

进一步了解城市社区中医药服务现状，分析存在的问题及其成因并有针对性地提出改进建议，为城市社区中医药事业的发展和中医药服务能力提升提供一些理论和决策参考，对为深化医药卫生体制改革提供现实依据。

（二）调研对象和方法

1. 调研对象

略。

2. 调研方法

课题组依托×××大学中西医临床医学国家特色专业建设平台，利用高校—卫生局—社区共建卫生实践基地，大学生暑期社会实践活动等载体，征集大学生青年志愿者，精心遴选出150名调研员，培训上岗，历时两年深入专题调研地开展调研和小范围抽样调研活动。课题组采取问卷随机调查和访问式调查相结合的调查方式。一是问卷调查：问卷一，针对社区卫生机构管理人员，侧重调查研究城市社区卫生医疗机构中医设置、中医药设备、专业人员的现状，中医药发展的支持力度及发展对策等；问卷二，针对医疗一线从业人员，注重于调查研究从医人员对中医发展状况的认识和对中医药以后发展的看法和建议；问卷三，针对社区群众，侧重调查研究群众对中医中药的认知情况。二是现场访谈：调研小组对部分名老中医和政府相关工作人员进行访问式调查，挖掘影响城市社区中医药发展现状的深层因素。

3. 数据处理和统计方法

调查表经过复核后，采用 EpiData 软件进行双重输入，并按 15%的比例随机抽查核对。用 SPSS 13.0 统计软件包进行统计分析，包括逻辑检错、变量转换和统计分析。其中城市社区中医医疗机构开设率比较、群众对中医药的选择度情况比较等采用 χ^2 检验，显著性水准设为 0.05(双侧)。

二、城市社区中医药服务现状

本次调研共发放问卷 3350 份，收回有效问卷 3099 份，其中专题调研地 2415 份，抽样调研地 684 份，有效率达 92.5%。3099 份调查问卷中问卷一 442 份，占 14.2%；问卷二 1560 份，占 50.3%；问卷三 1097 份，占 35.4%。根据调查问卷的数据信息结合相关访谈，显示出城市社区中医药服务现状如下。

(一) 城市社区中医药服务网络建设情况

1. 中医医疗机构在城市社区中设置情况

通过对调研专题地的走访调查，在仔细分析了调研资料后，可以发现：社区卫生服务中心(站)开设了中医相关科室，普及率达 90%以上，平均 97%(322/332)(见表 11－22)。

表 11－22　中医医疗机构在不同地区城市社区中设置情况率比较

专题调研地	总　计	开　设	构成比(%)	χ^2	P　值
A	32	30	94%	9.391	0.153
B	51	50	98%		
C	42	39	93%		
D	84	84	100%		
E	49	49	100%		
F	54	51	94%		
G	20	19	95%		

通过对抽样调研地调研材料的整理，将 10 个小范围抽样调研地分为淮河以南、淮河以北两个部分进行分析，由表 11－23 可见，城市社区中医医疗机构开设率达 90%(64/71)。

表 11－23 中医医疗机构在不同城市社区中设置情况率比较

抽样调研地	总 计	开 设	构成比(%)	χ^2	P 值
淮河以北	29	26	89.7%	0.133	0.909
淮河以南	42	38	90.5%		

由表 11－22 和表 11－23 可见，不同地区之间的社区卫生服务中心(站)的中医医疗机构开设率差异无统计学意义(P>0.05)，且构成比均在 90%以上，提示城市社区中医医疗机构开设率普遍较高，地方差异性不明显。

2. 中医设备在城市社区中配置情况

通过对调研专题地的走访调查，在仔细分析了调研资料后，可以发现：社区卫生服务中心(站)中医设备配置情况率不高，配置种类较少(见表 11－24)。

表 11－24 中医设备在不同城市社区中配置情况比较

中医设备	配置率							均 数	χ^2	P 值
	A	B	C	D	E	F	G			
针灸用具	71%	70%	69%	77%	80%	65%	74%	72%	7.758	0.256
火 罐	90%	89%	93%	98%	97%	91%	95%	93%	11.723	0.068
推拿床	91%	90%	89%	92%	91%	88%	91%	90%	1.303	0.971
刮痧用具	68%	78%	67%	65%	69%	51%	60%	65%	18.060	0.060
中药柜	80%	82%	78%	84%	84%	77%	84%	81%	3.512	0.742
牵引器	65%	68%	61%	77%	73%	71%	77%	70%	10.411	0.108
牵引床	80%	84%	79%	85%	83%	81%	82%	82%	2.203	0.900
雾化吸入仪	18%	20%	17%	19%	36%	16%	23%	21%	2.533	0.865
中药煎药机	75%	77%	77%	79%	77%	76%	73%	76%	1.185	0.978
肢体康复器	50%	53%	48%	52%	51%	44%	52%	50%	2.194	0.901
训练用扶梯	43%	41%	38%	42%	41%	36%	40%	40%	1.451	0.963
中药熏蒸仪	49%	53%	50%	54%	51%	49%	53%	51%	1.018	0.985
经络治疗仪	10%	11%	11%	12%	11%	10%	12%	11%	0.409	0.999
助力平行木	11%	13%	11%	13%	12%	12%	14%	12%	0.689	0.995
划传器	1%	0%	1%	3%	3%	0%	1%	1%	7.429	0.283

由表 11－24 可见，不同地区之间的社区卫生服务中心(站)的中医设备配置率差异无统计学意义(P>0.05)，提示城市社区中医医疗机构开设率差异不明显。从均数来看，针灸用具、火罐、推拿床、刮痧用具、中药柜等常用设备配置率在 50%以上，而肢体康复器、训练用扶梯、中药熏蒸仪、经络治疗仪等设备配置率较低。

3. 中医药参与社区"六位一体"服务体系情况

通过对调研专题地的走访调查，不同地区之间的社区卫生服务中心（站）的"六位一体"服务（注：六位一体服务体系是集社区预防、保健、医疗、康复、健康教育及计划生育技术指导六位于一体的社区医疗卫生服务网络体系）开设率差异均有统计学意义（$p<0.05$），且在应用中医药技术和方法预防传染病、开展慢性病中西医结合防治一体化服务项目上（$p<0.001$）有显著差异，平均开设率都在60%以上，但开展率最高的中医药防病、保健知识健康教育平均开展率仅为82%，提示中医药在一定程度上已融入社区"六位一体"服务体系，但开展率不高且各地区之间有较明显的差异（见表11-25）。

表11-25　不同地区城市社区中医药"六位一体"服务开展率

中医药服务	开展率							χ^2	P值
	A	B	C	D	E	F	G		
居民健康档案体现中医内容	86%	80%	74%	93%	81%	85%	55%	20.2	0.003
应用中医药技术和方法预防传染病	66%	77%	48%	89%	82%	65%	50%	35.3	0.00★
开展慢性病中西医结合防治一体化服务	47%	51%	60%	89%	80%	65%	45%	39.9	0.00★
重点及亚健康人群保健方案体现中医内容	78%	79%	60%	91%	82%	74%	55%	22.5	0.001
开展中医药防病、保健知识健康教育	88%	83%	81%	94%	88%	83%	60%	16.8	0.010
运用中医药知识开展孕产妇预防保健咨询及指导	44%	61%	48%	74%	65%	63%	45%	15.5	0.016

（注：★ $P<0.001$）

不同地区之间居民对"六位一体"服务满意率差异均无统计学意义（$P>0.05$）且多数在60%左右，在应用中医药技术和方法预防传染病和开展慢性病中西医结合防治一体化服务方面的居民满意率低于50%。提示居民对中医药参与社区"六位一体"服务的满意度不高且各地区之间没有差异（见表11-26）。

表 11－26　不同地区城市社区中医药“六位一体”服务居民满意率

中医药服务	满意率							χ^2	P 值
	A	B	C	D	E	F	G		
居民健康档案体现中医内容	67%	63%	59%	70%	63%	66%	54%	2.7	0.846
应用中医药技术和方法预防传染病	42%	41%	40%	41%	39%	43%	40%	0.3	0.999
开展慢性病中西医结合防治一体化服务	41%	38%	43%	53%	45%	42%	45%	3.7	0.722
重点及亚健康人群保健方案体现中医内容	68%	59%	64%	70%	72%	68%	77%	8.4	0.211
开展中医药防病、保健知识健康教育	55%	64%	62%	68%	68%	64%	62%	2.9	0.824
运用中医药知识开展孕产妇预防保健咨询及指导	73%	66%	70%	82%	76%	74%	61%	6.0	0.423

（二）城市社区中医药服务人才保障情况

7 个专题调研地和 10 个小范围抽样调研的结果显示，目前城市社区中医药人才相对匮乏，需求量大。另外社区卫生机构缺少专业中医药学科带头人，名中医较少，中医药从业者整体素质较低等问题也比较突出。未来 3 年内，随着各级政府对中医药发展扶持力度不断加大，安徽省城市社区均在扩建，对中医药各类专业人才需求量也将逐渐增加。

1. 城市社区中医药从业者的学历结构

在专题调研地，学历层次为本科以上的从业者占 35%(100/285)，大专、中专以下学历占到 62%(177/285)，其中，单纯师承者占 7%(20/285)。社区中医人员高学历比例偏少，文化程度总体偏低。如图 11－20。

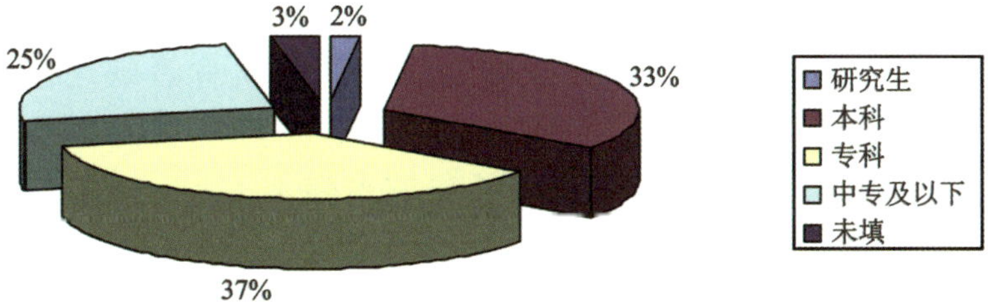

图 11－20　医疗单位中中医药从业者的学历

表 11-27　不同区域城市社区医疗单位中中医药从业者的学历比较

专题调研地	本科及以上	合　计	构成比(%)	χ^2	P　值
A	12	36	33%	13.215	0.040
B	11	42	26%		
C	12	38	32%		
D	30	55	55%		
E	15	43	35%		
F	12	42	29%		
G	8	29	28%		

由表 11-27 可见，不同区域之间社区医疗单位中中医药从业者的学历差异有统计学意义($P<0.05$)，本科以上比例均低于 50%，提示城市社区中医药从业者学历有地域差异，学历均不高。

2. 城市社区中医药从业者的职称结构

在专题调研地，初级及以下职称者占 55%(94/285)，高级职称者仅占 11%(14/285)。社区中医人员职称偏低，结构不够合理。如图 11-21。

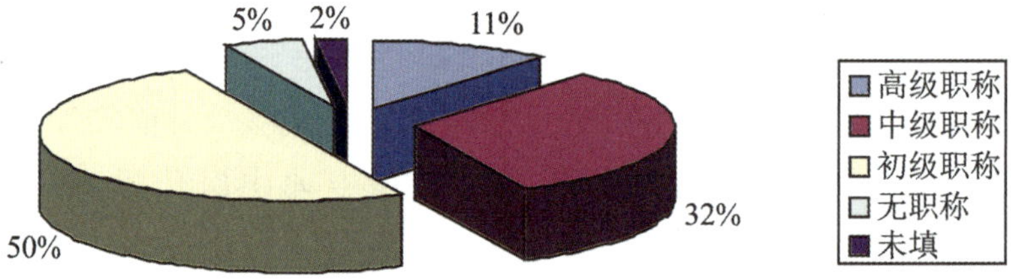

图 11-21　社区医疗单位中中医药从业者的职称

3. 城市社区中医药从业者的年龄结构

由图 11-22 可见，在专题调研地和抽样调研地，样本人群中 50 岁以上的中医药从业者占 25%(107/427)，40～49 岁的占 25%(107/427)，30～39 岁的占 32%(136/427)，20 岁以下的占 18%(77/427)。

4. 城市社区对中医药从业者的需求情况

城市社区急需中医药从业者，并且高层次中医药从业者缺乏。65%的中医药从业者认为中医药高层次专业人才匮乏是制约中医药发展的主要因素。另外认为政府支持力度不够的占 45%，中医药监管不当的占 37%，中医药标准化难以确定的占 35%，宣传力度不够的占 28%(如图 11-23)。与此同时，城市社区中医药从业者对中医药发展的建议最多集中在加强中医药人才的培养方面(75%)，其次为政府需加大扶持力度及财政投入(51%)、加强对中医药的正面宣传(36%)、中

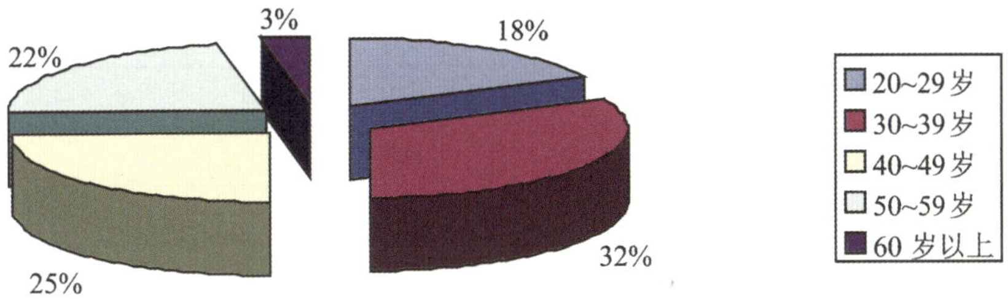

图 11-22　社区医疗单位中中医药从业者的年龄

医药从业者自身素质的提高(31%)等方面(如图 11-24)。

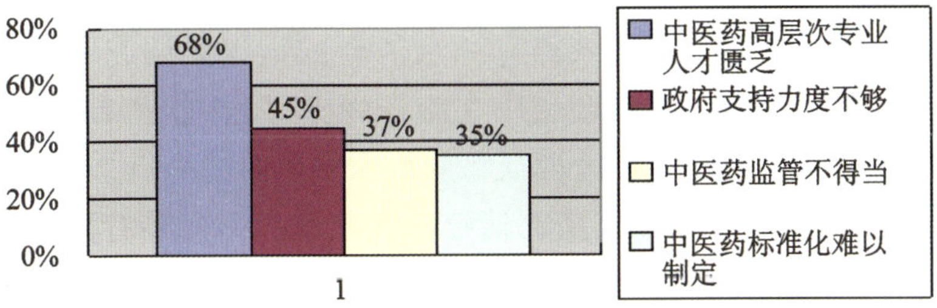

图 11-23　中医药从业者认为制约中医药发展的因素

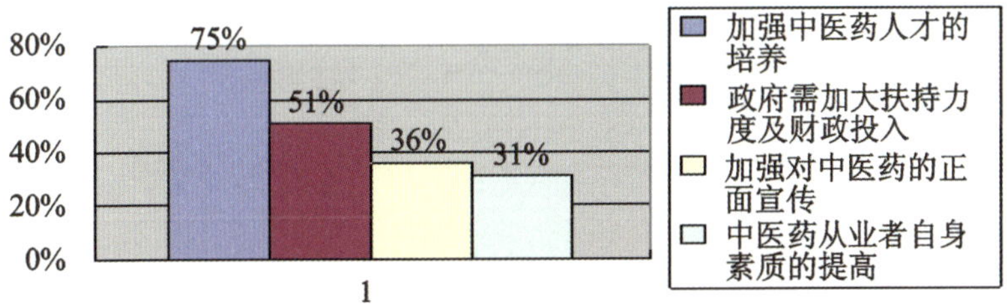

图 11-24　中医药从业者对中医药发展的建议

(三) 城市社区中医药服务的群众基础情况

调查结果显示,在城市社区,中医药有着良好的群众基础,社区群众对中医药有一定的认知度和信赖度。但年轻人尤其是 90 后群体对于中医药的关注和了解度较低。

1. 城市社区群众对中医药的认知度

调研结果表明,城市社区群众对中医药的认知度较高。

城市社区群众对中医药的选择度高。在 7 个专题调研地的调研中,有平均接近 90%的样本人群曾经看过中医,有超过 80%的样本人群曾经服用过中成药。

表 11-28　不同地区城市社区群众对中医药的选择度比较

选　项	选择度							χ^2	P　值
	A	B	C	D	E	F	G		
曾看过中医	90%	88%	89%	90%	88%	92%	91%	1.455	0.962
曾用过中(成)药	84%	85%	81%	80%	82%	84%	86%	2.059	0.914

由表 11-28(以专题调研地为例)可见,不同区域之间城市社区群众对中医药的选择度差异无统计学意义(P>0.05),提示中医药在城市社区有较好的群众基础。

城市社区群众对中医药的优缺点有一定清晰的认识。调查结果显示,城市社区群众普遍认为中医药的优点主要集中在副作用少,另外有近 42%的样本人群认为其优点是疗效较好。而城市社区群众普遍认为中医药的缺点是见效慢;与此相对应的,近 60%的被调查者认为中医药在治疗慢性疾病上有独特疗效。如图 11-25、图 11-26。

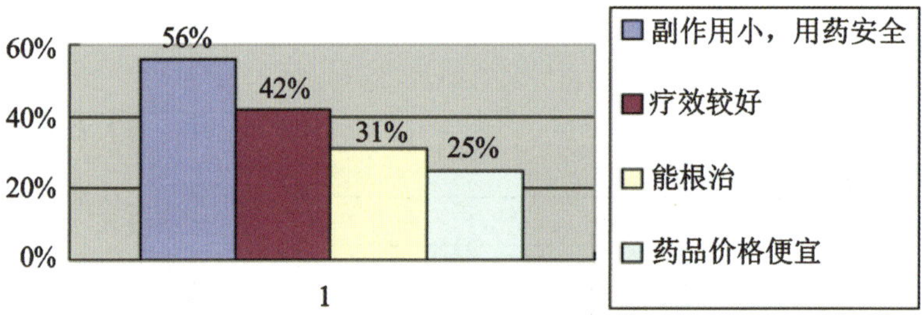

图 11-25　城市社区群众对中医药优点的不同认识

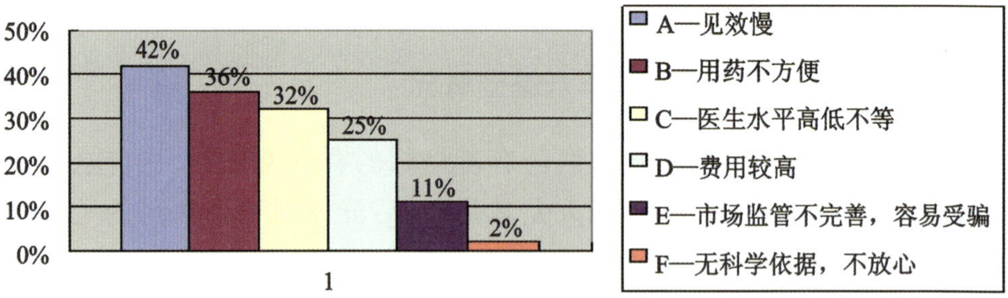

(注:图中字母代表城市社区群众对中医药缺点的不同认识,其具体意义依次为:A——见效慢【占 42%】;B——用药不方便【占 36%】;C——医生水平高低不等【占 32%】;D——费用较高【占 25%】;E——市场监管不完善,容易受骗【占 11%】;F——无科学依据,不放心【占 2%】。)

图 11-26　城市社区群众对中医药缺点的不同认识

2. 城市社区群众对中医药的信赖度

调查结果显示，一方面城市社区群众没有充分认识到中医药的优势，另一方面城市社区群众认为中医药能够传承至今，有一定的科学性，但信赖度有待提高。

城市社区群众在医疗过程中首选中医药作为诊疗手段比例偏低。调查显示，平均只有 30%的城市社区在看病时首选中医药作为治疗手段。由表 11－27 可见，不同地区城市社区群众首选中医药比较差异无统计学意义（P＞0.05），反映出整体上城市群众对中医药的优势没有充分的认识。

城市社区群众对非药物类中医药保健法接受度较高。调查结果显示，超过 85%的城市社区群众曾经接受过推拿按摩、拔罐刮痧、针灸、传统武术的保健，并有近 80%的城市社区群众认为这些非药物中医保健法是有效果的。由表 6 可见，各地区城市社区群众对非药物类中医药保健法比较无统计学意义（P＞0.05），提示安徽省城市社区群众普遍接受中医药保健法，同时也表现出中医药服务的巨大潜力。如图 11－27。

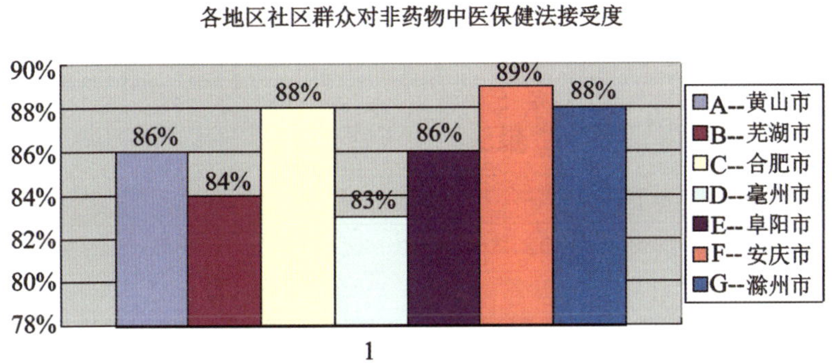

图 11－27 各地区城市社区群众对非药物中医保健法接受度

城市社区群众认为中医药有科学性可言，由图 11－28 可见，有 75%的城市社区群众认为中医药有科学性可言或主要靠经验治病。而认为中医药无科学性可言的样本人群仅占 6%，另外有近 20%的样本人群表示弄不清楚。同时由表 11－29 可见，各地区城市社区群众对中医药科学性看法比较的差异无统计学意义（P＞0.05），提示城市社区群众大部分认同中医药的科学性。

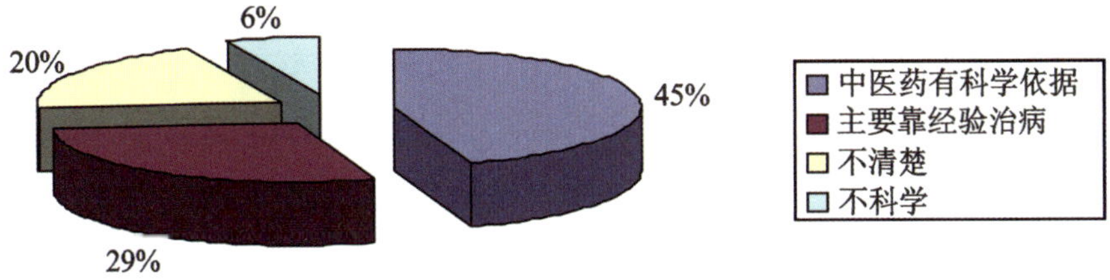

图 11－28 城市社区群众对中医药科学性的看法

表 11－29　不同地区城市社区群众对中医药的信赖度比较

选　项	选择度							χ^2	P 值
	A	B	C	D	E	F	G		
首选中医药	26%	32%	27%	28%	27%	23%	26%	2.232	0.897
中医较为科学	71%	74%	77%	67%	76%	74%	80%	5.574	0.473
中医药保健作用	86%	84%	88%	85%	90%	89%	87%	2.476	0.871

(四) 城市社区中医药适宜技术推广情况

通过对调研专题地的走访调查，在仔细分析了调研资料后，可以发现：社区卫生服务中心(站)中医适宜技术开展种类较多，有中医特色疗法的开展(见表 11－30)。

表 11－30　中医适宜技术在不同城市社区中开展情况比较

中医疗法开展	开展率							均　数	χ^2	P 值
	A	B	C	D	E	F	G			
药物疗法	97%	98%	98%	100%	97%	93%	95%	96%	7.179	0.305
推拿疗法	94%	96%	94%	97%	96%	91%	96%	90%	4.537	0.604
拔罐疗法	90%	90%	89%	95%	93%	88%	93%	90%	3.844	0.698
针刺疗法	79%	84%	81%	84%	83%	80%	83%	81%	1.258	0.974
针灸疗法	77%	73%	76%	81%	76%	79%	76%	77%	1.603	0.952
刮痧疗法	63%	61%	55%	65%	63%	65%	67%	63%	4.380	0.625
放血疗法	49%	50%	52%	54%	51%	52%	52%	51%	4.422	0.620
点穴疗法	46%	48%	49%	52%	49%	50%	50%	49%	3.469	0.748
敷贴疗法	44%	47%	46%	53%	49%	47%	49%	48%	0.823	0.991
正骨疗法	44%	43%	43%	50%	46%	47%	47%	45%	1.552	0.956
针刀疗法	36%	37%	41%	42%	37%	42%	43%	40%	0.950	0.987
熏洗疗法	31%	25%	34%	35%	32%	32%	33%	33%	0.517	0.998
穴位注射疗法	23%	25%	22%	27%	23%	26%	27%	25%	0.899	0.989
药膳疗法	17%	18%	18%	23%	22%	21%	20%	20%	1.865	0.932
热烫疗法	17%	16%	12%	23%	21%	15%	20%	18%	3.217	0.781
气功疗法	13%	12%	10%	15%	11%	13%	16%	14%	1.194	0.977
水　疗	6%	5%	7%	8%	6%	7%	10%	7%	0.480	0.998
磁　疗	3%	4%	7%	8%	6%	4%	10%	5%	2.279	0.892
脏器疗法	0	2%	2%	4%	3%	0	5%	2%	3.803	0.703
浮　针	0	2%	0	2%	2%	1%	5%	2%	2.689	0.847

调查结果显示，在城市社区，中医药的适宜技术能够在社区卫生医疗环境中应用，并且积极开展了中医特色疗法。其中，药物疗法、推拿疗法、拔罐疗法、针刺疗法的开展率均在80%以上，更为可喜的是针刀疗法、气功疗法、水疗、磁疗、脏器疗法、浮针等中医特色疗法在社区医疗中得到开展。中医药的适宜技术具有有效性、需求性、经济性的特点和优势，当前疗效显著、濒临失传的中医药特色技术的挖掘和推广对提升中医药服务能力和效率显得尤为重要。

(五) 社区中医药服务的特色优势发挥情况

在7个专题调研地，调研者分别走访社区卫生服务中心(站)，对一线医务工作者进行了访谈问卷。经过对调研资料的综合分析，社区中医药服务的总体开展率较高；但超过60.3% (172/285)的被调查者表示，由于中医药人才匮乏，中医药服务效果不明显、中医药宣传不到位等原因，城市社区中医药服务的特色优势不能凸显，中医药服务开展效率不高，中医药机构西医化比较严重，参与社区公益性服务比重不足，这主要表现在4个方面。

1. 临床诊疗方式上，中医诊疗开展率较低

如图11－29、图11－30，城市社区卫生服务中心(站)目前主要的诊疗手段，运用中西医结合的比例占到25%以上，单纯用传统中医的仅占8%，另外仅用西医的占到67%。同时有些单位开设了中医科或中医诊室，但由于各种原因，中医药服务开展率很低，以西医为主要的诊疗方式，其中医药从业人员中，运用中西医结合治疗的占到40%，单纯使用西医治疗的占到40%，单纯用传统中医治疗的仅占20%。这反映出城市社区卫生服务西医“一家独重”，中医西医化现象比较严重。

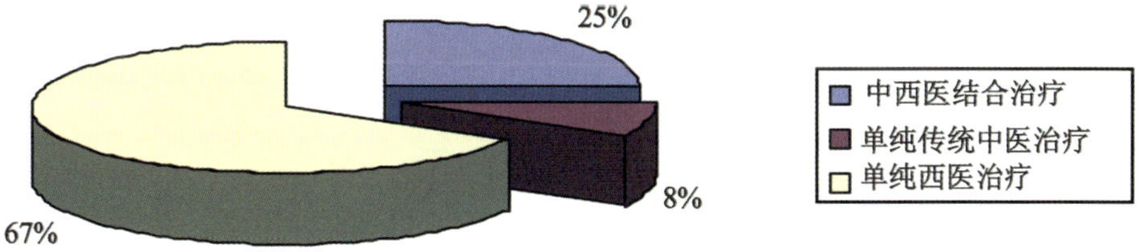

图11－29 社区医疗临床治疗手段运用情况调查

2. 临床用药上，单纯用中药比例较低

如图11－31，在城市社区卫生服务中心(站)，单纯使用中草药或中成药治疗者占18%，中西医药并用占45%，单纯西药为38%。

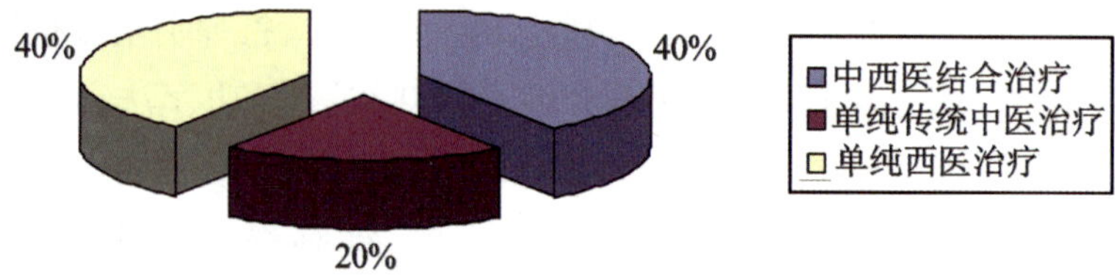

图 11－30 中医药从业者临床治疗手段运用情况调查

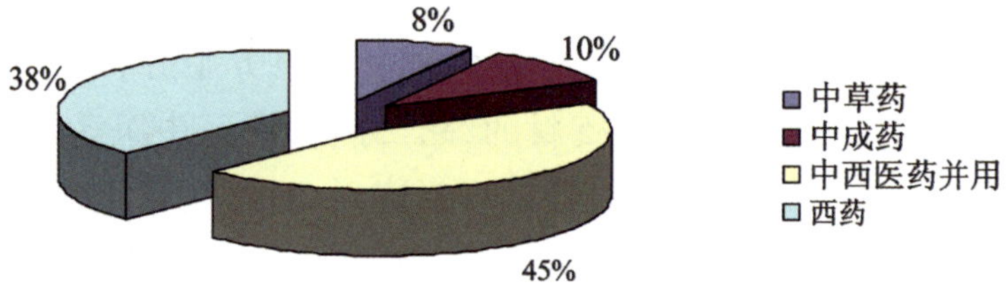

图 11－31 社区卫生机构临床用药情况调查

3. 中医药服务人群覆盖面上，服务对象覆盖面相对较窄

如图 11－32，城市社区卫生服务中心（站）最近一周中医内门诊患者中老人、中年女性、儿童占 85％，其他人群仅 15％。

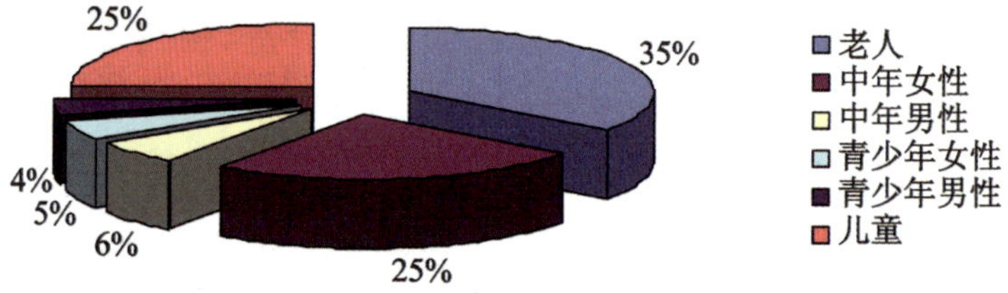

图 11－32 社区医疗机构最近一周内门诊患者情况调查

4. 中医药参与社区公益性服务比重不足

中医药参与社会弱势群体的义务卫生服务率低。由表 11－31 可见，在专题调研地，中医药参与社会弱势群体义务服务在不同地区城市社区中开展率均在 25％以下，中医药参与社会弱势群体义务服务在不同地区城市社区中开展率无统计学意义（P＞0.05）。

中医义诊活动开展率较低。由表 11－32 可见，在专题调研地，中医义诊活动在不同地区城市社区中开展率均在 50％以下，中医义诊活动在不同地区城市社区中开展率均无统计学意义（P＞0.05）。

表 11－31 中医药参与社会弱势群体义务服务在不同地区城市社区中开展情况比较

专题调研地	总计	开展	构成比(%)	χ^2	P值
A	32	6	19%	1.178	0.978
B	51	11	22%		
C	42	6	14%		
D	84	17	20%		
E	49	10	20%		
F	54	9	17%		
G	20	4	20%		

表 11－32 中医义诊活动在不同地区城市社区中开展情况率比较

专题调研地	总计	开展	构成比(%)	χ^2	P值
A	32	9	28%	7.628	0.267
B	51	13	25%		
C	42	11	26%		
D	84	35	42%		
E	49	18	37%		
F	54	13	24%		
G	20	7	35%		

三、城市社区中医药服务存在的问题及成因分析

提升城市社区中医药事业服务能力是深化医改的重要组成部分，在党中央、国务院领导下，在各级党委政府的高度重视和相关部门的大力支持下，有关城市社区中医药的工作力度不断加大，取得了明显进展和初步成效。笔者调查显示城市社区中医药服务水平明显提高、势头良好，成果肯定。但也存在着制约发展的诸多因素，就其问题及成因笔者做了如下分析。

（一）城市社区中医药服务定位不清

调查结果显示，城市社区卫生服务中的中医药服务定位不清，社区中医药服务与中医药能够提供的服务不相称，利用不充分，特色发挥不充分，创新不足，中医药知识宣传不够，社区居民对中医药了解不够充分，社区中医药文化氛围不够，地区间发展不均衡。分析其原因主要有：一是对中医药服务在社区医疗中发挥的

作用认识不够。中医药是我国独具特色的卫生资源，其临床疗效确切、预防保健作用独特、治疗方式灵活多样、费用较为低廉，具有广泛的群众基础，深受广大居民的欢迎。加强基层中医药服务能力建设，探索建立群众支付得起、政府承受得了、财政可持续的中西医相互补充的中国特色医药卫生体制，对提高人民群众健康水平，弘扬中华文化，促进经济发展和社会和谐，具有十分重要的意义[2]；二是对城市社区中医药服务在医药、经济、文化、安全、生态文明建设、科技创新等方面具有的巨大潜力认识不足[3]。中医药服务其自身哲学基础与现代医学理念有居多相通之处，在养生保健、疾病预防和治疗多个方面都具备我国医药战略基石的特性和价值；中医药文化历史最悠久、系统完整、应用普及，没有中医药的复兴就不可能有中华文化的真正复兴；“尊重自然、顺应自然和保护自然”是生态文明理念的三大基本构成要素，而作为中华传统文化核心构成部分的中医药无疑是全球医药领域内体现此三大要素最为全面的“典型范例”；中医药“天人合一”的哲学观以及由此生发的“天人相应”“道法自然”等方法论，对于新时期科技创新发展的战略价值不仅在于对具体方法和技术的指导，更重要的在于对把握基本方向和根本原则的指引作用。

（二）城市社区中医药服务体系不健全

调查结果显示，城市社区中医药服务体系建设上取得了一定的成绩但仍不健全。城市社区中医医疗机构开设率普遍较高，地方差异性不明显；社区卫生服务中心（站）中医设备配置率不高，配置种类较少；中医药在一定程度上已融入社区“六位一体”服务体系，但开展率不高且各地区之间有较明显的差异且群众满意度不高。

在现代医学模式背景下，社区卫生服务承担着基本医疗服务以及预防和促进健康的基本任务，服务的目标是以社区居民的需求为导向，所提供的服务内容不仅仅是疾病的医疗，而是“六位一体”的全方位服务。社区卫生服务机构作为我国城市卫生体系的基础，拥有综合、连续、经济、方便、可及性高这些不可替代的优势[4]。以此结合调查结果分析问题原因：一是社区居民的观念受传统医疗服务模式束缚，对当前“六位一体”的服务模式不甚了解，接受度不高；二是由于社区医疗环境下，慢性疾病中医药的预防和治疗效果不佳、疗程长等致使居民的满意度较低；三是卫生行政部门及医疗机构对现代模式下社区服务功能和特点宣传力度不够。

（三）城市社区中医药人才匮乏

调查结果显示，城市社区中医药人才匮乏是限制城市社区中医药服务能力提高的重要因素。一是中医药从业人员学历偏低;二是中医药从业人员的地区发展不均衡,在学历和职称上省会城市明显比其他城市层次高;三是缺乏中医学术带头人。真正扎根城市基层中医药发展的中医药带头人极度匮乏,部分名老中医过于保守,其学术经验秘而不传,影响了中医学术的继承和发展。四是城市社区中医药医疗机构均在扩建,中医药基层社区也达到一定规模,部分社区中医科面临“有科无医”“有科无高级医”的现象。其主要原因是:一是中医药院校毕业生受陈旧的择业观念影响,不愿去基层社区工作;二是社区医疗机构发展不均衡,中医药工作人员待遇差距大,很难吸引人才;三是中医药毕业生缺乏高校的就业指导及政府政策支持。正如全国政协委员曹洪欣所言:许多优秀人才不愿选择学习和从事中医药专业,更不愿意到条件较为艰苦的基层工作,基层中医药出现后继无人的现象[5]。

(四) 城市社区中医药服务能力不高

调查结果显示,城市社区中医药服务能力正逐步提高,中医药的适宜技术能够在社区卫生医疗环境中应用,并且开展中医特色疗法。但中医药服务的特色优势不能凸显,中医药服务开展效率不高,中医药机构西医化比较严重。其中,临床诊疗方式上,中医诊疗开展率较低;临床用药上,单纯用中药比例较低;中医药服务人群覆盖面上,服务对象覆盖面相对较窄。原因分析:一是中医药事业在硬件与软件建设上不相匹配,存在较大差距,阻碍了中医药优势的发挥;二是部分人士片面理解中医药“简、便、验、廉”的“廉”的作用,认为中医药的“廉”成了从业人员获取合理经济报酬的障碍,打击了他们学习传统医药理论和技术的进取心,削弱了他们对医德的固守意愿;三是城市社区管理机构不健全,在行政上较少设立中医药管理科,只是将中医药工作归并到业务管理;四是在城市社区公共卫生体系建设和实施重大卫生项目建设中对中医药事业没有因其特殊性做深入安排,较多停留在表面;五是财政对城市社区中医药投入面有待放宽,应落实一些优惠政策;六是城市经济基础、文化教育背景之间差异给中医药服务带来较大的影响。

(五) 城市社区中医药文化氛围不足

调查结果显示,城市社区群众对中医药有较高的认识,选择度、信赖度较高,提示中医药在安徽省城市社区有较好的群众基础。但将其作为治疗时首选药物的较少,同时年轻人尤其是 90 后群体对于中医药的关注和了解度较低,中医药文化气息淡薄。分析可见:中医药文化的需求与传承现状不协调。分析原因有:一方面淡化了中医药文化的传承,城市社区群众没有对中医药文化乃至其独特优势有充分认识。另一方面对中医药具有的科学与文化的双重属性认识不清。中医药体系既有科学属性又有文化属性。言其科学，因其揭示了生命、健康和疾病的规律，并建立了系统的知识理论体系和有效的应对方法技能体系；而言其文化，则是因其完整体现了中华民族的传统宇宙观、人生观和价值观，存活于炎黄子孙世代相袭的生活方式与行为规范当中，带有鲜明的人文特色。这种属性认识的混乱，导致部分人否定或拒绝中医药。

四、建议对策

针对目前城市社区中医药服务现状及存在的问题，笔者提出以下几点建议。

(一) 贯彻落实国家政策，明确城市社区中医药发展方向

1. 落实政策，抢抓机遇，促进城市中医药事业跨越发展

在今后的城市社区中医药事业发展中，各级政府要全面贯彻落实《国务院关于扶持和促进中医药事业发展的若干意见》，卫生部(现卫计委)、国家中医药管理局《关于在城市社区卫生服务中充分发挥中医药作用的意见》《关于实施基层中医药服务能力提升工程的意见》《安徽省人民政府关于进一步加快中医药事业发展的意见》等文件精神，发挥中医药特色优势，加强城市社区中医药服务能力。

十二五规划的出台，给中医药事业的发展带来了前所未见的机遇。其中，《中华人民共和国国民经济和社会发展第十二个五年规划纲要》将“支持中医药事业发展”作为“完善基本医疗卫生制度”的六项重点任务之一；国家中医药管理局在中医药文化建设“十二五”规划中将“深入推进‘中医中药中国行—进乡村·进社区·进家庭’活动”普及宣传中医药文化作为五大重点项目之一；安徽省在《“十二五”卫生事业发展规划》中提出：“乡镇卫生院和社区卫生中心中医科100%达标。”[6]各地方应该根据当前的实际情况，抓住机遇，强化城市社区中医药发展优势，对制约城市社区发展的因素进行各个击破，制定相关的政策，把中医药事业作为带动城市社区卫生事业发展的排头兵。

2. 以提升中医药服务能力为中心，促进城市中医药事业持续发展

中医药服务能力是城市社区中医药发展的生命线，应该紧紧抓住这个中心不放松。《关于实施基层中医药服务能力提升工程的意见》明确指出基层中医药服务的目标就是要基本满足城乡居民对中医药医疗保健服务需求，使城乡居民看中医更方便、更有效、更便宜，通过中医预防保健不生病、少生病、延缓生病。我们的调研中发现的问题恰恰是中医药服务能力不高，中医药临床诊疗、药品比率低，覆盖面窄。

3. 以强化社区卫生服务公益性为突破口，促进城市中医药事业全面发展

社区卫生服务机构是配合国家实施公共管理，尤其是实施公共服务的主体。中医药具有“简、便、验、廉”优势，推广性强，为社区公益性建设的良好载体。国家及地方政府对基本公共卫生补助力度不断加大，社区卫生服务公益性日益凸显，中医药事业发展应抓住此机会，进行突破。因此，中医药参与到社区卫生服务的公益事业，有利于社会公益事业的低负担广覆盖，同时也为中医药融入现代社区卫生事业奠定了广泛的群众基础。

(二) 深化医药体制改革，完善城市社区中医药服务体系

1. 构建完善的社区中医药服务网络

社区中医药服务网络建设是社区中医药服务的基础。政府应通过调整优化卫生资源，构建社区中医药服务网络。卫生行政部门应严格社区中医药服务机构准入标准，充分发挥辖区医疗卫生资源较为丰富的优势，通过一级综合医院转型、综合门诊部改造、吸纳优质中医药资源参与社区中医药服务工作。在城市辖区公立卫生机构基础上鼓励企业、民营兴办中医诊所。社区卫生服务中心(站)应均能提供中医药服务，保证 95%以上的居民从住所步行 10～15 min 可以到达一个社区卫生服务机构，享受社区中医药服务，以此形成体系完善、网络健全、运转有效的社区中医药服务体系。

2. 融入“六位一体”社区卫生服务体系

中医药在社区卫生基本医疗服务以及预防和促进健康方面有诸多优势，应积极融入“六位一体”的全方位服务，拓展中医药服务范围。一是重点推广中医药适宜技术，广泛用于社区常见病、多发病、慢性病的防治；二是在预防保健工作中，针对重点人群和慢性病人员实施健康管理，建立各类健康档案。三是在健康教育工作中，把中医药保健知识宣传作为社区健康教育工作的重点，通过多种途径向社区居民传授中医养生保健知识和健康的生活方式；四是在社区康复工作中，采用中西医结合技术开展例如中风后遗症、肢残等慢性疾病的社区康复工作，同时根据个人情况开展家庭康复治疗，真正实现“医疗服务走进家”；五是各社区卫生服务机构应积极利用中医药技术开展优生优育、生殖保健指导。

3. 加强内部管理，实施中医药规范化管理，提高服务质量和服务效率

有效规范化地管理是中医药服务质量和效率的保障。一是借鉴先进的管理理念，通过对社区卫生服务体系的有效管理和公共卫生保健制度的实施[7]，平衡了医疗服务的需求方和供给方，使得原本被动的中医药需求者可以主动地接受医疗卫生服务，以此维持中医药资源市场的良性发展；二是建立适时、可行的实施标

准和检查考核标准。中医药服务实施指标必由上级主管部门统一制订并形成规范，应杜绝一级检查产生一种标准的现象，以保证社区中心工作重点始终指向居民，而非上级的考核指标。中医药参与病种管理考核过程中，应逐步淡化单纯率的指标，应以服务质量为考核重点；三是资料管理要科学化。社区中医药服务一定要加强资料的计算机动态管理和个性化管理，使所管理的资料真正起到提高健康意识和健康水平的作用。

（三）创新人才培养体系，加强城市社区中医药服务队伍建设

1. 中医院校—社区共建中医药发展基地，保证中医药人才质量与数量

一是加快实施定向免费中医学生培养及落实。国家发改委等六部门制定的《以全科医生为重点的基层医疗卫生队伍建设规划》，依托中医药高等学校，实行免费定向培养的方式，不断加强城市社区中医药人才队伍建设；二是加强中医院校在校学生的社区卫生实践。中医院类临床学生在校参加社区卫生实践可熟悉社区医疗环境，增强学生的预防医学观念，扩展知识面，增强实践能力和社会适应性，提高临床流行病学研究和分析问题、解决问题等的综合能力，为医学生毕业后实施临床预防和参与社区卫生服务奠定了基础。

2. 提升城市社区中医药人员待遇，留住人才

鼓励大中专毕业生到城市基层工作，对从事中医药工作的人员，在工资和职称晋升上给予政策倾斜。对长期在社区从事中医药工作的人员，重点改善他们的生活和工作条件，每年给予额外的补助。建议各地政府部门建立基层中医药人才基金，基金由卫生行政部门统一管理，实行专账管理，专款专用；加大城市基层优秀中医药人才表彰力度，大力营造扎根社区、服务基层的良好氛围。

3. 加强中医药科研型社区卫生建设

城市社区的中医药科研优势主要有：一是中医学理论思想与社区医学有许多的相通之处，中医在临床中“因人制宜”“因地制宜”“因时制宜”的思想，与现代医学的生物—心理—社会医学模式不谋而合[8]。中医“治未病”理念也完全符合社区卫生服务提倡的注重预防、保健、康复的理念。二是社区为中医药诊疗、中医药客观化研究提供真实可靠的一手资料。社区医疗机构所接触的病人多数处在疾病发生发展的初期，医护人员能及时准确观察疾病的发生发展规律。社区医疗机构服务对象范围广，数量多。这些都为医护科研人员掌握疾病的一手资料提供了条件。

（四）突出示范区作用，提升城市社区中医药服务能力

国家中医药管理局在全国创建中医药特色社区卫生服务示范区，各地方在社

区中医药方面制定《中医药特色社区卫生服务示范区建设标准》促进社区中医药事业发展。

1. 保证质量，特色服务，加强示范区建设

示范区应重点提升中医药常规项目以外的服务项目，动态探索社区居民的实质性中医药服务需求，积极开展特色疗法保证居民中医药需求。同时，要紧扣时代脉搏，引导社区居民的健康需求与健康消费，提供深层次社区中医药服务内容。要定位服务人群，社区中医药服务的重点对象是妇女、儿童、老年人、慢性病病人、残疾人和贫困居民。要不断研究这些重点对象的中医药卫生服务需求，不断满足服务人群的要求。充分发挥中医药的特色和优势，不断完善社区中医药服务项目。

2. 抓典型示范，以点带面，点面结合，发挥示范区带动作用

示范区要大力宣传，真正起到"典型示范引路，带动全面发展"的作用。同时要继续创建示范区活动，以市为单位创建，让一批确实具有示范作用的单位真正起到领头羊的作用。运作实践要特色化。鉴于安徽省各地的经济发展、卫生状况、人文科学和风俗习惯的不同，社区中医药服务在各地更要有自己鲜明的运作模式和运作特色，真正体现社区中医药服务的广阔前景。

3. 扶持薄弱，缩小差距，保证中医药服务能力整体提升

对中医药发展相对薄弱的地区要重点扶持，对发展成果相对显著的地区的成功经验进行推广，消除地方之间的发展不均衡，保证中医药服务能力整体提升。一方面是通过广泛的调研寻找中医药发展的薄弱环节，补缺补差；另一方面是整合现有中医药资源，优化配置，调动自身发展的积极性，逐步由帮扶发展到自我提高。

（五）发挥地域特色优势，营造城市社区中医药文化氛围

1. 发挥地域中医药特色优势

充分发掘安徽省"南新安，北华佗"中医药特色优势的丰厚底蕴，弘扬安徽省悠久的中医药历史。以有"中华药都"之称的亳州和新安医学发源地皖南地区为弘扬传播中医药文化的核心，充分发挥地域特色优势，以丰厚的历史底蕴向周边辐射；同时以高等中医药院校为载体，依托"中医中药中国行—进乡村·进社区·进家庭"活动，通过建立高知名度的中医药文化基地等形式广泛宣传中医药，营造中医药发展良好的文化氛围。

2. 尽快将中医药科普知识纳入中小学教材

中医药在安徽省城市社区的群众基础主要来自中老年人，中医药科普教育应

该从中小学生抓起。尽快将中医药教育纳入中小学教材，一方面可以在中小学开展有关中医药知识的普及宣传教育，既是对中医药知识的弘扬，也是对祖国传统文化精粹的传承；另一方面，在对中小学生进行中医药知识的普及教育的时候，要让孩子们从小切身感受到中医药的魅力，这样能激发他们对中医药文化的兴趣，从而为中医药的发展储备人才。通过对中小学生的中医药教育，不断巩固中医药在城市社区的群众基础。

3. 探索建设城市社区中医药文化宣传新阵地

一方面，积极推进基层中医医疗机构的文化建设，突出中医特色。在城市基层设置中医药文化和科普知识宣传栏，倡导基层中医医疗机构在装修装饰上体现中医药文化。密切与主流媒体的关系，坚持贴近实际、贴近生活、贴近群众，通过电视、报纸、电台、网站、手机短信平台等多种形式，积极宣传中医药的科学文化价值、历史贡献和成就，大力宣传中医药在防病治病中的特色和优势，广泛普及中医药知识，营造中医药文化氛围。另一方面，加强城乡交流，提高中医药文化认同感。城市与农村在中医药资源的区域特色、分布规律、开发利用等方面都有较大差异。政府和社会组织应积极引导和主办中医药城乡交流事宜。如：主办农村城市基层中医药技术、文化交流大会，共享中医药资源；组织民间“中医大家”进社区，传播中医药文化；在中医药文化浓厚的农村建立中医药旅游基地，吸引城市游客，普及中医药文化；在重大活动中注重中医药元素，提高中医药文化认同感。

中医药融入社区卫生服务，是顺应当今世界医学潮流。我们在汲取中医学精华的同时，融合现代医学理论与实践，使中医学这一古老的科学焕发出新的生机和活力，更好地满足社区居民的健康服务需求。城市社区中医药服务发展应处理好顶层设计、服务能力、文化、人才之间的关系。顶层设计是保障、文化底蕴是基础、服务能力是中心、人才是关键。安徽中医药历史悠久、地域特色优势明显，其城市社区中医药的发展具有较强的代表性。课题组以安徽省城市社区中医药发展为切入点，旨在为地方发展成果向全国推广，社区卫生服务建设成果由城市向乡镇推广提供参考。

本案例参考文献：

[1] 国务院. 国务院关于发展城市社区卫生服务的指导意见. 2006-02-21.

[2] 国家中医药管理局、卫生部(现卫计委)、人力资源社会保障部、国家食品药品监督管理总局(现国家市场监督管理总局). 关于实施基层中医药服务能力提升工程的意见. 2012-10-15.

[3] 陈其广. 六大战略复兴中医药[N]. 中国中医药报，2013-04-15.

[4] 傅华. 预防医学[M]. 北京：人民卫生出版社，2004：380-383.

[5] 曹洪欣.发展中医药 关键在基层[N].人民日报，2013-08-28.
[6] 安徽省卫生健康委.安徽省"十二五"卫生事业发展规划.2012-4-23.
[7] Murthy NRV, Okunade AA. Managed care, deficit financing and aggregate-health care expenditure in the United States: A cointegrationanalysis[J]. Health Care Management Science, 2000, 3(4).
[8] 占宏霞.中医进社区卫生服务可行性分析及现实意义的探讨[J].社区医学杂志, 2007, 5(15): 60-61.

参考文献

本书参考文献主要来源于挑战杯官网。

[1] 共青团中央，中国科协. 关于组织开展第十六届"挑战杯"全国大学生课外学术科技作品竞赛的通知. 2019.

[2] 叶学丽."挑战杯"全国大学生系列科技学术竞赛——当代大学生素质教育的有效载体[J]. 中国共青团，2016(12)：61-63.

[3] 全国大学生科技创新创业的"奥林匹克"——课外学术科技作品竞赛[J]. 教育，2014(05)：22.

[4] 梁小平，李建新，翟晓飞，等. 浅析"挑战杯"竞赛与新时代大学生创新创业培养[J]. 教育教坛，2019(07)：47-48.

[5] 张磊. 大学生"挑战杯"竞赛实效性研究——基于98位参赛者的问卷调查与半结构化访谈[J]. 中国青年研究，2017(08)：63，105-109.

[6] 张炼，姜杨，陈雷. 大学生参与科技创新活动情况的调查与分析研究[J]. 湖北成人教育学院学报，2018，24(01)：48-51.

[7] 翟菊叶，马昊迪，杨枢. 大学生科技竞赛促进创新能力培养[J]. 安庆师范学院学报(自然科学版)，2016，22(03)：162-165.

[8] "挑战杯"三十年足迹[N]. 中国青年报，2019-11-08(08).

[9] 挑战杯新设"累进创新奖"和"交叉创新奖"[N]. 中国青年报，2013-10-17(06).

[10] 彭德倩. 每次"挑战"都是人才成长的阶梯[N]. 解放日报，2017-11-15(07).

[11] "挑战杯"，点亮创新之路[N]. 华侨大学报，2014-11-04(02).

[12] "挑战杯"全国大学生课外学术科技作品竞赛和中国大学生创业计划竞赛概况[N]. 北京师范大学校报，2013-11-30(03).

[13] 陈兴旺，刘杰，钟媛. 大学生科技创新活动长效机制探究[J]. 高校辅导员学刊，2014，6(03)：60-63.

[14] 刘广，余文博. 大学科技园开展大学生创新创业工作的模式探讨[J]. 经济师，2014(08)：219-220.

[15] 梁晨. 以科技竞赛为载体加强大学生思想政治教育案例研究[J]. 齐鲁师范学院学报，2015，30(05)：20-24.

[16] 燕玉霞.高校共青团服务大学生创业可行性分析[J].市场论坛,2017(06):83-85.

[17] 王君敏,李鸣,尚琳,等.医科大学生科研创新的必要性与培养策略[J].教育现代化,2019,6(85):65-68.

[18] 张炼,姜杨,陈雷.大学生参与科技创新活动情况的调查与分析研究[J].湖北成人教育学院学报,2018,24(01):48-51.

[19] 张振刚.问鼎"挑战杯"[M].北京:高等教育出版社,2010,10.

[20] 李奋生,许传新,许多闻.文科大学生科技创新教育[M].北京:科学出版社,2018,09.

[21] 樊一阳,徐玉良.创业学概论[M].北京:清华大学出版社,2011,01.

[22] 赵小强,徐健,王彦本.全国理工科大学生学科竞赛入门指导[M].西安:西安电子科技大学出版社,2012,07.

[23] 姚静,许勋恩.创业基础[M].厦门:厦门大学出版社,2017,07.

[24] 黄华.如何赢得创新创业大赛[M].北京:化学工业出版社,2019,05.

[25] 张雷.创新创业教育[M].北京:人民邮电出版社,2016,08.

[26] 延凤宇,孙艳丽.大学生创业基础[M].北京:国家行政学院出版社,2017,02.

[27] 孙晓娟,李春琴.大学生创新创业教育研究[M].北京:兵器工业出版社,2018,06.

[28] 吕海燕,赵鹏飞,王佳迪,等.国外科技创新团队构建经验及对我国科研事业单位的启示[J].人力资源管理,2018,(5):537-538. DOI:10.3969/j.issn.1673-8209.2018.05.504.

[29] 赵志远,井影,吕媛媛,等.基于成员协作关系的大学生创新创业团队构建[J].海峡科技与产业,2019(03):63-64+67.

[30] 宝景春,赵晶京.基于项目团队构建的学风建设探索与实践[J].文化学刊,2017(10):139-142.

[31] 李超.扬州大学:"一带一路"研究项目把脉高校"国际吸引力"[N].中国青年报.2017-10-09.

[32] 张蓉.社会调查研究方法[M].北京:知识产权出社,2014:97.

[33] 陈慧慧,方小教.社会调查方法[M].合肥:中国科学技术大学出版社,2019:24.

[34] 教育部社会科学委员会秘书处.中国高校哲学社会科学发展报告2010[M].北京:高等教育出版社,2010:651.

[35] 浙江工商大学团委."退之有道"榜上有名[N].浙江工商大学报,2019-11-02(01).

[36] 上海市教委新闻办. 7 个特等奖！上海在全国“挑战杯”取得历史最好成绩！[EB/OL]. http://edu. eastday. com/node2/jypd/n5/20191113/u1ai28611. html. 2019-11-13.

[37] 林颖楠. 乡土社会与市场经济的互嵌——福建省莆田市东庄镇同乡同业现象的调查[J]. 社会治理，2016(01)：71-77.

[38] 思绪飞扬. 从“愁城难解”到“城人之美”：基于武汉市流动摊贩的全民自治模式探究[EB/OL]. http://www. pinlue. com/article/2018/04/0421/055987417557. html. 2018-04-04.

[39] 张文凌. 云南一村寨被毒品笼罩几十年，宴请宾客鸦片当招待[EB/OL]. http://news. youth. cn/jsxw/201601/t20160118_7537403. htm. 2016-01-18.

[40] 华南理工大学. 全国第 6！再捧“优胜杯”！华南理工在“挑战杯”全国赛再创佳绩[EB/OL]. http://www. thepaper. cn/baidu. jsp? contid = 4949105. 2019-11-13.

[41] 朱亚宾. 我校首次斩获“挑战杯”国赛特等奖[N]. 南京信息工程大学报，2019-11-30(01).

[42] 北京大学校团委. 认真付出，感受成长[EB/OL]. http://www. pkuef. org/info/1023/1025. htm. 2017-05-26.

[43] 安徽教育网. 安徽师范大学在全国第 13 届“挑战杯”竞赛中获佳绩[EB/OL]. http://www. ahyouth. com/news/20131023/1038983. shtml. 2013-10-23.

[44] 徐一知，刘怡玮. 重磅！中南学子喜获全国“挑战杯”特等奖！[EB/OL]. https://m. sohu. com/a/205625135_159537. 2017-11-21.

[45] 上海师范大学教育学院. 我院首获“挑战杯”国赛特等奖，实现学院历史性突破[EB/OL]. http://ec. shnu. edu. cn/d5/20/c6131a709920/page. htm. 2019-11-13.

[46] 李婧怡. 青年人研究青年人，是否靠谱？[N]. 中国青年报，2019-11-14.

[47] 李书翔. 济南大学在第十六届“挑战杯”全国大学生课外学术科技作品竞赛中获佳绩[EB/OL]. http://youth. ujn. edu. cn/info/1031/20491. htm. 2019-11-15.

[48] 林建锋，潘晓婷. 我院学子在第十六届“挑战杯”国赛中勇创新高[EB/OL]. https://www. sohu. com/a/353765267_100217784. 2019-11-14.

[49] 王非. 新时代、新机遇、新挑战——瞿秋白政府管理学院、史良法学院学子在全国第十五届“挑战杯”决赛中荣获特等奖[EB/OL]. https://www. cczu. edu. cn/2017/1122/c10360a171511/page. htm. 2017-11-23.

[50] 宋亚丽.百年风华,劳工神圣——有关“一战”华工文化记忆的调查研究喜获“特等奖”[EB/OL]. https://cla.shu.edu.cn/info/1015/5980.htm.2019-11-14.

[51] 董川峰.“设计立县”,这个寒假华理设计学院的学生这样过……[EB/OL]. http://www.shxwcb.com/237241.html.2019-2-19.

[52] 北京航空航天大学经济管理学院.祝贺!经济管理学院本科生斩获第十六届“挑战杯”全国特等奖[EB/OL]. http://sem.buaa.edu.cn/info/1086/26699.htm.2019-11-12.

[53] 吴明隆.问卷统计分析实务——SPSS操作与应用[M].重庆:重庆大学出版社.2010(6).

[54] 郝大海.社会调查研究方法[M].北京:中国人民大学出版社.2005.

[55] 支运波.人文社会科学研究中的文献综述撰写[J].理论月刊,2015(03):79-83.

[56] 王红杰,汤淏.项目申报书撰写方案探讨[J].江苏科技信息,2013(10):27,31.

[57] 时俊卿.撰写文献综述应注意的问题[J].教育科学研究,2004(07):56-58.

[58] 李作丽.社科课题申报书的撰写方法与技巧[J].山东英才学院学报,2014,10(02):49-50.

[59] 王新利,人文科学研究方法与技巧[M].北京:高等教育出版社.

[60] 尚学军,杜强,毕芳芳,等.课题申请书撰写与论文发表规范[M].北京:人民卫生出版社,2020.

[61] 徐长庆,国家自然科学基金申请指导与技巧[M].北京:清华大学出版社.

[62] 于兵.天津市武清县乡镇企业资金现状的调查[J].财政科学,1994,000(026):24-27.

[63] 关于邯郸钢铁总厂管理经验的调查报告.财会月刊,1996(05):48-49.

[64] 风笑天.他们信息世界的另一半:——中学生与大众传媒的描述性报告[J].青年研究,1995(06):17-21.

[65] 胡德勤.社区“家门口服务体系”调研报告[J].科学发展,2021(01):103-112.

[66] 常志鹏.煤电自主定价分歧缘何更大[J].瞭望新闻周刊,2006(03):48-49.

[67] 王淑军.中医药治疗艾滋病调查[J].中国医药指南,2007(03):16-18.

[68] 汝信,陆学艺,李培林,等.2006年:中国社会形势分析与预测[M].北京:社会科学文献出版社,2005.

[69] 宋军.地方政府债务管理的国际经验与启示[J].求知,2015(01):60-61.

[70] 胡彬彬.“江河流域”传统村落文化保护现状与建议[N].光明日报,2015-04-

02(007).
[71] 杨祺.乡村文化振兴中乡贤文化的坚守和流变[D].广东技术师范大学,2019.
[72] 张厚义、明立志、梁传运.中国私营企业发展报告(1978～1998)[M].北京:社会科学文献出版社,1999.
[73] 侯宗宾.权力在阳光下运行 和谐在公开中构建——河北省邯郸市推进行政权力公开透明运行情况调查[J].求是,2006(24):34-36.
[74] 周大平.应试教育弊端在大学暴露[J].瞭望新闻周刊,2002(06):51-53.
[75] 大学生短期支教路往何方?——以千里草助学计划项目的实证研究为例[ER/OL].http://www.tiaozhanbei.net/project/17615/.
[76] "挑战杯"官方网站.微博功能和潜力研究[ER/OL]. http://www.tiaozhanbei. net/project/16625/.
[77] "挑战杯"官方网站.影响中国废纸进口贸易的因素的计量分析[ER/OL].http://www.tiaozhanbei.net/project/16781/.
[78] "挑战杯"官方网站.唐海县土地增量带存量的新型统筹城乡发展模式研究[ER/OL]. http://www.tiaozhanbei.net/project/16651/.
[79] 陈方柱.创新调研写作三十六讲[M].北京:中国言实出版社, 2011.
[80] 佚名.大调解——化解新形势下人民内部矛盾的有效途径[J]. 学习与研究,2010(8):51-54.
[81] 佚名. 市场营销专业学生就业意向调研及对策[ER/OL]. http://www.xzlunwen.com/20180222/910121.html.
[82] 任虹励.中华优秀传统文化融入高校思想政治理论课改革探析[J].黑龙江教育(理论与实践),2021(01):29-31.
[83] 贾尚春,徐伟,刘荣,等.2018—2019 年安徽省农村居民胃癌筛查检出情况及相关影响因素分析[J].中国肿瘤,2020,29(07):503-508.
[84] 王玲玲,杨明,张轲迪,等.安徽农村电商扶贫模式研究[J].合作经济与科技,2020(13):176-179.
[85] 教育部.关于加强学术道德建设的若干意见[J].贵州广播电视大学学报,2013,21(01):66-68.
[86] 周淑敏,周靖.学术论文写作[M].北京:清华大学出版社,2018:152-197.
[87] 明均仁,李爱明,曹鹏,等.信息检索[M].武汉:华中科技大学出版社,2014:209.
[88] 王雨磊.学术论文写作与发表指引[M].北京:中国人民大学出版社,2017:235-269.
[89] 李晨,吴志根.国际高水平 SCI 论文写作和发表指南[M].杭州:浙江大学出

版社,2019:17-18.
[90] 张静,刘景泉. 挑战杯:让青春与创新共舞[M]. 天津:南开大学出版社.
[91] 李春梅,马飞羽. 演讲与口才[M]. 成都:电子科技大学出版社.
[92] 戴尔·卡耐基. 卡耐基演讲艺术与魅力口才[M]. 刘祜,译. 天津:天津社会科学院出版社.
[93] 秋叶. 和秋叶一起学 PPT[M]. 北京:人民邮电出版社.

后　记

爱汝玉山草堂静，高秋爽气相鲜新。回想本书编写组从构思编写《走近挑战杯——全国“挑战杯”大学生课外学术科技作品竞赛哲学科学类参赛指南》（以下简称《指南》）开始，到如今即将付印有整整两年时间了。两年的编写历程，是一段美好的回忆。《指南》前后修改近20稿，打印文稿近万页，无数个日夜，编写组成员放弃自己的休息时间进行文稿的撰写修改。我们翻阅了几乎所有可以找到的参考资料，走访了专家学者和曾经的组织者、参赛者，全面汇集，静心修稿。也许编写成果并不局限于文字，是一种修炼，是一种修养，更是一种静美，关乎教师进步、关乎学生成长。

《指南》编写工作得到了共青团安徽省委学校部、安徽省社会科学院、北京航空航天大学出版社、安徽中医药大学等单位领导专家的悉心指导；得到了安徽中医药大学校团委领导的大力支持；得到了安徽中医药大学中西医结合学院和医药经济管理学院党政领导班子的无私帮助。《指南》编写工作还虚心听取了兄弟高校沈阳航空航天大学学工部陈宝鹏部长，苏州大学敬文书院党委副书记、副院长孟玲玲老师，内蒙古农业大学林学院党委副书记孙玉伟老师，全国教育系统优秀工作者广西师范大学刘金玲老师和安徽农业大学刘灿博士的意见，在此一并表示衷心的感谢！

《指南》编委会成员，有来自安徽中医药大学学生工作一线的思想政治工作骨干，他们还兼任学院教学、科研学科、实习就业、学生工作、分团委、心理工作站等办公室主任或者负责人职务；有来自临床带教一线的专家学者，他们是安徽中医药大学的优秀毕业生、校友，对本书两篇经典案例中涉及中医药相关知识的文字的审核把关起到关键性作用；有来自安徽中医药大学校团委的老师，他们长期从事大学生“挑战杯”竞赛的组织工作；有来自在校的两位优秀本科生，他们本身也是参加“挑战杯”竞赛的获奖者、受益者，为本书的组队、组稿付出了很多努力。以上编委们都具备坚实的理论基础和长期从事指导学生参加学科竞赛的实践经验，在本书的编辑过程中，他们付出了辛勤的劳动和汗水，给予了大力指导与帮助，在此表示衷心的感谢！

《指南》编写组成员，都是参加过或正在参加“挑战杯”竞赛的历届学生或在校学生，大部分编写人员来自安徽中医药大学中西医结合学院16、17、18级中西医临床医学专业在校学生。他们中有的是往届“挑战杯”竞赛安徽省特等奖、全国三等奖获奖成员；有的是刚刚参加安徽省第九届“挑战杯”课外学术科技作品竞赛的课题组成员，他们结合自身竞赛经历和申报体会撰写的《指南》符合大学生申报实际。让参加过或正在参加“挑战杯”竞赛的学生参与编写《指南》，这本身就是一种创新实践精神的体现，让他们在编写过程中激励智慧、交流合作、发明创造；不怕辛苦，反复修改作品，从而提升创新能力，成长为优秀的创新人才，成长为德智体美劳全面发展的社会主义建设者和接班人。

本书共有十一章，具体分工如下。

主编彭青和老师，负责《指南》编写思路的构思、全书框架的设计，负责前言、后记以及第一至第六章的撰写、统稿和全书的修改完善工作。副主编张浩老师负责《指南》的组织编写工作以及第七至第十一章的撰写、统稿以及修改完善工作。各章编写具体分工如下：第一章：席虎、罗俊；第二章：何鸿炎、许倩文、李云飞；第三章：王奎玲、詹淑惠；第四章：李静静、詹淑惠、张辰；第五章：俞雪、冯俊华；第六章：张森、徐慧莹；第七章：汤布朗、卫舒蕾、朱娇；第八章：郭子为；第九章：姚梦茜、郭子为；第十章：张森、尤良震、梅赛、章伟、于东东、戴荣；第十一章：尤良震、张森；参考文献：郭子为、颜一博。

《指南》是教育部第二批高校思想政治工作精品项目《“大医精诚”实践育人工程》和安徽省第四批“三全育人”综合改革试点院系项目成果的重要体现；《指南》受到安徽省教育厅教学研究重点项目《中西医临床医学专业大学生创新能力培养模式的构建与实践研究》（项目编号：2017jyxm1326）、安徽省高校思想政治能力提升项目《围绕“四要素”建设“六平台”，加强中西医临床医学专业创新实践能力培养》（项目编号：sztsjh－2019－7－9）和安徽中医药大学校级人文社科重点项目《围绕“四要素”建设“六平台”，大学生实践育人模式创新研究——以我校中西医临床医学专业为例》（项目编号：2020dyjc01）等项目的资助。

《指南》的编写出版，是一件光荣而艰巨的工作，也是名副其实的“挑战”，在“挑战”精神的感召下，我们努力工作，但限于才学，还有很多地方不尽人意，还有很多工作需要改进。

走近挑战杯，“挑战”星空，群星璀璨；“挑战”征程，筚路蓝缕。抱无限思量、锐意进取，怀真理信念、初心不忘；坚毅无悔跬步千里，勇于创新书写华章。希望通过这本书把“挑战杯”的精神传播给更多的人，把“挑战杯”的魅力带给更多的人，让更多的高校师生参与到“挑战杯”竞赛中来；通过这本书，让更多的人分享我们的感受，让更多的高校师生喜爱热爱这一重大赛事；通过这本书也表达我们对“挑战杯”的挚爱和祝福，祝福“挑战杯”赛事越办越好，祝福伟大的祖国繁荣昌盛，祝愿人民幸福安康！

本书编写组

2021 年仲秋